Lambacher Schweizer 5

Mathematik für Gymnasien

Baden-Württemberg

erarbeitet von
Manfred Baum
Martin Bellstedt
Dieter Brandt
Heidi Buck
Rolf Dürr
Hans Freudigmann
Frieder Haug

Ernst Klett Verlag
Stuttgart Leipzig

Begleitmaterial:

Zu diesem Buch gibt es ergänzend:
– Lösungsheft (ISBN: 978-3-12-734393-9)

1. Auflage

1 ^{9} ^{8} ^{7} | 2017 16 15

Alle Drucke dieser Auflage sind unverändert und können im Unterricht nebeneinander verwendet werden. Die letzte Zahl bezeichnet das Jahr des Druckes.

© Ernst Klett Verlag GmbH, Stuttgart 2007.
Alle Rechte vorbehalten.
Internetadresse: www.klett.de

Autoren: Manfred Baum, Martin Bellstedt, Dr. Dieter Brandt, Heidi Buck, Prof. Rolf Dürr, Hans Freudigmann, Dr. Frieder Haug
Unter Mitarbeit von: Bärbel Barzel, Thorsten Jürgensen, Prof. Detlef Lind, Rolf Reimer, Reinhard Schmitt-Hartmann, Dr. Heike Tomaschek, Dr. Peter Zimmermann

Redaktion: Dr. Marielle Cremer, Eva Göhner, Markus Hanselmann
Gestaltung: Simone Glauner; Andreas Staiger, Stuttgart
Illustrationen: Uwe Alfer, Waldbreitbach; Jochen Ehmann, Stuttgart
Bildkonzept Umschlag: Soldankommunikation, Stuttgart
Titelbilder: Corbis (Diego Lezama Orezzoli), Düsseldorf; Getty Images (Image Bank), München
Reproduktion: Meyle + Müller, Medien Management, Pforzheim

Satz: topset Computersatz, Nürtingen, MediaOffice GmbH, Kornwestheim
Druck: Stürtz GmbH, Würzburg

Printed in Germany
ISBN: 978-3-12-734391-5

Moderner Mathematikunterricht mit dem Lambacher Schweizer

Mathematik – vielseitig und schülerorientiert

Der heutige Mathematikunterricht soll den Kindern und Jugendlichen neben Rechenfertigkeiten auch zahlreiche weitere Fähigkeiten, die für die Allgemeinbildung grundlegend sind, vermitteln.

Das Erlernen solcher fachlicher und überfachlicher **Basisfähigkeiten** wird im Lambacher Schweizer in einem vielfältigen Aufgabenangebot für die Schülerinnen und Schüler ermöglicht. Auf den Seiten Wiederholen – Vertiefen – Vernetzen und in den Sachthemen werden zudem die Inhalte der Kapitel bzw. des Buches noch einmal für integriertes und vernetztes Lernen aufbereitet. Die Sachthemen behandeln unter einem Oberthema Inhalte aus allen Kapiteln des Buches oder schulen übergreifende Fähigkeiten wie das Lösen von Problemen. Sie lassen sich sowohl nutzen, um über sie in die Kapitel einzusteigen, als auch als Wiederholung und Festigung im Anschluss an die Kapitel.

Die Inhalte des Mathematikunterrichts zentralen Ideen zuzuordnen, bietet für die Schülerinnen und Schüler die Chance, Zusammenhänge über die Kapitel hinaus herzustellen und damit ein größeres Verständnis für die Mathematik zu erlangen. Aus diesem Grund werden die Kapitel insgesamt sechs schülerverständlichen **Leitideen** zugeordnet, die über die achtjährige Schulzeit hin Bestand haben: Zahl und Maß, Form und Raum, Beziehung und Änderung, Daten und Zufall, Muster und Struktur, Modell und Simulation.

Um grundlegende Fertigkeiten und Inhalte, so genanntes **Basiswissen**, bei den Schülerinnen und Schülern abzusichern, werden mit der Frage „Kannst du das noch?" immer wieder Aufgaben zu früheren Themen eingestreut. Außerdem ist die Möglichkeit zu selbstkontrolliertem Üben gegeben, innerhalb der Lerneinheiten mit den Aufgaben zu „Bist du sicher?" und am Ende des Kapitels in den „Trainingsrunden".

Das achtjährige Gymnasium

Die Verkürzung der gymnasialen Schulzeit erfordert eine Straffung des Lernstoffes. Der Bildungsplan sieht entsprechende Änderungen vor, die im Schulbuch sinnvoll umgesetzt werden müssen.

Die Kapitel zu ähnliche Figuren, rechtwinklige Dreiecke, Kreise und Körper sowie Probleme lösen in der Geometrie sind der Leitidee Raum und Form zugeordnet. Sie erweitern und vertiefen das geometrische Wissen. Die Behandlung der Ähnlichkeit erfolgt in Kapitel I vor dem Satz des Pythagoras in Kapitel II. Diese Reihenfolge ermöglicht eine einfache Begründung des entsprechenden Satzes. Kapitel VI führt zur Behandlung komplexerer zusammengesetzter Körper. Eine besondere Rolle kommt dem Kapitel VII zu. In diesem Kapitel werden die erarbeiteten mathematischen Sätze und Formeln aus dem Bereich der Geometrie unter einem neuen Blickwinkel betrachtet. Sie sollen als Werkzeuge für das Lösen von Problemen eingesetzt werden. Kern des Kapitels ist deshalb das Aufzeigen von Strategien zu Auswahl und Einsatz der geometrischen Sätze und Formeln.

Das Kapitel IV behandelt Wachstumsvorgänge. In diesem Kapitel und im Kapitel V zur Wahrscheinlichkeit kann intensiv zur Leitidee Modell und Simulation gearbeitet werden.

Computer- und grafikfähiger Taschenrechner-Einsatz

Der sinnvolle Einsatz des grafikfähigen Taschenrechners ist bei allen Kapiteln möglich und wird entsprechend unterstützt (▦). Dabei wird an vielen Stellen im Buch, insbesondere mithilfe von Abbildungen, exemplarisch aufgezeigt, wie Aufgabenstellungen mit dem grafikfähigen Taschenrechner behandelt werden können. Der Einsatz einer dynamischen Geometriesoftware wird insbesondere in der Exkursion zu Kapitel I angesprochen.

Inhaltsverzeichnis

Lernen mit dem Lambacher Schweizer

Liebe Schülerinnen und Schüler,

auf diesen zwei Seiten stellen wir euer neues Mathematikbuch vor, das euch im Mathematikunterricht begleiten und unterstützen soll.

Wie ihr im Inhaltsverzeichnis sehen könnt, besteht das Buch aus sieben **Kapiteln** und zwei **Sachthemen**. In den Kapiteln lernt ihr nacheinander neue mathematische Inhalte kennen. In den Sachthemen trefft ihr wieder auf die Inhalte aller Kapitel, allerdings versteckt in Themen, die mit eurem Alltag zu tun haben und mit Reisenden, die nicht von dieser Welt sind. Ihr seht also, der Mathematik begegnet man nicht nur im Mathematikunterricht.

In den Kapiteln geht es darum, neue Inhalte kennen zu lernen, zu verstehen, zu üben und zu vertiefen.
Sie beginnen mit einer **Auftaktseite**, auf der ihr entdecken und lesen könnt, was euch in dem Kapitel erwartet.

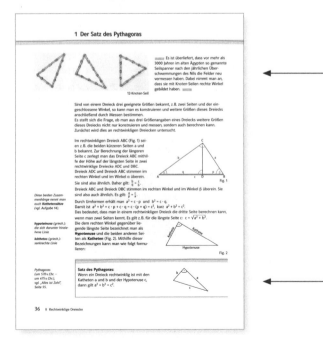

Die Kapitel sind in **Lerneinheiten** unterteilt, die euch immer einen mathematischen Schritt voranbringen. Zum **Einstieg** findet ihr stets eine Anregung oder eine Frage zu dem Thema. Ihr könnt euch dazu alleine Gedanken machen, es in der Gruppe besprechen oder mit der ganzen Klasse gemeinsam mit eurer Lehrerin oder eurem Lehrer diskutieren.

Im **Merkkasten** findet ihr die wichtigsten Inhalte der Lerneinheit zusammengefasst. Ihr solltet ihn deshalb sehr aufmerksam lesen.

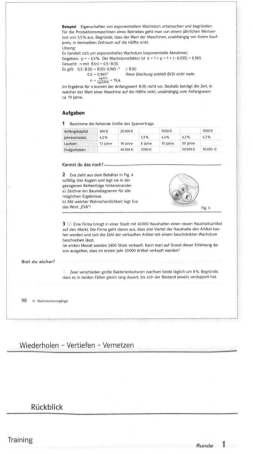

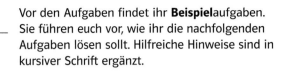

Vor den Aufgaben findet ihr **Beispiel**aufgaben. Sie führen euch vor, wie ihr die nachfolgenden Aufgaben lösen sollt. Hilfreiche Hinweise sind in kursiver Schrift ergänzt.

Mit den **Kannst-du-das-noch?**-Aufgaben könnt ihr altes Wissen wiederholen. Oft bereiten diese Aufgaben euch auf das nächste Kapitel vor.

Immer wieder gibt es Aufgaben, die mit 🧑🧑 oder 🧑🧑🧑 gekennzeichnet sind. Hier bietet es sich besonders an, mit einem Partner oder einer Gruppe zu arbeiten.

In dem Aufgabenblock **Bist du sicher?** könnt ihr alleine testen, ob ihr die grundlegenden Aufgaben zu dem neu gelernten Stoff lösen könnt. Die Lösungen dazu findet ihr hinten im Buch.

Auf den Seiten **Wiederholen – Vertiefen – Vernetzen** findet ihr Aufgaben, die den Lernstoff verschiedener Lerneinheiten und manchmal auch der Kapitel miteinander verbinden.

Am Ende des Kapitels findet ihr jeweils zwei Seiten, die euch helfen, das Gelernte abzusichern. Auf den **Rückblick**seiten sind die wichtigsten Inhalte des Kapitels zusammengefasst. Und in den **Trainingsrunden** könnt ihr noch einmal üben, was ihr im Kapitel gelernt habt. Sie eignen sich auch gut als Vorbereitung für Klassenarbeiten. Die Lösungen dazu findet ihr auf den hinteren Seiten des Buches.

Besonders viel Spaß wünschen wir euch bei den **Exkursionen**: Horizonte, Entdeckungen, Geschichten am Ende der Kapitel. Auf den **Horizonte**-Seiten könnt ihr beispielsweise Interessantes über Erdbeben und Mathematik erfahren und was es mit dem radioaktiven Zerfall auf sich hat. Auf den **Entdeckungen**-Seiten könnt ihr selbst aktiv werden und z. B. herausfinden, wie man mit einer dynamischen Geometriesoftware experimentiert. Die **Geschichten** schließlich könnt ihr vor allem einfach lesen. Vielleicht werdet ihr manchmal staunen, wie alltäglich Mathematik sein kann.

Ihr könnt euch also auf euer Mathematikbuch verlassen. Es gibt euch viele Hilfestellungen für den Unterricht und die Klassenarbeiten, und vor allem möchte es euch zeigen: Mathematik ist sinnvoll und kann Freude machen.

Wir wünschen euch viel Erfolg!
Das Autorenteam und der Verlag

Das kannst du schon

- Kongruenzen von Figuren nachweisen
- Mit Größen rechnen
- Konstruktionen durchführen

Zahl und Maß

Daten und Zufall

Beziehung und Änderung

Modell und Simulation

Muster und Struktur

Form und Raum

I Ähnliche Figuren – Strahlensätze

Das sieht euch ähnlich

Ob Dinge sich ähneln, erkennen wir schnell, auch wenn sie nicht gleich sind. Es kommt auf Form und Größe an.

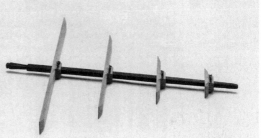

Jakobsstab

Das kannst du bald

- Ähnliche Figuren untersuchen
- Figuren vergrößern und verkleinern
- Mit Strahlensätzen Längen berechnen

1 Vergrößern und Verkleinern von Vielecken – Ähnlichkeit

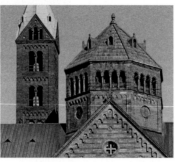

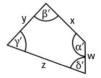 Mit einem Kopierer vergrößerte oder verkleinerte Bilder haben Gemeinsamkeiten und sind doch unterschiedlich.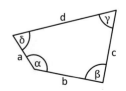

Ob Modelleisenbahn, Foto, Mikroskop, Landkarte, Overheadprojektor oder Mikroelektronik – das Vergrößern oder Verkleinern hat jeder schon ausgenutzt. Aber ist auch klar, was sich beim Vergrößern oder Verkleinern ändert und was unverändert bleibt? Um dies zu erkennen, betrachtet man eine Figur und ihre mit dem Fotokopierer erzeugte Vergrößerung.

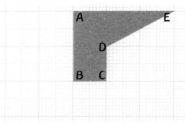
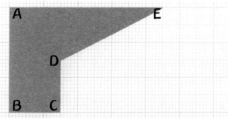

Fig. 1	Fig. 2

Die Winkel des Vielecks haben sich durch das Vergrößern nicht geändert. Nur die Seitenlängen sind größer geworden. Beim genaueren Betrachten der Seitenlängen erkennt man einen Zusammenhang.

		$\overline{AB}$	$\overline{BC}$	$\overline{CD}$	$\overline{DE}$	$\overline{EA}$
Fig. 1	l_1	2 cm	1 cm	1 cm		
Fig. 2	l_2	3 cm	1,5 cm			
Längenverhältnis	$\dfrac{l_2}{l_1}$	$\dfrac{3}{2}$ = 1,5				

Bei einem Vergrößerungsfaktor größer 1 ergibt sich eine Vergrößerung.
Bei einem Vergrößerungsfaktor zwischen 0 und 1 ergibt sich eine Verkleinerung.

Alle Längen einander entsprechender Seiten stehen in einem festen **Längenverhältnis** zueinander. Dieses Verhältnis nennt man **Vergrößerungsfaktor**.
Wenn bei einer Vergrößerung oder Verkleinerung einer Figur die einander entsprechenden Winkel und die Längenverhältnisse gleich bleiben, dann sagt man, die Figuren sind **ähnlich**.

Bei einer maßstäblichen Vergrößerung entstehen ähnliche Figuren.

Zwei Vielecke heißen **ähnlich**, wenn die Längenverhältnisse einander entsprechender Seiten und einander entsprechende Winkel gleich sind.
$\dfrac{a}{w} = \dfrac{b}{x} = \dfrac{c}{y} = \dfrac{d}{z}$ und $\alpha = \alpha'$; $\beta = \beta'$; $\gamma = \gamma'$; $\delta = \delta'$

Beispiel Untersuchung auf Ähnlichkeit und ähnliche Figuren zeichnen
a) Untersuche, ob Fig. 1 zu Fig. 2 oder Fig. 3 ähnlich ist.
b) Zeichne ein zur Figur 2 ähnliches Viereck mit dem Vergrößerungsfaktor 2.

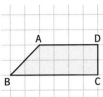
Fig. 1

Fig. 2

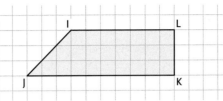
Fig. 3

Lösung:
a) Vergleich der Fig. 1 mit Fig. 2:
Winkel: Entsprechende Winkel sind gleich groß.
Dies erkennt man durch Vergleich der Kästchen oder durch Messen.
Seitenverhältnisse: $\frac{\overline{FG}}{\overline{BC}} = \frac{\overline{GH}}{\overline{CD}} = \frac{\overline{HE}}{\overline{DA}} = \frac{\overline{EF}}{\overline{AB}} = \frac{1}{2}$; daraus folgt: Fig. 1 und Fig. 2 sind ähnlich.
Vergleich der Fig. 1 mit Fig. 3:
Seitenverhältnisse: $\frac{\overline{JK}}{\overline{BC}} = \frac{10}{6} = \frac{5}{3}$; $\frac{\overline{KL}}{\overline{CD}} = \frac{3}{2}$; die Seitenverhältnisse sind nicht gleich, also sind
Fig. 1 und Fig. 3 nicht ähnlich.
b) $\overline{G'H'} = 2 \cdot \overline{GH} = 1\,\text{cm}$
$\overline{H'E'} = 2 \cdot \overline{HE} = 2\,\text{cm}$
$\overline{F'G'} = 2 \cdot \overline{FG} = 3\,\text{cm}$
$\overline{E'F'} = 2 \cdot \overline{EF} = 2\sqrt{2}\,\text{cm}$
Die Winkel bleiben alle gleich groß.

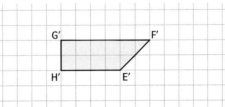

Aufgaben

1 Zeichne ähnliche Figuren unter Verwendung des angegebenen Vergrößerungsfaktors ins Heft.

a)
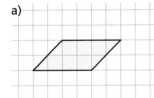

b)
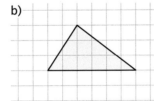

c)
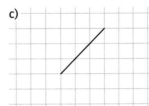

Vergrößerungsfaktor: 2

Vergrößerungsfaktor: $\frac{3}{2}$

Vergrößerungsfaktor: $\frac{5}{2}$

Warum kann man einer Landkarte Himmelsrichtungen direkt entnehmen, während man Entfernungen erst umrechnen muss?

2 Zeichne die Figur ab und vergrößere sie zu einer ähnlichen Figur, so dass sie gerade noch in ein 10 cm × 10 cm großes Quadrat hineinpasst. Welcher Vergrößerungsfaktor ist zu wählen?

a)
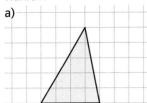

b)
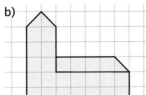

c)
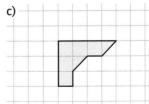

3 Prüfe, ob die drei übereinander liegenden Rechtecke in der Fig. 1 ähnlich sind. Bestimme, wenn möglich, den Vergrößerungsfaktor.

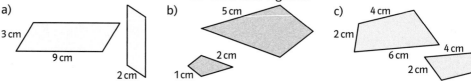

Fig. 1

4 Berechne die fehlenden Seiten der ähnlichen Figuren.

a)

b)

c)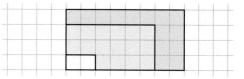

Bist du sicher?

1 Untersuche die beiden Figuren auf Ähnlichkeit. Welcher Vergrößerungsfaktor liegt vor?

2 Das Viereck ABCD ist durch die Punkte A(1|1), B(4|1), C(2|3) und D(2|2) gegeben. Zeichne ein zu ABCD ähnliches Viereck mit dem Vergrößerungsfaktor 3.

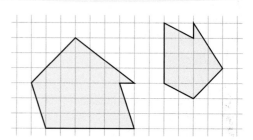

5 Auf den Bildern ist jeweils die Pyramide des Louvre zu sehen.

a) Handelt es sich um eine maßstäbliche Vergrößerung des Fotos? Begründe deine Antwort.

b) Die beiden Bilder wurden mithilfe eines Computers bearbeitet. Weißt du, wie aus dem ersten Bild das zweite entstand? Erkläre, wie man mit dem Computer eine maßstäbliche Vergrößerung erzeugt.

a

b

6 Schneide ein Rechteck aus und falte es entlang der kurzen Mittellinie einmal. Ist das entstandene Rechteck ähnlich zum Ausgangsrechteck? Probiere dies mit einem DIN-A4-Blatt.

Zeige, dass die Rechteckseiten im Verhältnis $a : b = \sqrt{2}$ stehen müssen, damit ähnliche Rechtecke beim Falten entstehen.

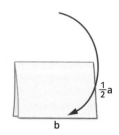

$\frac{1}{2}a$

b

7 Zeichne auf eine Folie eine Figur. Lege die Folie auf den Overheadprojektor und richte diesen so ein, dass eine maßstäbliche Vergrößerung mit dem Faktor 6 entsteht.

2 Zentrische Streckung

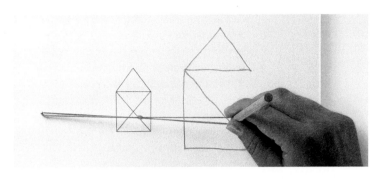

Mit Gummi und Stift wird ein Bild vergrößert.

Befestige das Gummi an einem Punkt und bewege den Stift so, dass der Knoten sich über die Linien der Vorlage bewegt.

Bei einem Diaprojektor wird ein vergrößertes Bild durch die Lichtstrahlen, die von einer zentralen Beleuchtungsstelle ausgehen, erzeugt. Nach einem solchen Prinzip soll auch eine vergrößerte Figur konstruiert werden. Als Ausgangspunkt für die Konstruktion legt man dazu einen Punkt S fest. Verlängert man alle Strecken von S zur Figur mit demselben Faktor k (z.B. k = 2), so erhält man die Punkte der vergrößerten Figur.

Eine solche Konstruktion nennt man **zentrische Streckung** mit dem **Streckfaktor** k. Der Punkt S ist dabei das **Streckzentrum** der Konstruktion.

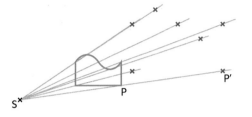

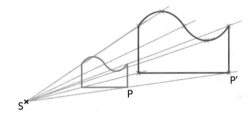

Für die zentrische Streckung gilt:
Für k > 1 wird eine Figur vergrößert und für 0 < k < 1 wird die Figur verkleinert.

Bei der Betrachtung von Ausgangs- und Bildfigur einer zentrischen Streckung, sind folgende Eigenschaften zu erkennen:
1. Einander entsprechende Winkel in der Ausgangs- und in der Bildfigur sind gleich groß.
2. Die Seitenlängen der Bildfigur haben bei einem Streckfaktor k = 2 die doppelte Länge der Ausgangsfigur.

Aus den Eigenschaften der zentrischen Streckung erkennt man, dass Ausgangs- und Bildfigur ähnlich sind.

Zentrische Streckung mit dem Streckzentrum S und dem Streckfaktor k:
a) Zeichne einen Strahl von S durch P.
b) Trage von S aus das k-fache der Länge der Strecke $\overline{SP}$ ab und erhalte P'.

Eine Figur und die durch zentrische Streckung erzeugte Bildfigur sind ähnlich.

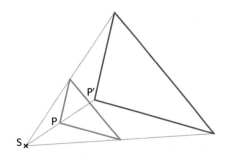

Beispiel 1 Konstruktion ähnlicher Figuren
Gegeben sind die Punkte A(2|3), B(5|1),
C(8|4) und S(0|0). Zeichne das Dreieck
ABC und den Punkt S in ein Koordinatensystem. Konstruiere ein zum Dreieck ABC
ähnliches Dreieck durch eine zentrische
Streckung mit dem Streckzentrum S und
dem Streckfaktor k = 1,5.
Lösung:
$\overline{OA}$ = 3,6; 3,6 · 1,5 = 5,4. *Für die Punkte B
und C ist gleich vorzugehen.*

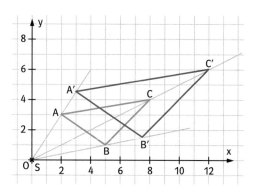

Beispiel 2 Bestimmung des Streckzentrums
Untersuche, ob die größere Figur durch eine zentrische Streckung aus der kleineren Figur
entstanden sein kann.

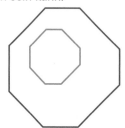

Lösung:

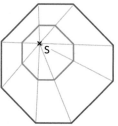

*Zeichnet man durch die jeweils einander entsprechenden Punkte Linien, so schneiden sich
diese in einem Punkt. Dieser Punkt ist das Streckzentrum S.*
Die größere Figur ist durch eine zentrische Streckung aus der kleineren Figur entstanden.
Der Streckfaktor ist k = 2.

Aufgaben

1 Übertrage die Figur ins Heft und führe die zentrische Streckung mit dem Streckfaktor
k durch.

a) k = 3

b) k = 2

c) $k = \frac{1}{2}$

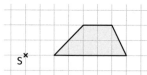

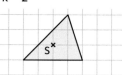

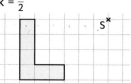

2 Die rote Figur ist durch zentrische Streckung aus der blauen entstanden. Wo befindet
sich das Streckzentrum und wie groß ist der Streckfaktor?

a)

b)

c)

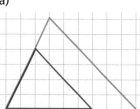

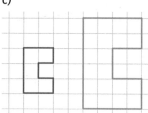

3 Überlege, ob die blaue Figur durch eine zentrische Streckung aus der roten Figur entstanden sein kann. Gib gegebenenfalls den Streckfaktor an und zeichne das Streckzentrum ein.

a)

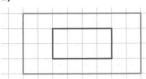

b)

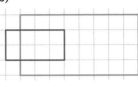

c)

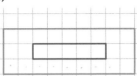

d)

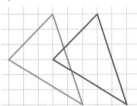

e)

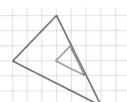

f)

4 Zeichne die Figur in dein Heft. Lege ein Streckzentrum fest und führe eine zentrische Streckung mit dem Streckfaktor k = 3 durch.

Bist du sicher?

1 Übertrage die Figur in dein Heft und führe eine zentrische Streckung mit dem Streckfaktor k = 3,5 durch.

2 Die Punkte A(2|1), B(5|2) und C(1|3) bilden das Dreieck ABC, die Punkte A'(6|3), B'(15|6) und C'(3|9) das Dreieck A'B'C'. Prüfe, ob eine zentrische Streckung vorliegt. Gib gegebenenfalls das Streckzentrum S und den Streckfaktor k an.

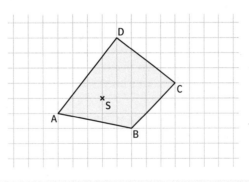

5 a) Zeichne ein Fünfeck und führe für unterschiedliche Streckzentren und gleichen Streckfaktor k = 2 die zentrischen Streckungen durch.
b) Was kann man über die Lage der Streckfigur sagen, wenn das Streckzentrum innerhalb der Figur liegt? Gibt es weitere besondere Lagen für das Streckzentrum?

6 Zeichne das Viereck ABCD mit A(4|1), B(8|2), C(9|7) und D(3|6). Bei einer zentrischen Streckung wird der Eckpunkt C auf C'(12,5|10,5) und der Eckpunkt D auf D'(0,5|8,5) abgebildet. Konstruiere das Bildviereck A'B'C'D'.

7 a) Zeichne das Dreieck ABC mit A(3|1), B(6|1) und C(5|3) und führe eine zentrische Streckung mit k = 2 durch. Bestimme und vergleiche die Flächeninhalte der Dreiecke.
b) Führe eine zentrische Streckung durch, sodass der Flächeninhalt des Bildes nur ein Viertel des Flächeninhaltes der Ausgangsfigur beträgt. Welcher Streckfaktor ist zu benutzen?

8 Bestimme das Streckzentrum und den Streckfaktor der zentrischen Streckung.

a)

b)

c)

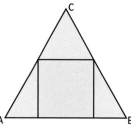

9 In das gleichseitige Dreieck ABC aus Fig. 1 wurde ein möglichst großes Quadrat einge-zeichnet. Dies ist nicht so einfach, wie man vielleicht denkt. Fig. 2 zeigt eine Idee, wie man die Konstruktion durchführen kann. Beschreibe die Konstruktion in einem kurzen Text.

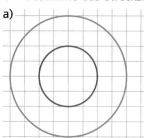

Fig. 1

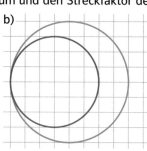

Fig. 2

10 a) Zeichne in ein gleichschenkliges Dreieck ein möglichst großes Quadrat ein. Nutze für die Konstruktion den Ansatz, der in Fig. 3 dargestellt ist.
b) Suche nach weiteren Möglichkeiten, ein maximales Quadrat in ein gleichschenkli-ges Dreieck einzuzeichnen.

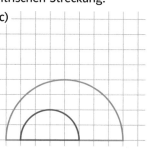

Fig. 3

11 In Fig. 4 wurde versucht, eine Figur und deren zentrisch gestrecktes Bild zu zeichnen. Sowohl Figur als auch Bild sind noch nicht vollständig. Übernimm das Bild in dein Heft und zeichne Figur und Bild vollständig. Welcher Streckfaktor wird für die zentrische Streckung benutzt?

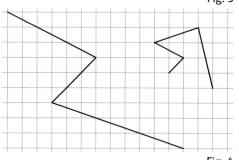

Fig. 4

Kannst du das noch?

12 Welcher Kongruenzsatz garantiert die eindeutige Konstruierbarkeit des Dreiecks ABC? Konstruiere das Dreieck.
a) a = 5 cm, b = 2 cm, $\alpha = 50°$ b) b = 7 cm, $\alpha = 35°$, $\gamma = 90°$

13 Löse die Klammern auf.
a) $(2x - 5a) \cdot 3ax$ b) $(2z - 3s)(3s + 2z)$ c) $(2x - 3)x - (2 - 3x) \cdot 2$

3 Ähnliche Dreiecke

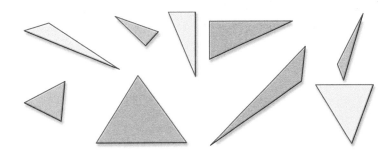

Ähnliche Dreiecke sind einfach zu erkennen.

Um die Ähnlichkeit von zwei Figuren zu überprüfen, muss man eigentlich die Winkel und die Seitenverhältnisse vergleichen. Bei Dreiecken ist ein solch großer Aufwand nicht notwendig. Es genügt der Vergleich der Winkel oder der Seitenverhältnisse.

Als Erstes wird der Fall betrachtet, dass die Dreiecke ABC und XYZ in den einander entsprechenden Winkeln übereinstimmen. Durch eine zentrische Streckung wird das Dreieck ABC so gestreckt, dass die Bildstrecke $\overline{A'C'}$ so lang wie die Strecke $\overline{XZ}$ ist. Die Winkel bleiben dabei unverändert. Nach dem Kongruenzsatz WSW sind die Dreiecke XYZ und A'B'C' kongruent. Dreieck ABC und Dreieck A'B'C' sind ähnlich, da sie aus einer zentrischen Streckung hervorgehen. Damit ergibt sich, dass die Dreiecke ABC und XYZ ähnlich sind.

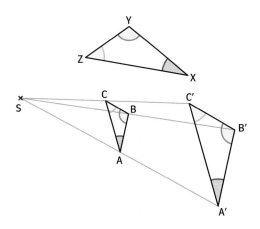

Kongruenzsatz WSW: Zwei Dreiecke sind kongruent, wenn sie in einer Seite und zwei Winkeln übereinstimmen.

Nun wird der Fall betrachtet, dass für die beiden Dreiecke ABC und XYZ gilt: Entsprechende Seiten der Dreiecke bilden das gleiche Verhältnis. Das Dreieck ABC kann durch eine zentrische Streckung so vergrößert werden, dass die Seiten des Dreiecks ABC gleich groß zu den entsprechenden Seiten des Dreiecks XYZ sind. Dazu nutzt man eine zentrische Streckung, die als Streckfaktor das Seitenverhältnis hat. Dreiecke mit gleichen Seiten sind nach dem Kongruenzsatz SSS kongruent. Sie stimmen also auch in allen Winkeln überein. Da bei der zentrischen Streckung die Winkelweiten unverändert bleiben, ergibt sich, dass die Dreiecke ABC und XYZ ähnlich sind.

Kongruenzsatz SSS: Zwei Dreiecke sind kongruent, wenn sie in allen drei Seiten übereinstimmen.

Ähnliche Dreiecke
1. Wenn zwei Dreiecke in allen entsprechenden Winkeln übereinstimmen, dann sind sie ähnlich.
2. Wenn in zwei Dreiecken die entsprechenden Seitenlängen das gleiche Verhältnis bilden, dann sind sie ähnlich.

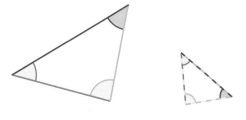

Zum Nachweis der Ähnlichkeit bei Dreiecken reichen auch zwei übereinstimmende Winkel aus. Die Übereinstimmung im dritten Winkel ergibt sich aus der Innenwinkelsumme im Dreieck.

Beispiel Berechnung über Ähnlichkeit

In der Fig. 1 wurde in das Dreieck ABC eine Senkrechte eingezeichnet, sodass das Dreieck DBE entstand.

a) Begründe, dass die Dreiecke ähnlich sind.

b) Berechne die fehlenden Seitenlängen.

Lösung:

a) Beide Dreiecke stimmen im rechten Winkel und im Winkel α überein. Also sind die Dreiecke ähnlich.

b) Sich entsprechende Seiten sind: $\overline{AB}$ und $\overline{BE}$, $\overline{CA}$ und $\overline{DE}$, $\overline{BC}$ und $\overline{BD}$

Vergrößerungsfaktor: $\frac{\overline{BC}}{\overline{BD}} = \frac{8\,cm}{4\,cm} = 2$.

$\overline{AB} = 2 \cdot \overline{BE} = 10\,cm$. Aus $\overline{AC} = 2 \cdot \overline{DE} = 6\,cm$ folgt: $\overline{DE} = \frac{1}{2} \cdot \overline{AC} = 3\,cm$.

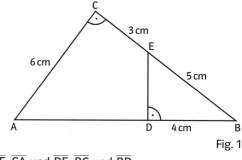

Fig. 1

Aufgaben

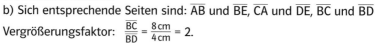

1 Ein Dreieck hat die Winkel 65° und 42°, ein anderes Dreieck die Winkel 42° und 73°. Sind die beiden Dreiecke ähnlich?

2 Prüfe, ob ein Dreieck mit den Seiten a = 4,5 cm, b = 7,2 cm und c = 3,3 cm zu einem Dreieck mit den Seiten d = 16,8 cm, e = 7,7 cm und f = 10,5 cm ähnlich ist.

3 In Fig. 2 sind die Geraden g und h parallel.

a) Begründe, dass die Dreiecke ABM und CDM ähnlich sind.

b) Berechne die Längen der Strecken $\overline{AB}$ und $\overline{BM}$, wenn $\overline{CD} = 1,5\,cm$, $\overline{MC} = 1\,cm$, $\overline{AM} = 7\,cm$ und $\overline{DM} = 2\,cm$ sind.

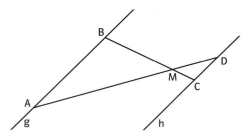

Fig. 2

4 In Fig. 3 sind die Geraden g und h parallel.

a) Begründe, dass die Dreiecke ABM und CDM ähnlich sind.

b) Berechne alle Seiten im Dreieck CDM, wenn die Seitenlängen $\overline{MA} = 2,5\,cm$, $\overline{MB} = 4\,cm$, $\overline{AB} = 1,5\,cm$ und $\overline{BD} = 3,5\,cm$ bekannt sind.

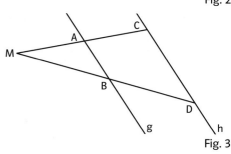

Fig. 3

5 In das rechtwinklige Dreieck ABC wird die Höhe h eingezeichnet. Der Fußpunkt der Höhe sei D (Fig. 4). Begründe, dass die Dreiecke ABC, ADC und BCD ähnlich sind.

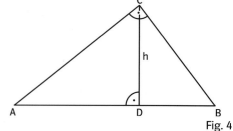

Fig. 4

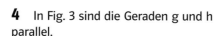

1 a) Begründe, dass die Dreiecke ABC und CDE ähnlich sind.
b) Berechne die fehlenden Dreieckseiten, wenn $\overline{AB}$ = 7,5 cm, $\overline{AC}$ = 19,5 cm, $\overline{CE}$ = 10,8 cm und $\overline{DE}$ = 4,5 cm.

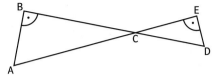

6 In einem Rechteck mit den Seiten a = 6 cm und b = 8 cm ist die Diagonale e = 10 cm lang. Zeichnet man wie in Fig. 1 von A und C aus die Orthogonalen zur Diagonalen, so erhält man verschiedene Dreiecke.
a) Welche Dreiecke sind ähnlich? Weise die Ähnlichkeit nach.
b) Berechne die Seitenlängen der Dreiecke AED und ABE.

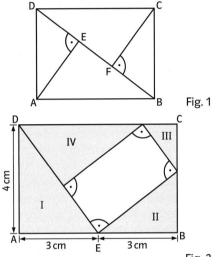

Fig. 1

7 a) Zeige, dass die vier Teildreiecke I bis IV in Fig. 2 ähnlich sind.
b) Berechne die Seitenlängen der Dreiecke.
c) In welchem Vergrößerungsverhältnis stehen die Dreiecke zueinander?

Fig. 2

8 Die Dreiecke ABC und ABD (in Fig. 3) sind gleichschenklig mit $\overline{AC}$ = $\overline{BC}$ = 4,1 cm und $\overline{AB}$ = $\overline{AD}$ = 2,9 cm.
a) Zeige, dass die Dreiecke ABC und ABD ähnlich sind.
b) Wie lang ist die Strecke $\overline{BD}$?

9 Zeichne ein Dreieck ABC mit a = 6 cm, b = 4 cm und c = 7 cm. Konstruiere über der Seite $\overline{AC}$ ein ähnliches Dreieck ACD, so dass der Seite $\overline{AB}$ im Dreieck ABC die Seite $\overline{AC}$ im Dreieck ACD entspricht. Mit welchem Vergrößerungsfaktor wird das Dreieck ACD gezeichnet? Wie verhalten sich die Flächeninhalte der beiden Dreiecke?

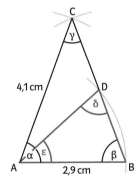

Fig. 3

Kannst du das noch?

10 Bestimme die Lösungen des linearen Gleichungssystems.
a) $3x - 2 = 2y$
$-2x + 1 = y$

b) $x - 2y - 3 = 0$
$2x + 2y + 1 = 0$

c) $\frac{3}{4}x - y = \frac{1}{2}$
$2x + \frac{1}{3}y = 2$

11 Auf sechs Kugeln sind die Buchstaben des Wortes ANANAS verteilt. Von den sechs Kugeln werden zufällig vier Kugeln gezogen und hintereinander auf den Tisch gelegt. Mit welcher Wahrscheinlichkeit entsteht das Wort ANNA?

4 Strahlensätze

Viele Berechnungen von Strecken lassen sich auf eine Grundfigur wie in Fig. 1 zurückführen. Dabei werden zwei Strahlen mit gemeinsamem Anfangspunkt S von zwei parallelen Geraden geschnitten. Man erkennt in der Figur die Dreiecke SAB und SCD. Sie sind ähnlich, da sie in den entsprechenden Winkeln übereinstimmen. Aus den gleichen Seitenverhältnissen bei ähnlichen Dreiecken ergibt sich für die Strecken auf den Strahlen:

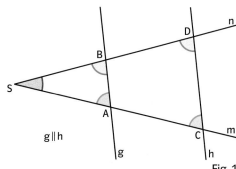

g ∥ h

Fig. 1

$$\frac{\overline{SD}}{\overline{SB}} = \frac{\overline{SC}}{\overline{SA}}.$$

Da $\overline{SD} = \overline{SB} + \overline{BD}$ und $\overline{SC} = \overline{SA} + \overline{AC}$ ist, folgt: $\frac{\overline{SB} + \overline{BD}}{\overline{SB}} = \frac{\overline{SA} + \overline{AC}}{\overline{SA}}$ und

$1 + \frac{\overline{BD}}{\overline{SB}} = 1 + \frac{\overline{AC}}{\overline{SA}}$ und $\frac{\overline{BD}}{\overline{SB}} = \frac{\overline{AC}}{\overline{SA}}$. Die Verhältnisgleichungen für Strahlenabschnitte werden im **1. Strahlensatz** zusammengefasst. Im **2. Strahlensatz** werden Verhältnisse von Strahlenabschnitten und Parallelenabschnitten betrachtet. Aus der Ähnlichkeit der Dreiecke ergibt sich:

$$\frac{\overline{CD}}{\overline{AB}} = \frac{\overline{SC}}{\overline{SA}} = \frac{\overline{SD}}{\overline{SB}}.$$

Strahlensätze

Werden zwei von einem Punkt S ausgehende Strahlen von zwei Parallelen geschnitten, dann gilt:

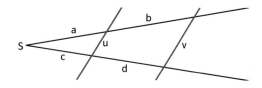

1. Die Abschnitte auf einem Strahl verhalten sich wie die entsprechenden Abschnitte auf dem anderen Strahl.
2. Die Abschnitte auf den Parallelen verhalten sich wie die von S aus gemessenen entsprechenden Abschnitte auf einem Strahl.

1. Strahlensatz

$$\frac{a}{b} = \frac{c}{d}, \quad \frac{a+b}{a} = \frac{c+d}{c}, \quad \frac{a+b}{b} = \frac{c+d}{d}$$

2. Strahlensatz

$$\frac{v}{u} = \frac{a+b}{a}, \quad \frac{v}{u} = \frac{c+d}{c}$$

Beispiel 1 Berechnung einer Länge
In der Figur sind die Geraden g und h parallel. Berechne die Länge der Strecke a und der Strecke b.

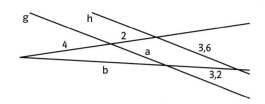

Lösung:
b wird mit dem 1. Strahlensatz berechnet:
$\frac{b}{3,2} = \frac{4}{2}$ und $b = \frac{4 \cdot 3,2}{2} = 6,4$.

a wird mit dem 2. Strahlensatz berechnet:
$\frac{a}{3,6} = \frac{4}{4+2}$ und $a = \frac{4 \cdot 3,6}{6} = 2,4$.

Beispiel 2 Anwendung Strahlensatz
In ein Dachgeschoss mit einer Höhe von 4,80 m soll auf einer Höhe von 3,20 m eine Decke eingezogen werden. Wie lang muss ein durchgängiger Deckenbalken sein?

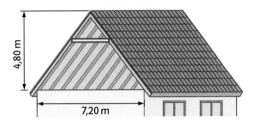

Lösung:
Skizze:

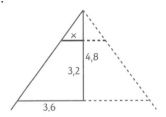

Decke und Boden sind parallel.
Ansatz mit 2. Strahlensatz:
$\frac{x}{7,2} = \frac{4,8 - 3,2}{4,8}$ und $x = \frac{1,6 \cdot 7,2}{4,8} = 2,4$
Der Deckenbalken muss 2,40 m lang sein.

Aufgaben

1 In der Zeichnung ist g parallel zu h. Welche Verhältnisse sind gleich?

a)

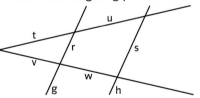

b)

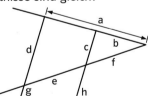

2 In der Zeichnung ist g parallel zu h. Berechne jeweils die fehlenden Größen.

a)

b)

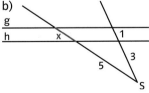

c)

d)

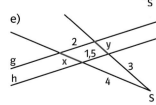

e)

f)

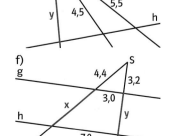

3 Berechne die Länge des Sees.

a)

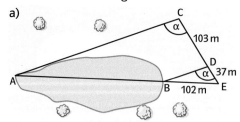

b)

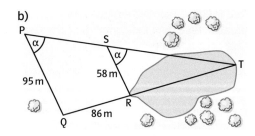

4 Um die Höhe des Kirchturmes zu ermitteln, werden zwei Stäbe $\overline{AB}$ und $\overline{CD}$ mit den Längen 1,4 m und 2,1 m so aufgestellt, dass über sie die Spitze des Kirchturmes angepeilt werden kann. Die Abstände $\overline{AC}$ = 1,5 m und $\overline{CE}$ = 200 m wurden gemessen. Wie hoch ist der Kirchturm?

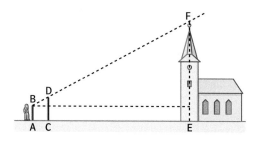

Bist du sicher?

1 Die Geraden g und h sind parallel. Berechne die Längen a und b.

2 Wie hoch ist der Fernsehturm, wenn d = 1,8 cm, g = 64 cm und e = 2,6 km betragen?

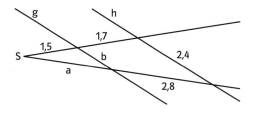

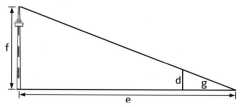

5 Mit Messkeil und Messlehre kann man kleine Öffnungen und kleine Dicken messen. Bestimme die Weite der Öffnung des Werkstücks und die Dicke des Drahtes.

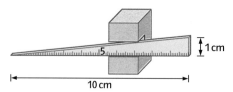

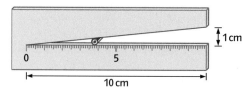

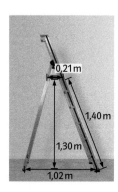

6 Eine Treppenleiter mit der maximalen Tritthöhe von 1,30 m soll in einem Kellerraum eingesetzt werden. Wie hoch muss der Raum mindestens sein, damit die Leiter aufgestellt werden kann? Welche Höhe über dem Fußboden hat man, wenn man auf der vierten Sprosse der Leiter steht?

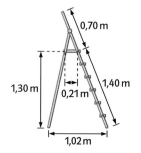

5 Erweiterung der Strahlensätze

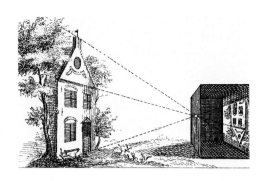

■■■ Mithilfe von so genannten Loch-kameras wurden bereits im 16. Jahrhundert Landschaften und Gegenstände exakt ver-kleinert gezeichnet. ■■■

Bei den Strahlensätzen wurde immer vorausgesetzt, dass parallele Geraden von Strahlen geschnitten wurden (Fig. 1). Lässt man für die Strahlen auch Geraden zu, so können die Parallelen auch eine andere Lage haben (siehe Fig. 2). Dabei sind in den entstehenden Dreiecken ABS und CDS die sich entsprechenden Winkel gleich groß. Die Dreiecke sind deshalb ähnlich und man erhält für die Seitenverhältnisse:

$\frac{u}{v} = \frac{a}{d}$, $\frac{a}{d} = \frac{b}{c}$ und $\frac{u}{v} = \frac{b}{c}$.

Addiert man bei der zweiten Gleichung die Zahl 1, so ergibt sich

$1 + \frac{a}{d} = 1 + \frac{b}{c}$ und damit $\frac{d+a}{d} = \frac{c+b}{c}$.

Diese Gleichungen beschreiben die Strah-lensätze für sich schneidende Geraden.

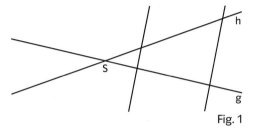

Fig. 1

Scheitelwinkel
$\sphericalangle CSD = \sphericalangle BSA$

Wechselwinkel an ge-schnittenen Parallelen:
$\sphericalangle SAB = \sphericalangle SDC$,
$\sphericalangle DCS = \sphericalangle ABS$

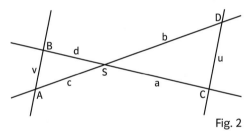

Fig. 2

Strahlensätze
Werden zwei Geraden, die sich im Punkt S schneiden, von zwei Parallelen ge-schnitten, dann gilt:

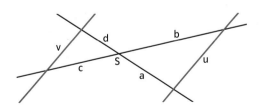

1. Die Abschnitte auf einer Geraden verhalten sich zueinander wie die ent-sprechenden Abschnitte auf der anderen Geraden.

2. Die Abschnitte auf den Parallelen ver-halten sich zueinander wie die von S aus gemessenen entsprechenden Abschnitte auf einer Geraden.

1. Strahlensatz
$\frac{a}{d} = \frac{b}{c}$, $\frac{d+a}{d} = \frac{c+b}{c}$, $\frac{d+a}{a} = \frac{c+b}{b}$

2. Strahlensatz
$\frac{u}{v} = \frac{a}{d}$, $\frac{u}{v} = \frac{b}{c}$

Beispiel 1 Berechnung einer Länge

In der Figur ist a ∥ b. Berechne x und y.

Lösung:

1. Strahlensatz:

$\frac{y}{2} = \frac{5,5}{2,2}$, also $y = \frac{5,5 \cdot 2}{2,2} = 5$.

2. Strahlensatz:

$\frac{x}{4} = \frac{2,2}{5,5}$, also $x = \frac{2,2 \cdot 4}{5,5} = 1,6$.

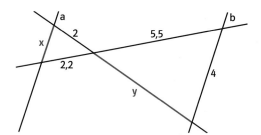

Beispiel 2 Anwendung

Die beiden Geländepunkte A und B sind durch einen See getrennt. Um die Entfernung zu bestimmen, wurde gepeilt und gemessen.

Berechne die Entfernung von A nach B.

Lösung:

Man erkennt die Strahlensatzfigur mit dem Schnittpunkt B.

1. Strahlensatz:

$\frac{x}{180} = \frac{560}{240}$, also $x = \frac{560 \cdot 180}{240} = 420$.

Die Entfernung zwischen den Geländepunkten A und B beträgt 420 m.

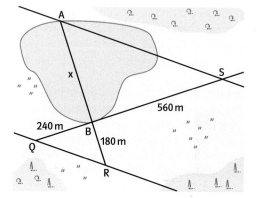

Aufgaben

1 Stelle mithilfe der Strahlensätze Verhältnisgleichungen für die Fig. 1 auf.

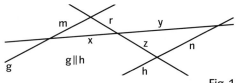
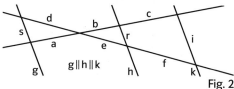

Fig. 1   Fig. 2

2 Ergänze das □ im Heft so, dass eine richtige Verhältnisgleichung für Fig. 2 entsteht.

a) $\frac{a}{b} = \frac{\square}{e}$ b) $\frac{s}{i} = \frac{d}{\square}$ c) $\frac{a+b}{c} = \frac{\square}{f}$ d) $\frac{b}{\square} = \frac{r}{i}$ e) $\frac{a+b}{\square} = \frac{\square}{d}$ f) $\frac{b+c}{d} = \frac{i}{\square}$

3 Parallelen werden von zwei Geraden geschnitten. Berechne die fehlenden Längen.

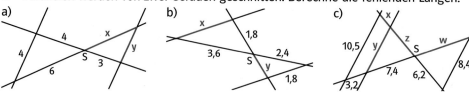

a)   b)   c)

4 Die Punkte A und B liegen am Rand einer Schlucht. Im ebenen Gelände wurden Messungen zur Berechnung des Abstandes der Punkte durchgeführt (Fig. 3). Berechne den Abstand zwischen den Felspunkten.

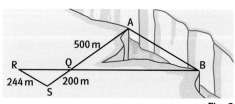

Fig. 3

5 Leonardo da Vinci (1452–1519) schlug vor, die Breite eines Flusses nach der nebenstehenden Zeichnung zu bestimmen. Erläutere das Verfahren, mit dem man die Breite berechnen kann, und bestimme die Flussbreite, wenn die folgenden Größen gemessen werden:
$\overline{BC}$ = 1 m, $\overline{AB}$ = 20 cm, $\overline{AD}$ = 1,5 m.

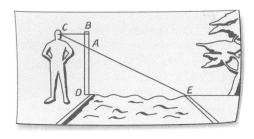

Bist du sicher?

1 Berechne x, y und z in der Fig. 1.

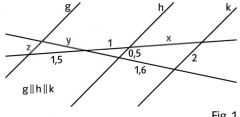

g ‖ h ‖ k

Fig. 1

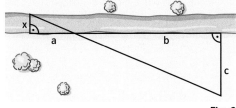

Fig. 2

2 Um die Breite eines Flusses von einer Uferseite aus zu bestimmen (Fig. 2), werden die Strecken a = 15 m, b = 60 m und c = 48 m gemessen. Bestimme die Flussbreite.

6 In Fig. 3 ist die Wirkungsweise einer Lochkamera schematisch dargestellt. Mit G und B werden die Gegenstandsgröße und die Bildgröße bezeichnet, mit g und b die Gegenstandsweite und Bildweite. Wie groß wird ein 114 m hoher Turm in 180 m Entfernung abgebildet, wenn die Bildweite 45 cm beträgt?

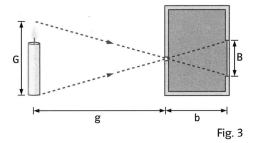

Fig. 3

7 Entfernungen im Gelände können mit dem so genannten Daumensprung abgeschätzt werden. Dabei peilt man einen Gegenstand hintereinander mit dem linken und dem rechten Auge an. Ist eine Geländegröße bekannt, lässt sich die zweite mittels Augenabstand und Armlänge abschätzen.

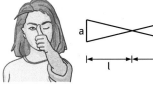

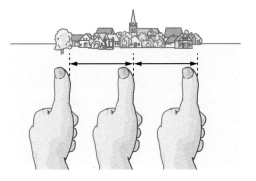

Beachte: 20 % aller Finger sind Daumen.

a) Wie weit steht Anke vom Dorf entfernt, wenn sie es mit zwei Daumensprüngen abdeckt? Augenabstand a = 6 cm, Armlänge l = 58 cm, Dorfbreite z = 1,4 km.
b) Miss deine Armlänge und deinen Augenabstand und schätze Entfernungen im Gelände.

1 Betrachte die beiden Bilder.
a) Bestimme den Vergrößerungsfaktor, mit dem das zweite Bild aus dem ersten hervorgeht.
b) Fertige von den Bildern eine Vergrößerung mit einem Kopierer an. Merke dir den eingestellten Vergrößerungsfaktor. Wie kann man aus Original und Kopie die Kopiereinstellung ermitteln?

2 Ein Baum wirft einen Schatten der Länge 4,8 m. Die daneben stehende Person von 1,8 m Größe hat einen Schatten von 1,5 m. Wie groß ist der Baum? Nutze die Skizzen und beschreibe unterschiedliche Lösungswege.

a)

b)

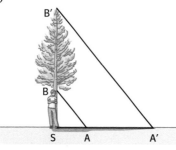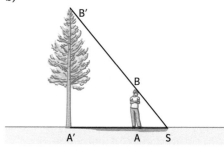

3 Die vorgegebene Strecke $\overline{AB}$ soll zeichnerisch in vier gleiche Teile zerlegt werden.
a) Erläutere die abgebildete Methode der Streckenteilung mithilfe der Strahlensätze.
b) Teile eine 11 cm lange Strecke in vier gleiche Teile.
c) Teile eine Strecke der Länge 13 cm in fünf gleiche Teile. Zeichne den Punkt T auf der Strecke ein, der sie in zwei Teilstrecken mit dem Längenverhältnis 2 : 3 teilt.

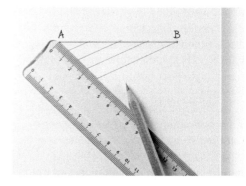

4 Eine Erbse von 6 mm Durchmesser verdeckt gerade den Vollmond (Fig. 1), wenn man sie 66 cm vom Auge entfernt hält. Berechne den Mondradius.

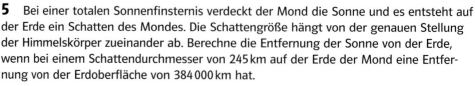

66 cm

384 000 km

Fig. 1

5 Bei einer totalen Sonnenfinsternis verdeckt der Mond die Sonne und es entsteht auf der Erde ein Schatten des Mondes. Die Schattengröße hängt von der genauen Stellung der Himmelskörper zueinander ab. Berechne die Entfernung der Sonne von der Erde, wenn bei einem Schattendurchmesser von 245 km auf der Erde der Mond eine Entfernung von der Erdoberfläche von 384 000 km hat.

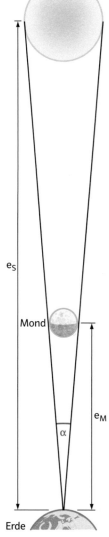

Sonne

e_S

Mond

e_M

α

Erde

Sonnendurchmesser:
1392 000 km
Monddurchmesser:
siehe Aufgabe 4

6 Die Figur zeigt den Strahlenverlauf zur Bildentstehung an einer Sammellinse. Dabei ist g die Gegenstandsweite, b die Bildweite, G die Gegenstandsgröße und B die Bildgröße. Die Brennweite f wird durch Form und Glasart der Linse bestimmt.

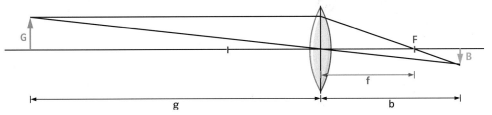

a) Suche nach Strahlensatzfiguren, die für eine Berechnung an der Sammellinse nutzbar sind.
b) Stelle einen Zusammenhang zwischen den Größen Gegenstandsweite g, Bildweite b, Gegenstandsgröße G und Bildgröße B auf.
c) Wie weit muss ein Gegenstand von der Sammellinse mit der Brennweite 20 mm entfernt sein, damit von einem 1,6 m hohen Gegenstand ein Bild der Größe 36 mm entsteht?

7 Zeichne ein Rechteck mit der Breite 2 cm und der Länge 3 cm. Lege einen Punkt S fest und führe eine zentrische Streckung mit k = 3 durch.
a) Berechne und vergleiche die Flächeninhalte von Ausgangs- und Bildfigur. Welchen Zusammenhang kann man feststellen? Begründe deine Vermutung mithilfe von Strahlensätzen und Streckfaktor.
b) Bestätige die Vermutung aus a mit einem Beispiel, in welchem ein Dreieck zentrisch gestreckt wird.
c) In der Fig. 1 sind M_1 und M_2 jeweils die Seitenmitten. Das Dreieck ABC habe den Flächeninhalt von 5 cm². Wie groß ist der Flächeninhalt des Dreiecks CM_1M_2?

8 Eine Pizza „Italia" mit 25 cm Durchmesser kostet 5,80 €. Die gleiche Pizza kann man auch mit einem Durchmesser von 28 cm bestellen. Welchen Preis sollte diese Pizza haben? Begründe deine Antwort.

9 Von einer quadratischen Pyramide mit der Grundkante a_1 = 40 cm und der Mantelkante m_1 = 50 cm wird die Spitze abgeschnitten, deren Mantelkante m_2 = 18 cm beträgt.
Wie lang ist die Kante a_2 der Deckfläche des verbleibenden Pyramidenstumpfes?

10 Ein Kegel mit dem Radius r_1 = 7,4 cm und der Höhe h_1 = 18,5 cm soll so geschnitten werden, dass die Schnittfläche den Radius r_2 = 2,6 cm besitzt. In welcher Höhe muss der Kegel geschnitten werden?

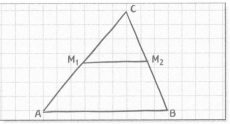

Fig. 1

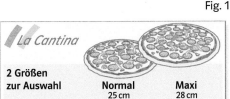

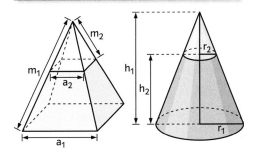

Ein Winkel von 0,5° wird durch eine Lupe betrachtet, die 4fach vergrößert. In welcher Größe erscheint der Winkel?

11 Mit den abgebildeten Geräten („Storchenschnabel" oder „Pantograph") kann man Zeichnungen vergrößern oder verkleinern.

a) Schreibe einen mathematischen Aufsatz zur Funktionsweise des Gerätes.

b) Mit welchem Streckfaktor arbeitet das Gerät aus Fig. 1? Mit welchem Streckfaktor arbeitet das Gerät aus Fig. 2?

c) Zum Bauen eines eigenen Pantographen kann man Teile des Metallbaukastens nutzen oder aus Holz Stäbe zurechtsägen. Versuche eine Vergrößerungsmaschine zu bauen.

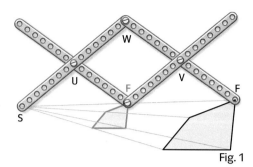

Fig. 1

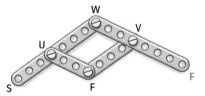

12 Zeichne ein Trapez ABCD einschließlich der beiden Diagonalen. Erkennst du eine Strahlensatzfigur? Beweise, dass sich die Diagonalen im Verhältnis der Grundlinien a und c teilen.

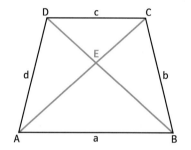

Fig. 2

13 Zwei runde Säulen mit 2 m und 1,5 m Durchmesser haben einen Abstand (lichte Weite) von 7 m. In welcher Entfernung zur Säule steht ein Betrachter, für den die dünnere Säule gerade die dickere Säule verdeckt?

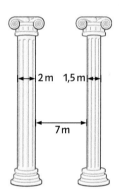

Kannst du das noch?

14 Ordne die angegebenen Zahlen den Zahlbereichen rationale Zahl, natürliche Zahl, reelle Zahl und ganze Zahl zu.

$2{,}54$; $-\frac{7}{3}$; $\sqrt{4}$; $-3{,}\overline{52}$; 7; -1376; $-\sqrt{51}$; $132{,}3$; $\frac{21}{3}$

15 Ordne die Zahlen der Größe nach. Beginne mit der kleinsten.

$52{,}76$; $\frac{123}{5}$; $-\frac{7}{3}$; $\frac{56}{20}$; $-1{,}37$; $\frac{639}{12}$; $-2{,}3$; $\frac{87}{30}$; $25\frac{2}{3}$

16 Berechne ohne Taschenrechner.

a) $\frac{7}{5} + \frac{13}{15}$ b) $\frac{4}{6} - \frac{2}{9}$ c) $\frac{3}{14} + \frac{7}{4}$ d) $\frac{5}{2} + 1{,}72$ e) $1{,}25 - \frac{14}{8}$

f) $\frac{5}{12} \cdot \frac{9}{25}$ g) $\frac{18}{21} : \frac{9}{14}$ h) $\frac{14}{3} : 6$ i) $2{,}5 \cdot \frac{3}{8}$ j) $162{,}1 \cdot 3{,}5$

17 a) Bestimme 20 % von $\frac{12}{5}$.

b) Gib die um 120 % vergrößerte Summe der Zahlen 3,5 und $\frac{5}{2}$ an.

c) Wie viel Prozent sind der achte Teil von 56?

d) 30 % einer Zahl ergeben 20. Bestimme die Zahl.

18 Vereinfache so weit wie möglich.

a) $\left(\sqrt{3} + \sqrt{12}\right)\sqrt{3}$ b) $\sqrt{5}\left(\sqrt{125} - \sqrt{45}\right)$ c) $\left(\sqrt{50} - \sqrt{98}\right) : \sqrt{2}$

Experimentieren mit Geometrie

In der klassischen Geometrie wurde mit Zirkel und Lineal konstruiert. Das Experimentieren mit geometrischen Figuren war damit sehr aufwändig. Mit Computerprogrammen kann man geometrische Konstruktionen im Nachhinein verändern. Durch das Beobachten von Veränderungen an einer geometrischen Figur oder das Vergleichen von Längen und Winkeln kann man Gesetzmäßigkeiten erkennen.

Untersuchung der zentrischen Streckung

Zum Dreieck ABC wird eine zentrische Streckung konstruiert. Dazu legt man das Streckzentrum S und den Streckfaktor k als Verhältnis der Teilstrecken $\overline{EG}$ und $\overline{GF}$ fest (Fig. 1). Durch das Verschieben des Punktes G auf der Geraden $\overline{EF}$ kann der Streckfaktor $k = \frac{\overline{GF}}{\overline{EG}}$ zwischen 0 und unendlich verändert werden.

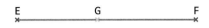

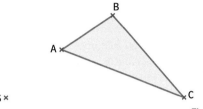

Fig. 1

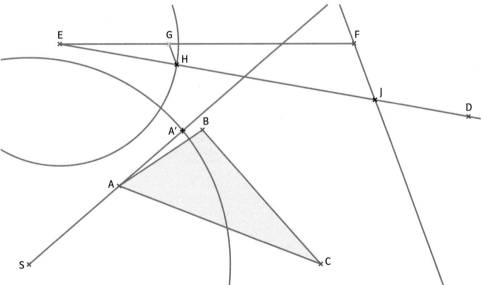

Fig. 2

Um den Punkt A′ zu konstruieren (Fig. 2), zeichnet man in E beginnend einen Strahl, auf dem die Länge $\overline{SA}$ von E aus abgetragen wird. Man erhält den Punkt H und $\overline{EH} = \overline{SA}$. Durch eine Parallele zur Strecke $\overline{GH}$ durch den Punkt F entsteht eine Strahlensatzfigur. Nach dem ersten Strahlensatz gilt:

$\frac{\overline{GF}}{\overline{EG}} = \frac{\overline{HJ}}{\overline{EH}}$. Da $k = \frac{\overline{GF}}{\overline{EG}}$, folgt: $\overline{HJ} = k \cdot \overline{EH}$.

Die Länge der Strecke $\overline{SA′}$ entspricht damit der Länge der Strecke $\overline{HJ}$. Durch das Abtragen der Länge $\overline{HJ}$, beginnend im Punkt S, erhält man den Punkt A′. In Analogie konstruiert man die Punkte B′ und C′ und erhält das Dreieck A′B′C′. Nach dem Ausblenden der Hilfslinien kann durch das Ziehen an den Punkten S und G das Experimentieren beginnen.

Einen Kreis mit Radius abtragen

Experimentieren mit Geometrie

1 Konstruiere eine zentrische Streckung eines Dreiecks mit einem dynamischen Geometrieprogramm.

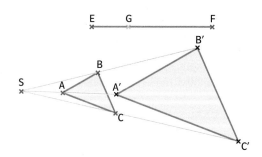

2 Wie verändert sich die Lage von Bild und Original zueinander, wenn die Lage des Streckzentrums verändert wird? Gib die Erkenntnisse in Abhängigkeit von der Lage des Punktes S an.

3 Wie ändert sich die Lage von Bild und Original zueinander, wenn der Streckfaktor verändert wird? Gib die Erkenntnisse in Abhängigkeit von der Größe des Streckfaktors an.

4 Konstruiere eine zentrische Streckung für ein Viereck bzw. Fünfeck. Untersuche auch hier die Lage von Bild und Original zueinander, wenn sich die Lage des Streckzentrums oder der Streckfaktor ändern. Für welche Formen des Vierecks bzw. Fünfecks gelten die gleichen Erkenntnisse wie beim Dreieck?

Ähnlichkeitssätze am Kreis

Zeichnet man in einen Kreis zwei Sehnen ein, so können diese sich wie in Fig. 1 schneiden. Dabei werden die Sehnen in vier Teilstrecken unterteilt. Beobachtet man die Längen der einzelnen Teilstrecken, so kann man Zusammenhänge feststellen.

Die zu einer Kreissehne gehörenden Peripheriewinkel auf derselben Seite der Sehne sind gleich groß.

5 Konstruiere mit einem dynamischen Geometrieprogramm einen Kreis mit Sehnen wie in Fig. 1. Verändere die Lage der Sehnen und beobachte die Längen der Teilstrecken. Welchen Zusammenhang kann man beobachten? Beschreibe den Zusammenhang mit einer Gleichung.

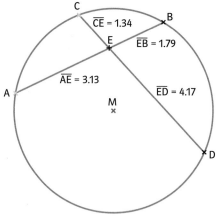

$\overline{CE} = 1.34$

$\overline{EB} = 1.79$

$\overline{AE} = 3.13$

$\overline{ED} = 4.17$

Fig. 1

6 Formuliere den Sehnensatz als Erkenntnis aus den Untersuchungen an Fig. 1. Nutze den Satzanfang: „Schneiden sich zwei Sehnen in einem Punkt E im Kreisinneren, dann gilt: … "

Einen weiteren mathematischen Zusammenhang zur Ähnlichkeit am Kreis kann man beim Experimentieren an der Fig. 2 erkennen. Hier wurden von einem Punkt S außerhalb des Kreises zwei Sekanten gezeichnet. Durch die Schnittpunkte der Sekanten mit dem Kreis entstehen vier Sekantenabschnitte, deren Längen gemessen werden.

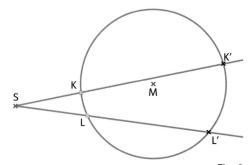

Fig. 2

Experimentieren mit Geometrie

7 Konstruiere mit einem Geometrieprogramm einen Kreis mit zwei Sekanten wie in Fig. 2 auf der vorhergehenden Seite. Miss die Längen der Sekantenabschnitte $\overline{SK}$, $\overline{SL}$, $\overline{SK'}$, $\overline{SL'}$ und versuche durch das Verändern der Figur Zusammenhänge zu erkennen.

8 Formuliere den Sekantensatz als Ergebnis der Beobachtung der Sekantenabschnitte mithilfe einer Verhältnisgleichung. Vergleiche deine Formulierung zum Sekantensatz mit den Informationen aus einer Formelsammlung.

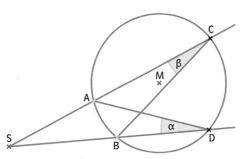

9 Beweise den Sekantensatz. Nutze dazu die Hilfslinien aus Fig. 1 und zeige im ersten Schritt, dass die Dreiecke SAD und SBC ähnlich sind.

Fig. 1

10 Wie verändert sich die Aussage vom Sekantensatz, wenn eine Sekante die spezielle Lage einer Tangente annimmt? Formuliere den Sekanten-Tangenten-Satz als Spezialfall des Sekantensatzes.

11 Beobachte den Übergang der Gültigkeit des Sekantensatzes zur Gültigkeit des Sekanten-Tangenten-Satzes mit einem Geometrieprogramm. Zeichne eine Skizze für den Sehnen-Tangenten-Satz und veranschauliche die ähnlichen Dreiecke, auf denen die Aussage des Sehnen-Tangenten-Satzes beruht.

Die Konstruktion eines maximalen Quadrates innerhalb einer vorgegebenen Figur

Soll in eine Figur ein maximales Quadrat eingezeichnet werden, so kann dies durch eine zentrische Streckung erfolgen. Streckzentrum und Ausgangsquadrat werden dabei so platziert, dass beim Zeichnen der gestreckten Figur ein maximales Quadrat innerhalb der vorgegebenen Figur entsteht. Um auf die richtige Lage des Ausgangsquadrates und des Streckzentrums zu kommen, kann man mit einem Geometrieprogramm experimentieren.

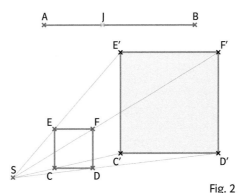

Fig. 2

12 Konstruiere eine zentrische Streckung eines Quadrates (Fig. 2), bei der der Streckfaktor k durch Verändern des Streckenverhältnisses $k = \dfrac{\overline{JB}}{\overline{AJ}}$ eingestellt werden kann.

13 Suche für die Figuren Dreieck, Halbkreis, Kreissektor und Parallelogramm passende Streckzentren und Lagen des Ausgangsquadrates, um ein maximales Quadrat durch zentrische Streckung in die Figur zu konstruieren.

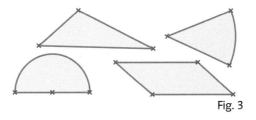

Fig. 3

Rückblick

Ähnliche Vielecke

Zwei Vielecke sind ähnlich, wenn die Längenverhältnisse entsprechender Seiten und die entsprechenden Winkel gleich sind.

$\frac{a}{w} = \frac{b}{x} = \frac{c}{y} = \frac{d}{z}$ und $\alpha = \alpha'$, $\beta = \beta'$, $\gamma = \gamma'$, $\delta = \delta'$

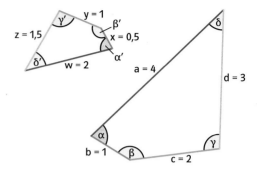

Ähnliche Dreiecke

Bei Dreiecken genügt zum Nachweis der Ähnlichkeit der Nachweis, dass sich entsprechende Winkel gleich groß sind:

$\alpha = \alpha'$, $\beta = \beta'$, $\gamma = \gamma'$

oder

der Nachweis von gleichen Seitenverhältnissen:

$\frac{a}{x} = \frac{b}{y} = \frac{c}{z}$.

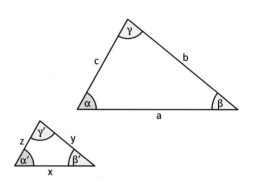

Zentrische Streckung

a) Zeichne einen Strahl von S durch P.

b) Trage von S aus das k-fache der Länge der Strecke $\overline{SP}$ ab und erhalte P′.

Ausgangsfigur und Bild einer zentrischen Streckung sind ähnlich.

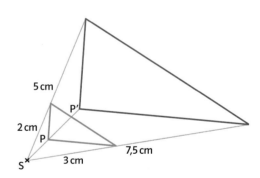

Strahlensätze

Werden zwei Strahlen mit gemeinsamem Anfangspunkt S von zwei Parallelen geschnitten, dann gilt:

1. Strahlensatz:

$\frac{a}{b} = \frac{c}{d}$; $\frac{a+b}{a} = \frac{c+d}{c}$; $\frac{a+b}{b} = \frac{c+d}{d}$

2. Strahlensatz:

$\frac{u}{v} = \frac{a}{a+b} = \frac{c}{c+d}$

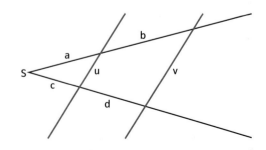

Training

1 Zeichne in ein Koordinatensystem den Punkt S(1|1) und das Fünfeck ABCDE mit A(4|1), B(2|4), C(4|6), D(6|5) und E(7|3). Führe eine zentrische Streckung mit dem Streckzentrum S und dem Streckfaktor k = 2,5 für das Fünfeck aus.

2 Die Geraden g, h und l sind parallel. Berechne die fehlenden Geradenabschnitte x, y, z und w.

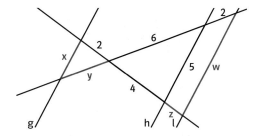

3 In das Rechteck ABCD wurde ein rechter Winkel eingezeichnet.
a) Zeige, dass die Dreiecke ADE, DEC und EBC ähnlich sind.
b) Berechne die fehlenden Längenangaben.

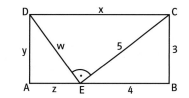

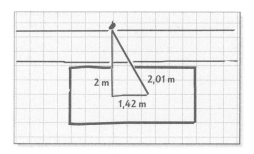

4 Kathrin und Bernd peilen aus ihrem Zimmer heraus einen Lichtmast auf der anderen Straßenseite an. Um die Entfernung zu berechnen haben sie die Strecken im Zimmer gemessen. Die Fensteröffnung beträgt 1,20 m. Welche Entfernung können die beiden für den Mast bestimmen?

1 a) Begründe, dass die Dreiecke ähnlich sind.
b) Die Dreiecke sind das Ergebnis einer zentrischen Streckung. Bestimme den Streckfaktor k.
c) Übernimm die Dreiecke in dein Heft und konstruiere dann das Streckzentrum.

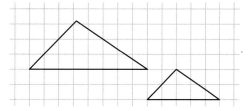

2 Jana hat in der Zeichnung geprüft, dass g∥h ist, und sie hat die schwarz beschrifteten Längen gemessen. Die mit Rot notierten Zahlen sind Ergebnisse ihrer Berechnung. Doch etwas kann nicht stimmen. Wo hat sich Jana verrechnet? Gib den Fehler möglichst genau an.

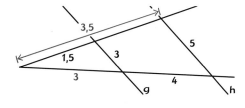

3 Gegenüber einer Toreinfahrt hat sich ein Polizeiauto platziert, um das im Hof befindliche 10 m breite Hinterhaus zu observieren. In welcher Entfernung von der Toreinfahrt muss das Fahrzeug stehen, damit die gesamte Hausfront eingesehen wird?

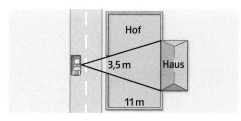

Das kannst du schon

- Streckenlängen und Winkel in einem beliebigen Dreieck zeichnerisch ermitteln
- Kongruenzsätze bei Dreiecks- konstruktionen und Beweisen nutzen
- Strahlensätze einsetzen

Zahl und Maß

Daten und Zufall

Beziehung und Änderung

Modell und Simulation

Muster und Struktur

Form und Raum

II Rechtwinklige Dreiecke

Pythagoras und noch viel mehr

In Flugzeugen ist das Bordgeschirr aus Gewichts- und Sicherheitsgründen aus Kunststoff. Eine Fluggesellschaft hat einen Kaffeelöffel herstellen lassen, der nur so groß ist wie unbedingt nötig.

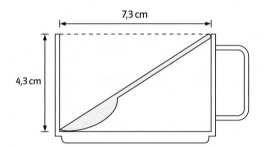

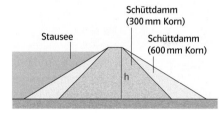

Das kannst du bald

■ In rechtwinkligen Dreiecken einen rechnerischen Zusammenhang zwischen den drei Seiten herstellen
■ In rechtwinkligen Dreiecken einen rechnerischen Zusammenhang zwischen Winkeln und Seitenverhältnissen herstellen
■ In rechtwinkligen Dreiecken aus zwei geeigneten Größen alle weitere Größen berechnen
■ Rechnerische Zusammenhänge zwischen Seiten und Winkeln in weiteren Figuren und Körpern nutzen

1 Der Satz des Pythagoras

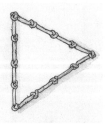

12-Knoten-Seil

▓▓▓▓ Es ist überliefert, dass vor mehr als 3000 Jahren im alten Ägypten so genannte Seilspanner nach den jährlichen Überschwemmungen des Nils die Felder neu vermessen haben. Dabei nimmt man an, dass sie mit Knoten-Seilen rechte Winkel gebildet haben. ▓▓▓▓

Sind von einem Dreieck drei geeignete Größen bekannt, z. B. zwei Seiten und der eingeschlossene Winkel, so kann man es konstruieren und weitere Größen dieses Dreiecks anschließend durch Messen bestimmen.

Es stellt sich die Frage, ob man aus drei Größenangaben eines Dreiecks weitere Größen dieses Dreiecks nicht nur konstruieren und messen, sondern auch berechnen kann. Zunächst wird dies an rechtwinkligen Dreiecken untersucht.

Im rechtwinkligen Dreieck ABC (Fig. 1) seien z. B. die beiden kürzeren Seiten a und b bekannt. Zur Berechnung der längeren Seite c zerlegt man das Dreieck ABC mithilfe der Höhe auf der längsten Seite in zwei rechtwinklige Dreiecke ADC und DBC. Dreieck ADC und Dreieck ABC stimmen im rechten Winkel und im Winkel α überein.

Sie sind also ähnlich. Daher gilt: $\frac{b}{q} = \frac{c}{b}$.

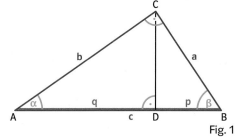

Fig. 1

Dreieck ABC und Dreieck DBC stimmen im rechten Winkel und im Winkel β überein. Sie sind also auch ähnlich. Es gilt: $\frac{a}{p} = \frac{c}{a}$.

*Diese beiden Zusammenhänge nennt man auch **Kathetensätze** (vgl. Aufgabe 14).*

Durch Umformen erhält man $a^2 = c \cdot p$ und $b^2 = c \cdot q$.

Damit ist $a^2 + b^2 = c \cdot p + c \cdot q = c \cdot (p + q) = c^2$, kurz $a^2 + b^2 = c^2$.

Das bedeutet, dass man in einem rechtwinkligen Dreieck die dritte Seite berechnen kann, wenn man zwei Seiten kennt. Es gilt z. B. für die längste Seite c: $c = \sqrt{a^2 + b^2}$.

hypoteínusa (griech.): die sich darunter hinziehene Linie

káthetos (griech.): senkrechte Linie

Die dem rechten Winkel gegenüber liegende längste Seite bezeichnet man als **Hypotenuse** und die beiden anderen Seiten als **Katheten** (Fig. 2). Mithilfe dieser Bezeichnungen kann man wie folgt formulieren:

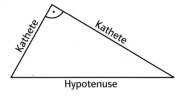

Fig. 2

Pythagoras (um 570 v. Chr. – um 475 v. Chr.), vgl. „Alles ist Zahl", Seite 55.

Satz des Pythagoras:
Wenn ein Dreieck rechtwinklig ist mit den Katheten a und b und der Hypotenuse c, dann gilt $a^2 + b^2 = c^2$.

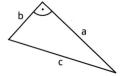

Wenn man im Satz des Pythagoras die Voraussetzung und die Behauptung vertauscht, dann entsteht eine neue Aussage. Man kann beweisen, dass auch sie wahr ist. Sie lautet: Wenn in einem Dreieck für die Seitenlängen $a^2 + b^2 = c^2$ gilt, dann ist das Dreieck rechtwinklig. Dies ist die **Umkehrung des Satzes von Pythagoras**. Mit ihr lässt sich also ohne Winkelmessung entscheiden, ob ein Dreieck rechtwinklig ist oder nicht.

Interpretiert man in der Formel

$$a^2 + b^2 = c^2$$

die Terme a^2, b^2 und c^2 als Flächeninhalte, dann lautet der Satz des Pythagoras: Die Summe der Flächeninhalte der Quadrate über den Katheten a und b ist gleich dem Flächeninhalt des Quadrats über der Hypotenuse c (Fig. 1).

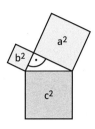

Fig. 1

Beispiel 1 Katheten und Hypotenuse erkennen und berechnen
a) Formuliere den Satz des Pythagoras für die abgebildete Figur 2. Berechne s, wenn $r = 6{,}5\,\text{cm}$ und $t = 3{,}8\,\text{cm}$ ist.
b) Berechne t, wenn $r = 4{,}3\,\text{cm}$ und $s = 12{,}1\,\text{cm}$ ist.
Lösung:
a) Das Dreieck ist rechtwinklig, damit ist: $r^2 + t^2 = s^2$.
Für die Hypotenuse gilt: $s = \sqrt{r^2 + t^2} = \sqrt{6{,}5^2 + 3{,}8^2}\,\text{cm} \approx 7{,}5\,\text{cm}$.
b) Aus $r^2 + t^2 = s^2$ ergibt sich $t = \sqrt{s^2 - r^2} = \sqrt{12{,}1^2 - 4{,}3^2}\,\text{cm} \approx 11{,}3\,\text{cm}$.

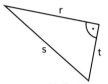

Hypotenuse: s, Katheten: r und t

Fig. 2

Das Pentagramm war das Geheimzeichen der Pythagoreer.

Beispiel 2 Rechtwinklige Dreiecke erkennen, Seitenlänge berechnen
Die beiden Diagonalen einer Raute sind 2,3 cm und 3,2 cm lang. Zeichne die Raute und berechne ihre Seitenlänge.
Lösung:

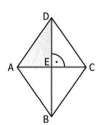

Die Diagonalen der Raute stehen senkrecht aufeinander und halbieren sich.
Das Dreieck ECD ist rechtwinklig. Nach dem Satz des Pythagoras gilt:
$\overline{CD}^2 = \overline{EC}^2 + \overline{ED}^2$.
Also ist:
$\overline{CD} = \sqrt{\overline{EC}^2 + \overline{ED}^2} = \sqrt{1{,}15^2 + 1{,}6^2}\,\text{cm} \approx 2{,}0\,\text{cm}$.

Aufgaben

1 Formuliere den Satz des Pythagoras für die abgebildeten Figuren.
a)

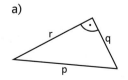

b)

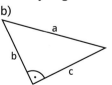

c)

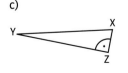

d)

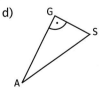

2 Berechne x im Kopf: $3^2 + x^2 = 10$; $5 + x^2 = 3^2$; $20 + 4^2 = x^2$; $x^2 + 12^2 = 13^2$.

3 Berechne die Länge der fehlenden Seite.

a)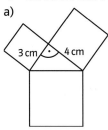

28 cm
45 cm

b)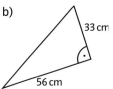

33 cm
56 cm

c)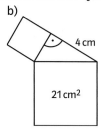

15,4 m
17,8 m

d)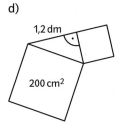

272 cm
34,8 dm

Mit dem Satz des Pythagoras kann man Längen oder Flächeninhalte berechnen.

4 Berechne den Flächeninhalt aller Quadrate.

a)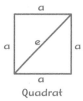

3 cm   4 cm

b)

4 cm
21 cm²

c)

60 mm
15 cm²

d)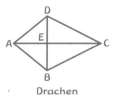

1,2 dm
200 cm²

5 Petra hat verschiedene Figuren skizziert. Suche in diesen Figuren rechtwinklige Dreiecke und formuliere für diese den Satz des Pythagoras.

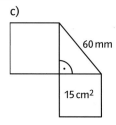

Quadrat   gleichschenkliges Dreieck   gleichschenkliges Trapez   Drachen

6 a) In einem rechtwinkligen Dreieck sind die beiden Katheten 4,5 cm und 7,9 cm lang. Wie lang ist die Hypotenuse?
b) In einem rechtwinkligen Dreieck ist eine Kathete 4,5 cm lang und die Hypotenuse 7,9 cm. Wie lang ist die zweite Kathete?

Bist du sicher?

1 a) In einem rechtwinkligen Dreieck sind die beiden Katheten 6,5 cm und 15,6 cm lang. Wie lang ist die Hypotenuse?
b) In einem rechtwinkligen Dreieck ist eine Kathete 6,5 cm lang und die Hypotenuse 15,6 cm. Wie lang ist die zweite Kathete?

2 Eine Raute hat die Seitenlänge 5,1 cm. Eine Diagonale ist 4,5 cm lang. Wie lang ist die andere Diagonale?

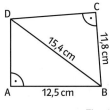

D   C
15,4 cm   11,8 cm
A   12,5 cm   B

Fig. 1

7 Berechne den Umfang und den Flächeninhalt des Vierecks ABCD in Fig. 1.

8 a) Begründe, dass das Dreieck mit den Seitenlängen 16 cm, 62 cm, 64 cm nicht rechtwinklig ist. Ändere eine Seite so ab, dass es rechtwinklig wird. Gibt es verschiedene Möglichkeiten?
b) Überprüfe rechnerisch, ob Dreiecke mit diesen Seitenlängen rechtwinklig sind.
(I) 8 cm, 15 cm, 17 cm (II) 1 dm, 13 cm, 17 cm (III) 20 m, 99 m, 101 m (IV) 36 km, 77 km, 83 km

9 Wahr oder falsch?

a) Wenn ein Dreieck gleichschenklig ist, dann gilt der Zusammenhang $a^2 + b^2 = c^2$ nie.

b) Wenn in einem Dreieck der Zusammenhang $a^2 + b^2 = c^2$ gilt, dann kann das Dreieck nicht gleichseitig sein.

Warum kann die Summe der beiden Katheten nicht so groß wie die Hypotenuse sein?

10

Um zwei sich berührende Leisten rechtwinklig auszurichten, misst der Tischler auf der einen Leiste 90 cm und auf der anderen 120 cm ab und markiert diese Stellen. Dann werden die beiden Leisten so ausgerichtet, dass die Markierungen 150 cm Abstand haben. Erkläre dieses Verfahren.

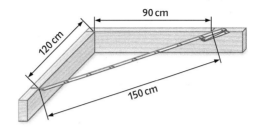

11 Punkte im Koordinatensystem

a) Wenn zwei Punkte A und B in einem Koordinatensystem angegeben sind, kann man ihren Abstand aus ihren Koordinaten berechnen.

Ermittle für $A(3|2)$ und $B(10|6)$ zunächst die Streckenlängen $\overline{AP}$ und $\overline{BP}$. Berechne damit den Abstand von A und B.

b) Berechne den Abstand der Punkte $C(-2|5)$ und $D(-11|-3)$.

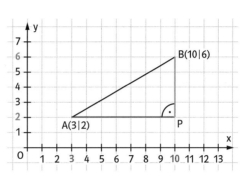

12

a) In einer Formelsammlung findet man für den Abstand zweier Punkte $A(x_a|y_a)$ und $B(x_b|y_b)$ die Formel $\overline{AB} = \sqrt{(x_b - x_a)^2 + (y_b - y_a)^2}$.

Erkläre die Formel anhand einer Skizze. Trage darin auch die Strecken der Länge $x_b - x_a$ und $y_b - y_a$ ein.

b) Berechne den Umfang des Dreiecks ABC mit $A(1|1)$, $B(10|2)$, $C(6|8)$.

13

Mithilfe des Satzes von Pythagoras können Wurzeln aller natürlichen Zahlen als Strecken konstruiert werden. Es entsteht eine „pythagoreische Schnecke". Zeichne die Schnecke, bis sich die Dreiecke überschneiden.

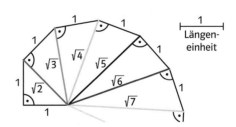

14

Die zwei Formeln $a^2 = p \cdot c$ und $b^2 = q \cdot c$ werden unter dem Namen **Kathetensatz** zusammengefasst (vgl. Seite 36). Wenn man die Terme als Flächeninhalte interpretiert, dann lautet er:

In jedem rechtwinkligen Dreieck hat das Quadrat über einer Kathete den gleichen Flächeninhalt wie das Rechteck aus der Hypotenuse und dem anliegenden Hypotenusenabschnitt.

a) Fertige eine Skizze an, die die Gleichung $b^2 = q \cdot c$ veranschaulicht.

b) Berechne im Dreieck ABC ($\gamma = 90°$) die beiden Katheten aus $p = 5{,}7\,\text{cm}$ und $q = 7{,}2\,\text{cm}$.

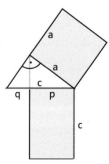

*p und q bilden zusammen die Hypotenuse. Sie heißen **Hypotenusenabschnitte**.*

15

Patrik hat bei der Berechnung von Streckenlängen in einem Viereck Folgendes notiert: $3^2 + 4^2 = 5^2$. Wie könnte das Viereck aussehen? Zeichne verschiedene Vierecke.

2 Pythagoras in Figuren und Körpern

Hoffentlich fällt der Trinkhalm nicht in das Gefäß.

Mit dem Satz des Pythagoras kann man in vielen Figuren Streckenlängen berechnen, wenn es gelingt, in diese Figuren geeignete rechtwinklige Dreiecke einzuzeichnen.

In einem gleichseitigen Dreieck kann man den Satz des Pythagoras anwenden, wenn man die Höhe h einzeichnet (Fig. 1). Es entstehen zwei rechtwinklige Dreiecke ADC bzw. DBC. Nach dem Satz des Pythagoras gilt:

$h^2 + \left(\frac{a}{2}\right)^2 = a^2$ bzw. $h^2 = a^2 - \left(\frac{a}{2}\right)^2 = \frac{3}{4}a^2$.

Also gilt für die Höhe im gleichseitigen Dreieck $h = \frac{a}{2}\sqrt{3}$.

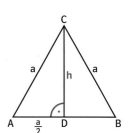

Fig. 1

Damit kann man auch den Flächeninhalt berechnen. Es ist

$A = \frac{1}{2}ah = \frac{1}{2}a \cdot \frac{a}{2}\sqrt{3} = \frac{a^2}{4}\sqrt{3}$.

Bei Körpern können ebenfalls Streckenlängen berechnet werden, wenn es gelingt, geeignete rechtwinklige Dreiecke in die Figur einzuzeichnen.

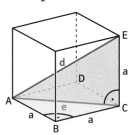

Fig. 2

Der Winkel bei B ist ein rechter Winkel. Er erscheint im Schrägbild jedoch nicht als rechter Winkel.

Um in einem Würfel mit Kantenlänge a die Raumdiagonale d zu bestimmen, kann man folgendermaßen vorgehen:

Man zeichnet zunächst auf einer Seitenfläche die Flächendiagonale e ein und erhält somit zwei rechtwinklige Dreiecke ABC und ACD (Fig. 2). Die Raumdiagonale d bildet dann zusammen mit der Flächendiagonalen e und einer Kante a ebenfalls ein rechtwinkliges Dreieck ACE. Im rechtwinkligen Dreieck ABC gilt:

$e^2 = a^2 + a^2 = 2a^2$. Also ist $e = \sqrt{2a^2} = a\sqrt{2}$.

Im rechtwinkligen Dreieck ACE kann man den Satz des Pythagoras noch einmal anwenden und erhält für die Raumdiagonale

$d^2 = e^2 + a^2 = 2a^2 + a^2 = 3a^2$, also $d = a\sqrt{3}$.

Berechnung von Streckenlängen in der Ebene und im Raum:
1. Fertige eine Skizze an. Trage alle gegebenen und gesuchten Streckenlängen ein.
2. Suche nach rechtwinkligen Dreiecken, die diese Strecken enthalten. Eventuell sind zusätzliche Hilfslinien nötig.
3. Berechne mithilfe des Satzes von Pythagoras die gesuchte Strecke.

Beispiel Rechtwinklige Dreiecke suchen – Lösungsweg beschreiben
Das Dach eines Kirchturms hat die Form einer quadratischen Pyramide mit den Grundkanten a und den Seitenkanten b (vgl. Fig. 1).
a) Zeichne ein geeignetes rechtwinkliges Dreieck ein, mit dessen Hilfe man die Dachfläche berechnen kann. Berechne die Dachfläche, wenn a = 2,60 m ist und b = 21,10 m.
b) Gib zwei Möglichkeiten an, wie man mithilfe von a und b die Höhe h des Daches berechnen kann.

Lösung:
a)

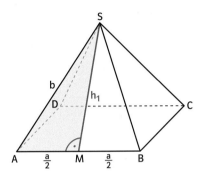

Im rechtwinkligen Dreieck AMS gilt:
$\left(\frac{a}{2}\right)^2 + h_1^2 = b^2$.

Daraus lässt sich die Höhe h_1 des Dreiecks ABS berechnen. Es ist

$h_1 = \sqrt{b^2 - \frac{1}{4}a^2}$

$= \sqrt{21{,}10^2 - \frac{1}{4} \cdot 2{,}60^2}$ m $\approx 21{,}06$ m.

Für den Flächeninhalt der Dachfläche gilt damit:

$A = 4 \cdot \frac{1}{2} \cdot a \cdot h_1 = 2 \cdot a \cdot h_1$

$\approx 2 \cdot 2{,}60 \cdot 21{,}06$ m$^2 \approx 109{,}5$ m^2.

b) 1. Möglichkeit

2. Möglichkeit

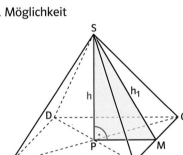

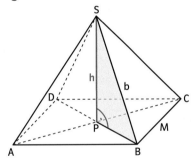

Das Dreieck MSP ist rechtwinklig. Eine Seite ist die gesuchte Höhe h. Es ist $\overline{MP} = \frac{a}{2}$ und $\overline{MS} = h_1$ (ist aus Teilaufgabe a bekannt).

Das Dreieck BSP ist rechtwinklig. Eine Seite ist die gesuchte Höhe h. Die Seite $\overline{BS} = b$ ist gegeben, $\overline{BP}$ ist die halbe Diagonale im Quadrat ABCD und kann berechnet werden.

Aufgaben

1 👥 Formuliere zu jeder Figur eine Aufgabe, die man mit dem Satz des Pythagoras berechnen kann. Zeichne dazu geeignete rechtwinklige Dreiecke ein.

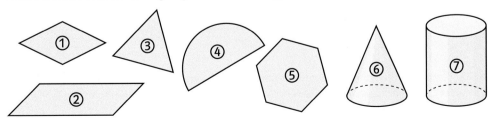

Fig. 1

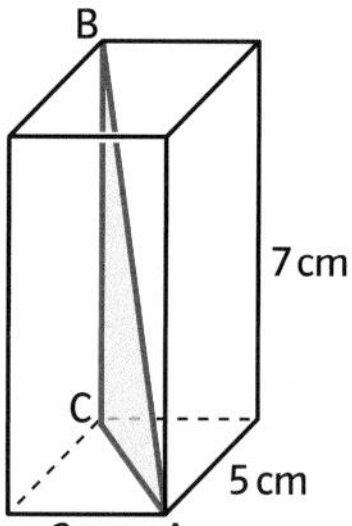

2 a) Die Diagonalen eines Quadrats sind 7 cm lang. Zeichne das Quadrat. Miss seine Seitenlänge. Kontrolliere dein Ergebnis durch eine Rechnung.
b) Ein Rechteck ist 15,5 cm lang und 7,2 cm breit. Wie lang sind seine Diagonalen?

3 a) Welche Skizzen passen zu welcher Aufgabe? Ordne jeder Aufgabe mögliche Dreiecke aus Fig. 1 zu und löse die Aufgabe.
A Eine Leiter ist 4,50 m lang. Sie muss mindestens 1,50 m von der Wand entfernt aufgestellt werden. Wie hoch reicht die Leiter?
B Eine Klappleiter ist 2,50 m lang. Für einen sicheren Stand ist eine Standbreite von 1,20 m vorgeschrieben. Wie hoch reicht die Leiter?
C Zwischen zwei Häusern wird ein Seil gespannt. In die Seilmitte wird eine Lampe gehängt. Die beiden Haken sind auf gleicher Höhe angebracht und 4,50 m voneinander entfernt. Das Seil ist 5,10 m lang. Wie groß ist der Durchhang?
D Ein Fahnenmast wird mit Drahtseilen gegen die Erde verspannt. Sie sind 5,10 m lang und werden am Mast in einer Höhe von 4,50 m angebracht. Wie groß muss der Platz um den Mast mindestens sein?
b) Erfinde zu Dreieck Nr. IV eine Textaufgabe, bei der man den Satz des Pythagoras braucht.

4 Konstruiere das Dreieck ABC (Fig. 2) in wahrer Größe. Überprüfe deine Konstruktion rechnerisch.

5 Zeichne das Schrägbild eines Quaders mit den Kantenlängen 8 cm, 5 cm und 3 cm.
a) Zeichne eine Flächendiagonale ein. Wie viele verschiedene gibt es? Berechne ihre Längen.
b) Zeichne eine Raumdiagonale ein. Berechne ihre Länge.
c) Gib einen Schätzwert für die längste Strecke in deinem Klassenzimmer an. Miss die nötigen Größen und berechne sie anschließend. Um wie viel Prozent weicht dein Schätzwert vom errechneten Wert ab?

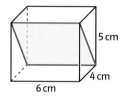

Fig. 2

B

7 cm

C

5 cm

3 cm A

Bist du sicher?

1 In Fig. 3 ist der Querschnitt eines 3,20 m hohen Damms dargestellt. Die Dammkrone ist 8,50 m breit, die Böschungslinien sind 5,25 m lang. Wie breit ist die Dammsohle?

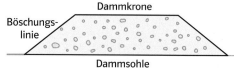

Dammkrone

Böschungslinie

Dammsohle

Fig. 3

2 Eine Tür ist 2 m hoch und 80 cm breit. Kann man durch sie eine 5,20 m lange und 2,10 m breite Holzplatte transportieren?

3 Der Quader wird durch einen Schnitt (Fig. 4) in zwei Hälften geteilt. Wie groß ist die „Schnittfläche"?

5 cm

4 cm

6 cm Fig. 4

6 Zeichne ein Rechteck mit den Seitenlängen 6 cm und 4 cm. Markiere die vier Seitenmitten und verbinde sie. Welche Eigenschaft hat das neue Viereck? Berechne seine Seitenlängen.

7 a) Gib für den Flächeninhalt des Trapezes in Fig. 1 eine Formel an.
b) Wie groß ist a, wenn der Flächeninhalt des Trapezes 13,5 cm² ist?

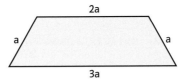

Fig. 1

8 In einem Quadrat mit der Seitenlänge a wird die Diagonale verdoppelt. Wie verändert sich die Seitenlänge und der Flächeninhalt?
Begründe auf verschiedene Arten.

9 Ein Tetraeder besteht aus vier gleichseitigen Dreiecken (Fig. 2). Berechne seine Oberfläche, wenn a = 7,2 dm ist.

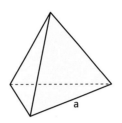

Fig. 2

10 Ein Quadrat wird durch einen Schnitt in zwei kongruente Flächen geteilt (Fig. 3).
a) Berechne die Länge der Schnittlinie, wenn mit 1 cm und 9 cm geteilt wird.
b) Berechne bei anderen Schnitten die Länge der Schnittlinie. Bei welcher Teilung ist die Schnittlinie 12 cm lang?

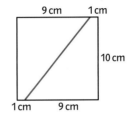

Fig. 3

11 Im Viereck ABCD stehen die Diagonalen senkrecht aufeinander (Fig. 4). Überprüfe, ob für ein solches Viereck der Zusammenhang $a^2 + c^2 = b^2 + d^2$ gilt.

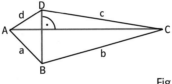

Fig. 4

Bei den Aufgaben 10 und 12 ist der GTR nützlich.

12 Zwei Gärten sind durch einen 5 m breiten Weg getrennt (Fig. 5). Am Wegrand des Gartens von Familie Maier steht eine 7 m hohe Fichte, die so gefällt werden soll, dass sie auf keinen Fall in den Garten von Familie Müller fällt. Berechne für verschiedene Absägehöhen die Entfernung der gefällten Baumspitze vom Stamm. Notiere deine Ergebnisse in einer Tabelle.
Veranschauliche die Tabellenwerte in einem Koordinatensystem. In welcher Höhe sollte die Fichte abgesägt werden?

Absägehöhe in m			
Entfernung Spitze – Stamm in m			

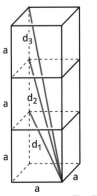

Maier   Weg   Müller

Fig. 5

13 Von einem Walmdach kennt man die Kantenlängen a, b, c und d (Fig. 6).
a) Skizziere das Walmdach. Zeichne geeignete rechtwinklige Dreiecke ein, mit deren Hilfe man die Dachfläche berechnen kann. Beschreibe den Rechenweg in Worten.
b) Wie kann die Höhe des Dachs berechnet werden?

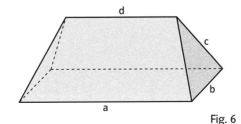

Fig. 6

14 **Würfelturm** (Fig. 7)
Ergänze die Tabelle. Suche eine Gesetzmäßigkeit. Beschreibe sie in Worten und mithilfe einer Formel.

Anzahl der Würfel	1	2	3	4
Länge der Raumdiagonalen				

Fig. 7

3 Sinus

18.08.2005

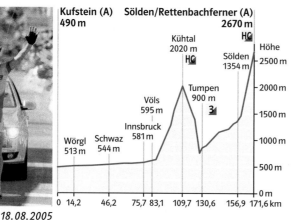

Die Königsetappe der Deutschland-Tour: Steil – Anspruchsvoll – Hochalpin
Die Königsetappe ist eine Beute des US-Amerikaners Levy Leipheimer geworden. Er feierte beim Rettenbach-Gletscher oberhalb von Sölden einen Solosieg. In der Schlussphase des ca. 14 km langen Anstiegs hinauf zum Ziel auf 2670 m Meereshöhe – für den Profiradsport stellte eine Ankunft in dieser Höhenlage ein Novum dar – war Leipheimer der klar stärkste Fahrer ...
SFDRS Schweizer Fernsehen

Der Satz des Pythagoras beschreibt einen rechnerischen Zusammenhang zwischen Seiten im rechtwinkligen Dreieck. Nun wird untersucht, ob es im rechtwinkligen Dreieck auch rechnerische Zusammenhänge zwischen Seiten und Winkeln gibt.

Stimmen verschiedene rechtwinklige Dreiecke zusätzlich im Winkel α überein, so sind sie ähnlich und entsprechende Seitenverhältnisse sind gleich.

Es gilt z. B. $\dfrac{a}{a'} = \dfrac{c}{c'}$

bzw. $\dfrac{a}{c} = \dfrac{a'}{c'}$.

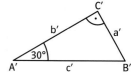

Dieses Seitenverhältnis kann man z. B. bei $\alpha = 30°$ berechnen. Ergänzt man das Dreieck ABC wie in Fig. 1 zu einem gleichseitigen Dreieck ABD, so ist $\dfrac{a}{c} = \dfrac{\frac{1}{2}c}{c} = \dfrac{1}{2}$. Das Seitenverhältnis $\dfrac{a}{c}$ hat also für alle rechtwinkligen Dreiecke mit $\alpha = 30°$ denselben Wert $\dfrac{1}{2}$.

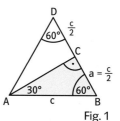

Fig. 1

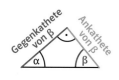

Weiß man umgekehrt von einem rechtwinkligen Dreieck, dass das Verhältnis $\dfrac{a}{c} = \dfrac{1}{2}$ ist, so ist $\alpha = 30°$. Ändert sich in einem rechtwinkligen Dreieck der Winkel α, so ändert sich auch das Seitenverhältnis $\dfrac{a}{c}$. Es ist jedoch für jeden Winkel α fest. Man kann dieses Verhältnis für jeden Winkel α dem GTR entnehmen.

In einem rechtwinkligen Dreieck mit Winkel α bezeichnet man die Kathete, die dem Winkel α gegenüberliegt, als **Gegenkathete** von α, die andere als **Ankathete** von α.

In allen rechtwinkligen Dreiecken, die in einem weiteren Winkel α übereinstimmen, ist das Seitenverhältnis $\dfrac{\text{Gegenkathete von } \alpha}{\text{Hypotenuse}}$ gleich.

Man nennt diese Zahl **Sinus von α** und schreibt $\sin(\alpha) = \dfrac{\text{Gegenkathete von } \alpha}{\text{Hypotenuse}}$.

Die Zahl sin(α) liefert der GTR. Meist rundet man sie auf vier Dezimalen. Umgekehrt liefert der GTR durch den Befehl sin⁻¹ den zum Seitenverhältnis gehörenden Winkel α (Fig. 1).

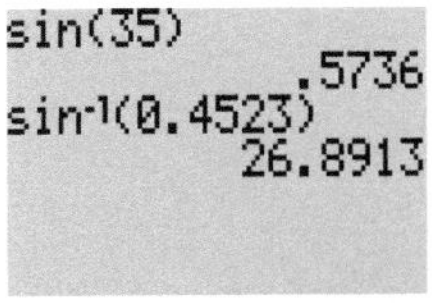

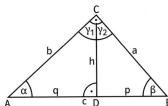

```
sin(35)
             .5736
sin⁻¹(0.4523)
          26.8913
```

Fig. 1

Achtung: Der GTR muss auf „Degree" eingestellt sein.

Beispiel 1   Berechnungen am rechtwinkligen Dreieck

Gegeben ist das Dreieck ABC mit β = 90°.

a) Berechne den Winkel α, wenn
a = 6,7 cm ist und b = 7,3 cm.

b) Berechne die Seite c, wenn b = 6,7 cm
und γ = 43° ist.

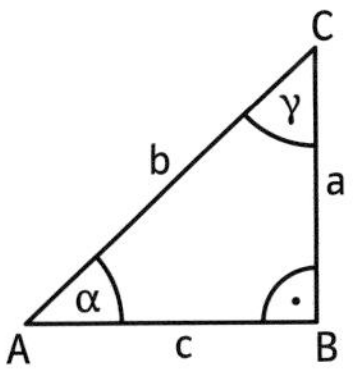

Lösung:

a) $\sin(\alpha) = \frac{a}{b} = \frac{6,7}{7,3} \approx 0{,}9178$.

Mit dem GTR erhält man $\alpha = \sin^{-1}\left(\frac{a}{b}\right) = \sin^{-1}\left(\frac{6,7}{7,3}\right) \approx 66{,}6°$.

b) $\sin(\gamma) = \frac{c}{b}$, also ist $c = b \cdot \sin(\gamma) = 6{,}7\,\text{cm} \cdot \sin(43°) \approx 4{,}6\,\text{cm}$.

Fig. 2

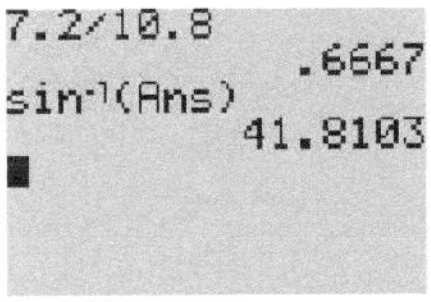

Beispiel 2   Winkel und Seiten berechnen – Seitenverhältnisse angeben

a) Berechne in Fig. 3 den Winkel α, wenn
γ = 90°, a = 7,2 cm und c = 10,8 cm ist.
Wie groß ist die Höhe h?

b) Gib sin(α), sin(β), sin(γ₁) und sin(γ₂) mithilfe der Variablen a; b; … aus Fig. 3 an.

Lösung:

a) $\sin(\alpha) = \frac{a}{c} = \frac{7,2}{10,8} \approx 0{,}6667$. Mit dem GTR
erhält man $\alpha = \sin^{-1}\left(\frac{a}{c}\right) \approx 41{,}8°$.

Da die Winkelsumme im Dreieck 180° beträgt, ist β = 180° – 90° – α ≈ 48,2°.

Im Dreieck DBC ist $\sin(\beta) = \frac{h}{a}$, also $h = a \cdot \sin(\beta) \approx 7{,}2\,\text{cm} \cdot \sin(48{,}2°) \approx 5{,}4\,\text{cm}$.

b) $\sin(\alpha) = \frac{a}{c}$ bzw. $\sin(\alpha) = \frac{h}{b}$, $\sin(\beta) = \frac{b}{c}$ bzw. $\sin(\beta) = \frac{h}{a}$, $\sin(\gamma_1) = \frac{q}{b}$ und $\sin(\gamma_2) = \frac{p}{a}$.

Fig. 3

Will man mit einem genaueren Wert weiterrechnen, so kann man die ANS-Taste verwenden.

```
7.2/10.8
             .6667
sin⁻¹(Ans)
          41.8103
■
```

Aufgaben

1   a) Berechne die fehlenden Seitenlängen.

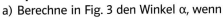

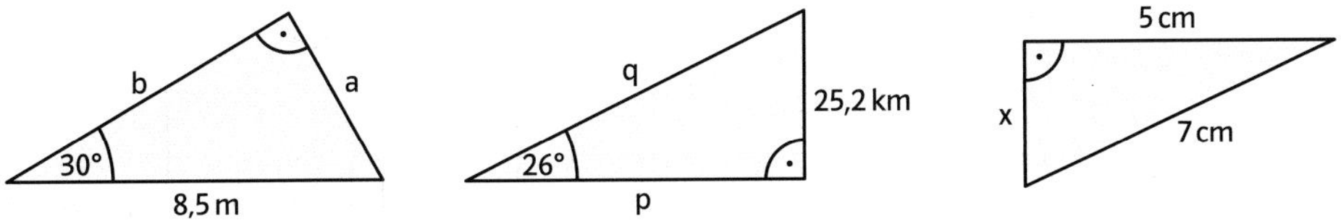

b) Berechne die fehlenden Winkel.

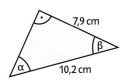

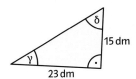

c) Berechne die fehlenden Größen.

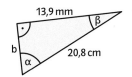
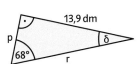

2 Ergänze.

a) $\sin(\alpha) = \square$
$\sin(\gamma) = \square$

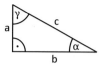

b) $\sin(\delta) = \square$
$\sin(\varepsilon) = \square$

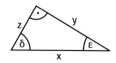

c) $\dfrac{z}{x} = \sin(\square)$
$\dfrac{y}{x} = \sin(\square)$

d) $\dfrac{f}{d} = \sin(\square)$
$\dfrac{e}{\square} = \sin(\square)$

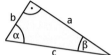

3 In einem Dreieck ist $\gamma = 90°$.
a) Berechne für $a = 13,2\,\text{cm}$ und $c = 25,6\,\text{cm}$ den Winkel α und die Seite b.
b) Berechne für $b = 3,25\,\text{m}$ und $c = 7,6\,\text{m}$ alle Seiten und Winkel des Dreiecks.

Bist du sicher?

1 Berechne die fehlenden Größen in dem Dreieck.

	a	b	c	α	β	γ
a)	4,5 cm		7,6 cm			90°
b)		8,61 dm		26°	90°	
c)		3,6 m	13,2 dm	90°		

2 Ergänze.

$\dfrac{e}{f} = \sin(\square)$, $\sin(\gamma) = \square$
$\dfrac{k}{\square} = \sin(\square)$, $\dfrac{g}{\square} = \sin(\square)$

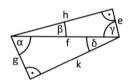

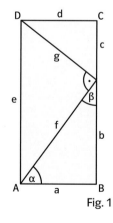

4 Gib für das Rechteck in Fig. 1 drei Seitenverhältnisse für $\sin(\alpha)$ bzw. $\sin(\beta)$ an.

5 a) Eine 7,5 m lange Leiter lehnt in 6,6 m Höhe an der Wand. Wie groß ist der Anstellwinkel?
b) Ein Mast soll mit 20 m langen Seilen gesichert werden. In welcher Höhe müssen sie angebracht werden, wenn ihr Neigungswinkel ca. 65° sein soll?

6 a) Bestimme $\sin(45°)$ und $\sin(60°)$ ohne GTR. Zeichne dazu ein geeignetes Dreieck.
b) In einem rechtwinkligen Dreieck ist die Hypotenuse c dreimal so lang wie die Kathete a. Ermittle $\sin(\alpha)$ und $\sin(\beta)$.

Fig. 1

7 Die Gondel eines Riesenrads (Durchmesser 60 m) startet in Position 1 und ist nach 9 Minuten am höchsten Punkt.
a) Ermittle die Höhenzunahme h nach 1 min, 2 min … 9 min zeichnerisch.
b) Überprüfe die Werte rechnerisch. Stelle das Ergebnis in einer Tabelle und in einem geeigneten Koordinatensystem dar.

4 Kosinus und Tangens

„Hau di runter" – so schallt es im Winter
auf Österreichs steilster Skipiste. Das
Skigebiet Mayrhofen gibt schneidigen
Pistenflitzern eine harte Nuss zu knacken.
Mit einem Gefälle von 78 Prozent verlangt
der Harakiri-Steilhang eine Extraportion
Standfestigkeit und Technik, um unten an-
zukommen …
GEA 29.10.2005

Mit dem Satz des Pythagoras und dem Seitenverhältnis $\sin(\alpha) = \frac{a}{c}$ lassen sich alle Seiten
und Winkel in einem rechtwinkligen Dreieck berechnen. Manchmal ist es jedoch günstiger, wenn man auch andere Seitenverhältnisse verwendet.

In einem rechtwinkligen Dreieck nennt man das Seitenverhältnis
$\frac{\text{Ankathete}}{\text{Hypotenuse}}$ den **Kosinus von** α bzw. $\frac{\text{Gegenkathete}}{\text{Ankathete}}$ den **Tangens von** α
und schreibt $\cos(\alpha) = \frac{b}{c}$ bzw. $\tan(\alpha) = \frac{a}{b}$.

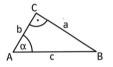

*Früher hatte jedes
Seitenverhältnis einen
Namen:
Sinus
Kosinus
Tangens
Kotangens
Sekans
Kosekans*

In einem rechtwinkligen Dreieck mit
$\alpha = 30°$ kann man $\cos(30°)$ bzw. $\tan(30°)$
berechnen. Ergänzt man das Dreieck ABC
zu einem gleichseitigen Dreieck ABD mit
der Seitenlänge c, dann ist b die Höhe in
diesem Dreieck. Es ist also $b = \frac{c}{2}\sqrt{3}$.
Somit ist $\cos(30°) = \frac{b}{c} = \frac{c}{2}\sqrt{3} : c = \frac{1}{2}\sqrt{3}$.
Für $\tan(30°)$ ergibt sich $\tan(30°) = \frac{a}{b} = \frac{c}{2} : \frac{c}{2}\sqrt{3} = \frac{1}{\sqrt{3}} = \frac{1}{3}\sqrt{3}$.

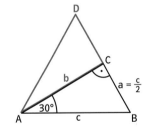

Wie beim Sinus lassen sich $\cos(\alpha)$ und $\tan(\alpha)$ für jeden beliebigen Winkel α mit dem GTR
bestimmen.

Beispiel 1 Berechnungen am rechtwinkligen Dreieck
a) Berechne a und b, wenn $\alpha = 37°$,
$c = 5{,}3\,cm$ und $\gamma = 90°$ ist.
b) Berechne α und β, wenn $a = 6{,}1\,cm$,
$b = 3{,}4\,cm$ und $\gamma = 90°$ ist.

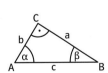

Lösung:
a) $\cos(\alpha) = \frac{b}{c}$, $b = c \cdot \cos(\alpha) = 5{,}3\,cm \cdot \cos(37°) \approx 4{,}2\,cm$,
$\sin(\alpha) = \frac{a}{c}$, $a = c \cdot \sin(\alpha) = 5{,}3\,cm \cdot \sin(37°)\,cm \approx 3{,}2\,cm$.
b) $\tan(\alpha) = \frac{a}{b} = \frac{6{,}1}{3{,}4} \approx 1{,}7941$, $\alpha = \tan^{-1}\left(\frac{6{,}1}{3{,}4}\right) \approx 60{,}9°$, $\beta = 90° - \alpha \approx 29{,}1°$.

Beispiel 2 Seitenverhältnis bzw. Winkel angeben

a) Drücke in Fig. 1 cos (α) und tan (γ) jeweils auf verschiedene Weisen als Seitenverhältnis aus.

b) Drücke in Fig. 1 $\frac{t}{u}$; $\frac{s}{t}$; $\frac{h}{r}$ und $\frac{t}{r+s}$ als Kosinus oder Tangens aus.

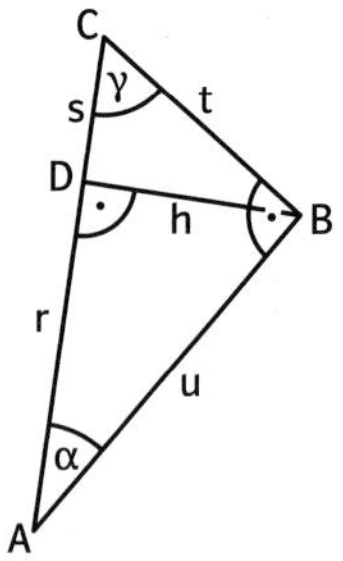

Lösung:

a) $\cos(\alpha) = \frac{u}{r+s}$ *Dreieck ABC: u: Ankathete von α, r + s: Hypotenuse*

$\cos(\alpha) = \frac{r}{u}$ *Dreieck ABD: r: Ankathete von α, u: Hypotenuse*

$\tan(\gamma) = \frac{u}{t}$ *Dreieck ABC: u: Gegenkathete von γ*
                   t: Ankathete von γ

$\tan(\gamma) = \frac{h}{s}$ *Dreieck BCD: h: Gegenkathete von γ, s: Ankathete von γ*

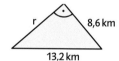

Fig. 1

Im Dreieck ABC gilt auch: $\frac{t}{r+s} = \sin(\alpha)$.

b) $\frac{t}{u} = \tan(\alpha)$ $\frac{s}{t} = \cos(\gamma)$ $\frac{h}{r} = \tan(\alpha)$ $\frac{t}{r+s} = \cos(\gamma)$

im Dreieck ABC   *im Dreieck BCD*   *im Dreieck ABD*   *im Dreieck ABC*

Aufgaben

1 a) Berechne die fehlenden Seitenlängen.

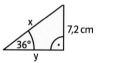 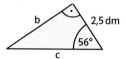 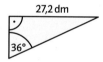

b) Berechne die fehlenden Winkel.

 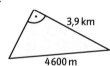 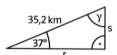

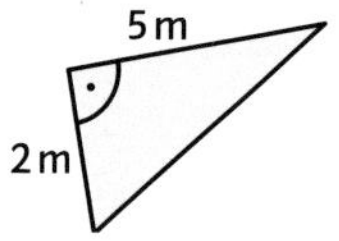

2 Berechne die fehlenden Größen.

 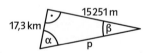

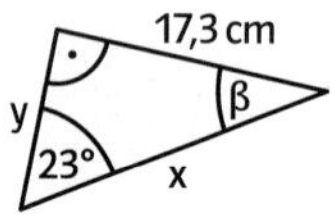

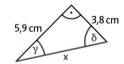

Fig. 4

3 a) Drücke sin (α), cos (α), cos (β), tan (β) als Seitenverhältnis aus (Fig. 2).

b) Drücke $\frac{z}{y}$; $\frac{z}{x}$; $\frac{x}{y}$ durch Sinus, Kosinus oder Tangens aus (Fig. 3).

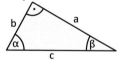 

Fig. 2   Fig. 3

4 a) In einem Dreieck ist α = 37°, β = 90° und b = 7,2 cm. Berechne a und c.

b) In einem Dreieck ist α = 90°, c = 3,2 cm und a = 8,6 cm. Berechne β und γ.

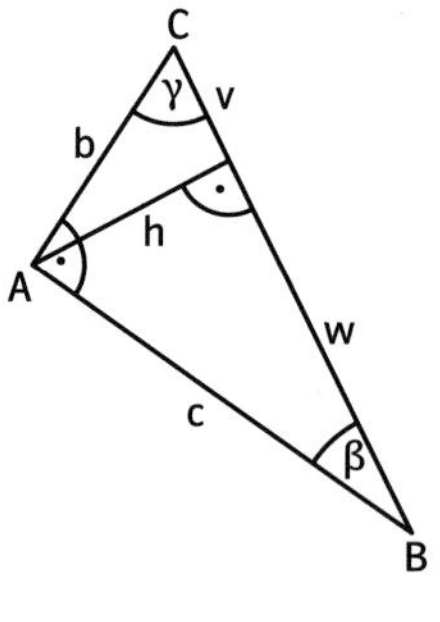

Bist du sicher?

1 a) Berechne die fehlenden Größen.

b) Drücke in Fig. 4 tan (β) und cos (γ) jeweils auf verschiedene Weisen als Seitenverhältnis aus.

5 Tom notiert: $\cos(\varphi) = \frac{x}{z}$. Wie könnte ein zugehöriges Dreieck aussehen?

6 Was gehört in Figur 1 zusammen?

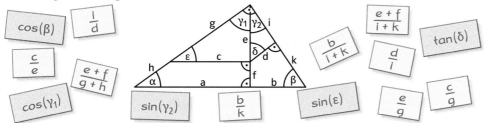

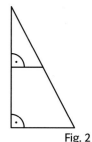

$\boxed{\cos(\beta)}$ $\boxed{\frac{i}{d}}$ $\boxed{\frac{e+f}{i+k}}$ $\boxed{\tan(\delta)}$

$\boxed{\frac{c}{e}}$ $\boxed{\frac{b}{i+k}}$ $\boxed{\frac{d}{i}}$

$\boxed{\frac{e+f}{g+h}}$

$\boxed{\cos(\gamma_1)}$ $\boxed{\sin(\gamma_2)}$ $\boxed{\frac{b}{k}}$ $\boxed{\sin(\varepsilon)}$ $\boxed{\frac{e}{g}}$ $\boxed{\frac{c}{g}}$

Fig. 1   Fig. 2

7 👥 Führe in Fig. 2 geeignete Bezeichnungen ein. Notiere vier verschiedene Seitenverhältnisse. Deine Partnerin bzw. dein Partner muss sie durch Sinus, Kosinus bzw. Tangens geeigneter Winkel ausdrücken.

Merkhilfe:

α	$\sin(\alpha)$	$\cos(\alpha)$
0°	$\frac{1}{2}\sqrt{0}$	$\frac{1}{2}\sqrt{4}$
30°	$\frac{1}{2}\sqrt{1}$	$\frac{1}{2}\sqrt{3}$
45°	$\frac{1}{2}\sqrt{2}$	$\frac{1}{2}\sqrt{2}$
60°	$\frac{1}{2}\sqrt{3}$	$\frac{1}{2}\sqrt{1}$
90°	$\frac{1}{2}\sqrt{4}$	$\frac{1}{2}\sqrt{0}$

8 Kosinus- und Tangenswerte für 45° und 60° kann man leicht berechnen.
a) Zeichne ein gleichschenklig-rechtwinkliges Dreieck. Bestätige damit die Angaben in der Tabelle (Fig. 3) für cos(45°) und tan(45°).
b) Zeichne ein gleichseitiges Dreieck. Zeichne eine geeignete Hilfslinie ein und bestätige damit weitere Angaben aus der Tabelle.

α	$\tan(\alpha)$
0°	0
30°	$\frac{1}{3}\sqrt{3}$
45°	1
60°	$\sqrt{3}$
90°	–

9 Die Steigung einer Straße ist das Verhältnis des Höhenunterschieds h zur horizontalen Strecke s. Eine 320,5 m lange gerade Straße hat die Steigung 7,5 %.
a) Berechne den Steigungswinkel dieser Straße.
b) Wie groß ist der Höhenunterschied, den die Straße überwindet?
c) Wie lang ist dieses Straßenstück auf einer Karte im Maßstab 1 : 25 000?

10 Wahr oder falsch?
a) Wenn man den Winkel α verdoppelt, dann verdoppelt sich auch tan(α).
b) Wenn man die Ankathete des Winkels α halbiert und die Hypotenuse c fest lässt, so halbiert sich auch cos(α).
c) Je kleiner der Winkel α ist, umso kleiner ist auch cos(α).

Kannst du das noch?

11 Berechne ohne Taschenrechner: 10^5; $5 \cdot 2^5$; $3 \cdot 4 - 3^4$; $(-10)^6 - 10^5$; $-10^6 - 10^5$.

12 Gegeben sind die Funktionsgleichungen $y = \frac{1}{4}x^3$, $y = -\frac{1}{4}x^3$, $y = \frac{1}{4}x^4$, $y = -x^2 + 2$ und die Punkte A(2|y), B(−2|y), C($-\frac{1}{2}$|y) und D(0,1|y).
a) Bestimme für jeden Graphen die y-Koordinaten der Punkte A, B, C und D.
b) Skizziere die Graphen.

13 a) Bestimme die Wurzel: $\sqrt{144}$, $\sqrt{1,44}$, $\sqrt{0,01}$, $\sqrt{0,25}$, $(\sqrt{2,5})^2$, $(-\sqrt{2,5})^2$, $(\sqrt{2,5})^4$.
b) Berechne: $6\sqrt{2} + 13\sqrt{2}$, $5\sqrt{3} - 7\sqrt{12} + \sqrt{75}$, $\sqrt{5} \cdot (\sqrt{50} - \sqrt{2}) - \sqrt{10}$, $(\sqrt{3} - \sqrt{7})(\sqrt{3} + \sqrt{7})$.

14 Multipliziere aus und fasse so weit wie möglich zusammen.
a) $(x - 3)(5 + x)$ b) $(a + 3)(2a + 5)$ c) $-(2 + b)(4b + 7)$ d) $(4 - b)(4 - b)$

5 Winkel- und Längenberechnungen

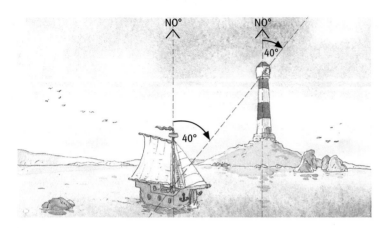

In der Schifffahrt wird die Fahrtrichtung Kurs genannt. Der Kurs wird in Grad und Minuten als Abweichung von der Nordrichtung im Uhrzeigersinn angegeben.

Ein Schiff fährt auf dem Kurs 90°. Der Kapitän nimmt die erste Peilung bei 40° vor. Wenn er die zweite Peilung geschickt macht, kann er bei bekannter Geschwindigkeit berechnen, wie weit er vom Leuchtturm entfernt ist.

Sind in einem rechtwinkligen Dreieck eine Seite und ein weiterer Winkel oder zwei Seiten bekannt, dann lassen sich alle restlichen Seiten und Winkel des Dreiecks berechnen.

Sind Winkel gesucht, so kann man Seitenverhältnisse wie z. B. $\sin(\alpha) = \frac{a}{c}$ oder den Winkelsummensatz verwenden.
Sind Seiten gesucht, dann sind der Satz des Pythagoras oder ein umgeformtes Seitenverhältnis wie z. B. $a = b \cdot \tan(\alpha)$ nützlich.

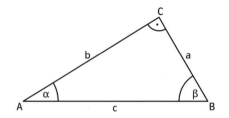

Winkel gesucht

$$\sin(\alpha) = \frac{a}{c}$$
$$\cos(\alpha) = \frac{b}{c}$$
...

$$\gamma = 90°$$
$$\alpha + \beta = 90°$$

Seite gesucht

$$a^2 + b^2 = c^2$$

$$\frac{a}{b} = \tan(\alpha)$$
$$\frac{a}{c} = \sin(\alpha)$$
...

Genauer geht's mit dem Speicher!

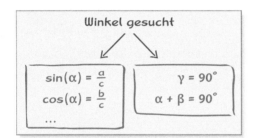

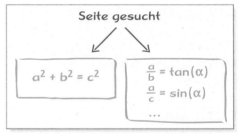

Beispiel 1 Hypotenuse und eine Kathete gegeben
Im Dreieck ABC ist $\gamma = 90°$, $c = 7{,}3\,\text{cm}$ und $b = 3{,}8\,\text{cm}$. Berechne β und a. Rechne dabei zunächst nur mit Seitenverhältnissen.
Gib einen zweiten Lösungsweg an, bei dem du auch andere bekannte Sätze verwendest.
Lösung:

1. Möglichkeit (nur mit Seitenverhältnissen):

α berechnen aus $\cos(\alpha) = \frac{3{,}8}{7{,}3}$, $\alpha \approx 58{,}6°$.

β berechnen aus $\sin(\beta) = \frac{3{,}8}{7{,}3}$, $\beta \approx 31{,}4°$.

a berechnen aus $\sin(\alpha) = \frac{a}{c}$, $a = c \cdot \sin(\alpha)$

$a \approx 7{,}3\,\text{cm} \cdot \sin(58{,}6°) \approx 6{,}2\,\text{cm}$.

2. Möglichkeit:

α berechnen aus $\cos(\alpha) = \frac{3{,}8}{7{,}3}$, $\alpha \approx 58{,}6°$.

β berechnen mit dem Winkelsummensatz:
$\beta \approx 180° - (90° + 58{,}6°) = 31{,}4°$.

a berechnen nach dem Satz des Pythagoras:

$a = \sqrt{c^2 - b^2} = \sqrt{7{,}3^2 - 3{,}8^2}\,\text{cm} \approx 6{,}2\,\text{cm}$.

Beispiel 2

Von einem Dach kennt man die Maße (vgl. Fig. 1).
a) Wie lang ist der Träger? Wie weit ist sein Fußpunkt vom Eckpunkt B entfernt? Fertige eine Skizze an, führe geeignete Bezeichnungen ein und rechne anschließend.
b) Wie lang ist der andere Dachsparren?

Lösung:
a) Länge des Trägers:
Im Dreieck DBC ist $\sin(\beta) = \frac{h}{a}$, also ist
$h = a \cdot \sin(\beta) = 6{,}60\,\text{m} \cdot \sin(60{,}2°) \approx 5{,}73\,\text{m}$.
Entfernung Fußpunkt D – Eckpunkt B:
$h^2 + p^2 = a^2$, also $p = \sqrt{a^2 - h^2}$
$\approx \sqrt{6{,}60^2 - 5{,}73^2}\,\text{m} \approx 3{,}28\,\text{m}$.
b) Länge des zweiten Dachsparrens b: Im Dreieck ADC ist $\sin(\alpha) = \frac{h}{b}$,
also $b = \frac{h}{\sin(\alpha)} \approx \frac{5{,}73\,\text{m}}{\sin(38{,}5°)} \approx 9{,}20\,\text{m}$.

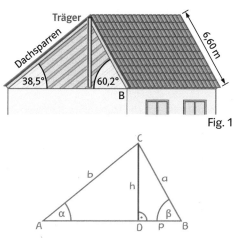

Fig. 1

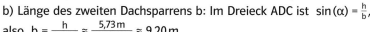

Warum gilt hier nicht $\tan(\alpha) = \frac{a}{b}$?

Aufgaben

1 Berechne die fehlenden Seiten und Winkel des Dreiecks ABC mit $\gamma = 90°$. Beschreibe anschließend in Worten einen alternativen Rechenweg.
a) $a = 6{,}2\,\text{cm}$, $b = 2{,}5\,\text{cm}$ b) $a = 6{,}2\,\text{m}$, $\beta = 38°$ c) $a = 6{,}2\,\text{m}$, $\alpha = 41°$

2 a) Wie hoch ist eine Tanne, wenn ihr Schatten 27,5 m lang ist und die Sonnenstrahlen unter dem Winkel 38,5° einfallen?
b) Otto Lilienthal (1840 – 1896) flog mit seinem „Drachenflieger" aus ca. 25 m Höhe unter einem Gleitwinkel von 8°. Wie lang war seine Gleitstrecke?

3 Der Gleitpfad des Instrumenten-Lande-Systems führt die Flugzeuge automatisch zur Landebahn.

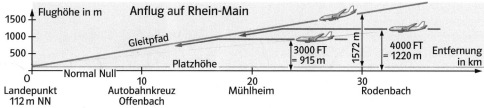

a) Gib die Steigung des Gleitpfads in Grad und Prozent an.
b) Wie viele Kilometer gleitet ein Flugzeug auf dem Gleitpfad, das in 3000 Fuß Höhe auf die Bahn einschwenkt (1 Fuß = 30,5 cm)?
c) Welche Höhe hat ein Flugzeug auf dem Gleitpfad, das 25 km vom Flughafen entfernt ist?

4 Berechne im gleichschenkligen Dreieck ABC mit Basis $\overline{AB}$ die fehlenden Seiten und Winkel sowie den Flächeninhalt. Skizziere zunächst das Dreieck ABC und berechne zuerst die Höhe.
a) $b = 58{,}6\,\text{m}$, $\alpha = 62°$ b) $a = 45{,}2\,\text{cm}$, $\gamma = 98°$ c) $a = 65{,}4\,\text{m}$, $c = 547\,\text{dm}$

1 Ein symmetrischer Dachgiebel ist 8,4 m breit und 5,4 m hoch. Berechne die Dachneigung.

2 Ein Parallelogramm hat die Seitenlängen 12,0 m und 7,2 m. Die Seiten schließen einen Winkel von 30° ein.
a) Berechne die Höhe.
b) Wie groß ist der Flächeninhalt? Wie verändert sich der Flächeninhalt, wenn eine Seite verdoppelt wird?

5 Der Flächeninhalt eines gleichschenkligen Dreiecks ist 6 cm². Die Basis und die Höhe ist ganzzahlig (in cm). Wie viele Dreiecke gibt es? Wie groß ist der kleinste bzw. größte Basiswinkel?

6 Rund um den Turm

Ein Turm ist 28,6 m hoch und 6,0 m vom Ufer eines Flusses entfernt. Vom Turm aus erscheint die Flussbreite unter dem Sehwinkel von 17°. Wie breit ist der Fluss? **C**

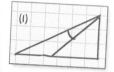

Eine Turmspitze erscheint von einer Stelle aus, die in horizontaler Richtung 141 m vom Fuß des Turms entfernt ist, unter einem Erhebungswinkel von 48,5°. Berechne die Turmhöhe (Augenhöhe 1,5 m). **A**

Auf einem 15,0 m hohen Turm ist ein Fahnenmast befestigt. Ein Beobachter ist 12,0 m vom Turm entfernt. Ihm erscheinen die beiden Enden des Mastes unter einem Sehwinkel von 6,5°. Seine Augenhöhe beträgt 1,6 m. Wie lang ist der Fahnenmast? **B**

a) Ordne jeder Aufgabe eine Skizze zu. Besprich dich mit deinem Partner. Bearbeitet eine Aufgabe gemeinsam.
b) Jeder berechnet nun eine weitere Aufgabe. Erklärt euch gegenseitig den Lösungsweg.

7 Ein Würfel hat die Kantenlänge 6 cm.
a) Die Raumdiagonale schließt mit jeder Kante denselben Winkel α ein. Skizziere den Würfel. Zeichne darin ein geeignetes rechtwinkliges Dreieck ein, das diese Größen enthält. Berechne α.
b) Welchen Winkel β bildet die Raumdiagonale mit einer Seitenfläche? Berechne β.

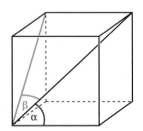

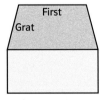

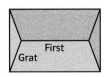

8 Ein Turmdach hat die Form einer regelmäßigen vierseitigen Pyramide. Die Grundkante ist 4,28 m lang und die Höhe beträgt 6,45 m. Skizziere die Pyramide.
a) Nun soll die Länge einer Seitenkante bestimmt werden. Zeichne ein geeignetes rechtwinkliges Dreieck ein und rechne anschließend.
b) Man unterscheidet zwischen dem Winkel, den eine Seitenkante der Pyramide mit der Grundfläche einschließt, und dem Winkel, den die Höhe einer Seitenfläche mit der Grundfläche bildet. Markiere beide Winkel in der Skizze und berechne sie. Welcher der beiden Winkel bezeichnet die Dachneigung?

9 Ein Walmdach ist 12,4 m lang und 8,3 m breit. Die viereckigen Dachflächen sind unter 35°, die dreieckigen unter 50° geneigt. Bestimme die Höhe des Daches und die Firstlänge.

1 Rechtwinklig oder nicht – das ist die Frage!

Schneide aus gelbem kariertem Papier Quadrate unterschiedlicher Größe und notiere darauf jeweils die Anzahl der Kästchen, aus denen sie bestehen. Erstelle aus blauem kariertem Papier zwei weitere Sätze solcher Quadrate.

a) Lege aus einem gelben und zwei blauen Quadraten Dreiecke wie in Fig. 1.

b) Lege möglichst viele Dreiecke und fülle die Tabelle aus.

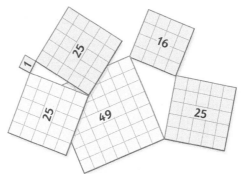

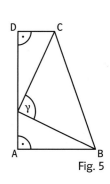

Fig. 1

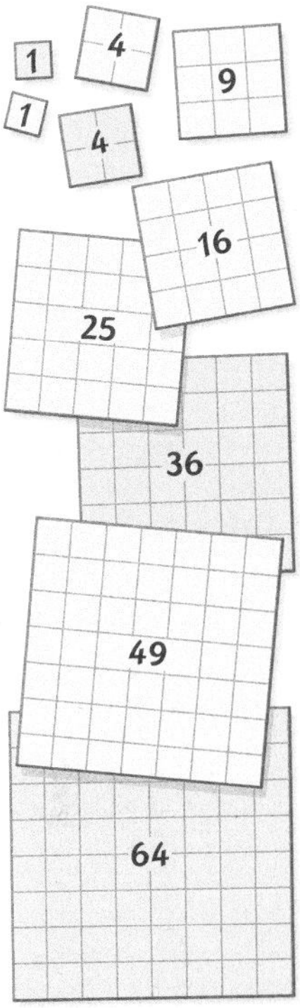

1. blaues Quadrat a^2	2. blaues Quadrat b^2	Gesamt $a^2 + b^2$	Gelbes Quadrat c^2	Art des Dreiecks
1	25	26	25	spitzwinklig
16	25	41	49	stumpfwinklig
…	…			

Was stellst du fest? Formuliere dein Ergebnis in Worten.

2

In einem Dreieck ist die erste Seite 18 cm lang und die zweite Seite ist 24 cm. Finde eine passende dritte Seite, sodass ein rechtwinkliges, spitzwinkliges bzw. stumpfwinkliges Dreieck entsteht.

3 Ein Satz – viele Beweise

Ein Beweis zum Legen:

a) Schneide aus Papier acht kongruente rechtwinklige Dreiecke aus. Beschrifte die Seiten mit a, b und c. Stelle zwei Quadrate her mit jeweils der Seitenlänge a + b (Fig. 2).

b) Decke die Quadrate mit vier Dreiecken auf die beiden folgenden Arten ab (Fig. 3 und 4).

c) Vergleiche den Flächeninhalt der Quadrate in beiden Figuren. Drücke sie durch Terme aus. Erkläre, weshalb damit der Satz des Pythagoras bewiesen werden kann.

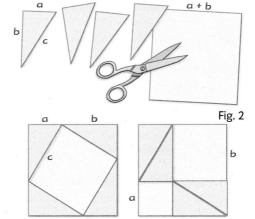

Fig. 2

Fig. 3   Fig. 4

4 Wie ein Präsident beweist

James Abram Garfield (1831–1881) war der 20. Präsident der Vereinigten Staaten von Amerika. Während seiner Zeit als Kongressabgeordneter entdeckte er einen Beweis des Satzes von Pythagoras. Dabei werden zwei kongruente Dreiecke wie in Fig. 5 aneinander gelegt.

a) Begründe, dass γ = 90° ist.

b) Das Viereck ABCD ist ein Trapez. Gib seinen Flächeninhalt auf zwei verschiedene Arten an. Gelingt es dir, damit die bekannte Pythagorasgleichung herzuleiten?

Fig. 5

Ein weiterer Zusammenhang am rechtwinkligen Dreieck

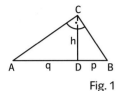

Fig. 1

p, q: Hypotenusenab-schnitte

5 Im rechtwinkligen Dreieck gibt es auch einen Zusammenhang zwischen der Höhe h auf der Hypotenuse und den beiden Hypotenusenabschnitten p und q (vgl. Fig. 1). Er lautet: $h^2 = p \cdot q$. Diesen Zusammenhang nennt man **Höhensatz**.
Wenn man die Terme als Flächeninhalte interpretiert, so lautet er: In jedem rechtwinkligen Dreieck hat das Quadrat über der Höhe den gleichen Flächeninhalt wie das Rechteck aus den Hypotenusenabschnitten.
a) Fertige eine Skizze an, die den Höhensatz veranschaulicht.
b) Formuliere den Satz des Pythagoras für das Dreieck ADC und den Kathetensatz (vgl. Seite 39) für das Dreieck ABC mit dem Hypotenusenabschnitt q. Leite damit den Höhensatz her.

6 Im Dreieck ABC ist $\gamma = 90°$ (vgl. Fig. 1).
a) Berechne die Höhe h und die fehlenden Winkel, wenn p = 4,3 cm und q = 6,8 cm ist.
b) Berechne c und α, wenn q = 6,5 cm und h = 4,5 cm ist.
c) Berechne alle Seiten und Winkel, wenn h = 4,5 cm und p = 2,7 cm ist.

7 Die Zugspitzbahn ist die längste Seilbahn in Deutschland. Sie führt von der Talstation am Eibsee auf den Gipfel der Zugspitze.
Berechne die Mindestlänge des Seils und die durchschnittliche Neigung des Seils. Entnimm dazu der Karte in Fig. 2 alle nötigen Angaben (Maßstab 1:50000).

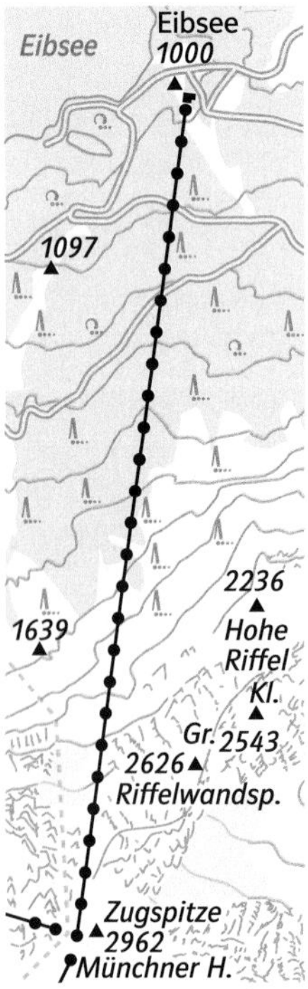

Fig. 2

Maßstab 1:50000

Kannst du das noch?

8 Multipliziere aus und fasse zusammen.
a) $(5 - x) \cdot (-3) + 2 \cdot (x - 6)$ b) $(2 + x) \cdot (3 + x) + 2x^2$
c) $x + (2x - 5)(1 - x) + 2x - x^2$ d) $(2 - 3b)(a + 3b) - (a^2 + 9b)$

9 Klammere aus.
a) $15x + 20x^2$ b) $-24b^2 + 40b^3$ c) $27x - 30x^2 - 9x^3$ d) $-3a + 33a^2$

10 Überprüfe rechnerisch, ob die Terme äquivalent sind.
a) $6 \cdot (x + 7) - 42$ b) $42 - 3 \cdot (m + 1) - 7m$ c) $d \cdot 9,2 + 3 - 3,2d - 9$
  $3x + 3(x + 14)$ $4m + 2(3m - 21) + 3$ $2 + 8 \cdot d - 8 + 3 \cdot d - 5d$

11 Löse die Gleichung zeichnerisch und rechnerisch.
a) $2x - 3 = -0,25x$ b) $-x + 3 = 3x - 5$ c) $x^2 - x - 6 = 0$ d) $x^2 + 2 = 3x + 6$

12 Zeichne die Graphen der Funktionen und vergleiche sie. Gib charakteristische Eigenschaften an.
a) $y = -2x$, $y = -2x + 1$, $y = \frac{1}{2}x + 1$ b) $y = \frac{1}{2}x^2$, $y = \frac{1}{2}x - x^2$, $y = \frac{1}{2}(x - 1)^2 + 2$
c) $y = \frac{1}{2}x^3$, $y = -\frac{1}{2}x^3$, $y = \frac{1}{2}x^4$

13 Gegeben sind die Punkte $A(-2|4)$, $B(-1|\frac{1}{4})$, $C(0|\frac{3}{2})$, $D(1|\frac{1}{4})$.
Überprüfe rechnerisch, ob sie auf dem Graphen liegen mit
a) $y = -\frac{5}{4}x + \frac{3}{2}$,   b) $y = -\frac{5}{4}x^2 + \frac{3}{2}$,   c) $y = \frac{1}{4}x^4$.

Alles ist Zahl

Felicitas Hoppe

Jedes Mal, wenn ich ein Dreieck sehe, das einen rechten Winkel hat, muss ich an Pythagoras denken. Auch mir kommen Dreiecke einfach vor, eine klare und leicht zu begreifende Form. Nur der Mann, der hinter der Sache steckt, wird mir für immer ein Rätsel bleiben, das man mithilfe von Formeln nicht löst. Jedenfalls nicht nach dem ABC im Quadrat. Statt dessen liest man verrückte Geschichten und stößt auf lauter offene Fragen: Hatte Pythagoras, wie die Legende berichtet, wirklich einen goldenen Schenkel? Und wenn ja, wem hat er den Schenkel gezeigt, wer hat den Schenkel wirklich gesehen? War es der linke oder der rechte? Wenn ich einen goldenen Schenkel hätte, dann würde ich ihn für mich behalten.

Aber ich bin nicht Pythagoras. Ich habe keinen goldenen Schenkel. Ich bin noch nicht tot und schon gar nicht berühmt, und mein Wissen hält sich ziemlich in Grenzen. Dafür wusste Pythagoras **alles**. Über die Menschen und über die Zahlen, über das Dreieck und über Musik. Und über die Tiere, mit denen er übrigens sprechen konnte, weil er sich vollkommen sicher war, dass Tiere, wie wir, eine Seele haben und alles verstehen, sobald jemand ernsthaft mit ihnen spricht. Wie zum Beispiel die wilde griechische Bärin, die Pythagoras auf die Seite nimmt, die er streichelt und mit Waldbeeren füttert, bis sie zahm und friedlich im Wald verschwindet.

Ein Wunder oder ein Zirkustrick? Kein Wunder, kein Trick, sondern nur die Geschichte von einem, der weiß, dass es im Leben nützlich ist, wenn man verschiedene Sprachen spricht. Also nicht nur die Sprache der Zahlen und Formeln, sondern nebenbei auch die Sprache der Bären. Und die Sprache der Menschen, die Fische fangen und nicht daran denken, dass ein Fisch lieber schwimmt als gefangen und dann gegessen zu werden.

Weshalb Pythagoras eine Wette abschließt: Wenn ich euch in ganzen Zahlen sagte, auf die Zahl genau, wie viele Fische ihr fangt, versprecht ihr mir dann, sie frei zu lassen? Was die Fischer aus Neugier sofort versprechen. Und als die den Fang schließlich ausgezählt haben, stellen sie plötzlich erschrocken fest, dass der Fang mit der Wettzahl zur Deckung kommt. Und werfen, weil sie verloren haben, die zappelnden Fische zurück ins Meer. Wo sie bis heute unzählbar schwimmen. Denn alles ist Zahl. Aber die Zahl ist nicht alles!

Jetzt geht's rund

Auf dem kreisförmigen Radarschirm eines Schiffs werden Objekte, die sich im Erfassungsbereich der Radaranlage befinden, als leuchtende Punkte angezeigt. Im Mittelpunkt des Schirms ist immer das Schiff selbst. Nähert sich ein leuchtender Punkt dem Mittelpunkt des Schirms, so kann das bedeuten, dass ein anderes Schiff auf Kollisionskurs fährt. In diesem Augenblick muss man wissen, wie weit die beiden Schiffe noch voneinander entfernt sind und aus welcher Richtung das Schiff, das beobachtet wird, anfährt.

Zur Darstellung dieser Informationen ist ein Koordinatensystem geeignet, in dem man die Lage eines Punktes durch die Entfernung von einem ausgezeichneten Punkt (dem Pol) und einem Winkel zu einer Bezugsrichtung (der Achse) beschrieben wird. Es heißt **Polarkoordinatensystem**. Ein Punkt P hat die **Polarkoordinaten** $P(r|\varphi)$ mit $0° \leq \varphi < 360°$ (Fig. 1). Dabei ist r die Entfernung des Punktes P vom Pol O und φ der Winkel zwischen der Achse und der Halbgeraden OP.

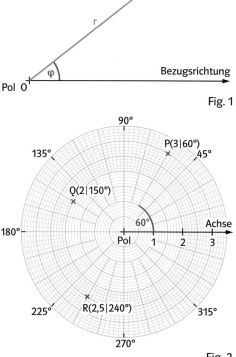

Fig. 1

Zu Beginn der Beobachtung erfasst das Beobachterschiff zwei Versorgungsschiffe und ein Sicherungsschiff. Eines der Versorgungsschiffe befindet sich am Punkt P. Seine Position kann beschrieben werden durch $P(3|60°)$. Das bedeutet, dass es 3 Längeneinheiten vom Beobachterschiff entfernt ist und mit der Bezugsrichtung einen Winkel von 60° einschließt. Das andere Versorgungsschiff befindet sich am Punkt $Q(2|150°)$ und das Sicherungsschiff in $R(2,5|240°)$.

Fig. 2

Auf dem Radarschirm ist es möglich, den Wegeverlauf der beobachteten Schiffe als leuchtende Punkte zu speichern. Nun wird beobachtet, dass sich das erste Versorgungsschiff von P aus geradlinig auf das Beobachterschiff zubewegt. Alle Punkte des Weges haben die Form $P(x|60°)$. Zur Beschreibung des Weges genügt also die Angabe $\varphi = 60°$.
Das zweite Versorgungsschiff bewegt sich geradlinig von Q aus auf 0 zu. Sein Weg kann beschrieben werden durch $\varphi = 150°$.
Das Sicherungsschiff umfährt das Beobachterschiff von R aus immer im gleichen Abstand. Es bewegt sich also entlang einer Kreislinie. Alle Punkte der Kreislinie haben die Form $R(2,5|\varphi)$. Sein Weg kann daher beschrieben werden durch die Gleichung $r = 2,5$.

1 Welche Koordinaten hat der Punkt P (3 | 60°) in einem rechwinkligen Koordinatensystem?

2 Wie lautet die Gleichung der Geraden durch die Punkte P und 0 in einem rechtwinkligen Koordinatensystem?

3 Zeichne in einem rechtwinkligen Koordinatensystem einen Kreis mit Radius 2,5 cm und Mittelpunkt O (0 | 0). Welcher Zusammenhang besteht zwischen den Koordinaten eines Kreispunktes und dem Radius?

Ein weiteres Schiff umfährt das Beobachterschiff auf einer spiralförmigen Bahn. Seinen Weg kann man ebenfalls mithilfe von Abständen und Winkeln beschreiben. Dazu braucht man nun auch Winkel, die größer als 360° sind.
Die Beobachtung beginnt, wenn sich das Schiff im Punkt A befindet. Aus Fig. 1 entnimmt man $\overline{OA}$ = r = 1 cm und φ = 0°, $\overline{OB}$ = 1,3 cm und φ = 60°.
Ergänze die Tabelle entsprechend.

Punkt	A	B	C	D	E	F
φ	0°	60°	120°	180°	240°	300°
r in cm	1	1,3				

Punkt	G	H	I	K	L	M	N
φ	360°	420°	480°	540°	600°	660°	720°
r in cm							

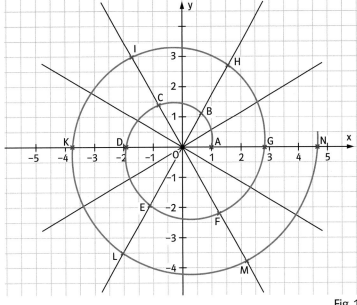

Fig. 1

4 Was kann man über den Abstand zwischen den Punkten A und G, B und H bzw. C und I sagen? Bestätige, dass in der Tabelle der Zusammenhang r = 0,005 · φ + 1 gilt, wenn man für r und φ die Maßzahlen einsetzt.

Spiralen kann man mit dem GTR zeichnen, wenn man den Polarmodus wählt.

  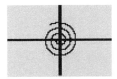

5 Zeichne weitere Spiralen mit r = 0,004 · φ² bzw. r = 0,04 · $\sqrt{φ}$ mithilfe des GTR und vergleiche sie.

Rückblick

In einem rechtwinkligen Dreieck mit Winkel α bezeichnet man die Seite, die dem rechten Winkel gegenüberliegt, als **Hypotenuse** und die beiden anderen Seiten als **Katheten**. Insbesondere heißt die Kathete, die dem Winkel α gegenüberliegt, **Gegenkathete** von α, die andere **Ankathete** von α.

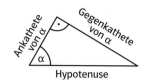

Satz des Pythagoras

Wenn ein Dreieck rechtwinklig ist mit den Katheten a und b und der Hypotenuse c, dann gilt $a^2 + b^2 = c^2$.

Umkehrung:

Wenn in einem Dreieck für die Seitenlängen $a^2 + b^2 = c^2$ gilt, dann ist das Dreieck rechtwinklig.

Sinus, Kosinus und Tangens

In allen rechtwinkligen Dreiecken mit Winkel α gilt

$\sin(\alpha) = \dfrac{\text{Gegenkathete von } \alpha}{\text{Hypotenuse}}$

$\cos(\alpha) = \dfrac{\text{Ankathete von } \alpha}{\text{Hypotenuse}}$

$\tan(\alpha) = \dfrac{\text{Gegenkathete von } \alpha}{\text{Ankathete von } \alpha}$

Winkel und Seiten berechnen

Für ein rechtwinkliges Dreieck mit $\gamma = 90°$ gilt:

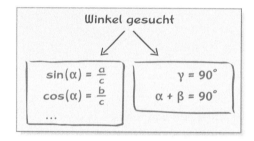

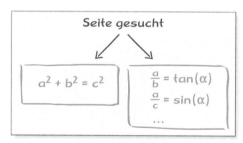

Seite gesucht

Gegeben: Dreieck ABC mit $\gamma = 90°$, $a = 5{,}2\,cm$, $c = 9{,}4\,cm$

Gesucht: b

Lösung: Dreieck ABC ist rechtwinklig, nach dem Satz des Pythagoras gilt:

$b = \sqrt{c^2 - a^2}$, $b = \sqrt{9{,}4^2 - 5{,}2^2}\,cm \approx 7{,}8\,cm$

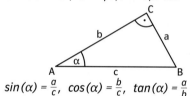

$\sin(\alpha) = \dfrac{a}{c}$, $\cos(\alpha) = \dfrac{b}{c}$, $\tan(\alpha) = \dfrac{a}{b}$

Winkel gesucht

Gegeben: Dreieck ABC mit $\gamma = 90°$, $a = 5{,}2\,cm$, $c = 9{,}4\,cm$

Gesucht: α, β

Lösung: Dreieck ABC ist rechtwinklig, es gilt:

$\sin(\alpha) = \dfrac{a}{c} = \dfrac{5{,}2}{9{,}4} \approx 0{,}5531$,

$\alpha = \sin^{-1}\left(\dfrac{5{,}2}{9{,}4}\right) \approx 33{,}6°$.

Nach dem Winkelsummensatz ist $\beta \approx 90° - 33{,}6° = 56{,}4°$.

Seite und Winkel gesucht

Gegeben: Dreieck ABC mit $\gamma = 90°$, $b = 6{,}2\,cm$, $\alpha = 43°$

Gesucht: c, β

Lösung: Dreieck ABC ist rechtwinklig, es gilt:

$\cos(\alpha) = \dfrac{b}{c}$,

$c = \dfrac{b}{\cos(\alpha)} = \dfrac{6{,}2}{\cos(43°)}\,cm \approx 8{,}5\,cm$.

Nach dem Winkelsummensatz ist $\beta = 90° - 43° = 47°$.

Training

1 Berechne die farbig markierten Größen.

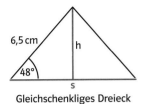

Gleichschenkliges Dreieck

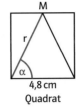

Quadrat

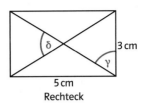

Rechteck

2 Die beiden parallelen Seiten des gleichschenkligen Trapezes in Fig. 1 sind 3,2 cm und 6,8 cm lang. Sie haben den Abstand 2,6 cm. Wie groß ist α? Wie lang sind die Schenkel?

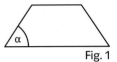

Fig. 1

3 Die Steigfähigkeit eines Autos wird in Prozent angegeben. In einer Autozeitschrift findet man: Steigfähigkeit: Mercedes G 500 80 %, Hummer H2 60 %.
a) Welchen Steigungswinkel kann ein Gelände jeweils haben, damit es von den Geländewagen gerade noch befahren werden kann? Kann man mit dem Hummer H2 auf einer Strecke von 30 m eine Höhendifferenz von 15 m überwinden?
b) Wie lang muss eine Strecke mindestens sein, damit man mit dem Mercedes G 500 eine Höhendifferenz von 50 m überwinden kann?
c) Nach weit verbreiteter Meinung entspricht eine Steigung von 100 % einer senkrechten Wand. Was sagst du dazu?

4 Die Grundfläche eines Kegels hat den Radius 25,6 cm. Der Kegel ist 50,9 cm hoch. Wie groß ist der Winkel α an der Spitze?

1 Berechne die fehlenden Größen des Dreiecks ABC.

α	β	γ	a	b	c
90°		23°		25,72 m	
37°	90°			37,5 km	
		90°	13,2 dm	36 cm	

2 Peter und Ina lassen auf einem ebenen Gelände einen Drachen steigen. Sie stehen 80 m voneinander entfernt. Die Drachenschnur ist 120 m lang. Ina steht direkt unter dem Drachen. Sie möchte wissen, wie hoch er ungefähr fliegt.
Fertige eine Skizze an und berechne.

3 a) Ein Drachenflieger startet am Tegelberg über Füssen. Nach einer Gleitstrecke von 8,2 km landet er im 1000 m tiefer liegenden Tal. Berechne seinen Gleitwinkel.
b) Wie lang ist seine Gleitstrecke, wenn er am Tegelberg startet und mit einem Gleitwinkel von 5° fliegt?

4 Berechne die beiden fehlenden Winkel des Drachens in Fig. 2.

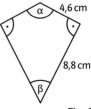

Fig. 2

5 a) Welchen Flächeninhalt hat das Parallelogramm ABCD mit $\overline{AB}$ = 8 cm, $\overline{AD}$ = 10 cm und ∢ BAD = 60°? Skizziere das Parallelogramm und berechne.
b) Beschreibe in Worten, wie man die Diagonale $\overline{BD}$ berechnen kann.

Das kannst du schon

- Terme mit mehreren Variablen aufstellen und umformen
- Quadratische Gleichungen lösen

Universum
ca. 10^{10} Galaxien

Sonnensystem
Durchmesser Sonne: 1 400 000 km
Abstand Sonne – Erde: 1 AE = $149{,}6 \cdot 10^6$ km

Erde
Durchmesser Erde: 12 756 km
Oberfläche: ca. 510 100 000 km^2

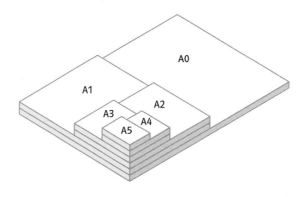

Zahl und Maß

Daten und Zufall

Beziehung und Änderung

Modell und Simulation

Muster und Struktur

Form und Raum

Vom Mikrochip zum Megaevent

Wenn man mit dem Zollstock im Nano-
meterbereich misst, dann sind das auch
schon grobe Messfehler!

Mensch
100 Billionen Körperzellen ≈ 25 Billionen Blutkörperchen
ca. 100 Milliarden Nervenzellen im Gehirn
Nervenstränge Gesamtlänge über 100 000 km

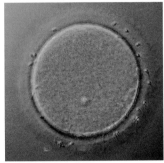

Menschliche Eizelle
Durchmesser 0,25 mm = $250 \cdot 10^{-6}$ m = 250 µm

Grippevirus
Durchmesser 0,1 µm = 100 nm = $100 \cdot 10^{-9}$ m

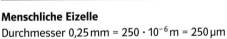

Das kannst du bald

- Kleine und große Zahlen in Potenz-
  schreibweise darstellen
- Terme mit Potenzen vereinfachen
- Potenzgleichungen lösen

1 Zehnerpotenzen

Die 26. Top500-Liste der Supercomputer				
Rang	Rechner (Hersteller)	Land	Prozessoren	Rechenleistung
1	eServer BlueGene (IBM) BlueGene/L	USA	131072 PowerPC 440; 700 MHz	280,6 TFlop/s
2	eServer BlueGene (IBM) BWG	USA	40960 PowerPC 440; 700 MHz	91,3 TFlop/s
3	ASC Purple (IBM) pSeries p5 575	USA	10240 PowerS; 1,9 GHz	63,4 TFlop/s

Aus einer Computerzeitschrift:

PetaFlops voraus

Auf der anlässlich der Supercomputer-Konferenz SC05 im Juni 2005 präsentierten 26. Top-500-Liste konnte IBM den Vorprung weiter ausbauen. Mit 280 TeraFlop/s hat IBM das schnellste System. Bis zu Peta-Flop/s ist es nun nicht mehr weit.

Bezeichnungen für große Zahlen:
deka (da) : 10
hekto (h) : 10^2
kilo (k) : 10^3
Mega (M) : 10^6
Giga (G) : 10^9
Tera (T) : 10^{12}
Peta (P) : 10^{15}
z. B. 1 GWatt= 10^9 Watt

Bezeichnungen für kleine Zahlen:
dezi (d) : 10^{-1}
zenti (c) : 10^{-2}
milli (m) : 10^{-3}
Mikro (µ) : 10^{-6}
Nano (n) : 10^{-9}
Piko (p) : 10^{-12}

Die Zahl 1 000 000 kann man kürzer schreiben als 10^6. Diese Darstellungsweise kann man auf Zahlen nahe bei Null, wie z. B. $\frac{1}{100}$ erweitern.

$$10\,000 \xrightarrow{:10} 1000 \xrightarrow{:10} 100 \xrightarrow{:10} 10 \xrightarrow{:10} 1 \xrightarrow{:10} \frac{1}{10} \xrightarrow{:10} \frac{1}{100}$$
$$= \qquad = \qquad = \qquad = \qquad = \qquad = \qquad =$$
$$10^4 \rightarrow 10^3 \rightarrow 10^2 \rightarrow 10^1 \rightarrow 10^0 \rightarrow 10^{-1} \rightarrow 10^{-2}$$

Im linken Teil sieht man, dass eine Division durch 10 eine Verminderung des Exponenten um 1 bedeutet. Durch Fortsetzung dieser Regel legt man die Bedeutung von Zehnerpotenzen mit negativen Hochzahlen fest.

Zehnerpotenzen sind auch für negative Exponenten definiert.

$10^0 = 1, \quad 10^{-n} = \frac{1}{10^n} = \underbrace{0{,}0 \dots 01}_{n \text{ Dezimalen}} \quad (n \in \mathbb{N})$

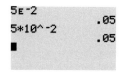

Große Zahlen wie 27 000 000 und Zahlen nahe bei Null wie 0,000 000 5 werden oft in der Form $2{,}7 \cdot 10^7$ bzw. $5 \cdot 10^{-7}$ angegeben. Man nennt dies die wissenschaftliche Schreibweise (engl. scientific notation, Abkürzung: SCI). Vor dem Komma steht nur eine Ziffer, die von Null verschieden ist. (Beim Taschenrechner wird die Zahl 10 durch ein „E" dargestellt.)

Die Zahl $5 \cdot 10^{-2}$ kann beim GTR auf mehrere Arten eingegeben werden:
1. 5 EE −2
*2. 5*10^−2*

Beispiel 1 Gib in wissenschaftlicher Schreibweise an.
a) 520 000   b) 0,000 078   c) 0,008 01   d) 20 Milliarden
Lösung:
a) $5{,}2 \cdot 10^5$ b) $7{,}8 \cdot 10^{-5}$ c) $8{,}01 \cdot 10^{-3}$ d) $2 \cdot 10^{10}$

Beispiel 2 Gib in Dezimalzahlschreibweise an.
a) $2{,}54 \cdot 10^7$ b) $1{,}25 \cdot 10^{-8}$ c) $2{,}03 \cdot 10^4$
Lösung:
a) $2{,}54 \cdot 10^7 = 25\,400\,000$ b) $1{,}25 \cdot 10^{-8} = 0{,}000\,000\,012\,5$ c) $2{,}03 \cdot 10^4 = 20\,300$

Aufgaben

1 Gib in wissenschaftlicher Schreibweise an.
a) 200 000 000   b) 35 400 000   c) 100 000 000 000   d) 700 Millionen
e) 0,000 004   f) 0,000 017   g) 25 Mikrometer   h) 0,000 000 000 003 2

2 Schreibe als Dezimalzahl.

a) $4 \cdot 10^4$ b) $7{,}96 \cdot 10^3$ c) $55{,}32 \cdot 10^9$ d) $1{,}71 \cdot 10^{-3}$ e) $6{,}85 \cdot 10^{11}$

f) $13{,}87 \cdot 10^6$ g) $765 \cdot 10^{-4}$ h) 10^{-5} i) $0{,}502 \cdot 10^{-5}$ j) 10^6

3 Welche Zahlen sind gleich?

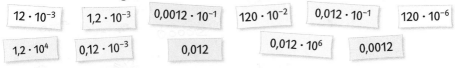

$12 \cdot 10^{-3}$ $1{,}2 \cdot 10^{-3}$ $0{,}0012 \cdot 10^{-1}$ $120 \cdot 10^{-2}$ $0{,}012 \cdot 10^{-1}$ $120 \cdot 10^{-6}$

$1{,}2 \cdot 10^4$ $0{,}12 \cdot 10^{-3}$ $0{,}012$ $0{,}012 \cdot 10^6$ $0{,}0012$

4 Welche Zahlen muss man einsetzen?

a) $6{,}4 \cdot 10^{\square} = 0{,}0064$ b) $0{,}0025 = 2{,}5 \cdot 10^{\square}$ c) $7{,}32 \cdot 10^{\square} = 73\,200$ d) $\square \cdot 10^5 = 23\,410$

5 Gib in wissenschaftlicher Schreibweise an.

a) Lichtgeschwindigkeit: $300\,000\,000\,\frac{m}{s}$ b) Flächeninhalt Europas: $9\,970\,000\,km^2$

c) Entfernung Erde – Sonne: 150 Millionen km   d) Alter des Weltalls: 13 Milliarden Jahre

e) Breite DNS-Doppelstrang: 2,5 Nanometer   f) Dicke von Alufolie: 15 μm

g) 6307 km in m   h) 0,04 g in kg

i) 800 nm in m   j) 1 μm in m

6 Schreibe in der in Klammern angegebenen Einheit.

a) Länge der Erdbahn: $9{,}4 \cdot 10^8$ km (m)   b) Durchmesser einer Zelle: 20 μm (m)

c) Entfernung Erde – Mond: $3{,}84 \cdot 10^5$ km (m)   d) Wellenlänge des blauen Lichts: 480 nm (m)

e) Leistung eines Kraftwerks: 1,8 Gigawatt (W)   f) Atomdurchmesser: 0,1 nm (m)

7 Wie viele Stellen haben diese Zahlen im Dezimalsystem?

a) 8,5 Milliarden (geschätzte Zahl der im Jahr 2025 lebenden Menschen)

b) 500 Millionen Lichtjahre (fernste beobachtete Nebel im Universum)

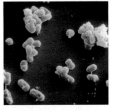

Haemophilus influenza b
Maßstab 5600 : 1

Ein Lichtjahr ist keine Zeiteinheit, sondern die Strecke, die das Licht in einem Jahr zurücklegt.

Bist du sicher?

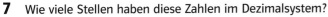

1 Gib in wissenschaftlicher Schreibweise an.

a) 420 000   b) 32 000 000   c) 0,000 02   d) 0,000 000 365   e) 0,0001

f) Entfernung Sonne – Neptun: 4500 Mio. km

g) Speicherplatz einer Festplatte: 300 GigaByte

2 Schreibe als Dezimalzahl.

a) $5 \cdot 10^4$ b) $1{,}234 \cdot 10^9$ c) $32 \cdot 10^{-6}$ d) 10^{-4} e) $0{,}234 \cdot 10^{-3}$

f) Rotes Blutkörperchen: $0{,}7 \cdot 10^{-3}$ cm   g) Herpesvirus: 180 Nanometer

8 Wie viele Stellen hat die Zahl $10^{(10^{10})}$, wenn man sie dezimal schreibt?
Wie lang würde diese Zahl, wenn man beim Schreiben für 10 Ziffern 4 cm Platz benötigt?

9 In der Homöopathie verwendet man hohe Verdünnungen von Wirkstoffen als Arzneien. Die Konzentration D1 bedeutet, dass in 10 Teilen der Arznei 1 Teil des Wirkstoffs enthalten ist. D2 bedeutet, dass in 100 Teilen der Arznei 1 Teil des Wirkstoffs enthalten ist, usw.

a) Wie viel Gramm Belladonna D6 (Tollkirsche) lässt sich aus 1 g des Wirkstoffs der giftigen Tollkirsche herstellen?

b) Wie viel ml reines Chelidonium (Schöllkraut) sind zur Herstellung von 50 ml Chelidonium D4 notwendig?

2 Rechnen mit Zehnerpotenzen

```
▪ 2.53E34 - 1.25E14          2.53E34
▪ 2.53E34 - 1.25E15          2.53E34
▪ 2.53E34 - 1.25E16          2.53E34
▪ 2.53E34 - 1.25E17          2.53E34
```

Paul: „Ich glaube, mein Taschenrechner spinnt!"

Der Abstand des Planeten Merkur zur Sonne beträgt ca. $5{,}8 \cdot 10^7$ km, der des Planeten Saturn ca. $1{,}4 \cdot 10^9$ km. Den minimalen Abstand der Planeten Saturn – Merkur in km kann man aus der Differenz bestimmen.
$1{,}4 \cdot 10^9 - 5{,}8 \cdot 10^7 = 1\,400\,000\,000 - 58\,000\,000 = 1\,342\,000\,000 = 1{,}342 \cdot 10^9$
Zum selben Ergebnis kommt man auch durch die folgende Rechnung:
$1{,}4 \cdot 10^9 - 5{,}8 \cdot 10^7 = 1{,}4 \cdot 10^9 - 0{,}058 \cdot 10^9 = (1{,}4 - 0{,}058) \cdot 10^9 = 1{,}342 \cdot 10^9$.

Die Ladung eines LKWs besteht aus 2000 Kartons mit jeweils 300 Dosen. Für die Anzahl der Dosen ergibt sich $2000 \cdot 300 = 600\,000$. Zum selben Ergebnis kommt man auch durch die folgende Rechnung:
$2 \cdot 10^3 \cdot 3 \cdot 10^2 = 2 \cdot 3 \cdot 10^3 \cdot 10^2 = 2 \cdot 3 \cdot (10 \cdot 10 \cdot 10) \cdot (10 \cdot 10) = 6 \cdot 10^5$.

Entsprechend ergibt sich bei der Division: $10^3 : 10^5 = \dfrac{10^3}{10^5} = \dfrac{10 \cdot 10 \cdot 10}{10 \cdot 10 \cdot 10 \cdot 10 \cdot 10} = \dfrac{1}{10^2} = 10^{-2}$

Summen oder Differenzen, bei denen Zehnerpotenzen mit gleichen Exponenten vorkommen, lassen sich wie folgt umformen:
$a \cdot 10^p + b \cdot 10^p = (a + b) \cdot 10^p$ bzw. $a \cdot 10^p - b \cdot 10^p = (a - b) \cdot 10^p$.

Multiplikationen oder Divisionen kann man auch bei unterschiedlichen Exponenten durchführen. Es gilt: $a \cdot 10^p \cdot b \cdot 10^q = a \cdot b \cdot 10^{p+q}$ bzw. $(a \cdot 10^p) : (b \cdot 10^q) = \dfrac{a}{b} \cdot 10^{p-q}$.

Beispiel 1
Berechne: a) $1{,}7 \cdot 10^6 - 5{,}7 \cdot 10^5$ 　　　　 b) $(3{,}6 \cdot 10^{-6}) \cdot (1{,}2 \cdot 10^4)$
Lösung:
a) $1{,}7 \cdot 10^6 - 5{,}7 \cdot 10^5 = 1{,}7 \cdot 10^6 - 0{,}57 \cdot 10^6 = (1{,}7 - 0{,}57) \cdot 10^6 = 1{,}13 \cdot 10^6$
b) $(3{,}6 \cdot 10^{-6}) \cdot (1{,}2 \cdot 10^4) = 3{,}6 \cdot 1{,}2 \cdot 10^{-6+4} = 4{,}32 \cdot 10^{-2}$

Beispiel 2
Berechne: $\dfrac{3 \cdot 10^6 \cdot 8 \cdot 10^4}{2 \cdot 10^{-7} \cdot 6 \cdot 10^5}$
Lösung:
$\dfrac{3 \cdot 10^6 \cdot 8 \cdot 10^4}{2 \cdot 10^{-7} \cdot 6 \cdot 10^5} = \dfrac{3 \cdot 8 \cdot 10^6 \cdot 10^4}{2 \cdot 6 \cdot 10^{-7} \cdot 10^5} = \dfrac{2 \cdot 10^{10}}{10^{-2}} = 2 \cdot 10^{10-(-2)} = 2 \cdot 10^{12}$

Aufgaben

1 Berechne ohne Taschenrechner.
a) $1{,}2 \cdot 10^6 + 4{,}9 \cdot 10^6$ 　　 b) $3{,}4 \cdot 10^{-3} - 2{,}1 \cdot 10^{-3}$ 　 c) $2{,}3 \cdot 10^3 + 3{,}4 \cdot 10^3$ 　 d) $3{,}1 \cdot 10^4 + 1{,}5 \cdot 10^3$
e) $7{,}23 \cdot 10^3 - 2{,}1 \cdot 10^4$ 　 f) $8 \cdot 10^5 + 2{,}3 \cdot 10^7$ 　　 g) $6{,}234 \cdot 10^{-8} - 2{,}12 \cdot 10^{-7}$

2 a) $10^3 \cdot 10^4$ b) $10^4 \cdot 10^{-2}$ c) $10^{-3} : 10^{-4}$ d) $3 \cdot 10^8 \cdot 7 \cdot 10^3$
e) $2 \cdot 10^5 \cdot 3 \cdot 10^{-4}$ f) $12 \cdot 10^{-2} \cdot 8 \cdot 10^{-1}$ g) $(6 \cdot 10^{-2}) : (3 \cdot 10^{-3})$ h) $(4,8 \cdot 10^{-4}) : (1,2 \cdot 10^{-4})$

3 Welche Terme sind äquivalent?

| $7 \cdot 10^3$ | $\dfrac{7}{1000}$ | $\dfrac{7}{10^3}$ | $7 \cdot 10^{-3}$ | $7 : 10^{-3}$ | $\dfrac{7}{10^2} \cdot 10^{-5}$ |

4 Für welche Zahl steht □?
a) $10^4 \cdot 10^{\square} = 10^3$ b) $10^{\square} \cdot 10^2 = 10^{-2}$ c) $10^4 : 10^{\square} = 10^3$ d) $10^{\square} \cdot 10^4 = 10^6$

5 Für welche Zahl steht x?
a) $10^3 \cdot x = 10^{-2}$ b) $10^{-7} \cdot x = 10^3$ c) $\dfrac{10^4}{x} = 10^{-3}$ d) $10^4 \cdot x \cdot 100 = 10^8$

6 Vereinfache.
a) $\dfrac{3 \cdot 10^4 \cdot 8 \cdot 10^2}{4 \cdot 10^3 \cdot 2 \cdot 10^5}$ b) $\dfrac{4 \cdot 10^{-4} \cdot 14 \cdot 10^{-3}}{20 \cdot 10^{-2} \cdot 2 \cdot 10^5}$ c) $\dfrac{3 \cdot 10^2 \cdot 8 \cdot 10^3}{4 \cdot 10^4 \cdot 15 \cdot 10^{-1}}$ d) $\dfrac{6 \cdot 10^{-4} \cdot 130 \cdot 10^{-2}}{4 \cdot 10^5 \cdot 2 \cdot 10^{-3}}$

Bist du sicher?

1 Vereinfache.
a) $9,23 \cdot 10^4 - 2,41 \cdot 10^4$ b) $2 \cdot 10^7 \cdot 3 \cdot 10^{-5}$
c) $6 \cdot 10^4 + 6 \cdot 10^5$ d) $(8 \cdot 10^4) : (2 \cdot 10^{-4})$

7 Wichtige Kenngrößen unseres Sonnensystems sind die Durchmesser der Sonne, des Mondes und der Erde: $1,4 \cdot 10^9\,m$ (Sonne), $3,48 \cdot 10^6\,m$ (Mond), $1,28 \cdot 10^7\,m$ (Erde). Für eine Ausstellung soll die Erde durch einen Ball mit dem Durchmesser von 20 cm dargestellt werden. Berechne die Durchmesser für die Sonne und den Mond in diesem Modell.

Man schätzt das Alter des Universums auf 10^{18} Sekunden. Wie viele Jahre sind das?

8 In $1\,cm^3$ Wasser sind etwa $3,35 \cdot 10^{22}$ Moleküle enthalten. Wie unvorstellbar groß diese Zahl ist, zeigt die folgende Aufgabe.
a) Angenommen, aus einem Flugzeug wird irgendwo über Deutschland 1 l Wasser ausgeschüttet und in diesem Moment würden die Wassermoleküle in Sandkörner (ca. 1 mm Durchmesser) verwandelt und sich gleichmäßig über Deutschland verteilen. Schätze ab, wie hoch Deutschland (Fläche ca. $3,5 \cdot 10^5\,km^2$) etwa mit Sand bedeckt wäre.
b) Man denkt sich die Moleküle von 1 l Wasser „gefärbt" und schüttet dieses gefärbte Wasser ins Meer. Nach einigen Jahren, wenn sich das gefärbte Wasser gut über die Weltmeere verteilt hat, nimmt man Proben von jeweils 1 l. Findet man im Durchschnitt in jeder Probe mindestens ein „gefärbtes" Molekül? (Volumen der Weltmeere ca. $1,34 \cdot 10^9\,km^3$)

9 Atome haben einen Durchmesser von etwa $10^{-10}\,m$. In ihrem Inneren befindet sich der Atomkern mit einem Durchmesser von etwa $10^{-13}\,m$. Der Atomkern hat etwa 99,9 % der Masse des gesamten Atoms.
a) Um welchen Faktor ist der Durchmesser des Kerns kleiner als der des Atoms?
b) Um die Größenverhältnisse zu veranschaulichen, stellen wir uns das Atom als einen Ballon mit einem Durchmesser von 10 m vor. Eine kleine Kugel im Inneren des Ballons soll den Atomkern darstellen. Welchen Durchmesser müsste sie haben?
c) Wie viel müsste die kleine Kugel wiegen, wenn der Ballon 1 t wiegt?

Atomhülle

Atomkern

3 Potenzen mit gleicher Basis

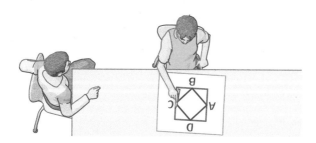

Bernd hat eine Möglichkeit gefunden, zu dem Quadrat ABCD mit der Seitenlänge 10 cm ein Quadrat mit dem doppelten Flächeninhalt zu konstruieren.
„Wenn ich das nur oft genug mache, dann passt ganz Deutschland in mein Quadrat."
„Bis du damit fertig bist, habe ich schon mein Abitur", vermutet Miodrag.

Die Zehnerpotenz 10^3 ist eine andere Schreibweise für $10 \cdot 10 \cdot 10$. Entsprechend schreibt man 3^4 für $3 \cdot 3 \cdot 3 \cdot 3$. Beides bezeichnet man als Potenzschreibweise mit der Basis 10 bzw. 3.

Exponent

$$10^5$$ *Potenz*

Basis

Basis 10	Basis 3	Basis -2	Basis a
$10^2 = 10 \cdot 10$	$3^2 = 3 \cdot 3$	$(-2)^2 = (-2) \cdot (-2)$	$a^2 = a \cdot a$
$10^1 = 10$	$3^1 = 3$	$(-2)^1 = (-2)$	$a^1 = a$
$10^0 = 1$	$3^0 = 1$	$(-2)^0 = 1$	$a^0 = 1$
$\vdots$	$\vdots$	$\vdots$	$\vdots$
$10^{-2} = \frac{1}{10^2}$	$3^{-2} = \frac{1}{3^2}$	$(-2)^{-2} = \frac{1}{(-2)^2}$	$a^{-2} = \frac{1}{a^2}$

Die Rechenregeln von den Zehnerpotenzen lassen sich auf Potenzen mit anderen Basen übertragen.
$$4^3 \cdot 4^2 = (4 \cdot 4 \cdot 4) \cdot (4 \cdot 4) = 4^5$$

Es ist $0^n = 0$, aber 0^{-n} ist nicht definiert, da $0^{-n} = \frac{1}{0^n} = \frac{1}{0}$ wäre.

> Für Potenzen mit gleicher Basis a ($a \neq 0$) und ganzzahligen Exponenten p, q gilt:
> $$a^p \cdot a^q = a^{p+q} \quad \text{und} \quad a^p : a^q = a^{p-q}.$$

Ist bei einer Potenz die Basis wieder eine Potenz, so lässt sich der Term vereinfachen.
$$(4^2)^3 = (4 \cdot 4)^3 = (4 \cdot 4) \cdot (4 \cdot 4) \cdot (4 \cdot 4) = 4^6 = 4^{2 \cdot 3}$$
Dies gilt auch für negative Exponenten:
$$(2^{-3})^4 = \left(\frac{1}{2^3}\right)^4 = \frac{1}{2^{12}} = 2^{-12}.$$

Hier sind Klammern wichtig!
$(-2)^4 =$
$(-2) \cdot (-2) \cdot (-2) \cdot (-2)$
$= 16,$
aber
$-2^4 = -2 \cdot 2 \cdot 2 \cdot 2$
$= -16$

> Für das Potenzieren von Potenzen mit ganzzahligem Exponent gilt:
> $$(a^p)^q = a^{p \cdot q} \quad (a \neq 0).$$

Beispiel 1 Multiplikation und Division von Potenzen
Vereinfache:
a) $6^4 \cdot 6^{-14}$ b) $2^{k+1} \cdot 2^{k-2}$ c) $a^{-4} : a^6$ d) $(3a^4) : (6a^5)$ e) $\frac{6x^5y^8}{2x^2y^4}$
Lösung:
a) $6^4 \cdot 6^{-14} = 6^{4+(-14)} = 6^{-10}$ b) $2^{k+1} \cdot 2^{k-2} = 2^{(k+1)+(k-2)} = 2^{2k-1}$
c) $a^{-4} : a^6 = a^{-4-6} = a^{-10}$ d) $(3a^4) : (6a^5) = \frac{3}{6}a^{4-5} = \frac{1}{2}a^{-1}$
e) $\frac{6x^5y^8}{2x^2y^4} = 3x^{5-2}y^{8-4} = 3x^3y^4$

Beispiel 2 Potenzieren von Potenzen

Vereinfache a) $(3^2)^4$ b) $(5^3)^{-4}$ c) $((-2)^3)^2$

Lösung:

a) $(3^2)^4 = 3^{2 \cdot 4} = 3^8$ b) $(5^3)^{-4} = 5^{3 \cdot (-4)} = 5^{-12}$ c) $((-2)^3)^2 = (-2)^{3 \cdot 2} = (-2)^6$

Beispiel 3 Vereinfache

a) $3x^5 \cdot (-2x^{-4})$ b) $9^7 \cdot 3^5$

Lösung:

a) $3x^5 \cdot (-2x^{-4}) = -3 \cdot 2 \cdot x^5 \cdot x^{-4} = -6x$ b) $9^7 \cdot 3^5 = (3^2)^7 \cdot 3^5 = 3^{14} \cdot 3^5 = 3^{19}$

Aufgaben

1 Berechne ohne Taschenrechner.

a) 2^3 b) 4^{-3} c) $(-7)^2$ d) $(-2)^5$ e) $(-5)^4$ f) $\left(\frac{1}{2}\right)^3$ g) $\left(\frac{2}{3}\right)^{-2}$

2 a) $5^6 \cdot 5^{-7}$ b) $3^{-6} \cdot 3^{-7}$ c) $0{,}5^{-4} \cdot 0{,}5^5$ d) $\left(\frac{1}{2}\right)^{-2} \cdot \left(\frac{1}{2}\right)^{-1}$ e) $\left(\frac{3}{4}\right)^{-5} \cdot \left(\frac{3}{4}\right)^4$ f) $7^3 \cdot 7^0$

3 a) $3 \cdot 2^4 \cdot 5^4$ b) $6^{-2} \cdot 5 \cdot 2^{-2}$ c) $3^{-2} \cdot 4 \cdot \frac{1}{2}$ d) $\frac{3 \cdot 4^3}{12^3}$ e) $\frac{18 \cdot 2^3}{4^3 \cdot 2}$

4 Berechne.

a) -2^2 b) $(-2)^2$ c) (-2^2) d) $-(2^2)$ e) 2^{-5}

f) 5^{-2} g) $(-2)^5$ h) $(-5)^{-2}$ i) $-(5)^{-2}$

5 a) $(2^2)^4$ b) $(4^{-3})^2$ c) $(3^{-2})^{-3}$ d) $((-2)^3)^{-2}$ e) $((-0{,}5)^{-2})^5$ f) $(10^4)^{-5}$

6 Welche Zahlen sind gleich?

$2 \cdot 7^4 \cdot 7^{-2}$ $2 \cdot 7^6$ $\dfrac{4 \cdot 7^4}{2 \cdot 7^2}$ $2 \cdot (7^2)^3$ $\dfrac{4 \cdot 7^2}{2 \cdot 7^{-4}}$ $8 \cdot 7^6 \cdot \left(\dfrac{1}{2 \cdot 7^2}\right)^2$

7 Was ist für $\square$ einzusetzen?

a) $a^{12} = a^2 \cdot a^{\square}$ b) $b^8 = (b^2)^{\square}$ c) $c^{16} = \dfrac{c^2}{c^{\square}}$ d) $x^6 = \square^2$

8 Ergänze die fehlenden Exponenten. $x^{15} = x \cdot x^{\square} = x^5 \cdot x^{-\square} = x^{-3} \cdot x^{\square} = (x^3)^{\square} = (x^{-1})^{\square}$

9 Schreibe als eine Potenz.

a) $x^3 \cdot x^5$ b) $y^7 \cdot y$ c) $5^2 \cdot 5^{-4}$ d) $a^3 : a^4$ e) $9^5 \cdot 9^{-3}$

f) $b^{-2} : b^2$ g) $x^{-1} \cdot x^{-2}$ h) $z^{n+1} \cdot z^{-n}$ i) $4^{k+1} : 4^{k-1}$ j) $r^{2a} \cdot r^{1-a}$

k) $y^{1-k} : y^{k-1}$ l) $2 : 2^n$ m) $a^x \cdot a^x \cdot a^x$ n) $(x^{n-1} \cdot x^n) : (x^{n+1} \cdot x^{-n})$

10 Schreibe als Potenz mit möglichst kleiner natürlicher Basis.

a) 25^3 b) 8^4 c) 1000^3 d) 16^{-5} e) 125^n f) 27^k g) 9^{n-1}

11 a) Schreibe 32^2 als Potenz mit möglichst vielen verschiedenen Basen.

b) Kann man 32^2 auch als Potenz mit einem Bruch als Basis schreiben?

12 Faltet man ein Blatt Zeitungspapier dreimal, so ist diese Lage etwa 1 mm dick. Wie hoch würde der Stapel, wenn man insgesamt 42-mal falten könnte? Vergleiche mit der Entfernung Erde–Mond von $3{,}8 \cdot 10^5$ km.

Aus dem Papyrus Rhind:
7 Leute haben je 7 Katzen, jede Katze fängt 7 Mäuse, jede Maus frißt 7 Ähren, jede Ähre hat 7 Körner. Wie viele Körner haben die Katzen vor den Mäusen bewahrt?

13 Vereinfache.

a) $((-b)^{-2})^{-3}$ b) $(-x^{-2})^6$ c) $-(a^{-5})^{-1}$ d) $(-a^{-5})^{-1}$ e) $((-a)^3)^{-5}$

14 Schreibe ohne Bruchstrich und vereinfache.

a) $\dfrac{a^4 \cdot b^2}{a^6 \cdot b^3}$ b) $\dfrac{x^6 \cdot y^{-8}}{y^5 \cdot x^3}$ c) $\dfrac{r^3 \cdot s^{-10}}{r \cdot s^5}$ d) $\dfrac{a^5 \cdot b^{12} \cdot c^{-3}}{b^{-3} \cdot c^5 \cdot a^4}$ e) $\dfrac{(a+b)^2 \cdot (a-b)^{-5}}{(a+b)^3 \cdot (a-b)^{-4}}$

Bist du sicher?

1 Vereinfache.

a) $3^5 \cdot 3^4$ b) $x^{-5} \cdot x^3$ c) $b^8 : b^{-4}$ d) $a^{x+2} \cdot a^{1-x}$

e) $y^{2k+1} : y^{k-1}$ f) $z^{2n-1} \cdot z^{1-2n}$

2 a) $2^4 \cdot 8^{-2}$ b) $(-x^3)^{-2}$ c) $2a^4 \cdot 4a^{-6}$ d) $\dfrac{a^6 \cdot b^{-9}}{b^6 \cdot a^7}$ e) $\dfrac{x^5 \cdot y^{-5} \cdot z^8}{y^{-3} \cdot z^2 \cdot x^9}$

15 Ordne die Zahlen der Größe nach. $10^{\left(10^{(10^{10})}\right)}$, $(10^{100})^{(10^{100})}$, $(10^{10})^7$, $10^{(10^7)}$, $10^{((10^{10})^{10})}$

16 a) Schreibe mit drei Ziffern eine möglichst große Zahl.

b) Schreibe mit drei Ziffern eine möglichst kleine positive Zahl.

17 Die Seiten zweier Würfel verhalten sich zueinander wie 2:1.

a) Wie verhalten sich die Oberflächen zueinander?

b) Wie verhalten sich die Volumina zueinander?

Beachte den Unterschied:
$(4^2)^3 = 16^3 = 4096$,
aber
$(4)^{(2^3)} = 4^8 = 65\,536$.
Besser eine Klammer setzen.

18 Peer hat einen „Kettenbrief" bekommen. Am Ende sind fünf Adressen angegeben.

a) Mit welcher Summe kann Peer rechnen, wenn alle Personen mitspielen?

b) Die Teilnahme an „Kettenbriefen" ist in Deutschland nach §286 StGB strafbar. Kannst du dir vorstellen warum?

Hallo Mitspieler,
möchtest du in wenigen Tagen mehrere Tausend Euro verdienen? Dann mache Folgendes:
1. Sende 5 € an die erste Adresse unten auf dem Brief und streiche sie dann durch.
2. Schreibe deine Adresse unter die verbliebenen vier Adressen und kopiere den Brief fünfmal.
3. Sende die fünf Briefe an fünf gute Freunde.

19 Eine Legende berichtet: Der indische König Sheram wollte den Erfinder des Schachspiels belohnen. Dieser wünschte sich für das erste Feld des Schachbretts ein Reiskorn und für jedes weitere Feld doppelt so viele wie für das vorhergehende Feld.

a) Wie viele Reiskörner sind im 64. Feld?

b) Vergleiche die Gesamtzahl der Körner bis zum 3. (zum 6.) Feld mit der Zahl der Körner für das 4. (das 7.) Feld. Wie viele Körner müsste der König insgesamt liefern?

c) Ein Reiskorn wiegt ungefähr 0,025 g. Berechne überschlägig, wie viel die Reiskörner insgesamt auf dem Schachbrett wiegen würden. Recherchiere die weltweite Jahresproduktion von Reis und vergleiche.

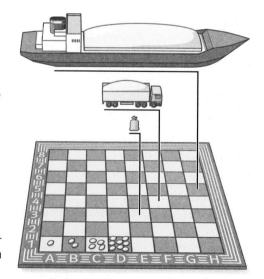

4 Potenzen mit gleichen Exponenten

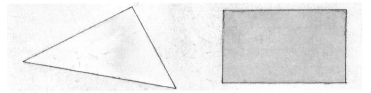

▨▨▨ „Max, stimmt es eigentlich, dass die Summe von zwei Quadratzahlen wieder eine Quadratzahl ist?" „Kann schon vorkommen. Bei Produkten gilt's, glaube ich, immer." ▨▨▨

Aus der Rechnung $2^3 \cdot 5^3 = 2 \cdot 2 \cdot 2 \cdot 5 \cdot 5 \cdot 5 = (2 \cdot 5) \cdot (2 \cdot 5) \cdot (2 \cdot 5) = (2 \cdot 5)^3$ erkennt man, dass $2^3 \cdot 5^3 = (2 \cdot 5)^3$ gilt.

Diese Regel gilt auch für negative Exponenten: $4^{-2} \cdot 3^{-2} = \frac{1}{4 \cdot 4} \cdot \frac{1}{3 \cdot 3} = \frac{1}{(4 \cdot 3) \cdot (4 \cdot 3)} = (4 \cdot 3)^{-2}$.

Entsprechendes lässt sich für die Division von Potenzen mit gleichen Exponenten zeigen.

Für Potenzen mit unterschiedlichen Basen und gleichen ganzzahligen Exponenten gilt:
$a^p \cdot b^p = (a \cdot b)^p$ und $a^p : b^p = \left(\frac{a}{b}\right)^p$ (a, b ≠ 0).

Es ist festgelegt: Potenzrechnung vor Punktrechnung vor Strichrechnung.

Es ist $(2 \cdot 3)^2 \neq 2 \cdot (3^2)$

Beispiel 1 Basen mit gleicher Potenz berechnen
Fasse zu einer Potenz zusammen.
a) $0{,}25^4 \cdot 12^4$ b) $15^{-3} : 5^{-3}$ c) $4^3 \cdot 8$
Lösung:
a) $0{,}25^4 \cdot 12^4 = (0{,}25 \cdot 12)^4 = 3^4$ b) $15^{-3} : 5^{-3} = (15 : 5)^{-3} = 3^{-3}$ c) $4^3 \cdot 8 = 4^3 \cdot 2^3 = (4 \cdot 2)^3$

Beispiel 2 Potenzen mit Variablen vereinfachen
Vereinfache.
a) $x^{2k+3} \cdot (7x - 5)^{2k+3}$ b) $\frac{(27a)^{5x}}{a^{5x}}$ c) $12^x \cdot 3^{-x}$
Lösung:
a) $x^{2k+3} \cdot (7x - 5)^{2k+3} = [x \cdot (7x - 5)]^{2k+3} = (7x^2 - 5x)^{2k+3}$
b) $\frac{(27a)^{5x}}{a^{5x}} = \left(\frac{27a}{a}\right)^{5x} = 27^{5x}$ c) $12^x \cdot 3^{-x} = 12^x \cdot \frac{1}{3^x} = \frac{12^x}{3^x} = \left(\frac{12}{3}\right)^x = 4^x$

Aufgaben

1 Berechne im Kopf.
a) $2^4 \cdot 5^4$ b) $12^3 : 3^3$ c) $15^2 : 5^2$ d) $(-0{,}5)^5 \cdot (-4)^5$ e) $8^{-2} \cdot 2^{-2}$
f) $2{,}5^3 : 5^3$ g) $(-18)^5 : 9^5$ h) $\left(\frac{1}{2}\right)^5 \cdot 6^5$ i) $20^{-2} : 5^{-2}$ j) $4^3 \cdot 4^3$
k) $18^{-3} : 12^{-3}$ l) $(-12)^3 : 6^3$ m) $\left(\frac{1}{5}\right)^{-2} \cdot \left(\frac{3}{5}\right)^{-2}$ n) $10^{-3} \cdot \left(\frac{1}{5}\right)^{-3}$ o) $\left(\frac{2}{3}\right)^2 \cdot \left(\frac{18}{15}\right)^{-2}$

2 Vereinfache.
a) $3^a \cdot 6^a$ b) $\left(\frac{2}{3}\right)^n \cdot 6^n$ c) $10^p : 5^p$ d) $2{,}4^x : (-0{,}8)^x$
e) $4{,}5^k : 3^k$ f) $4^{2a} \cdot 3^{2a}$ g) $15^{-b} : 10^{-b}$ h) $5^{2n} : 5^{2n}$
i) $8^{2-x} : 4^{2-x}$ j) $2^{n+1} \cdot \left(\frac{1}{2}\right)^{n+1}$ k) $2^{n+1} : \left(\frac{1}{2}\right)^{n+1}$ l) $(2x)^{k+1} : x^{k+1}$

3 a) $\left(\frac{3}{4}\right)^{12} \cdot \left(\frac{4}{3}\right)^{12}$ b) $\left(\frac{1}{2}\right)^{2n} \cdot \left(\frac{2}{3}\right)^{2n}$ c) $\left(\frac{3}{4}\right)^3 \cdot \left(\frac{20}{9}\right)^3$ d) $\left(\frac{4}{3}\right)^4 \cdot \left(\frac{3}{2}\right)^4 \cdot \left(\frac{11}{2}\right)^4$ e) $\left(\frac{2}{5}\right)^5 \cdot \left(\frac{20}{6}\right)^5 \cdot \left(-\frac{3}{4}\right)^5$

4 Vereinfache die Terme.

a) $8 \cdot 4^3$ b) $2^4 \cdot 16$ c) $32 \cdot x^5$ d) $5^3 : \frac{1}{8}$ e) $16 : 8^{-2}$ f) $\frac{1}{256} : 16^2$

5 a) $(a^2 \cdot b^3)^n$ b) $(x^3 \cdot y^{-4})^{2k}$ c) $(u^{-5} \cdot v^3)^{n+1}$
d) $(x^n \cdot y^m)^{n+m}$ e) $(a^{k-1} \cdot b^k)^{k+1}$ f) $(r^x \cdot q^y)^{x-y}$

6 Schreibe als Produkt von Potenzen.

a) $(2x)^3$ b) $(6ab)^4$ c) $(xy)^{-2}$ d) $(2uv)^3$ e) $(25^0)^3$ f) $(6^0 \cdot 7b)^3$

7 Schreibe die Potenzen zuerst mit gleichen Exponenten.

a) $6^5 \cdot 3^{-5}$ b) $5^{-3} : 10^3$ c) $4^{-5} \cdot \left(\frac{2}{3}\right)^5$ d) $\left(\frac{2}{3}\right)^{-2} \cdot \left(\frac{3}{2}\right)^2$ e) $5^{-x} \cdot 10^x$ f) $\left(\frac{2}{5}\right)^{-k} : \left(\frac{4}{5}\right)^k$

Bist du sicher?

1 Berechne im Kopf.

a) $6^4 \cdot \left(\frac{1}{3}\right)^4$ b) $2{,}5^3 \cdot 4^3$ c) $\left(\frac{1}{2}\right)^{-7} \cdot 2^{-7}$ d) $\left(\frac{2}{3}\right)^3 \cdot \left(\frac{15}{8}\right)^3$ e) $(-7)^{-3} \cdot \left(-\frac{5}{21}\right)^{-3} \cdot \left(\frac{3}{25}\right)^{-3}$

2 Vereinfache.

a) $16^{2k} : 8^{2k}$ b) $(a^2 \cdot b^2)^2$ c) $a^{-2} \cdot \left(\frac{a^{-3}}{b}\right)$ d) $3^{k-1} : 9^{1-k}$ e) $\left(\frac{p}{q}\right)^{-z} : \left(\frac{p}{2q}\right)^{-z}$

8 Die Kantenlänge k eines Würfels wird um den Faktor a vergrößert. Wie ändert sich der Oberflächeninhalt und das Volumen des Würfels?

9 Berechne und vergleiche.
a) $2^3 + 2^2$ und 2^5, $3^{-2} + 3^{-4}$ und 3^{-6}, $(2+3)^4$ und $2^4 + 3^4$, $(3+4)^{-2}$ und $3^{-2} + 4^{-2}$.
b) Warum darf man Potenzen mit gleicher Basis nicht addieren (subtrahieren), indem man die Exponenten addiert (subtrahiert)?
c) Gilt die Aussage: Man potenziert eine Summe, indem man jeden Summanden potenziert?

10 a) Können zwei Potenzen a^p und a^q mit gleicher Basis, aber unterschiedlichen Exponenten gleich sein? Begründe.
b) Können zwei Potenzen a^p und b^p mit gleichen Exponenten, aber unterschiedlichen Basen gleich sein? Begründe.

Kannst du das noch?

11 a) Die Werte der Tabelle gehören zu einer Zuordnung. Welcher Zuordnungstyp ist es?
b) Veranschauliche die proportionale und antiproportionale Zuordnung in einem Koordinatensystem. Verbinde die Punkte des Graphen mithilfe möglicher Zwischenwerte zu einer Kurve.

A
x	1	2	3	4	5	6
y	0,5	1	1,5	2	2,5	3

B
x	1	2	3	4	5	6
y	3	7	11	15	19	23

C
x	1	2	3	4	5	6
y	12	6	4	3	2,4	2

D
x	1	2	3	4	5	6
y	60	30	20	15	12	10

5 Potenzen mit rationalen Exponenten

Als die griechische Insel Delos von einer Seuche heimgesucht wurde, fragten deren Bewohner das Orakel in Delphi um Rat. Dieses riet ihnen, den dem Gott Apollo geweihten würfelförmigen Altar von Delos in doppelter Größe zu bauen.

Bisher sind für den Exponenten einer Potenz nur ganzzahlige Exponenten möglich. Man kann sich fragen, ob man als Exponenten auch rationale Zahlen zulassen könnte.

Was soll dann z.B. $5^{\frac{1}{2}}$ bedeuten? Es ist naheliegend zu fordern, dass alle bisherigen Potenzgesetze weiterhin gelten sollen. Deshalb müsste $\left(5^{\frac{1}{2}}\right)^2 = 5^{\frac{1}{2} \cdot 2} = 5^1 = 5$ gelten. Also kann man $5^{\frac{1}{2}}$ als eine andere Schreibform für $\sqrt{5}$ nehmen.

$5^{\frac{1}{3}}$ müsste dann diejenige positive Zahl sein, die mit 3 potenziert 5 ergibt.

```
5^(1/3)
          1.709975947
³√(5)
          1.709975947
■
```

$a^{\frac{1}{n}}$ ist diejenige positive Zahl, deren n-te Potenz a ergibt ($a \geqq 0$ und $n \notin \{0; 1\}$).
Statt $a^{\frac{1}{n}}$ schreibt man auch $\sqrt[n]{a}$ (n-te Wurzel aus a).

Wurzelexponent

$$\sqrt[n]{a}$$

Radikand

Es lässt sich zeigen, dass mit dieser Festlegung alle bisherigen Rechenregeln gelten.

So gilt: $(a^{\frac{1}{3}} \cdot a^{\frac{1}{2}})^6 = a^{\frac{6}{3}} \cdot a^{\frac{6}{2}} = a^2 \cdot a^3 = a^5$ und ebenso gilt $(a^{\frac{1}{3}+\frac{1}{2}})^6 = (a^{\frac{1}{3}+\frac{1}{2}})^6 = (a^{\frac{5}{6}})^6 = a^5$.

Potenzen der Form $a^{\frac{p}{q}}$ kann man deshalb als $\left(a^{\frac{1}{q}}\right)^p$ oder $(a^p)^{\frac{1}{q}}$ schreiben.

Beispiel 1 Potenzen mit rationalen Exponenten
Berechne.
a) $8^{\frac{1}{3}}$ 　　　　 b) $100^{\frac{3}{2}}$ 　　　　 c) $4^{-\frac{1}{2}}$
Lösung:
a) $8^{\frac{1}{3}} = (2^3)^{\frac{1}{3}} = 2$ 　 b) $100^{\frac{3}{2}} = (100^{\frac{1}{2}})^3 = 10^3 = 1000$ 　 c) $4^{\frac{-1}{2}} = (4^{-1})^{\frac{1}{2}} = \left(\frac{1}{4}\right)^{\frac{1}{2}} = \frac{1}{2}$

Beispiel 2 Rechnen mit rationalen Exponenten
Vereinfache.
a) $7^{\frac{1}{2}} \cdot 7^{\frac{2}{3}}$ 　　　　 b) $a^{\frac{1}{4}} : a^{\frac{1}{2}}$ 　　　　 c) $(x^{-\frac{2}{5}})^{\frac{3}{4}}$
Lösung:
a) $7^{\frac{1}{2}} \cdot 7^{\frac{2}{3}} = 7^{\frac{1}{2}+\frac{2}{3}} = 7^{\frac{3}{6}+\frac{4}{6}} = 7^{\frac{7}{6}}$ 　　　　 b) $a^{\frac{1}{4}} : a^{\frac{1}{2}} = a^{\frac{1}{4}-\frac{1}{2}} = a^{\frac{1}{4}-\frac{2}{4}} = a^{-\frac{1}{4}}$
c) $(x^{-\frac{2}{5}})^{\frac{3}{4}} = (x^{-\frac{2}{5}})^{\frac{3}{4}} = x^{-\frac{2}{5} \cdot \frac{3}{4}} = x^{-\frac{3}{10}}$

Beispiel 3 Wurzelschreibweise
Vereinfache.
a) $\sqrt[4]{4^2}$ 　　　　 b) $\sqrt[4]{a^6} \cdot \sqrt{a^5}$
Lösung:
a) $\sqrt[4]{4^2} = (4^2)^{\frac{1}{4}} = 4^{\frac{1}{2}} = 2$ 　 b) $\sqrt[4]{a^6} \cdot \sqrt{a^5} = (a^6)^{\frac{1}{4}} \cdot (a^5)^{\frac{1}{2}} = a^{\frac{6}{4}} \cdot a^{\frac{5}{2}} = a^{\frac{6}{4}+\frac{5}{2}} = a^{\frac{16}{4}} = a^4$

Warum lässt man als Basis keine negativen Zahlen zu?
Wäre dies möglich, so wäre $(-8)^{\frac{1}{3}} = -2$.
Andererseits gilt:
$(-8)^{\frac{2}{6}} = ((-8)^2)^{\frac{1}{6}} = 64^{\frac{1}{6}} = 2$.
Bei negativen Basen dürfte man dann Exponenten nicht erweitern oder kürzen.

Aufgaben

1 Vereinfache.
a) $27^{\frac{1}{3}}$ b) $16^{\frac{1}{4}}$ c) $64^{-\frac{1}{6}}$ d) $25^{\frac{3}{2}}$ e) $8^{-\frac{2}{3}}$ f) $64^{\frac{1}{6}}$ g) $\left(\frac{1}{25}\right)^{\frac{1}{2}}$ h) $(125)^{-\frac{1}{3}}$

2 a) $5^{\frac{1}{2}} \cdot 5^{\frac{1}{4}}$ b) $3^{\frac{1}{3}} \cdot 3^{\frac{1}{4}}$ c) $4^{-\frac{2}{3}} \cdot 4^{\frac{3}{4}}$ d) $10^{\frac{1}{2}} : 10^{\frac{1}{3}}$
e) $6^{-\frac{1}{2}} : 6^{\frac{2}{3}}$ f) $a^{\frac{6}{5}} \cdot a^{-1}$ g) $b^{\frac{2}{3}} : b$ h) $y^{\frac{2}{3}} : y^{-\frac{1}{3}}$

3 a) $12^{\frac{1}{2}} \cdot 3^{\frac{1}{2}}$ b) $2^{\frac{1}{3}} \cdot 4^{\frac{1}{3}}$ c) $3^{\frac{1}{2}} \cdot 8^{\frac{1}{2}} \cdot 6^{\frac{1}{2}}$ d) $(4a)^{\frac{1}{3}} \cdot (16a^2)^{\frac{1}{3}}$ e) $(2a^2)^{\frac{1}{4}} \cdot (4ab^3)^{\frac{1}{4}} \cdot (2ab)^{\frac{1}{4}}$

4 a) $(2^{\frac{1}{2}})^4$ b) $(5^{\frac{2}{3}})^{\frac{1}{4}}$ c) $(4^{\frac{1}{5}})^{-\frac{3}{4}}$ d) $(a^{-\frac{2}{3}})^{-\frac{3}{4}}$ e) $(x^{\frac{4}{5}} \cdot y^{-\frac{8}{5}})^{-\frac{5}{8}}$ f) $(x^{\frac{5}{4}} : y^{-\frac{5}{8}})^{-\frac{4}{5}}$

5 Schreibe als Potenz.
a) $\sqrt[3]{9}$ b) $\sqrt[4]{2^3}$ c) $\sqrt[3]{5^2}$ d) $\frac{1}{\sqrt{3}}$ e) $\frac{1}{\sqrt[3]{6}}$ f) $\frac{1}{\sqrt[5]{13^2}}$ g) $\frac{1}{\sqrt[4]{a^3}}$ h) $\frac{1}{\sqrt[n]{x^p}}$

6 Schreibe als Potenz und vereinfache.
a) $\sqrt[6]{5^2}$ b) $\sqrt[6]{2^3}$ c) $\sqrt[10]{x^5}$ d) $\frac{1}{\sqrt[10]{2^8}}$ e) $\frac{1}{\sqrt[16]{a^{4k}}}$ f) $\frac{1}{\sqrt[15]{x^{3n}}}$ g) $\frac{1}{\sqrt[3a]{x^{12a}}}$

7 Welche Zahlen sind gleich?

$5^{\frac{1}{3}}$ | $\frac{1}{\sqrt[3]{5}}$ | $\frac{1}{5^{-\frac{2}{3}}}$ | $5^{\frac{2}{6}}$ | $\sqrt[3]{5}$ | $\sqrt[3]{5^2}$ | $\left(\sqrt[6]{5}\right)^2$ | $5^{-\frac{2}{6}}$ | $(5^6)^{\frac{1}{9}}$

8 Bestimme die fehlenden Zahlen.
a) $3^{\frac{2}{\square}} = \sqrt[5]{3^{\triangle}}$ b) $5^{-\frac{2}{3}} = \frac{1}{\sqrt[\square]{5^{\square}}}$ c) $\sqrt[4]{7^8} = 7^{\frac{\bigcirc}{\square}}$ d) $\sqrt[6]{5^3} = 5^{\square}$ e) $a^2 = \sqrt[\square]{a^{\triangle}}$ f) $\sqrt[5]{a^{\square}} = a^2 \sqrt[5]{a}$

9 Vereinfache.
a) $\frac{\sqrt{b} \cdot \sqrt[3]{b}}{\sqrt[4]{b^3}}$ b) $\frac{x}{\sqrt[3]{x^2} \cdot \sqrt[4]{x}}$ c) $\frac{\sqrt[6]{a^5}}{\sqrt{a} : \sqrt[3]{a}}$ d) $\frac{\sqrt[3]{2y} : \sqrt[3]{y}}{\sqrt{y} : \sqrt[3]{y}}$ e) $\frac{\sqrt{t} : \sqrt[3]{t}}{t}$

10 a) $\left(\sqrt[3]{5}\right)^6$ b) $\left(\sqrt[5]{2}\right)^{-10}$ c) $\left(\sqrt[4]{x}\right)^{-2}$ d) $\left(\sqrt[5]{y^3}\right)^{10}$ e) $\left(\sqrt[3]{s^4}\right)^{3n}$ f) $\left(\sqrt{\sqrt{b^3}}\right)^{4n}$

Bist du sicher?

1 Vereinfache.
a) $3^{\frac{1}{4}} \cdot 3^{\frac{2}{3}}$ b) $5^{-\frac{2}{5}} : 5^{\frac{3}{4}}$ c) $x^{-\frac{1}{k}} \cdot x^{-\frac{2}{k}}$ d) $(b^{\frac{1}{4}})^{-\frac{2}{3}}$ e) $\left(\sqrt[6]{a}\right)^{-3}$ f) $\left(\frac{1}{\sqrt[3]{5}}\right)^2$

2 Schreibe als Potenz.
a) $\sqrt[3]{5}$ b) $\sqrt[9]{7^4}$ c) $\sqrt[6]{2^8}$ d) $\frac{1}{\sqrt[3]{9^2}}$ e) $\left(\sqrt[4]{2}\right)^3$ f) $\sqrt[3]{\frac{1}{4^2}}$

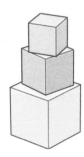

11 a) Welche Länge hat die Kante eines Würfels mit einem Volumen von $100\,\text{cm}^3$?
b) Welche Größe hat die Oberfläche eines Würfels mit einem Volumen von $100\,\text{cm}^3$?
c) Beantworte Teilaufgabe a und b für einen Würfel mit dem Volumen von $x\,\text{cm}^3$.

12 Luises kleiner Bruder hat drei seiner würfelförmigen Bauklötze aufeinander gestellt. Sie haben ein Volumen von $300\,\text{cm}^3$, $120\,\text{cm}^3$ und $60\,\text{cm}^3$. Welche Höhe hat der Turm?

13 Klaus behauptet:
a) a^n ist immer größer als a.
b) $\sqrt[n]{a}$ ist immer kleiner als a.

14 Das dritte Kepler'sche Gesetz lautet: Das Verhältnis der Quadrate der Umlaufzeiten T um die Sonne zweier verschiedener Planeten ist genau so groß wie das Verhältnis der dritten Potenzen ihrer großen Halbachsen r: $\dfrac{T_1^2}{T_2^2} = \dfrac{r_1^3}{r_2^3}$.

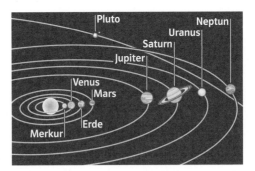

a) Die Umlaufzeit der Erde beträgt 365,26 Tage, die der Venus 224,7 Tage. Die große Halbachse der Erde beträgt ca. $149{,}6 \cdot 10^6$ km. Bestimme die große Halbachse der Venus.
b) Die große Halbachse des Planeten Mars beträgt $227{,}9 \cdot 10^6$ km. Berechne die Umlaufzeit des Mars.

15 Ein Stab ist an einer Seite fest eingespannt. Hängt man an die andere Seite eine Last, so biegt er sich nach unten. Die Strecke s, um die er sich nach unten biegt, hängt von den Maßen des Stabes (Länge l, Breite b, Dicke d) und der Last ab. Wirkt auf einen 1 Meter langen Stab die Kraft 1 N, so senkt er sich um die Strecke s mit $s = \dfrac{19\,000}{b \cdot d^3}$, s, b, d in mm.

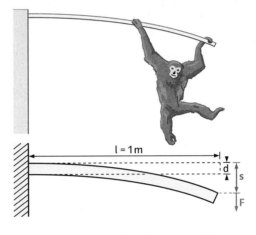

a) Wie weit senkt sich ein 5 mm breiter Stab, der 2 mm (4 mm, 5 mm) dick ist?
b) Mit welcher Formel lässt sich die Dicke des Stabes aus der Strecke s und Breite b berechnen?
c) Welche Dicke muss ein 1 cm breiter Stab haben, damit er sich bei einer Kraft von 1 N nicht mehr als 6 mm senkt?

16 Aus der Physik weiß man, dass sich die Fallzeit t (in s) eines Körpers aus der Höhe h (in m) nach der Formel $t = \left(\dfrac{h}{5}\right)^{\frac{1}{2}}$ berechnet.
a) Wie lange fällt ein Körper aus der Höhe 10 m, 20 m, 50 m?
b) Nach welcher Formel kann man die Höhe h aus der Fallzeit berechnen?
c) Aus welcher Höhe fiel ein Körper, dessen Fallzeit 1 s, 2 s, 5 s betrug?

17 Der Windchill beschreibt den Unterschied zwischen der gemessenen Lufttemperatur und der gefühlten Temperatur in Abhängigkeit von der Windgeschwindigkeit. Er ist damit ein Maß für die windbedingte Abkühlung eines Objektes, speziell eines Menschen und dessen Gesicht. Die Formel zur Berechnung lautet:
WCT = $13{,}12 + 0{,}6125 \cdot T - 11{,}37 \cdot v^{0{,}16} + 0{,}3965 \cdot T \cdot v^{0{,}16}$ (WCT: Windchill-Temperatur in °C, T: Lufttemperatur in °C, v: Windgeschwindigkeit in km/h).
Berechne die gefühlte Temperatur (WCT) für eine Lufttemperatur von 10 °C und Windgeschwindigkeiten von 10 km/h, 15 km/h, 20 km/h.

wind chill (engl.):
Windkühle

Die seit November 2001 gültige empirische Formel dient zur Berechnung des Windchill mit SI-Einheiten und einer in 10 Meter Höhe über dem Erdboden gemessenen Windgeschwindigkeit.

18 a) Vergleiche die folgenden Terme: $\sqrt[4]{\sqrt{x}}$, $\sqrt[6]{x}$, $\sqrt{\sqrt[4]{x}}$, $\sqrt[24]{x^3}$, $\sqrt[3]{\sqrt{x}}$, x > 0.
b) Welcher Term wird für x = 256 am größten bzw. am kleinsten?
c) Welcher Term wird für x = 0,5 am größten bzw. am kleinsten?

19 Zeige, dass für das Rechnen mit Wurzeln gilt:

a) $\sqrt[n]{a} \cdot \sqrt[n]{b} = \sqrt[n]{a \cdot b}$ b) $\dfrac{\sqrt[n]{a}}{\sqrt[n]{b}} = \sqrt[n]{\dfrac{a}{b}}$ c) $\sqrt[n]{\sqrt[m]{a}} = \sqrt[n \cdot m]{a}$ d) $\sqrt[k \cdot n]{a^{k \cdot m}} = \sqrt[n]{a^m}$

Zum Üben aller Potenzgesetze

20 Vereinfache mithilfe der Potenzgesetze.

a) $(3x^{\frac{1}{2}} + 2x^{\frac{2}{3}}) \cdot 4x^{\frac{3}{2}}$ b) $3a^{\frac{1}{4}}b^{\frac{2}{3}} \cdot (a^6 - 3b^3)$ c) $(6k^{\frac{3}{4}}m^5n^3 + 12k^2m^{\frac{1}{2}}n^{\frac{1}{4}}) : 3k^{-2}m^2n^{\frac{1}{2}}$

21 a) $2^{\frac{1}{3}} \cdot 4^{\frac{2}{3}}$ b) $5^{\frac{1}{3}} \cdot 25^{\frac{1}{3}}$ c) $\sqrt[3]{2} \cdot \sqrt[3]{4}$

d) $3^{\frac{1}{4}} \cdot 9^{\frac{1}{4}} \cdot 3^{\frac{1}{4}}$ e) $a^{\frac{3}{2}} \cdot a^{\frac{5}{2}}$ f) $\sqrt[3]{x^2} \cdot \sqrt[3]{x^4}$

22 Schreibe die Produkte jeweils als eine Potenz. Beispiel: $3 \cdot \left(\dfrac{2}{3}\right)^{\frac{1}{3}} = \left(\dfrac{3^3 \cdot 2}{3}\right)^{\frac{1}{3}} = 18^{\frac{1}{3}}$.

a) $2 \cdot \left(\dfrac{1}{8}\right)^{\frac{1}{5}}$ b) $6 \cdot \left(\dfrac{7}{36}\right)^{\frac{1}{3}}$ c) $x \cdot \left(\dfrac{x}{y}\right)^{\frac{1}{3}}$ d) $ab^2 \cdot \left(\dfrac{4}{a^2b^3}\right)^{\frac{1}{3}}$ e) $(a+b)\left(\dfrac{5}{a+b}\right)^{\frac{1}{2}}$

$\dfrac{2}{\sqrt{3}} = \dfrac{2\sqrt{3}}{\sqrt{3}\sqrt{3}} = \dfrac{2\sqrt{3}}{3}$

23 Erweitere die folgenden Brüche so, dass im Nenner keine Wurzeln mehr stehen.

a) $\dfrac{5}{\sqrt{7}}$ b) $\dfrac{3}{\sqrt[3]{5}}$ c) $\dfrac{2}{\sqrt[4]{x^3}}$ d) $\dfrac{a}{\sqrt{a^2}}$ e) $\dfrac{2a}{(a^3)^{\frac{1}{4}}}$

24 Vereinfache.

a) $(u^{-3} + v^{-3}) \cdot (u^{-3} - v^{-3})$ b) $(25^{\frac{1}{3}} - 4^{\frac{1}{3}}) \cdot (5^{\frac{1}{3}} + 2^{\frac{1}{3}})$ c) $\left(a\sqrt[3]{b} + b\sqrt[3]{a}\right) : \sqrt[3]{ab}$

25 a) $(a^{\frac{m}{3}} \cdot a^{\frac{m}{6}}) : a^{\frac{m}{4}}$ b) $\sqrt[3]{a^5b} \cdot \sqrt[3]{ab^2}$ c) $\dfrac{a^6}{b^{m+3}} : \dfrac{a^8}{b^{m+4}}$ d) $\left(\dfrac{2x^2}{3y^{\frac{3}{8}}}\right) : \left(\dfrac{9x^{-3}}{4y^{-\frac{3}{4}}}\right)$

Info ═══════════════════════════════════════

Potenzen mit irrationalen Exponenten

Berechnet man mit dem Taschenrechner $2^{\sqrt{2}}$, so erhält man $2{,}665\,144\,143$.

Wie lässt sich dieser Wert erklären?

Jede irrationale Zahl wie $\sqrt{2}$ kann man auf beliebig viele Nachkommastellen bestimmen. Damit kann man einem Term wie $2^{\sqrt{2}}$ folgendermaßen einen Wert zuordnen:

$1 < \sqrt{2} < 2$	$2^1 < 2^{\sqrt{2}} < 2^2$	$2 < 2^{\sqrt{2}} < 4$
$1{,}4 < \sqrt{2} < 1{,}5$	$2^{1{,}4} < 2^{\sqrt{2}} < 2^{1{,}5}$	$2{,}639015\ldots < 2^{\sqrt{2}} < 2{,}828427\ldots$
$1{,}41 < \sqrt{2} < 1{,}42$	$2^{1{,}41} < 2^{\sqrt{2}} < 2^{1{,}42}$	$2{,}657371\ldots < 2^{\sqrt{2}} < 2{,}675855\ldots$
$1{,}414 < \sqrt{2} < 1{,}415$	$2^{1{,}414} < 2^{\sqrt{2}} < 2^{1{,}415}$	$2{,}664749\ldots < 2^{\sqrt{2}} < 2{,}666597\ldots$
$\ldots$	$\ldots$	$\ldots$

Auf diese Weise kann man bei positiver Basis a für jeden irrationalen Exponenten x die Potenz a^x auf beliebig viele Nachkommastellen bestimmen.

Alle Potenzgesetze für rationale Exponenten gelten auch für irrationale Exponenten.

26 Berechne mit dem Taschenrechner, gib das Ergebnis auf vier Dezimalen gerundet an.

a) $2^{\sqrt{3}}$ b) $5^{\sqrt{6}}$ c) $\left(\dfrac{3}{4}\right)^{\sqrt{2}}$ d) $0{,}28^{\sqrt[3]{7}}$ e) $7^{-\sqrt{2}}$ f) $\left(3^{\sqrt{2}}\right)^{\sqrt{3}}$ g) $\sqrt{5}^{\sqrt{5}}$

27 Vereinfache.

a) $10^{\sqrt{2}} \cdot 10^{-\sqrt{2}}$ b) $5^{\sqrt{8}} : 5^{\sqrt{2}}$ c) $14^{\sqrt{3}} : 7^{\sqrt{3}}$ d) $\left(3^{\sqrt{2}}\right)^{2\sqrt{2}}$ e) $\left(3^{\sqrt{4,5}}\right)^{\sqrt{2}}$ f) $\left(12^{\sqrt{2}} \cdot 12^{\sqrt{3}}\right)^{\sqrt{2}}$

28 Zeige durch Umformung.

a) $\left(\sqrt{2}^{\sqrt{3}}\right) \cdot \left(\sqrt{2}^{\sqrt{3}}\right) = 2^{\sqrt{3}}$ b) $\sqrt{3}^{\sqrt{5}} : (2\sqrt{3})^{\sqrt{5}} = 2^{-\sqrt{5}}$

c) $\left(\sqrt{2} \cdot \sqrt{3}\right)^{\sqrt{12}} = 6^{\sqrt{3}}$ d) $\left(\sqrt[3]{4} : \sqrt[3]{2}\right)^{6 \cdot \sqrt{2}} = 4^{\sqrt{2}}$

6 Potenzgleichungen

Gabi und Petra träumen von ihren späteren Reichtümern.
Gabi: „Was wird wohl aus unserem Geld in 50 Jahren?"
Petra: „Ist doch klar, bei einem Prozentsatz von 2 % hat es sich verdoppelt!"

Gleichungen der Form $x^n = a$, $n \in \mathbb{N}$ und $n > 1$, bei denen x gesucht ist, heißen **Potenzgleichungen**.

Man kann die Anzahl der Lösungen und deren Näherungswerte grafisch bestimmen. Dazu zeichnet man den Graphen der Funktion $y = x^n$ und die Gerade $y = a$. Jetzt kann man die x-Koordinaten der Schnittpunkte ablesen.

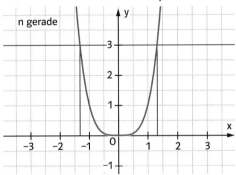

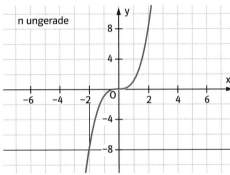

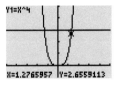

Mithilfe der TRACE-Funktion des GTR lassen sich die Werte näherungsweise bestimmen.

Die Gleichung $x^4 = 3$ hat die beiden Lösungen $3^{\frac{1}{4}}$ und $-3^{\frac{1}{4}}$. Die Gleichung $x^3 = -8$ hat nur die Lösung $x = -2$.

Bei den Lösungen einer Potenzgleichung $x^n = a$ muss man beachten, ob n gerade oder ungerade und $a > 0$ oder $a < 0$ ist.

Gleichung:	$x^4 = 16$	$x^4 = -16$	$x^3 = 125$	$x^3 = -125$
Lösung:	$x_1 = 16^{\frac{1}{4}} = 2$	keine Lösung	$x_1 = 125^{\frac{1}{3}} = 5$	$x_1 = -(125^{\frac{1}{3}}) = -5$
	und $x_2 = -16^{\frac{1}{4}} = -2$			

Für die Gleichung $x^3 = a$ mit $a > 0$ lautet damit die Lösung: $x_1 = a^{\frac{1}{3}}$.

Ist $a < 0$, müsste man als Lösung $x = -(-a)^{\frac{1}{3}}$ angeben. Um diese Angabe zu vereinfachen, definiert man eine neue Schreibweise: $|a|$ (lies: **Betrag** von a).

Es gilt: $|a| = a$ für $a \geqq 0$, $|a| = -a$ für $a < 0$.

Damit hat die Gleichung $x^3 = a$ mit $a < 0$ die Lösung $x_1 = -|a|^{\frac{1}{3}}$.

Gleichungen der Form $x^{\frac{p}{q}} = a$ mit $a > 0$ formt man folgendermaßen um:

$$x^{\frac{2}{3}} = 5 \qquad\qquad (x^{\frac{2}{3}})^{\frac{3}{2}} = 5^{\frac{3}{2}} \qquad\qquad x = 5^{\frac{3}{2}}$$

Da Potenzen mit rationalen Exponenten nur für positive Basen definiert sind, gibt es hier nur eine Lösung.

Beispiel 1 Potenzgleichungen mit ganzen Exponenten
Bestimme die Lösungen:
a) $x^6 = 64$ b) $x^6 = -64$ c) $x^3 = -20$ d) $x^{-4} = 16$
Lösung:
a) $x_1 = 64^{\frac{1}{6}} = 2$; $x_2 = -64^{\frac{1}{6}} = -2$ b) keine Lösung
c) $x_1 = -|20|^{\frac{1}{3}} \approx -2{,}714$ d) $x_1 = 16^{-\frac{1}{4}} = \dfrac{1}{16^{\frac{1}{4}}} = \dfrac{1}{2}$; $x_1 = -\dfrac{1}{2}$

Beispiel 2 Potenzgleichungen mit rationalen Exponenten
Bestimme die Lösungen:
a) $x^{\frac{3}{2}} = 8$ b) $3x^{\frac{2}{3}} = 5$ c) $\sqrt[5]{x^3} = 7$
Lösung:

a) $x^{\frac{3}{2}} = 8$

$\quad x = 8^{\frac{2}{3}}$

$\quad x_1 = 4$

b) $3x^{\frac{2}{3}} = 5$

$\quad x^{\frac{2}{3}} = \dfrac{5}{3}$

$\quad x_1 = \left(\dfrac{5}{3}\right)^{\frac{3}{2}} \approx 2{,}152$

c) $\sqrt[5]{x^3} = 7$

$\quad x^{\frac{3}{5}} = 7$

$\quad x_1 = 7^{\frac{5}{3}} \approx 25{,}615$

Aufgaben

1 Bestimme die exakte Lösung und gib dann eine Näherungslösung auf 3 Dezimalen an.
a) $x^6 = 20$ b) $x^6 = -20$ c) $x^5 = 20$ d) $x^5 = -20$
e) $x^4 = 625$ f) $x^5 + 1024 = 0$ g) $343 + x^3 = 0$ h) $x^5 + 17 = -15$
i) $x^3 + 12 = 39$ j) $87 + x^5 = 93$ k) $x^3 + 0{,}125 = 0$

2 Löse mit GTR grafisch und rechne.
a) $5x^3 - 20 = 7 - 3x^3$ b) $65 - 53x^2 = 16 + 47x^2$ c) $1{,}2x^5 + 0{,}00243 = 0{,}2x^5$

3 a) $\sqrt{x} = 11$ b) $\sqrt[3]{x} = 8$ c) $x^{\frac{1}{2}} = 7$ d) $x^{\frac{1}{5}} = 1$ e) $\sqrt[3]{2x} = 1$ f) $\sqrt[3]{x-1} = 2$
g) $\sqrt{x^3} = 2$ h) $\sqrt[3]{x^2} = 2$ i) $\sqrt[6]{x^5} = 10^{-5}$ j) $x^{\frac{2}{3}} = 3$ k) $x^{\frac{5}{2}} = 1$ l) $x^{\frac{3}{4}} = 0{,}001$

4 Gib eine Potenzgleichung an, die
a) 5 als einzige Lösung hat,   b) neben 5 noch eine weitere Lösung hat.

5 a) Gib zwei verschiedene Potenzgleichungen mit der Lösung -1 an.
b) Erläutere am Graphen, warum eine Potenzgleichung der Form $x^n = a$ nicht die beiden Lösungen 2 und -3 haben kann.

Bist du sicher?

1 Bestimme die exakte Lösung und gib dann eine Näherungslösung auf 3 Dezimalen an.
a) $x^4 = 16$ b) $x^3 = -8$ c) $x^5 + 9 = 41$ d) $x^6 + 24 = 12$ e) $(x + 3)^4 = 16$

2 a) $\sqrt{x} = 12$ b) $\sqrt{x^5} = 9$ c) $\sqrt[5]{x^3} = 2$ d) $x^{\frac{2}{3}} = 5$ e) $x^{\frac{3}{4}} = 2^{-3}$

6 Löse mit GTR grafisch und rechne.
a) $(x - 3)^3 = 8$ b) $(2x - 1)^4 = 16$ c) $(5x - 3)^3 - 8 = 0$ d) $(7x - 23)^8 = 10^{-8}$

7 Bestimme die Lösungen. Gib hierbei mögliche Einschränkungen für a an.
a) $x^2 = a$ b) $x^2 = -a$ c) $x^3 = -a$ d) $x^2 = a^2$ e) $x^3 = -a^3$ f) $x^4 = (-a)^2$

7 Logarithmus

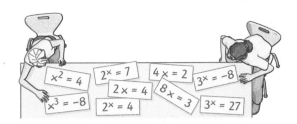

■■■■ „Wie viele von den nebenstehenden Gleichungen kannst du lösen?" fragt Claudia.
„Das sind doch alles alte Bekannte", erwidert Katrin. ■■■■

Die Gleichung $2^x = 16$ lässt sich leicht lösen, da 16 sich als eine Potenz von 2 darstellen lässt: $2^x = 16 = 2^4$, also $x = 4$.
Die Gleichung $2^x = 5$ kann man auf diese Weise nicht lösen. Es ist aber möglich, mithilfe einer grafischen Darstellung eine Näherungslösung zu bestimmen. Dazu bestimmt man den x-Wert des Schnittpunktes der Graphen $y = 2^x$ und $y = 5$.
Man liest $x \approx 2{,}2$ ab. Der exakte Wert ist der Exponent, mit dem man 2 potenzieren muss, um 5 zu erhalten, dafür schreibt man kürzer $\log_2(5)$.

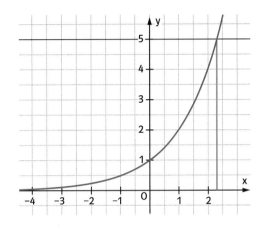

Der Name „Logarithmus" wurde von dem Schotten John Napier (1550–1617) eingeführt. (griech.: logos arithmos, Verhältniszahl)

> Der **Logarithmus von b zur Basis a** ist diejenige Zahl, mit der man a potenzieren muss, um b zu erhalten. Dafür schreibt man $x = \log_a(b)$, $a, b > 0$.

Nach der Festlegung für den Logarithmus gilt: $\log_a(a^x) = x$ und $a^{\log_a(b)} = b$.
Aus $x = a^{\log_a(x)}$ folgt einerseits $x^p = a^{\log_a(x^p)}$ und andererseits $x^p = \left(a^{\log_a(x)}\right)^p$.
Aus der Gleichheit der Terme ergibt sich:

> Für den Logarithmus von Potenzen gilt: $\log_a(x^p) = p \cdot \log_a(x)$.

Beispiel 1   Logarithmen berechnen
Bestimme:
a) $\log_2(8)$ b) $\log_{10}(100\,000)$ c) $\log_9\left(\frac{1}{81}\right)$ d) $\log_3(\sqrt{27})$
Lösung:
a) $\log_2(8) = 3$,   *denn* $2^3 = 8$ *oder* $\log_2(8) = \log_2(2^3) = 3$
b) $\log_{10}(100\,000) = 5$,   *denn* $10^5 = 100\,000$ *oder* $\log_{10}(100\,000) = \log_{10}(10^5) = 5$
c) $\log_9\left(\frac{1}{81}\right) = -2$,   *denn* $9^{-2} = \frac{1}{9^2} = \frac{1}{81}$ *oder* $\log_9\left(\frac{1}{81}\right) = \log_9(9^{-2}) = -2$
d) $\log_3(\sqrt{27}) = \frac{3}{2}$,   *denn* $3^{\frac{3}{2}} = (3^3)^{\frac{1}{2}} = \sqrt{27}$ *oder* $\log_3(\sqrt{27}) = \log_3(3^{\frac{3}{2}}) = \frac{3}{2}$

Das Beispiel zeigt jeweils zwei Lösungswege. Der erste benutzt die Definition des Logarithmus, der zweite beruht darauf, dass Logarithmieren und Potenzieren sich gegenseitig aufheben.

Beispiel 2   Logarithmen von Potenzen

Berechne: a) $\log_6(36^{3,2})$ b) $\log_5\left(\frac{1}{\sqrt[3]{25}}\right)$

Lösung:

a) $\log_6(36^{3,2}) = 3,2 \cdot \log_6(36) = 3,2 \cdot 2 = 6,4$ b) $\log_5\left(\frac{1}{\sqrt[3]{25}}\right) = \log_5(25^{-\frac{1}{3}}) = -\frac{1}{3} \cdot 2 = -\frac{2}{3}$

Aufgaben

1   Schreibe als Logarithmus.

a) $4^3 = 64$ b) $7^2 = 49$ c) $3^{-2} = \frac{1}{9}$ d) $8^0 = 1$ e) $36^{\frac{1}{2}} = 6$ f) $\left(\frac{1}{3}\right)^{-3} = 27$ g) $x^y = z$

2   Bestimme wie im Beispiel 1.

a) $\log_2(64)$ b) $\log_5(1)$ c) $\log_3(\sqrt{3})$ d) $\log_7(7)$ e) $\log_2\left(\frac{1}{16}\right)$ f) $\log_5\left(\frac{1}{\sqrt{5}}\right)$ g) $\log_6\left(\frac{1}{\sqrt[3]{6}}\right)$

3   Berechne.

a) $\log_3(9^4)$ b) $\log_{10}(10^{1,5})$ c) $\log_5(125^{-2})$ d) $\log_a(a^3)$ e) $\log_2(2^{200})$ f) $\log_{10}(10^{-120})$

4   Schreibe als Potenzgleichung.

a) $\log_4(16) = 2$ b) $\log_5(125) = 3$ c) $\log_5(0,2) = -1$ d) $\log_{0,5}\left(\frac{1}{8}\right) = 3$ e) $\log_{0,2}(0,04) = 2$

5   Bestimme mithilfe des Graphen $y = 2^x$ Näherungswerte für

a) $\log_2(3)$,   b) $\log_2(6)$,   c) $\log_2(6,5)$,   d) $\log_2(0,8)$,   e) $\log_2(0,6)$.

6   Bestimme die Basis a.

a) $\log_a(25) = 2$ b) $\log_a\left(\frac{1}{49}\right) = -2$ c) $\log_a(16) = -4$ d) $\log_a(3) = \frac{1}{2}$ e) $\log_a(\sqrt{125}) = \frac{3}{2}$

7   Bestimme b.

a) $\log_3(b) = 4$ b) $\log_4(b) = 3$ c) $\log_8(b) = \frac{1}{3}$ d) $\log_9(b) = 1,5$ e) $\log_{10}(b) = -4$

Bist du sicher?

1   Schreibe als Logarithmus bzw. als Potenzgleichung.

a) $5^2 = 25$ b) $\left(\frac{1}{9}\right)^{-\frac{1}{2}} = 3$ c) $\log_{16}(2) = \frac{1}{4}$ d) $\log_7\left(\frac{1}{343}\right) = -3$ e) $\log_u(w) = v$

2   Bestimme den Logarithmus.

a) $\log_3(81)$ b) $\log_7(\sqrt{7})$ c) $\log_{10}(10)$ d) $\log_2(0,5)$ e) $\log_4(1)$ f) $\log_{10}(0,0001)$

8   Eine weitere Möglichkeit, Logarithmen näherungsweise zu bestimmen, besteht darin, den gesuchten Wert einzuschachteln. Um den $\log_2(5)$ zu bestimmen, ist die Zahl x gesucht, für die gilt: $2^x = 5$. Durch geeignetes Probieren ergibt sich:
$2^2 < 5 < 2^3$, $2^{2,3} < 5 < 2^{2,4}$, $2^{2,32} < 5 < 2^{2,33}$, $2^{2,321} < 5 < 2^{2,322}$.
Damit erhält man als Näherung: $\log_2(5) \approx 2,32$.
a) Gib eine Einschachtelung für $\log_4(10)$ an.
b) Bestimme einen Näherungswert für $\log_8(30)$, durch das grafische Verfahren und durch Einschachteln.

9   Kannst du für x eine Zahl einsetzen? Begründe deine Antwort.

a) $2^x = 3$ b) $2^x = \frac{1}{3}$ c) $2^x = -3$ d) $2^x = -\frac{1}{3}$ e) $2^x = 0$ f) $1^x = 3$

8 Exponentialgleichungen

▬▬ Felicitas erfährt um 9:00 Uhr eine tolle Neuigkeit. Nach einer Minute erzählt sie sie ganz vertraulich einer Freundin weiter. Nach einer weiteren Minute erzählen beide wieder ganz vertraulich die Neuigkeit einem weiteren Schüler. Felicitas glaubt, dass bis Schulschluss alle 1000 Schülerinnen und Schüler ihrer Schule die Neuigkeit kennen. ▬▬

Eine Gleichung der Form $7^x = 12$, bei der die Variable im Exponenten steht, nennt man **Exponentialgleichung**. Die Gleichung hat die Lösung $x = \log_7(12)$. Will man eine Näherungslösung angeben, kann man mithilfe der Berechnung des $\log_{10}$ folgendermaßen vorgehen:

$7^x = 12$

$\log(7^x) = \log(12)$ — Auf beiden Seiten der Gleichung wird logarithmiert.

$x \cdot \log(7) = \log(12)$ — Anwenden der Potenzregel für Logarithmen.

$x = \dfrac{\log(12)}{\log(7)} \approx 1{,}2769$ — Mithilfe des Taschenrechners lässt sich der Quotient bestimmen.

Üblicherweise kann man mit dem Taschenrechner nicht jeden Logarithmus direkt berechnen, wohl aber den Logarithmus zur Basis 10. Dieser wird statt $\log_{10}$ kurz mit $\log$ bezeichnet.

Die Exponentialgleichung $a^x = b$ hat die Lösung $x_1 = \log_a(b)$ bzw. $x_1 = \dfrac{\log(b)}{\log(a)}$.

Beispiel Lösen von Exponentialgleichungen
Löse die Exponentialgleichung.   a) $2^{3x} = 100$ b) $12 \cdot 5^x + 40 = 3 \cdot 5^x + 265$
Lösung:

a) $\log(2^{3x}) = \log(100)$ b) $12 \cdot 5^x + 40 = 3 \cdot 5^x + 265$ *Gleichung auf die Form $a^x = b$ bringen.*

$3x \cdot \log(2) = 2$ $\qquad\qquad 9 \cdot 5^x = 225$

$\qquad 3x = \dfrac{2}{\log(2)}$ $\qquad\quad 5^x = 25$ *Diese Gleichung lässt sich*

$\qquad x_1 = \dfrac{2}{\log(2) \cdot 3}$ $\qquad 5^x = 5^2$ *ohne GTR lösen.*

$\qquad x_1 \approx 2{,}214$ $\qquad\qquad x_1 = 2$

Aufgaben

1 Bestimme die Lösung.
a) $4^x = 12$ b) $2{,}4^x = 3{,}9$ c) $1{,}14^y = 0{,}7$ d) $0{,}45^z = 1{,}9$ e) $3{,}72^x = 5$
f) $1{,}46^{3x} = 0{,}8$ g) $8{,}2^{-x} = 4{,}9$ h) $5{,}6^{-2x} = 1{,}4$ i) $2 \cdot 3^x = 1{,}4$ j) $0{,}9 \cdot 1{,}4^x = 3{,}2$

2 Löse die Exponentialgleichungen durch Logarithmieren.
a) $12^x = 4$ b) $2{,}5^x = 5$ c) $3{,}7^{2x} = 5$ d) $1{,}3 \cdot 5^{-x} = 2{,}8$ e) $1{,}52^{2x} = 0{,}5$
f) $10^{x-1} = 6$ g) $6^{x-1} = 108$ h) $5^{1-2x} = 17$ i) $10^{5x+1} = 2$ j) $3 \cdot 8^{-x-2} = 25$

3 Löse die Exponentialgleichungen durch Logarithmieren.
a) $(7^{2x-1})^2 = 36$ b) $5 \cdot 2^{-3x+4} = 1$ c) $4 - 2^x = 4100 - 5 \cdot 2^x$ d) $2 \cdot 4^x + 3044 = 14 \cdot 4^x - 28$

4 Bestimme die Einsetzung für x.

a) $4^x = 2$ b) $4^x = -2$ c) $4^{x^2} = 2$ d) $2^{x^2} = 4$

Bist du sicher?

1 Bestimme die Lösung ohne Taschenrechner.

a) $3^x = 81$ b) $10^{2x} = 0{,}1$ c) $5^x = \frac{1}{125}$ d) $7^{-2x} = 343$ e) $4 \cdot 2^{-2x+2} = 64$

2 Bestimme die Lösung.

a) $4^x = 25$ b) $5^{x-1} = 120$ c) $30 \cdot 1{,}02^x = 90$ d) $15 \cdot 0{,}7^x + 30 = 50$

5 Schreibe zuerst als Exponentialgleichung und bestimme dann die Lösung.

a) $\log(x) = 2$ b) $2\log(x) = 1$ c) $\log(2x) = 0{,}5$ d) $\log(x+1) = -1$ e) $5\log(1-x) = 0$

6 Folgende Aufgaben lassen sich auch ohne Taschenrechner lösen.

a) $2^x = 128$ b) $16^x = 2$ c) $2 \cdot 3^x = 162$ d) $10^x - 25 = 975$ e) $4^{2x+1} = 64$

f) $\frac{4}{3} \cdot 6^x + 212 = 500$ g) $3^x = \frac{1}{81}$ h) $25^{x+1} = \frac{1}{5}$ i) $7^{x-2} = \sqrt{7}$ j) $3^{5x} = \sqrt[3]{3^2}$

7 Benutze Potenzgesetze so, dass du gleiche Exponenten erhältst, und löse dann die Gleichung.

a) $2^x + 3 = 2^{x+1}$ b) $7 \cdot 2^x = 13 \cdot 3^x$ c) $2^x + 2^{x+1} + 2^{x+2} = 3^x + 3^{x+1} + 3^{x+2}$

8 Der Luftdruck sinkt rasch mit zunehmender Höhe. Ohne Einfluss der Temperatur lässt sich der Druck mit der Formel $p = 1013 \cdot 0{,}88249^h$ berechnen (h ist die Höhe über dem Meeresspiegel in km, p ist der Luftdruck in Hektopascal (hPa)).

a) Berechne den Luftdruck für die Höhen 10 km, 20 km und 40 km.

b) Zeige, dass der Luftdruck nach jeweils ca. 5,5 km auf die Hälfte absinkt.

Kannst du das noch?

9 Zeichne die Graphen der Zuordnung mit den Gleichungen

a) $y = 3x$,   b) $y = 2x + 1$,   c) $y = -\frac{1}{2}x + 2{,}5$,   d) $y = 2x^2$,   e) $y = -\frac{1}{2}x^2 + 4$.

10 In einer Klinik wird einem Kranken gleichmäßig aus einer Infusionsflasche eine Kochsalzlösung zugeführt. Nach einer halben Stunde sind noch 0,8 l in der Flasche, nach zwei Stunden sind es nur noch 0,2 l.

a) Begründe, warum die Zuordnung *Zeitdauer → Flascheninhalt* eine lineare Zuordnung ist.

b) Zeichne den Graphen der Zuordnung.

c) Lies die Antworten am Graphen der Zuordnung ab.

Wie viele Liter waren bei Infusionsbeginn in der Flasche?

Wie viele Liter waren eine Stunde nach Infusionsbeginn noch in der Flasche?

Wie viele Minuten nach Infusionsbeginn war die Flasche leer?

1 Das von der Erde am weitesten entfernte Objekt, das man mit bloßem Auge noch erkennen kann, ist die Andromeda-Galaxie. Sie ist etwa 2,7 Millionen Lichtjahre von uns entfernt; ihr größter Durchmesser beträgt etwa 163 000 Lichtjahre.
Gib Entfernung und Durchmesser in km an.
(Lichtgeschwindigkeit 300 000 $\frac{km}{s}$)

Ein Lichtjahr ist die Strecke, die das Licht in einem Jahr zurücklegt.

2 Das Volumen der Erde beträgt etwa $1,08 \cdot 10^{21}\,m^3$, das der Sonne etwa $1,41 \cdot 10^{18}\,km^3$. Wie viele Erdkugeln hätten zusammen das Volumen der Sonne?

3 Aus einem 60 cm langen Draht soll das Kantenmodell eines Würfels hergestellt werden.
a) Berechne die Oberfläche und das Volumen des entstehenden Würfels.
b) Wie verändert sich die Oberfläche (das Volumen), wenn man einen 80 cm langen Draht verwendet?
c) Wie lang müsste der Draht sein, damit der entstehende Würfel eine Oberfläche von 900 cm² (ein Volumen von 2000 cm³) hat?

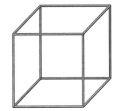

4 Der pH-Wert eines Stoffes ist der negative Zehnerlogarithmus der Wasserstoffionen-Konzentration (genauer: H_3O^+-Konzentration in $\frac{mol}{l}$). Ist z.B. der pH-Wert einer Seifenlösung 8,5, so beträgt die H^+-Konzentration $10^{-8,5}\,\frac{mol}{l}$.
Welchen pH-Wert hat eine Lauge mit doppelt so hoher H^+-Konzentration?
Der Regen mit dem bisher höchsten Säuregehalt hatte den pH-Wert 2,4. Wie viel Mal größer als in reinem Wasser (pH-Wert 7) war die H^+-Konzentration?

5 Die durch Schall übertragende Energie empfindet man als Lautstärke. Ihre Messwerte liegen weit auseinander; sie unterscheiden sich um mehrere Zehnerpotenzen. Die Dezibelskala (dB) macht diese Werte überschaubarer. Die Angabe 60 dB bedeutet z.B., dass das Geräusch 10^6-mal so stark auf unser Gehör wirkt wie ein Geräusch, das man gerade noch wahrnehmen kann.
a) Um welchen Faktor wirkt Flüstern (lautes Rufen, ein Motorrad) stärker auf unser Gehör als ein Geräusch an der Hörschwelle?

Intensität in $\frac{W}{m^2}$	Lautstärke in dB	
10^{-12}	0	Hörschwelle
10^{-11}	10	Atmen
10^{-10}	20	Flüstern
10^{-8}	40	Unterhaltung
10^{-7}	50	lautes Rufen
10^{-6}	60	laute Musik
10^{-5}	70	starker Verkehr
10^{-1}	100	Motorrad
10	130	Schmerzgrenze

b) Welches Geräusch wirkt eine Million Mal stärker auf unser Gehör als Flüstern?
c) Laute Musik empfindet man nur wenig lauter als lautes Rufen. Um welchen Faktor wirkt es jedoch stärker auf das Gehör?

6 Die Seitenmitten eines gleichseitigen Dreiecks bilden jeweils die Eckpunkte des nächst kleineren Dreiecks. Das größte Dreieck hat die Seitenlänge 4 cm.
a) Gib die Seitenlänge des 10ten (des 100ten, des n-ten) Dreiecks an.
b) Das wievielte Dreieck hat die Seitenlänge $\frac{1}{1024}$ cm?

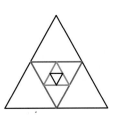

Astronomische Einheit
1 AE = 149,6 · 10⁹ m

7 Die Sonne strahlt Wärme ab. Ein Körper, der sich im Abstand d von der Sonne befindet, empfängt dabei pro m² Körperoberfläche die Strahlungsleistung $P = \frac{1,3}{d^2}$ (P in $\frac{kW}{m^2}$); dabei wird die Entfernung d in astronomischen Einheiten AE gemessen. Am 10.12.1974 wurde die deutsche Raumsonde Helios auf eine elliptische Bahn um die Sonne geschossen.

a) Am 15.3.1975 hatte sie mit d = 0,31 AE die geringste Entfernung zur Sonne. Welche Strahlungsleistung wirkte hier auf die Sonde?

b) Ein Körper, der die gesamte empfangene Strahlung in Wärme umwandelt, erwärmt sich bei einer Strahlungsleistung P (in $\frac{kW}{m^2}$) auf die Temperatur
$T = 64,8 \cdot \sqrt[4]{1000 \cdot P} - 273,15$ (T in °C).
Wie heiß würde daher die Helios-Sonde höchstens im sonnennächsten Punkt?

8 Ein Satellit umkreise die Erde über dem Äquator. Zwischen der Umlaufzeit T (in Tagen) des Satelliten und der Höhe h seiner Bahn über der Erde (in km) gilt die Formel $h = 42\,070 \cdot T^{\frac{2}{3}} - 6370$.

Geostationär heißt, dass der Satellit über der Erde still zu stehen scheint.

a) Fertige eine Zeichnung des Graphen mithilfe des GTR für den Bereich $0 \leqq T \leqq 2$ an. Wähle geeignete Einheiten.

b) Lies aus dem Graphen ab: Wie hoch muss ein geostationärer Satellit (wie er für Nachrichtenübertragung gebraucht wird) über dem Äquator stehen? Wie lang dauert ein Umlauf, wenn der Satellit 10 000 km über dem Äquator fliegt?

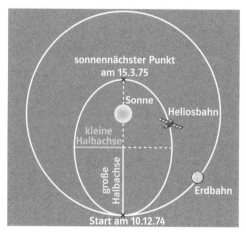

9 Fig. 1 zeigt den Beginn einer Folge geometrischer Figuren. Das Konstruktionsprinzip ist bei jedem Schritt dasselbe: Jede Strecke wird gedrittelt. Über dem mittleren Stück wird ein gleichseitiges Dreieck „aufgesetzt".

a) Offensichtlich wird die Länge des Streckenzuges von Schritt zu Schritt größer. Gib einen Term an, mit dem sich die Länge direkt bestimmen lässt.

b) Nach wie vielen Schritten hat der Streckenzug eine Länge von $10^{50} \cdot a$?

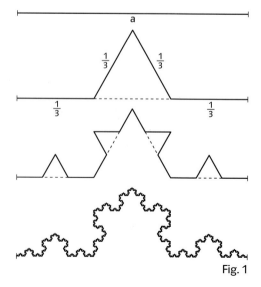

Fig. 1

10 Für die Summe von Potenzen gibt es kein Potenzgesetz. Bei einigen besonderen Summen kann man trotzdem eine Regelmäßigkeit feststellen. Berechne
2^0, $2^0 + 2^1$, $2^0 + 2^1 + 2^2$ …
3^0, $3^0 + 3^1$, $3^0 + 3^1 + 3^2$ …
Was stellst du fest? Wie kann man eine beliebige Anzahl von Summanden berechnen?

11 Entscheide, ob die folgende Aussage wahr ist. Wenn nicht, gib ein Gegenbeispiel an.
Es gilt: $a \in \mathbb{R}_+$, $n \in \mathbb{N} \setminus \{0\}$.
a) Wenn n eine gerade natürliche Zahl ist, dann gilt: $a^{-n} > 0$.
b) Wenn $a^{-n} > 0$, dann ist n eine gerade natürliche Zahl.
c) Wenn $a > 1$, dann ist $a^{-n} < 1$.   d) Wenn $a^{-n} < 1$, dann ist $a > 1$.
e) Wenn $a < 1$, dann ist $a^{-n} > 1$.

12 Berechne ohne TR und vergleiche.
a) $\log_3(3 \cdot 9)$ mit $\log_3(3)$ und $\log_3(9)$ $\log_3(9 \cdot 27)$ mit $\log_3(9)$ und $\log_3(27)$
Welche Vermutung ergibt sich? Überprüfe an weiteren Beispielen.
b) $\log_2\left(\frac{16}{4}\right)$ mit $\log_2(16)$ und $\log_2(4)$ $\log_2\left(\frac{64}{32}\right)$ mit $\log_2(64)$ und $\log_2(32)$
Welche Vermutung ergibt sich? Überprüfe an weiteren Beispielen.

Kannst du das noch?

13 a) Welche der Aussagen treffen zu? In einem Rechteck – sind die Diagonalen gleich lang – halbieren sich die Diagonalen – halbieren die Diagonalen den Winkel – sind gegenüberliegende Seiten parallel.
b) Welche der Aussagen gilt für ein Quadrat bzw. für eine Raute?

14 Gibt es Dreiecke mit den angegebenen Größen? Wenn ja, konstruiere das Dreieck und gib eine Konstruktionsbeschreibung an.
a) a = 4 cm, b = 7 cm, c = 2 cm   b) c = 6 cm, $\alpha = 40°$, $\gamma = 20°$

15 Bestimme die Größe der Winkel α, β und γ.

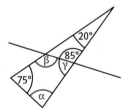
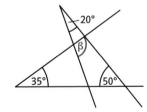
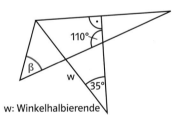

w: Winkelhalbierende

16 Konstruiere nur mit Zirkel und Lineal ohne Winkel zu messen. Begründe deine Konstruktion.
a) Ein rechtwinkliges Dreieck, bei dem ein weiterer Winkel die Größe von 45° hat.
b) Ein rechtwinkliges Dreieck, bei dem ein weiterer Winkel die Größe von 60° hat.

17 Zeichne ein Dreieck mit seinem Umkreis. $\overline{AB} = 6$ cm, $\alpha = 30°$, $\beta = 60°$

18 Welche der folgenden Figuren besitzen einen Umkreis oder Inkreis?
a) Dreieck   b) Quadrat   c) Rechteck   d) Raute

Erdbeben und Mathematik

Wie kann man Erdbeben untersuchen?

Die Fachleute, die Erdbeben beobachten und auswerten, nennt man Seismologen. Sie untersuchen Erdbeben, indem sie die hervorgerufenen Schäden und Veränderungen im Gelände nach einem Erdbeben untersuchen und mithilfe von Seismographen die Bodenbewegungen an der Erdoberfläche messen und aufzeichnen.

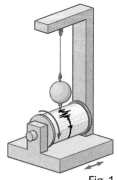

Fig. 1

Ein Live-Seismogramm findest du im Internet unter http://geoweb. zamg.ac.at.

Das Prinzip eines Seismographen zeigt Fig 1. Der frei aufgehängte Pendelkörper des Seismographen bleibt aufgrund der Trägheit bei Erschütterungen in Ruhe. Der am Körper befestigte Stift zeichnet die Ausschläge auf einem mit dem Boden verbundenen Papier auf, das sich an dem Stift vorbeibewegt. Die Fig. 2 zeigt ein Seismogramm eines Erdbebens.

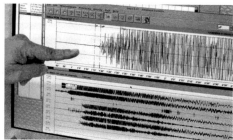

Fig. 2

Der amerikanische Seismologe Charles Francis Richter (1900–1985) hat ein Verfahren entwickelt, um verschiedene Erdbeben miteinander vergleichen zu können. Hierbei wird die Intensität I, die der Seismograph von einem Erdbebeben aufzeichnet, mit der Intensität I_0 eines gerade noch wahrnehmbaren Bebens verglichen.

Die Stärke S eines Bebens ist dann festgelegt durch: $S = \log_{10}\left(\frac{I}{I_0}\right)$.

Ein Beben der Stärke 1 hat also die 10fache Intensität eines gerade noch wahrnehmbaren Bebens; ein Beben der Stärke 4 ist 100-mal so stark wie ein Beben der Stärke 2.

1 Welche Stärke auf der Richterskala haben Beben mit der Intensität $100\,I_0$, $10\,000\,I_0$?

2 Berechne die Intensität I als Vielfaches der Intensität I_0 für ein Beben der Stärke 8,5.

Stufen der Richterskala

Stärke	Wirkung	Energie in Tonnen TNT	Zahl von Beben pro Jahr
0 bis 1,9	Unmerklich, nur mit Instrumenten nachweisbar	0,001 – 0,7	sehr große Zahl
2 bis 2,9	Freihängende Pendel schwingen leicht	1 – 22	300 000
3 bis 3,9	Leises Klirren aneinander stehender Gläser	30 – 700	49 000
4 bis 4,9	Bäume und Masten schaukeln leicht	$10^3 - 22 \cdot 10^3$	6200
5 bis 5,9	Möbel bewegen sich, Risse im Putz	$30 \cdot 10^3 - 700 \cdot 10^3$	800
6 bis 6,9	Fundamente verschieben sich	$10^6 - 22 \cdot 10^6$	120
7 bis 7,9	Nur wenige Gebäude bleiben stehen, Spalten im Boden, vernichtende Flutwellen möglich	$30 \cdot 10^6 - 700 \cdot 10^6$ (Meteorit 100 – 200 m)	18
8 bis 8,9	Flächendeckende Zerstörungen, bis zu 40 m hohe Flutwellen möglich	$10^9 - 22 \cdot 10^9$ (Meteorit 250 – 700 m)	alle 5 Jahre ein Beben
über 9	Zerstörungen wie zuvor, zusätzlich: lokale Erdschollen verschieben sich, Erscheinen oder Verschwinden von Landesteilen		unbekannt

Man kann die Stärke eines Bebens auch mit einer äquivalenten Energiemenge vergleichen, die einer entsprechenden Menge TNT-Sprengstoff entspricht. Der Zusammenhang zwischen der Stärke S eines Bebens und der Menge M des notwendigen Sprengstoffes TNT mit vergleichbarer Energie lässt sich näherungsweise wie folgt zusammenfassen:

$S = 2 + \frac{2}{3}\log_{10}(M)$ bzw. $M = 10^{\frac{3}{2}(S-2)}$.

3 Zeige, dass sich die zweite Gleichung aus der ersten herleiten lässt.

4 Zeige, dass die Energie von einer Stärke zur nächsten um den Faktor 32 steigt.

Die Richterskala ist prinzipiell nach „oben offen". Ein höherer Wert als 10 ist aber kaum denkbar, da Gestein nicht genügend Energie speichern kann und sich bereits vorher durch Bewegung entlädt: Die Steine zerbröckeln. Bei Stärke 10 müsste ein ganzer Kontinent aufreißen. Die Energie, die zu einer Stärke von 100 gehört, wäre so groß, dass die Erdkugel zerbrechen würde. Der bisher höchste gemessene Wert von 9,5 trat 1960 bei einem Seebeben vor der Küste Chiles auf. Das Seebeben am 26.12.2004 im Indischen Ozean hatte die Stärke 9,0.

Die zehn stärksten Erdbeben seit 1900:

9,5	22.5.1960	Pazifischer Ozean vor der Küste Chiles
9,2	28.3.1964	Prince William Sund, Alaska
9,1	9.3.1957	Andreanof, Alaska
9,0	4.11.1952	Kamchatka
9,0	26.12.2004	Indischer Ozean
8,8	31.1.1906	Pazifischer Ozean
8,7	28.3.2005	Indischer Ozean
8,7	4.2.1965	Rat Islands, Alaska
8,6	15.8.1950	Assam, Tibet
8,6	16.12.1920	Ningxia-Gansu, China

Wie bestimmt man das Epizentrums des Bebens?

Vom Epizentrum breiten sich Wellen kreisförmig aus. P-Wellen besitzen die höchste Ausbreitungsgeschwindigkeit v_P, die zwischen $6\frac{km}{s}$ und $14\frac{km}{s}$ betragen kann. Sie erreichen daher als erste einen bestimmten Erdbebendetektor (daher der Name Primärwelle oder P-Welle).

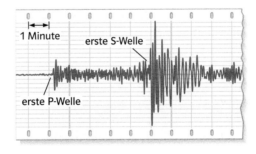

1 Minute
erste S-Welle
erste P-Welle

Das Epizentrum eines Erdbebens ist der Punkt auf der Erdoberfläche, der genau senkrecht über dem so genannten Erdbebenherd, also dem Ausgangspunkt des Bebens in der Erdkruste, liegt. Das Wort stammt vom griechischen Begriff „epíkentros", was soviel wie „über dem Mittelpunkt" bedeutet.

Die S-Wellen (Sekundärwellen) sind transversale Scherwellen, die sich mit Geschwindigkeiten v_S von $3,5\frac{km}{s}$ bis $7,4\frac{km}{s}$ ausbreiten können und daher den obigen Erdbebendetektor erst nach den P-Wellen erreichen.

Aus der Zeitspanne, die zwischen dem Eintreffen von ersten S- und ersten P-Wellen liegt, lässt sich die Entfernung zum Zentrum des Bebens bestimmen, wenn die Ausbreitungsgeschwindigkeiten der Wellen bekannt sind.
Wird diese Messung von drei verschiedenen Stationen durchgeführt, so lässt sich daraus das Epizentrum des Bebens konstruktiv bestimmen.

P-Wellen   Kompression
Dehnung

S-Wellen

_S-Wellen sind Transversalwellen.
P-Wellen sind Longitudinalwellen und erzeugen Kompression und Dehnung._

5 Zeige, dass für den Abstand x zum Epizentrum von einer Messstation der Zusammenhang $x = \dfrac{t_2 - t_1}{\frac{1}{v_S} - \frac{1}{v_P}}$ gilt (t_1: Eintreffen S-Welle; t_2: Eintreffen P-Welle).

6 Die drei Diagramme zeigen die Messung von den drei Stationen A,B und C. Bestimme durch Konstruktion die Lage des Epizentrums, wenn für die Lage gilt: $A(0|0)$, $B(2|4)$, $C(4|2)$. Rechne mit $v_P = 4\,km/s$ und $v_S = 7,5\,km/s$. Wähle $1\,cm = 500\,km$ als Maßstab.

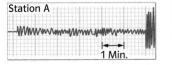

Station A
1 Min.

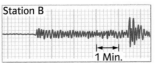

Station B
1 Min.

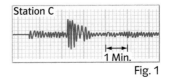

Station C
1 Min.

Fig. 1

Rückblick

Potenzen mit ganzzahligen Exponenten

Bei einer Potenz a^n nennt man a die Basis und n den Exponenten.
Für jede Zahl $(a \neq 0)$ und jede natürliche Zahl n $(n \geq 2)$ ist:

$a^n = \underbrace{a \cdot a \cdot \ldots \cdot a}_{n \text{ Faktoren}}$, $\quad a^{-n} = \frac{1}{a^n}$, $\quad a^0 = 1$, $\quad a^1 = a$, $\quad a^{-1} = \frac{1}{a^1}$

$(-5)^3 = (-5)(-5)(-5) = -125$

$5^{-3} = \frac{1}{5^3} = \frac{1}{125}$

$5^0 = 1$

$5^1 = 5$

Potenzen mit rationalen Exponenten

Für $a \geq 0$, $p, q \in \mathbb{Z}$ $(q \neq 0)$ ist: $a^{\frac{p}{q}} = \sqrt[q]{a^p} = \left(\sqrt[q]{a}\right)^p$

$8^{\frac{5}{3}} = (8^{\frac{1}{3}})^5 = 2^5 = 32$

$8^{\frac{5}{3}} = \left(\sqrt[3]{8}\right)^5$

Rechnen mit Potenzen

1. Gleiche Basis: $a^p \cdot a^q = a^{p+q}$, $\quad a^p : a^q = a^{p-q}$, $a \neq 0$

$3^5 \cdot 3^4 = 3^{5+4} = 3^9$; $\quad 2^{\frac{1}{2}} \cdot 2^{\frac{1}{3}} = 2^{\frac{1}{2}+\frac{1}{3}} = 2^{\frac{5}{6}}$

$5^{-2} : 5^6 = 5^{-2-6} = 5^{-8}$; $\quad 4^{-\frac{2}{3}} : 4^{\frac{1}{6}} = 4^{-\frac{2}{3}-\frac{1}{6}} = 4^{-\frac{5}{6}}$

2. Gleiche Exponenten: $a^p \cdot b^p = (a \cdot b)^p$, $\quad a^p : b^p = (a : b)^p$, $b \neq 0$

$4^3 \cdot 5^3 = (4 \cdot 5)^3 = 20^3$

$3^{\frac{1}{3}} \cdot 9^{\frac{1}{3}} = (3 \cdot 9)^{\frac{1}{3}} = 27^{\frac{1}{3}} = 3$

$8^3 : 2^3 = (8 : 2)^3 = 4^3$

$32^{\frac{1}{2}} : 8^{\frac{1}{2}} = (32 : 8)^{\frac{1}{2}} = 4^{\frac{1}{2}} = 2$

3. Potenzen von Potenzen: $(a^p)^q = a^{p \cdot q}$

$(4^2)^3 = 4^{2 \cdot 3} = 4^6$; $\quad (5^{\frac{1}{2}})^{\frac{2}{3}} = 5^{\frac{1}{2} \cdot \frac{2}{3}} = 5^{\frac{1}{3}}$

Potenzgleichungen

Gleichungen der Form $x^n = a$ $(n \in \mathbb{N}, n > 1)$ heißen Potenzgleichungen.

Die Gleichung hat für n gerade
keine Lösung, $\qquad$ falls $a < 0$
eine Lösung 0, $\qquad$ falls $a = 0$
zwei Lösungen $-a^{\frac{1}{n}}$, $a^{\frac{1}{n}}$, falls $a > 0$

$x^8 = -7$ hat keine Lösung,
$x^4 = 0$ hat eine Lösung: $x_1 = 0$,
$x^6 = 50$ hat zwei Lösungen:
GTR $x_1 \approx -1{,}919$ und $x_2 \approx 1{,}919$

Die Gleichung hat für n ungerade
die Lösung $-|a|^{\frac{1}{n}}$, $\qquad$ falls $a < 0$
die Lösung $a^{\frac{1}{n}}$, $\qquad$ falls $a \geq 0$

$x^3 = -8$ hat die Lösung
$x = -|-8|^{\frac{1}{3}} = -(8^{\frac{1}{3}}) = -2$
$x^5 = 32$ hat die Lösung $x = 32^{\frac{1}{5}} = 2$

Logarithmen

Der Logarithmus von b zur Basis a ist diejenige Zahl, mit der man a potenzieren muss, um b zu erhalten.
Dafür schreibt man $x = \log_a(b)$.
Der Logarithmus zur Basis 10 wird mit log bezeichnet.

Aus $2^x = 32$ folgt $x = \log_2(32) = 5$.

$\log(1000) = 3$

Exponentialgleichungen

Die Exponentialgleichung $a^x = b$ hat die Lösung
$x_1 = \log_a(b)$ bzw. $x_1 = \frac{\log(b)}{\log(a)}$.

$7^x = 3$
$x_1 = \log_7(3)$ bzw. $x_1 = \frac{\log(3)}{\log(7)}$

Training

1 Gib in wissenschaftlicher Schreibweise an.

a) 25 300 000   b) 0,000 024   c) 54 Mikrometer   d) 540 Millionen

2 Berechne.

a) $5 \cdot 10^5 + 2 \cdot 10^5$ b) $(3 \cdot 10^4) \cdot (6 \cdot 10^3)$ c) $2,5 \cdot 10^{-2} \cdot 3 \cdot 10^4$ d) $14 \cdot 10^{-8} : 7 \cdot 10^{-2}$

3 Schreibe als eine Potenz.

a) $a^4 \cdot a^5$ b) $x^6 : x^5$ c) $(2x^2 y^{-3})^3$ d) $(-x^2)^3$ e) $\dfrac{u^5 \cdot v^{-2}}{v^5 \cdot u^3}$ f) $(a^{\frac{5}{4}} : y^{-\frac{5}{8}})^{-\frac{4}{5}}$

4 Bestimme die exakte Lösung und gib dann einen Näherungswert auf drei Dezimalen an.

a) $x^4 = 25$ b) $x^3 - 12 = 7$ c) $2x^3 + 25 = x^3 + 150$

5 Zur Vorbereitung der Einladungen zu einer Klassenfete wird das Wort FETE mithilfe eines Kopiergerätes vergrößert. Die Kopie wird wieder vergrößert usw. Der Vergrößerungsfaktor ist immer derselbe. Fig. 1 zeigt das Original und die vierte Kopie. Berechne den Vergrößerungsfaktor.

Fig. 1

6 Bestimme die Lösung auf drei Dezimalen genau.

a) $3 \cdot 4^x = 192$ b) $7 \cdot 3^x + 14 = 2 \cdot 3^x + 79$ c) $4 \cdot 5^x + 120 = 5^x + 300$

1 Berechne.

a) $8 \cdot 10^7 - 2 \cdot 10^7$ b) $(5 \cdot 10^5) \cdot (4 \cdot 10^2)$ c) $5 \cdot 10^{-7} \cdot 4 \cdot 10^{-3}$ d) $(8 \cdot 10^9) : (4 \cdot 10^{-3})$

2 Schreibe als eine Potenz.

a) $3^4 \cdot 3^{-4}$ b) $\left(\dfrac{2}{3}\right)^t \cdot 6^t$ c) $4^{-\frac{2}{3}} \cdot 4^{\frac{3}{4}}$ d) $(5^{\frac{2}{5}})^{-\frac{3}{4}}$ e) $\dfrac{(3u^4 v^{-1})^2}{(9u^{-2} v^{-3})^{-1}}$

3 Gib zwei verschiedene Potenzgleichungen mit der Lösung -4 an.

4 Schreibe mit Potenzen bzw. mit Logarithmus.

a) $\log_5(125) = 3$ b) $2^{-3} = \dfrac{1}{8}$ c) $\log(10\,000) = 4$ d) $\log(a) = 5$

5 Bestimme die Lösung auf drei Dezimalen genau.

a) $1,5 \cdot 5^{-x} = 2,8$ b) $3^x - 205 = 7 \cdot 3^x - 700$

6 Die Seitenmitten eines Quadrates bilden jeweils die Eckpunkte des nächst kleineren Quadrates. Das große Quadrat hat die Seitenlänge 8 cm.

a) Gib die Seitenlänge des 10ten (des 100ten, des n-ten) Quadrates an.

b) Beim wievielten Quadrat ist die Seitenlänge zum ersten Mal kleiner als 0,002 cm?

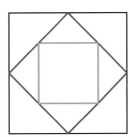

Das kannst du schon

- Mit Potenzen rechnen
- Graphen und Terme interpretieren
- Funktionen und Terme mittels Tabelle, Graph oder mit Worten beschreiben

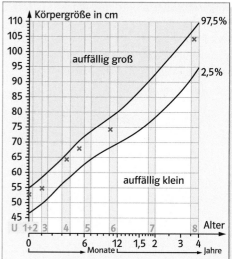

Somatogramm

Bakterienwachstum in einer Petrischale

Zahl und Maß

Daten und Zufall

Beziehung und Änderung

Modell und Simulation

Muster und Struktur

Form und Raum

Wie viel mehr, wie viel weniger?

Das einzig Bleibende im Leben
ist die Veränderung.

Laotse

Das kannst du bald

- Absolute und prozentuale Änderungen unterscheiden
- Exponentielles Wachstum verstehen
- Beschränktes Wachstum verstehen
- Wachstum rekursiv oder explizit beschreiben
- Wachstum modellieren

1 Zunahme und Abnahme bei Wachstum

Preis der Feinunze in €

Frankfurt. Das Jahr 2005 war ein gutes Börsenjahr: Fast alle Aktienwerte sind deutlich gestiegen, ebenso die Preise für Edelmetalle. Wer am Jahresanfang Silber oder Gold besaß, durfte sich am Jahresende über einen schönen Wertzuwachs freuen, wobei die Besitzer von Silber im Vergleich zu den Goldbesitzern noch größere Gewinne gemacht haben.

*Der **Bestand** ist die Größe, die sich im Lauf der Zeit ändert. Mit Bestand kann also gemeint sein: Einwohnerzahl, Körpergewicht, Ausgaben ...*

Der Wert vieler Größen verändert sich mit der Zeit, z.B. die Einwohnerzahl einer Stadt oder das Körpergewicht eines Menschen. Solche Veränderungsprozesse fasst man in der Mathematik unter dem Begriff **Wachstum** zusammen, unabhängig davon, ob der Bestand zu- oder abnimmt.

Nach der Einnahme von Alkohol kann man diesen im Blut nachweisen. In einem Experiment wird die im Blut befindliche Alkoholmenge in gleichen Zeitschritten nach der Einnahme gemessen. Die Tabelle (Fig. 1) und der Graph (Fig. 2) zeigen Messwerte für einen durchschnittlichen Erwachsenen nach dem Konsum von 50 g Alkohol (z.B. 1 Liter Bier).

Hier ist mit Bestand die Alkoholmenge gemeint. $B(3) = 4,5$ bedeutet: Nach drei Stunden befinden sich 4,5 g Alkohol im Blut.
Bei einem Erwachsenen (5 Liter Blut) sind das 0,9 g pro Liter Blut. Man würde einen Alkoholgehalt von 0,9 Promille messen.

Zeit t nach Einnahme in h	Alkoholmenge B(t) in g
0	0
1	3,5
2	5,0
3	4,5
4	3,75
5	3,0
6	2,25

Fig. 1

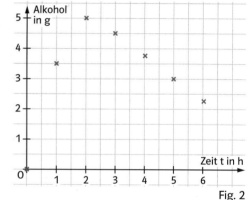

Fig. 2

Um zu beschreiben, wie schnell sich der Alkoholgehalt im Lauf der Zeit ändert, vergleicht man die Änderung zwischen zwei Zeitpunkten. Dabei kann man unterschiedlich vorgehen.

Erste Möglichkeit: Man betrachtet die **absolute Änderung** in einem Zeitschritt. Dazu berechnet man die Differenz aufeinander folgender Werte.
Absolute Änderung von der 1. zur 2. Stunde:
$B(2) - B(1) = 5,0 - 3,5 = 1,5$.
Die Alkoholmenge im Blut nimmt von der 1. zur 2. Stunde um 1,5 g zu.
Absolute Änderung von der 2. zur 3. Stunde:
$B(3) - B(2) = 4,5 - 5,0 = -0,5$.
Die Alkoholmenge im Blut nimmt von der 2. zur 3. Stunde um 0,5 g ab.

Zweite Möglichkeit: Man betrachtet die **relative** oder **prozentuale Änderung** in einem Zeitschritt.
Relative Änderung von der 1. zur 2. Stunde:
$\frac{B(2) - B(1)}{B(1)} = \frac{1,5}{3,5} \approx 0,43 = 43\%$.
Die Alkoholmenge im Blut nimmt von der 1. zur 2. Stunde um 43% zu.
Relative Änderung von der 2. zur 3. Stunde:
$\frac{B(3) - B(2)}{B(2)} = \frac{-0,5}{5} = -0,1 = -10\%$.
Die Alkoholmenge im Blut nimmt von der 2. zur 3. Stunde um 10% ab.

Bei einem **Wachstum** kann man die Änderung des Bestandes im Zeitschritt zwischen den Zeitpunkten n und n + 1 (n = 0, 1, 2 ...) auf verschiedene Weise beschreiben:
1. Man gibt die **absolute Änderung** an. Dazu berechnet man die Differenz B(n + 1) − B(n) aufeinander folgender Werte.
2. Man gibt die **relative** oder **prozentuale Änderung p** an. Diese kann man mithilfe des Quotienten $\frac{B(n+1)-B(n)}{B(n)} = p$ ermitteln.

p kann man auf verschiedene Weise schreiben, z.B.
$p = 45\% = \frac{45}{100} = 0,45.$

Untersuchungen haben gezeigt, dass die prozentuale Änderung der Alkoholmenge von der 1. zur 2. Stunde angenähert weiter gilt. Man kann somit eine Voraussage für B(2) treffen, wenn B(1) bekannt ist: $B(2) = B(1) + \frac{43}{100} \cdot B(1) = \left(1 + \frac{43}{100}\right) \cdot B(1) = 1,43 \cdot B(1).$
Allgemein gilt: Beträgt beim Zeitschritt von n nach n + 1 die prozentuale Änderung p, dann kann man B(n + 1) durch eine Multiplikation aus B(n) erhalten:
$\quad B(n + 1) = (1 + p) \cdot B(n).$

Beispiel
Die öffentlichen Ausgaben in Deutschland für die Jahre 2002, 2003 und 2004 betrugen 993 Milliarden €, 1001 Milliarden € und 990 Milliarden €.
a) Gib jeweils die jährliche absolute und prozentuale Änderung an.
b) Die prozentuale Änderung von 2004 nach 2005 beträgt 0,6%. Bestimme die Höhe der Ausgaben für 2005.
Lösung:
a)

	Von 2002 nach 2003	Von 2003 nach 2004
Absolute Änderung	8 Milliarden €	−11 Milliarden €
Relative Änderung	$\frac{8}{993} \approx 0,0081$; prozentuale Zunahme etwa 0,81%	$\frac{-11}{1001} \approx -0,011$; prozentuale Abnahme etwa 1,1%

b) $990 \cdot 1,006 \approx 996$
Ausgaben in 2005: 996 Milliarden

Der prozentualen Zunahme von 0,6% entspricht eine Multiplikation mit dem Faktor 1,006.

Aufgaben

1 Aus dem Wirtschaftsteil einer Zeitung:

A Der Umsatz des Unternehmens hat sich im letzten Jahr von 3,2 Millionen € auf 3,45 Millionen € erhöht.

B Der Gewinn der Firma betrug im letzten Jahr 560 000 € und hat sich in diesem Jahr um 7,8% verringert.

C Im abgelaufenen Jahr wurden 45 600 Geräte verkauft. Das war gegenüber dem vorausgegangenen Jahr eine Steigerung von 6500. Auch im kommenden Jahr sollen wieder 6500 Geräte mehr verkauft werden.

D In diesem Jahr konnte die Verschuldung um 8% auf 62 000 € gedrückt werden. Auch im kommenden Jahr ist eine Verringerung der Schulden um 8% geplant.

a) Bestimme die absolute und die prozentuale Änderung bei A.
b) Wie groß ist der Gewinn bei B in diesem Jahr?
c) Bestimme die prozentualen Änderungen zu C beim abgelaufenen bzw. kommenden Jahr.
d) Bestimme zu D die absoluten Änderungen beim abgelaufenen bzw. kommenden Jahr.

2 In Fig. 1 ist ein Wachstumsvorgang in Zeitschritten von 1h graphisch dargestellt.
a) Bestimme die absolute und die prozentuale Änderung für jeden Zeitschritt.
b) Ist der Zeitschritt mit der größten absoluten Zunahme auch derjenige mit der größten prozentualen Zunahme? Begründe.
c) Die prozentuale Änderung von der 5. zur 6. Stunde beträgt –20%. Wie groß ist B(6)?

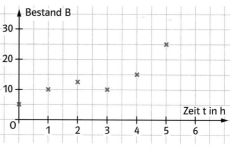

Fig. 1

3 a) Für einen Bestand gilt B(1) = 1,6. Er nimmt von t = 1 nach t = 2 um 12% zu. Berechne B(2).
b) Für einen Bestand gilt B(8) = 34. Er nimmt von t = 8 nach t = 9 um 4,3% ab. Berechne B(9).
c) Ein Bestand nahm von t = 4 nach t = 5 um 7,5% auf B(5) = 12,8 zu. Berechne B(4).

Bist du sicher?

1 Die Tabelle zeigt die Entwicklung eines Bestandes. Bestimme für jeden Zeitschritt die absolute und die prozentuale Änderung.

n	0	1	2	3	4
B(n)	80	76	80	100	80

2 Für einen Wachstumsvorgang gilt B(8) = 2500. Bestimme B(9), wenn für den Zeitschritt von n = 8 zu n = 9 gilt:
a) Die prozentuale Änderung ist –25%.
b) Die prozentuale Zunahme ist 0,3%.
c) Die absolute Änderung ist 8.
d) Die relative Änderung ist 100%.

4 Die Grafik in Fig. 2 zeigt die Entwicklung der Zahl der DSL-Anschlüsse in Deutschland.
a) In welchem Zeitschritt ist die absolute Änderung am größten, in welchem die relative Änderung?
b) Beschreibe in Worten, wie es vorkommen kann, dass der Zeitschritt mit der größten absoluten Änderung nicht mit dem Zeitschritt mit der größten relativen Änderung übereinstimmt.

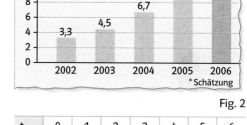

Fig. 2

5 Auf dem Meer verursachen die Gezeiten einen Wechsel von Niedrigwasser zu Hochwasser in etwa 6 Stunden. Die Tabelle zeigt den Pegelstand h (in m) für Helgoland für die Zeit t (in h) nach Niedrigwasser.

t	0	1	2	3	4	5	6
h(t)	0,4	0,5	0,85	1,45	1,9	2,2	2,4

Zwischen t = 6 und t = 12 sinkt die Wasserhöhe entsprechend wieder auf 0,4 m.
a) Stelle die Entwicklung der Wasserhöhe von t = 0 bis t = 12 grafisch dar.
b) Bestimme die Wasserhöhe für t = 22 und die absolute Änderung von t = 22 zu t = 23.
c) Die Differenz der Pegelstände von Niedrigwasser und Hochwasser bezeichnet man als Tidenhub. Berechne für t = 0 bis t = 6 die prozentuale Änderung des Wasserstands in Bezug auf den Tidenhub.

2 Lineares und exponentielles Wachstum

Herr Müller schaut jeden Morgen nach den wertvollen Goldfischen in seinem Teich.
An einem Samstag stellt er fest, dass 1 m² des 64 m² großen Teichs mit Algen bedeckt ist. Schon einen Tag darauf sind es 2 m². Da für die Fische eine algenfreie Oberfläche überlebenswichtig ist, nimmt er sich für den nächsten Samstag eine Reinigung vor.

In einem Wildtierpark hat man in drei aufeinanderfolgenden Jahren den Bestand einer Antilopenart gezählt: 1. Jahr: 30 000; 2. Jahr: 33 000; 3. Jahr: 36 100.
Die Verwaltung des Tierparks versucht eine Prognose über die weitere Entwicklung der Antilopenzahl. Dabei kann man zu verschiedenen Aussagen kommen.

1. Prognose:
Man vermutet als Ursache des Anstiegs eine gleichbleibende Zuwanderung aus umliegenden Gebieten.
Die Prognose lautet:
Die Zahl der Antilopen wird jährlich um ca. 3000 zunehmen.

2. Prognose:
Man vermutet als Ursache die Abnahme der Anzahl von Raubtieren, sodass immer mehr Antilopen Junge aufziehen können.
Die Prognose lautet:
Die Zahl der Antilopen wird jährlich um ca. 10% zunehmen.

Prognose (gr.-lat.):
Vorhersage einer zukünftigen Entwicklung auf Grund kritischer Beurteilung des Gegenwärtigen

Die Tabellen zeigen die mögliche Entwicklung der Antilopenzahl. Dabei bezeichnet $B(n)$ die Zahl der Antilopen n Jahre nach der ersten Zählung.

Jahr n	0	1	2	3	...	10
B(n) in Tsd.	30	33	36	39	...	60

+3000 +3000 +3000

Jahr n	0	1	2	3	...	10
B(n) in Tsd.	30	33	36,3	39,9	...	77,8

·1,1 ·1,1 ·1,1

Diese verschiedenen Wachstumsformen nennt man **lineares Wachstum** (Prognose 1) und **exponentielles Wachstum** (Prognose 2).
In beiden Fällen kann man den Bestand $B(n + 1)$ berechnen, wenn man $B(n)$ kennt.
1. Prognose: $B(n + 1) = B(n) + 3000$.   2. Prognose: $B(n + 1) = B(n) \cdot 1{,}1$.
Diese rechnerische Darstellung nennt man **rekursive Darstellung** eines Wachstums.

rekursiv (lat.): zurückgehend

Man kann die Antilopenzahlen z.B. für das 10. Jahr auch direkt berechnen:
1. Prognose:
$B(\mathbf{10}) = 30\,000 + \mathbf{10} \cdot 3000 = 60\,000$.
2. Prognose: $B(\mathbf{10}) = 30\,000 \cdot \underbrace{1{,}1 \cdot 1{,}1 \ldots \cdot 1{,}1}_{\text{10-mal}}$

$B(\mathbf{10}) = 30\,000 \cdot 1{,}1^{10} \approx 77\,800$.
Diese rechnerische Darstellung nennt man **explizite Darstellung** eines Wachstums.

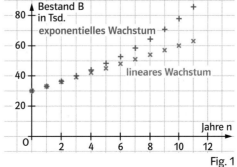

Fig. 1

Bei der graphischen Darstellung von linearem Wachstum liegen die Punkte auf einer Geraden. Deshalb heißt es „lineares" Wachstum.

explizit (lat.): unmittelbar

Bei dem exponentiellen Wachstum der Prognose 2 gilt:
$p = 0,1 = \frac{10}{100} = 10\%$
und $k = 1 + p = 1,1.$

Wie erkennt man, ob es sich um ein lineares oder um exponentielles Wachstum handelt? Lineares Wachstum liegt vor, wenn der Wert der Differenz $B(n + 1) - B(n)$ konstant ist. Exponentielles Wachstum kann man an einem der folgenden Kriterien erkennen:
1. Zu jedem Zeitschritt gehört dieselbe prozentuale Änderung p.
2. Für jeden Zeitschritt gilt: $B(n + 1) = k \cdot B(n)$ mit $k = 1 + p$. k heißt **Wachstumsfaktor**.
3. Für jeden Zeitschritt gilt: $B(n + 1) - B(n) = p \cdot B(n)$; d.h., die absolute Änderung ist proportional zum Bestand.
4. Für die Quotienten aufeinanderfolgender Bestandszahlen gilt: $\frac{B(n+1)}{B(n)} = k$; k ist konstant.

Lineares Wachstum liegt vor, wenn für jeden Zeitschritt die absolute Änderung d dieselbe ist:

$$B(n + 1) - B(n) = d.$$

Exponentielles Wachstum liegt vor, wenn für jeden Zeitschritt die prozentuale Änderung p dieselbe ist:

$$\frac{B(n+1)}{B(n)} = 1 + p = k; \text{ k heißt Wachstumsfaktor.}$$

Den Bestand kann man in beiden Fällen schrittweise oder direkt berechnen.

Schrittweise: $B(n + 1) = B(n) + d.$

Direkt: $B(n) = B(0) + d \cdot n.$

Schrittweise: $B(n + 1) = k \cdot B(n).$

Direkt: $B(n) = B(0) \cdot k^n.$

Beispiel 1 Unterscheidung von linearem und exponentiellem Wachstum
Untersuche für beide Tabellen, ob lineares oder exponentielles Wachstum vorliegt und begründe deine Entscheidung. Berechne jeweils $B(14)$.

I

n	0	1	2	3	4	5
B(n)	9,4	8,2	7,0	5,8	4,6	3,4

II

n	0	1	2	3	4
B(n)	1,6	2,0	2,5	3,125	3,906

Lösung:
In Tabelle I ist die Differenz aufeinanderfolgender Bestandszahlen immer dieselbe: $d = -1,2$. Es handelt sich um lineares Wachstum (lineare Abnahme).
Für $B(14)$ gilt:
$B(14) = 9,4 + 14 \cdot (-1,2) = -7,4.$

In Tabelle II ist der Quotient k aufeinanderfolgender Bestandszahlen immer derselbe: $k = 1,25$. Es handelt sich um exponentielles Wachstum (exponentielle Zunahme).
Für $B(14)$ gilt:
$B(14) = 1,6 \cdot 1,25^{14} \approx 36,38.$

Beispiel 2 Exponentielle Abnahme
In einem Testbericht steht: „Das Auto kostet neu 24 800 €. Es ist mit einer Wertminderung von jährlich 18 % des jeweiligen Restwerts zu rechnen."
a) Stelle die Entwicklung des Fahrzeugwertes für die ersten 5 Jahre in einer Tabelle zusammen.
b) Berechne den Wert nach 10 Jahren.
Lösung:
a) In jedem Jahr ist die prozentuale Änderung $p = -0,18$ gleich. Es handelt sich um exponentielles Wachstum. Der Wachstumsfaktor ist $k = 1 - 0,18 = 0,82$.
Es gilt: $B(1) = 0,82 \cdot 24\,800 = 20\,336$; $B(2) = 0,82 \cdot 20\,336 \approx 16\,676$ usw.

Jahr	0	1	2	3	4	5
Wert in €	24 800	20 336	16 676	13 674	11 213	9 194

Mit dem GTR kann man Aufgabe a so bearbeiten:

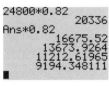

```
24800*0.82
          20336
Ans*0.82
        16675.52
        13673.9264
        11212.61965
        9194.348111
```

Nach der dritten Zeile wiederholt [ENTER] *drücken.*

b) Für den Fahrzeugwert nach 10 Jahren gilt: $B(10) = 24\,800 \cdot 0,82^{10} \approx 3409$.
Nach 10 Jahren beträgt der Wert noch 3409 €.

Aufgaben

1 Handelt es sich um lineares oder um exponentielles Wachstum? Berechne B(20).

a)

n	0	1	2	3	4	5
B(n)	1	3	5	7	9	11

b)

n	0	1	2	3	4	5
B(n)	1	2	4	8	16	32

c)

n	0	1	2	3	4	5
B(n)	2	3,6	6,48	11,66	21,00	37,79

d)

n	0	1	2	3	4	5
B(n)	10	8	6,4	5,12	4,10	3,28

2 Untersuche, ob es sich bei den graphisch dargestellten Wachstumsprozessen um lineares oder um exponentielles Wachstum oder um keines von beidem handelt. Bestimme B(5).

	n = 0	n = 1	n = 2	n = 3
a) B(n) ist die Anzahl der Streichhölzer.				
b) B(n) ist die Anzahl der Würfelchen.				

3 Ein Bestand mit dem Anfangswert B(0) = 5000 nimmt monatlich um 4% ab.
a) Stelle die Entwicklung des Bestandes in den ersten 12 Monaten in einer Tabelle dar.
b) Wie groß ist von n = 0 zu n = 1 und von n = 20 zu n = 21 jeweils die prozentuale und die absolute Änderung des Bestandes?

4 Handelt es sich um lineares oder um exponentielles Wachstum? Berechne B(1) bis B(6) und B(12). Erläutere, was B(12) im gegebenen Zusammenhang bedeutet.
a) Der Umsatz im Januar betrug B(1) = 100 000 €. Er erhöht sich monatlich um 3000 €.
b) Babys wiegen bei der Geburt durchschnittlich 3200 g. Sie nehmen wöchentlich um 4% zu.
c) Die Schulden einer Firma betragen zurzeit 1 Million Euro. Es ist beabsichtigt, die Schulden von Jahr zu Jahr zu halbieren.

5 Ein exponentielles Wachstum hat den Anfangsbestand B(0) = 200. Bestimme B(6), wenn
a) der Wachstumsfaktor 1,2 ist,
b) die prozentuale Zunahme 25% ist,
c) die prozentuale Abnahme 15% beträgt,
d) der Wachstumsfaktor 0,92 beträgt.

Bist du sicher?

1 Untersuche, ob lineares oder exponentielles Wachstum vorliegt. Berechne B(9).

a)

n	0	1	2	3	4
B(n)	33,00	29,70	26,73	24,06	21,65

b)

n	0	1	2	3	4
B(n)	5,03	4,88	4,73	4,58	4,43

2 Eine Wohnung kostet 120 000 €. Stelle in einer Tabelle die Wertentwicklung für die nächsten 6 Jahre zusammen und berechne den Wert in 20 Jahren unter der Annahme:
a) Der Wert sinkt jährlich um 2400 €.
b) Der Wert sinkt jährlich um 1,5%.

Mit dem GTR kann man sich bei einem Wachstum schnell einen Überblick über die Bestandszahlen verschaffen.

Für einige Taschenrechner sind unter www.klett.de Bedienungshilfen zu finden.

Darstellung von Wachstum mit dem GTR

Exponentielles und lineares Wachstum kann man mithilfe einer Wertetabelle und eines Graphen veranschaulichen.
Beispiel: $B(n) = 200 \cdot 1{,}07^n$ und $B(n) = 200 + 7 \cdot n$

1. Eingabe der Formeln

2. Darstellung als Wertetabelle

3. Darstellung als Graph

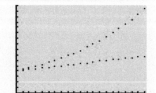

6 Eine Wohnung kostet neu 150 000 €. Vergleiche den Wert der Wohnung in 15 Jahren unter den folgenden verschiedenen Annahmen.
a) Der Wert steigt jährlich um 2 %.   b) Der Wert nimmt jährlich um 2 % ab.
c) Der Wert steigt jährlich um 4000 €.   d) Der Wert nimmt jährlich um 0,5 % ab.

7 Eine Firma verkauft zur Zeit monatlich 2400 Stück eines Artikels. Prüfe nach, ob die folgenden Behauptungen richtig sind.
a) Wenn die Verkaufszahlen monatlich um 1,5 % steigen, werden wir auf Dauer mehr verkaufen als bei einer monatlichen Zunahme um 40 Stück.
b) Bei einer monatlichen Zunahme um 1 % werden die Verkaufszahlen nie das Doppelte des heutigen Absatzes erreichen.
c) Wenn die Verkaufszahlen monatlich um 5 % abnehmen, werden wir in 20 Monaten gar nichts mehr verkaufen.

8 Von einem Wachstumsvorgang sind die Bestandszahlen $B(1) = 55$ und $B(2) = 60{,}5$ bekannt (siehe Fig. 1). Vervollständige für $n = 0, 3, 4, \ldots, 10$ den Graphen aus Fig. 1 in deinem Heft, wenn
a) das Wachstum linear ist.
b) das Wachstum exponentiell ist.

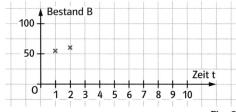

Fig. 2

9 Der Luftdruck nimmt mit zunehmender Höhe ab, und zwar alle 100 m um etwa 1,3 %. Auf Meereshöhe beträgt er 1000 hPa (Hektopascal).
a) Stelle in einer Tabelle wie in Fig. 1 Werte für den Luftdruck zusammen.
b) Stimmt die Faustregel, nach der sich der Luftdruck etwa alle 5000 m halbiert?
c) Wegen der Gefahr der Höhenkrankheit soll man am ersten Tag einer Bergtour nicht höher als 2400 m über Meereshöhe steigen. Welchem Luftdruckunterschied entspricht das?
d) Wie viel Prozent des Luftdrucks auf Meereshöhe beträgt der Luftdruck auf dem Mount Everest (rund 8900 m)?

10 Im Jahre 1626 verkauften die Indianer die Insel Manhattan (inmitten des heutigen New York) für 24 Dollar an einen Siedler namens Peter Minuit. Welchen Wert hätte dieser Betrag heute, wenn das Geld seit dieser Zeit bis heute zu einem gleichbleibenden Jahreszinssatz von 5 % angelegt worden wäre?

300 m	962 hPa
200 m	974 hPa
100 m	987 hPa
0 m	1000 hPa

Fig. 1

Die Höhenkrankheit wird durch eine zu schnelle Abnahme des Luftdrucks verursacht. Zur Vorbeugung soll man am ersten Tag einer Bergtour höchstens bis 2400 m aufsteigen, dort einen Ruhetag einlegen und dann maximal 600 m am Tag weitersteigen.

3 Rechnen mit exponentiellem Wachstum

Mit Zins und Zinseszins können Sie sich Ihren Traum erfüllen.

Sie legen ihr Kapital auf ein Sparkonto. Dann warten Sie. Und dann:

Bisher wurde beschrieben, wie man lineares und exponentielles Wachstum erkennt und unterscheidet. Jetzt wird am Beispiel eines Sparvertrags dargestellt, welche rechnerischen Verfahren bei Fragestellungen zum exponentiellen Wachstum benötigt werden.

Ein Bankberater erläutert die Funktionsweise eines Sparvertrags:
„Bei einem Sparvertrag spielen vier Größen zusammen: Das Anfangskapital $B(0)$, der Jahreszinssatz p, die Anzahl der Sparjahre n und das nach n Jahren angesparte Guthaben $B(n)$. Da es sich um exponentielles Wachstum handelt, sind die genannten Größen durch die folgende Formel verbunden: $\mathbf{B(n) = B(0) \cdot (1 + p)^n}$.
Abhängig von der Situation des Kunden ergeben sich verschiedene Fragestellungen."

Fragen von verschiedenen Kunden:		
Herr Schatz möchte 1000 € zu 5,2 % für 8 Jahre anlegen. Wie groß ist das Guthaben nach 8 Jahren?	Gegeben: $B(0) = 1000$; $p = 5,2\%$; $n = 8$. Gesucht: $B(8)$. $B(8) = 1000 \cdot 1,052^8 \approx 1500,12$. Das Guthaben beträgt 1500,12 €.	*B(n) gesucht*
Frau Lienen möchte 5000 € anlegen und so lange sparen, bis das Guthaben mindestens 10 000 € beträgt. Wie lange dauert das bei einem Zinssatz von 4,8 %?	Gegeben: $B(0) = 5000$; $B(n) = 10\,000$; $p = 4,8\%$. Gesucht: n. $10\,000 = 5000 \cdot 1,048^n \qquad \vert :5000$ $2 = 1,048^n$ $n = \frac{\log(2)}{\log(1,048)} \approx 14,78$. Es dauert 15 Jahre.	*n gesucht* *Diese Aufgabe kann man auch mit dem GTR lösen, indem man die Wertetabelle benützt.*
Frau Luft möchte in 25 Jahren 10 000 € angespart haben. Wie viel Geld muss sie dazu bei einem Zinssatz von 4,5 % anlegen?	Gegeben: $n = 25$; $B(n) = 10\,000$; $p = 4,5\%$. Gesucht: $B(0)$. $10\,000 = B(0) \cdot 1,045^{25} \qquad \vert :1,045^{25}$ $B(0) \approx 3327,31$. Sie muss 3327,31 € anlegen.	*B(0) gesucht*
Herr Reich möchte 3000 € anlegen und dieses Kapital in 12 Jahren verdoppeln. Wie hoch muss dazu der Jahreszinssatz mindestens sein?	Gegeben: $B(0) = 3000$; $B(n) = 6000$; $n = 12$. Gesucht: p. $6000 = 3000 \cdot (1 + p)^{12} \qquad \vert :3000$ $2 = (1 + p)^{12} \qquad \vert \text{mit } \frac{1}{12} \text{ potenzieren}$ $2^{\frac{1}{12}} = (1 + p) \qquad \vert -1$ $p = 2^{\frac{1}{12}} - 1 \approx 0,059\,46$. Der Zinssatz muss mindestens 6 % betragen.	*p gesucht*

Beispiel Eigenschaften von exponentiellem Wachstum untersuchen und begründen
Für die Produktionsmaschinen eines Betriebes geht man von einem jährlichen Wertverlust von 3,5 % aus. Begründe, dass der Wert der Maschinen, unabhängig von ihrem Kaufpreis, in demselben Zeitraum auf die Hälfte sinkt.
Lösung:
Es handelt sich um exponentielles Wachstum (exponentielle Abnahme).
Gegeben: $p = -3,5\%$. Der Wachstumsfaktor ist $k = 1 + p = 1 + (-0,035) = 0,965$.
Gesucht: n mit $B(n) = 0,5 \cdot B(0)$.
Es gilt: $0,5 \cdot B(0) = B(0) \cdot 0,965^n$ $| : B(0)$
$\qquad\qquad 0,5 = 0,965^n$ *Diese Gleichung enthält B(0) nicht mehr.*
$\qquad\qquad n = \frac{\log(0,5)}{\log(0,965)} \approx 19,4$.

Im Ergebnis für n kommt der Anfangswert $B(0)$ nicht vor. Deshalb beträgt die Zeit, in welcher der Wert einer Maschine auf die Hälfte sinkt, unabhängig vom Anfangswert ca. 19 Jahre.

Aufgaben

1 Bestimme die fehlende Größe des Sparvertrags.

Anfangskapital	300 €	20 000 €		5000 €		1000 €
Jahreszinssatz	4,2 %		5,9 %	4,4 %	4,2 %	4,2 %
Laufzeit	12 Jahre	18 Jahre	8 Jahre	10 Jahre	50 Jahre	
Endguthaben		40 000 €	2000 €		50 000 €	50 000 €

2 Bei der Geburt von Lea hat ihre Oma auf einem Sparbuch 100 € zu 2,8 % angelegt.
a) Wie viel Geld befindet sich an Leas achtzehnten Geburtstag auf dem Sparbuch?
b) An ihrem achtzehnten Geburtstag beschließt Lea, das Guthaben so lange auf dem Sparbuch zu lassen, bis sich der ursprüngliche Betrag verdoppelt hat. Wie lange muss sie noch warten?

3 a) Herr Ruf will mit einem Anlagekapital von 4000 € in zehn Jahren insgesamt 6000 € auf dem Sparbuch haben. Wie hoch muss der Zinssatz mindestens sein?
b) Eine Bank wirbt mit einem Zinssatz von 3,6 %. Wie viel Geld muss man anlegen, damit in zwölf Jahren ein Guthaben von 20 000 € angespart wird?

4 In Glücktal geht man davon aus, dass der Wert einer Wohnung jährlich um 1,5 % zunimmt.
a) Nach wie vielen Jahren ist eine für 80 000 € gekaufte Wohnung 90 000 € wert?
b) Wie viel sollte eine Wohnung kosten, damit ihr Wert in 15 Jahren 120 000 € beträgt?
c) Wie groß müsste die jährliche Wertsteigerung sein, damit der Wert einer Wohnung in 16 Jahren von 60 000 € auf 80 000 € steigt?

5 Begründe die Aussage.
a) Bei einem Zinssatz von 6 % verdoppelt sich jedes Anfangskapital innerhalb von 12 Jahren.
b) Bei einem Zinssatz von 4,3 % steigt jedes Anfangskapital innerhalb von 10 Jahren auf das Anderthalbfache.
c) Bei einer jährlichen Abnahme von 2,5 % dauert es mehr als 27 Jahre, bis sich ein Bestand halbiert hat.

1 Lohstadt hat im Jahr 2006 rund 40 000 Einwohner. Man geht zukünftig von einem Bevölkerungsrückgang von jährlich 1,4 % aus.
a) Wie viele Einwohner hat Lohstadt demnach in zehn Jahren?
b) In welchem Jahr wird die Einwohnerzahl zum ersten Mal nur noch 80 % von der des Jahres 2006 betragen?
c) Wie groß dürfte die prozentuale Abnahme höchstens sein, wenn nach zehn Jahren noch mindestens 30 000 Einwohner in der Stadt leben sollen?
d) Pellberg rechnet mit dem gleichen prozentualen Bevölkerungsrückgang wie Lohstadt und kommt damit im Jahr 2016 auf eine Einwohnerzahl von 40 000. Wie viele Einwohner hatte Pellberg im Jahr 2006?

2 Zwei verschieden große Bakterienkulturen wachsen beide täglich um 8 %. Begründe, dass es in beiden Fällen gleich lang dauert, bis sich der Bestand jeweils verdoppelt hat.

6 Bei Versuchen mit einem Gummiball wird festgestellt, dass nach jeweils sechsmaligem Aufspringen die Höhe nur noch 10 % der Anfangshöhe beträgt. Es wird angenommen, dass sich die Höhe bei jedem Aufspringen um den gleichen Prozentsatz vermindert. Wie hoch ist dieser?

7 a) Bei einem Zinssatz von 6 % verdoppelt sich ein Kapital innerhalb von zwölf Jahren (siehe die farbig unterlegte Spalte in Fig. 2). Vervollständige entsprechend die Tabelle in deinem Heft.

Zinssatz	1%	2%	3%	4%	5%	6%	7%	8%				
Verdoppelungszeit						12 J.				1 J.	2 J.	10 J.	100 J.

Fig. 2

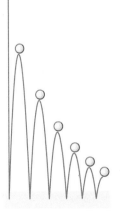
Fig. 1

b) Überprüfe anhand der Tabelle aus Teilaufgabe a folgende Faustregel: Prozentzahl des Zinssatzes mal Verdoppelungszeit ergibt etwa 70. Bei welchen Zinssätzen stimmt diese Faustregel, bei welchen nicht?

Kannst du das noch?

8 Das Glücksrad in Fig. 3 wird zweimal gedreht.
Wie groß ist die Wahrscheinlichkeit,
a) dass zweimal die „8" kommt,
b) dass zuerst die „1" und dann die „7" kommt,
c) dass die „1" und die „7" kommen?

Fig. 3

9 Eva zieht aus dem Behälter in Fig. 4 zufällig drei Kugeln und legt sie in der gezogenen Reihenfolge hintereinander.
a) Zeichne ein Baumdiagramm für alle möglichen Ergebnisse.
b) Mit welcher Wahrscheinlichkeit legt Eva das Wort „EVA"?

Fig. 4

4 Beschränktes Wachstum

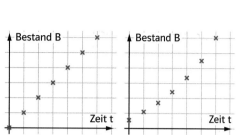

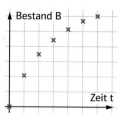

Vieles wächst, aber nicht alles wächst gleich: Guthaben, ein Baum, Anzahl der Internetanschlüsse, geförderte Ölmenge aus einer Ölquelle …

Bisher wurden zwei Wachstumsprozesse unterschieden: Bei linearem Wachstum ist die absolute Änderung immer dieselbe, bei exponentiellem Wachstum ist die absolute Änderung proportional zum Bestand. Der folgende Wachstumsprozess unterliegt einer anderen Gesetzmäßigkeit.

Ein Unternehmen hat das Nachfolgemodell einer Werkzeugmaschine entwickelt. Zu Planungszwecken wird eine Prognose über die erwarteten Verkaufszahlen erstellt. Erfahrungsgemäß sind die Verkaufszahlen im ersten Jahr am größten und werden dann immer kleiner.

*Die Zahl der noch möglichen Verkäufe nennt man auch **Sättigungsmanko**.*

Das Unternehmen geht für die Prognose von folgenden Grundannahmen aus:
1) Es werden maximal 100 000 Maschinen verkauft.
2) In jedem Jahr werden 20% der noch möglichen Verkäufe getätigt.

Die mathematische Beschreibung dieser Grundannahmen sieht so aus:
1) Das Wachstum hat eine **Schranke S**. Es gilt: $S = 100\,000$.
2) Wenn bis zum n-ten Jahr $B(n)$ Maschinen verkauft sind, dann gilt:
Die absolute Änderung von $B(n)$ im $(n + 1)$-ten Jahr beträgt: $0,2 \cdot (100\,000 - B(n))$.

Man kann nun die Anzahl $B(n)$ der bis zum Jahr n insgesamt verkauften Maschinen schrittweise berechnen. Der Graph zeigt die Entwicklung der Verkaufszahlen.

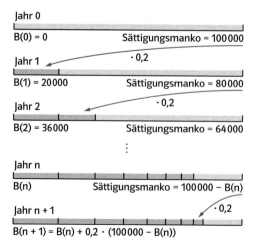

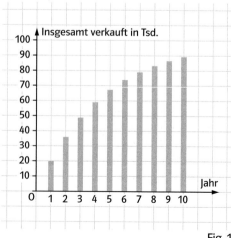

Fig. 1

Beschränktes Wachstum mit der Schranke S liegt vor, wenn die absolute Änderung für einen Zeitschritt **proportional zur Differenz S – B(n)** ist.

Bei einem beschränkten Wachstum mit der Schranke S und dem Proportionalitätsfaktor c kann man B(n + 1) aus B(n) schrittweise von B(0) ausgehend berechnen:
$B(n + 1) = B(n) + c \cdot (S - B(n))$.

Je größer c ist, desto schneller nähert sich B(n) der Schranke S.

Beispiel 1 Beschränktes Wachstum schrittweise berechnen
Für ein beschränktes Wachstum gilt die rekursive Darstellung:
$B(0) = 100$ und $B(n + 1) = B(n) + 0{,}15 \cdot (800 - B(n))$.
a) Berechne den Bestand B(n) für $0 \le n \le 3$.
b) Bestimme B(20) mit dem GTR und veranschauliche das Wachstum grafisch.
Lösung:
a) $B(1) = B(0) + 0{,}15 \cdot (800 - B(0)) = 100 + 0{,}15 \cdot (800 - 100) = 205$.
$B(2) = B(1) + 0{,}15 \cdot (800 - B(1)) = 205 + 0{,}15 \cdot (800 - 205) \approx 294$.
$B(3) = B(2) + 0{,}15 \cdot (800 - B(2)) = 294 + 0{,}15 \cdot (800 - 294) \approx 370$.
b) *Vor der Eingabe der Formel muss die Rekursionsformel zuerst umgeschrieben werden:*
Statt $B(n + 1) = B(n) + 0{,}15 \cdot [800 - (B(n)]$ schreibt man
$B(n) = B(n - 1) + 0{,}15 \cdot [800 - (B(n - 1)]$.

Es hängt vom verwendeten GTR ab, ob man die Rekursionsformel umschreiben muss.

1. Eingabe der Formel   2. Wertetabelle   3. Graph

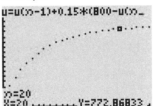

Es ist $B(20) \approx 773$.

Beispiel 2 Proportionalitätsfaktor bestimmen
Ein Glas Wasser mit der Temperatur 6 °C wird in ein Zimmer mit der Raumtemperatur 26 °C gestellt. Nach 10 Minuten ist die Wassertemperatur auf 10 °C gestiegen.
Begründe mithilfe des physikalischen Gesetzes, dass es sich bei der Zunahme der Wassertemperatur um beschränktes Wachstum handelt. Gib eine rekursive Darstellung dieses Wachstums an und bestimme die Wassertemperatur nach 30 Minuten.
Lösung:
Zimmertemperatur 26 °C.   *Diese Temperatur kann das Wasser nicht überschreiten.*
$B(0) = 6$ (in °C).   *Das ist die Temperatur des Wassers zu Beginn.*
Zeitschritt: 10 min.
B(n) ist die Temperatur in °C nach n Schritten von 10 min.
Da die Zunahme pro Zeitschritt proportional zur Differenz $26 - B(n)$ ist, handelt es sich um beschränktes Wachstum mit der Schranke $S = 26$.
Also gilt: $B(n + 1) = B(n) + c \cdot (26 - B(n))$.
Bestimmung des Proportionalitätsfaktors c mithilfe von $B(0) = 6$ und $B(1) = 10$:
$10 = 6 + c \cdot (26 - 6)$; $c = 0{,}2$.
Die rekursive Darstellung lautet: $B(0) = 6$ und $B(n + 1) = B(n) + 0{,}2 \cdot (26 - B(n))$.
Die Wassertemperatur nach 30 min entspricht $B(3) = 15{,}76$. Sie beträgt etwa 15,8 °C.

Ein physikalisches Gesetz:
Die Temperaturzunahme des Wassers pro Zeitschritt ist proportional zur Differenz von Wassertemperatur und Zimmertemperatur.

$B(0) = 6$
$B(1) = 10$
$B(2) = 13{,}2$
$B(3) = 15{,}8$

Aufgaben

1 Berechne den Bestand B(3) für das beschriebene beschränkte Wachstum.

a) $B(0) = 20$ und $B(n + 1) = B(n) + 0,25 \cdot (60 - B(n))$

b) Anfangsbestand: 150; Schranke: 300; Proportionalitätsfaktor: 0,4.

c) $B(0) = 1200$; $B(1) = 1320$; Schranke: 1800

d) $B(0) = 400$ und $B(n) = B(n - 1) + 0,2 \cdot (600 - B(n - 1))$

2 Herr Wenig holt eine Flasche Rotwein aus dem Keller (Temperatur 6 °C) in die Wohnung (Temperatur 22 °C), damit sie sich langsam erwärmen kann.
a) Begründe, dass man die Temperatur des Weines mit beschränktem Wachstum beschreiben kann. Was ist für eine rekursive Darstellung des Wachstums bekannt, was fehlt noch?
b) Weil Herr Wenig den Wein erst mit 16 °C genießen will, misst er nach einer Stunde probehalber die Temperatur. Sie beträgt 10 °C. Wie lang muss er noch warten?

3 In einem entlegenen Gebiet in Asien sollen 100 000 Menschen vom Flughafen aus mit Medikamenten versorgt werden. Die Anzahl der versorgten Menschen soll mathematisch mit einem Wachstum beschrieben werden.

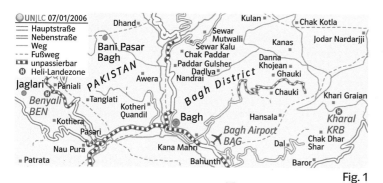

Fig. 1

a) Gib Gründe dafür an, warum ein beschränktes Wachstum zu dieser Beschreibung besser geeignet ist als ein lineares Wachstum oder ein exponentielles Wachstum.
b) Die Anzahl der versorgten Menschen wird mit einem beschränkten Wachstum beschrieben. Man nimmt an, dass monatlich 40 % der noch nicht versorgten Menschen erreicht werden können. Wann sind 90 % der Menschen versorgt?

Neu heißt:
Diesen Artikel hat noch niemand.

4 Eine Firma bringt in einer Stadt mit 40 000 Haushalten einen neuen Haushaltsartikel auf den Markt. Die Firma geht davon aus, dass drei Viertel der Haushalte den Artikel kaufen werden und sich die Zahl der verkauften Artikel mit einem beschränkten Wachstum beschreiben lässt.
Im ersten Monat werden 2400 Stück verkauft. Kann man auf Grund dieser Erfahrung davon ausgehen, dass im ersten Jahr 20 000 Artikel verkauft werden?

Bist du sicher?

Zu 1: Übersichtliche Darstellung mithilfe einer Tabelle

n	Be- stand	Sättigungs- manko
1	40	25
2	47,5	17,5
3	52,75	12,25
4		

1 Für ein beschränktes Wachstum gilt die rekursive Darstellung $B(0) = 40$ und $B(n + 1) = B(n) + 0,3 \cdot (65 - B(n))$.
a) Berechne B(1), B(2) und B(3).
b) Für welche n gilt $B(n) > 64$?

2 Von einem neuen Produkt sollen insgesamt 240 000 Stück verkauft werden. Für die Verkaufszahlen wird ein beschränktes Wachstum prognostiziert. Nach dem Verkaufsstart werden im ersten Monat 18 000 Stück verkauft.
Wie viel Stück werden nach der Prognose am Ende des ersten Verkaufsjahres verkauft sein?

5 Für die Zucht von Karpfen sind flache und großflächige Gewässer geeignet. Da an heißen Tagen ein Teil des Wassers verdunstet, muss laufend frisches Wasser zugeführt werden.

a) Bei dem Teich verdunstet an einem Tag 0,5 % des Wassers. Wie viel Kubikmeter Wasser müssen zum Ausgleich zugeführt werden?

b) Jeden Tag verdunsten 0,5 % des Wassers. An jedem Abend werden 25 m³ zugeführt. Bestimme die Wassermenge im Teich nach 1 Tag, nach 2 Tagen und auf lange Sicht.

c) Zeige, dass man in Teilaufgabe b das Wachstum der Wassermenge rekursiv so darstellen kann:
$B(n + 1) = B(n) + c \cdot (S - B(n))$.
Beschreibe dieses Wachstum.

Flächeninhalt: 6500 m²
Durchschnittliche
Tiefe: 60 cm

Karpfen lieben warme und flache Gewässer

Abzahlung eines Kredites

6 Herr und Frau Klein erkundigen sich bei ihrer Bank nach einem Kredit von 100 000 € für den Hausbau. In einem Beratungsgespräch klären sie mit Bankberater Pfau die Bedingungen des Kredits.

Pfau: *Sie können zum 1.3.06 das Geld auf ihrem Girokonto haben. An diesem Tag wird dann ihr Kreditkonto mit 100 000 € belastet.*

Klein: *Wie bezahlen wir dann den Kredit ab?*

Pfau: *Sie haben mir gesagt, dass sie monatlich z.B. 800 € zurückzahlen können. Sie könnten also monatlich, beginnend mit dem 1.4.06, von Ihrem Girokonto 800 € auf das Kreditkonto überweisen. Die Schuldzinsen werden jeweils monatlich berechnet. Die Bank bietet Ihnen 0,5 % im Monat an.*

Klein: *Bitte zeigen Sie uns konkret, wie das dann die nächsten Jahre weitergeht.*

Pfau: *Ich zeige es Ihnen an dieser Tabelle.*

Bitte schätzen!

Wie viel muss Familie Klein insgesamt zur Tilgung des Kredits von 100 000 € aufbringen?

☐ 110 000 €
☐ 120 000 €
☐ 130 000 €
☐ 140 000 €
☐ 150 000 €
☐ 160 000 €
☐ 170 000 €
...?

Datum	Stand Kreditkonto	Buchungen auf Kreditkonto
1.03.06	−100 000,00	−100 000,00 Girokonto
1.04.06	−99 700,00	−500,00 Zinsen 03; +800 € Girokonto
1.05.06	−99 398,50	−498,50 Zinsen 04; +800 € Girokonto
...	...	...

Dann rechnen!

Pfau: *Nach diesem Tilgungsplan ist der Kredit nach 197 Monaten, also am 1.08.22, abbezahlt.*

a) Fülle weitere drei Zeilen der Tabelle von Herrn Pfau aus.

b) Bestätige, dass man den Stand des Kreditkontos schrittweise so berechnen kann:
$B(0) = -100\,000$ und $B(n + 1) = B(n) \cdot 1{,}005 + 800$.
Wann ist der Kredit zur Hälfte abbezahlt, wann ist er ganz abbezahlt?

7 Untersuche, wie sich die veränderten Kreditbedingungen auf den Tilgungsplan des Kredits in Aufgabe 6 auswirken.

a) Schuldzinsen 0,5 % monatlich; Tilgung 1000 € monatlich.

b) Schuldzinsen 0,5 % monatlich; Tilgung 600 € monatlich.

c) Schuldzinsen 0,4 % monatlich; Tilgung 800 € monatlich.

5 Modellieren von Wachstum

Ratensparen können Sie bei uns in vielen Varianten:

Variante A:
Kein Anfangskapital
Feste Monatsrate, z. B.: 1500 €
Monatl. Verzinsung: 0,4 %

Variante B:
Mit Anfangskapital, z. B.: 10 000 €
Feste Monatsrate, z. B.: 500 €
Monatl. Verzinsung: 0,45 %

Wir empfehlen Variante C:
Anfangskapital: Nach Ihren Wünschen
Feste Monatsrate: Nach Ihren Wünschen
Monatl. Verzinsung: 0,4 %, 0,45 % bei einem Anfangskapital
von mindestens 10 000 €

Unsere Berater erstellen mit Ihnen
einen Sparplan!

Bei Wachstumsvorgängen wurde bisher zwischen linearem Wachstum, exponentiellem Wachstum und beschränktem Wachstum unterschieden. In manchen Fällen geht aus den Voraussetzungen hervor, welche dieser Formen vorliegt. Es gibt jedoch Situationen, in denen dies nicht eindeutig zu entscheiden ist. Es kann auch vorkommen, dass eine andere Art des Wachstums vorliegt.

Die Tabelle zeigt die Bevölkerungsentwicklung einer Stadt.

Jahr	0	1	2	3	4
Bevölkerung	30 000	31 100	32 280	33 600	34 980

Welche Bevölkerungszahlen sind für die nächsten 15 Jahre zu erwarten, wenn man für eine Prognose nur die vorliegenden Daten benutzt?

Die für eine solche Prognose notwendige mathematische Beschreibung der Situation nennt man **Modellierung**. Die grafische Veranschaulichung der Daten ergibt keinen Hinweis darauf, mit welcher Art von Wachstum die Bevölkerungsentwicklung modelliert werden kann.

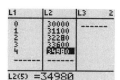 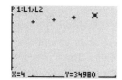

Modellierung Nr. 1

Es ist bei realen Situationen nicht zu erwarten, dass die Differenzen oder Quotienten alle gleich sind. Für eine Modellierung muss man deshab oft mit Näherungswerten rechnen.

1. Ist lineares Wachstum eine passende Modellierung?
Dazu betrachtet man die Differenzen aufeinanderfolgender Bestandszahlen:
1100; 1180; 1320; 1380.
Die Differenzen sind nicht gleich, unterscheiden sich aber auch nicht allzu sehr. Für eine erste Modellierung mit linearem Wachstum kann man den Mittelwert $d = 1245$ nehmen.
Eine explizite Darstellung lautet: $B(n) = 30\,000 + n \cdot 1245$.
Nachteil dieser Modellierung: Die Zunahme der Differenzen wird nicht berücksichtigt.

Modellierung Nr. 2

2. Ist exponentielles Wachstum eine passende Modellierung?
Dazu betrachtet man die Quotienten aufeinanderfolgender Bestandszahlen:
1,037; 1,038; 1,041; 1,041.
Diese sind näherungsweise gleich. Will man eine Modellierung mit exponentiellem Wachstum durchführen, kann man den Mittelwert $k = 1,04$ nehmen.
Eine explizite Darstellung lautet: $B(n) = 30\,000 \cdot 1,04^n$.
Nachteil dieser Modellierung: Die Zunahme der Quotienten wird nicht berücksichtigt.

3. Liegt beschränktes Wachstum vor?
Dagegen sprechen zwei Umstände. Erstens ist nicht ersichtlich, dass es eine Schranke gibt. Zweitens werden bei beschränktem Wachstum die Zunahmen kleiner, während hier die Zunahmen größer werden.

Modellierung Nr. 4

4. Da keine der bisherigen Modellierungen befriedigend ist, kann man z. B. versuchen, bei der Modellierung Nr. 1 zusätzlich die Zunahme der Differenzen zu berücksichtigen.

Die vorliegenden Daten sind:

$B(0) = 30\,000$
$B(1) = B(0) + 1000 + \mathbf{100}$
$B(2) = B(1) + 1000 + \mathbf{180}$
$B(3) = B(2) + 1000 + \mathbf{320}$
$B(4) = B(3) + 1000 + \mathbf{380}$

Die Modellierung lautet:

$B(0) = 30\,000$
$B(1) = B(0) + 1000 + \mathbf{1} \cdot 100$
$B(2) \approx B(1) + 1000 + \mathbf{2} \cdot 100$
$B(3) \approx B(1) + 1000 + \mathbf{3} \cdot 100$
$B(4) \approx B(3) + 1000 + \mathbf{4} \cdot 100$

Eine rekursive Darstellung dieser Modellierung ist:
$B(0) = 30\,000$ und $B(n + 1) = B(n) + 1000 + (n + 1) \cdot 100$.
Die Tabelle zeigt die berechneten Zahlen für die Modellierungen Nr. 1, Nr. 2 und Nr. 4.
Modellierung Nr. 4 spiegelt die vorliegenden Daten am besten wider:

Jahr	0	1	2	3	4	5	9	12	15
Richtig	**30 000**	**31 100**	**32 280**	**33 600**	**34 980**				
Nr. 1	30 000	31 245	32 490	33 735	34 980	36 225	41 205	44 940	48 675
Nr. 2	30 000	31 200	32 448	33 746	35 096	36 500	42 699	48 031	54 028
Nr. 4	30 000	31 100	32 300	33 600	35 000	36 500	43 500	49 800	57 000

Die mathematische Beschreibung eines realen Wachstums nennt man **Modellierung**. Eine Modellierung stimmt nicht immer mit allen Vorgaben aus der Realität überein.

Modell *(lat.):*
Muster, Nachbildung, Entwurf

Beispiel Modellierungen entwickeln und vergleichen
In Schneestadt nimmt die Einwohnerzahl schon seit längerem um 1% jährlich ab. Heute hat Schneestadt 12 000 Einwohner. Wie wird diese Entwicklung durch einen jährlichen Zuzug von 100 Menschen verändert?
Lösung:
Weitere Entwicklung ohne Zuzug: $B(0) = 12\,000$ und $B(n + 1) = 0,99 \cdot B(n)$.

Mögliche Modellierung 1 mit Zuzug:
Ende 1. Jahr: $B(1) = [12\,000 + 100] \cdot 0,99$
Ende 2. Jahr: $B(2) = [B(1) + 100] \cdot 0,99$

Mögliche Modellierung 2 mit Zuzug:
Ende 1. Jahr: $B(1) = 12\,000 \cdot 0,99 + 100$
Ende 2. Jahr: $B(2) = B(1) \cdot 0,99 + 100$

Die rekursiven Darstellungen für diese Modellierungen lauten:
$B(0) = 12\,000$ und $B(n + 1) = [B(n) + 100] \cdot 0,99$ bzw. $B(n + 1) = B(n) \cdot 0,99 + 100$.
Im GTR ist die Entwicklung ohne Zuzug zusammen mit Modell 1 dargestellt.

Keines der beiden Modelle kann man als das richtige bezeichnen. Die zugehörigen Zahlen unterscheiden sich nur unwesentlich.

Nur von theoretischem Interesse: Nach ca. 300 Jahren nimmt die Einwohnerzahl nicht mehr ab.

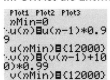
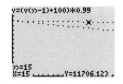
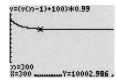

Ergebnis: Auch bei einem jährlichen Zuzug von 100 Menschen nimmt die Einwohnerzahl ab. Die Abnahme ist jedoch gegenüber dem Modell „ohne Zuzug" deutlich geringer.

Aufgaben

1  Wenn Wildschweine günstige Bedingungen vorfinden, können sie sich stark
vermehren. In einem Revier befinden sich
zur Zeit ca. 300 Wildschweine, deren Zahl
um jährlich 6 % zunimmt. Damit sie nicht
zu viel Schaden anrichten, soll jährlich eine
bestimmte Anzahl geschossen werden.
a) Untersuche für verschiedene jährliche
Abschusszahlen die Entwicklung für die
nächsten zehn Jahre.
b) Wie viele Wildschweine müssen im Jahr mindestens geschossen werden, wenn der
Bestand in zehn Jahren um höchstens 100 Wildscheine zunehmen soll?

2 Herr Glück hat 80 000 € geerbt. Er legt das Geld auf einem Konto mit 5 % Jahres-
zins an. Herr Glück plant, jedes Jahr, nachdem der Zins gutgeschrieben wurde, einen festen Betrag von diesem Konto abzuheben.
a) Untersuche die Entwicklung des Kontostandes für verschiedene solche Beträge.
b) Ist es möglich, jährlich einen festen Betrag abzuheben und nach 20 Jahren 100 000 €
Guthaben auf dem Konto zu haben?

3 Frau Koll schließt einen Sparvertrag
mit folgenden Bedingungen ab:
Anfangskapital: 2000 €; Zinssatz: 3,6 %;
Zuzahlung in jedem Folgejahr: 500 €.
Berechne das Guthaben für die ersten
zehn Jahre und stelle die Ergebnisse in einem Sparplan wie in Fig. 1 zusammen.

Sparplan:

Jahr	0	1	...
Guthaben	2000 €	2572 €	...

4 Entwickle eine Modellierung für das dargestellte Wachstum einer Tierpopulation. Prüfe zuerst, ob lineares, exponentielles oder beschränktes Wachstum vorliegt.

a)
Jahr	0	1	2	3	4
Anzahl	10 000	9800	9600	9400	9200

b)
Jahr	0	1	2	3	4
Anzahl	2000	2100	2210	2300	2405

c)
Jahr	0	1	2	3	4
Anzahl	1000	1100	1210	1330	1470

d)
Jahr	0	1	2	3	4
Anzahl	8000	6000	5000	4500	4250

Bist du sicher?

1 In ein Land mit zur Zeit 1,2 Millionen Einwohnern wandern jährlich ca. 4000 Menschen ein. Man schätzt, dass die Bevölkerung des Landes ohne Einwanderung jährlich um
2,1 % zunimmt. Wie viele Einwohner wird das Land in acht Jahren haben?

2 Entwickle eine Modellierung für das dargestellte Wachstum einer Pflanzenpopulation.
Prüfe zuerst, ob lineares, exponentielles oder beschränktes Wachstum vorliegt.

a)
Jahr	0	1	2	3	4
Anzahl	10 000	9800	9600	9400	9200

b)
Jahr	0	1	2	3	4
Anzahl	2000	2100	2210	2315	2430

5 a) Wie verändert sich der Anteil der Bevölkerung der in der Tabelle genannten Regionen an der Weltbevölkerung bis zum Jahr 2020, wenn man unveränderte Wachstumsraten annimmt?
b) In welchen Regionen lebt die Bevölkerung, die in der Tabelle nicht aufgeführt ist? Bestimme die jährliche Wachstumsrate dieser Bevölkerung.

	Einwohner (Mio.)	jährl. Wachstumsrate
Sub-Sahara und südl. Afrika	661	2,39 %
Nordafrika und Nahost	315	2,01 %
Südasien	1836	1,62 %
Lateinamerika und Karibik	520	1,35 %
Welt	6080	1,27 %

(Stand 2000)

Logistisches Wachstum

6 Ein Wachstum hat die rekursive Darstellung: $B(0) = 1$ und $B(n + 1) = B(n) + $ ⬚ .
Setze die Kärtchen A, B und C in die Gleichung ein und ordne dann jedem der Buchstaben A, B und C einen der Graphen I, II oder III zu.

A $\quad 0{,}2 \cdot B(n)$

B $\quad 0{,}2 \cdot (40 - B(n))$

C $\quad 0{,}01 \cdot B(n) \cdot (40 - B(n))$

I    II    III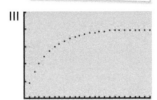

Info

Bei einem logistischen Wachstum ist die absolute Änderung proportional zum Produkt aus Bestand und Sättigungsmanko. Ein logistisches Wachstum hat eine rekursive Darstellung der Form $B(n + 1) = B(n) + q \cdot B(n) \cdot (S - B(n))$.
Der Graph I in Aufgabe 6 und die Rekursionsformel C aus Aufgabe 6 gehören zu einem logistischen Wachstum. Mit einem logistischen Wachstum kann man z. B. die Ausbreitung einer ansteckenden Krankheit modellieren (siehe Aufgabe 7).

7 In einer abgelegenen Region mit 10 000 Einwohnern breitet sich eine ansteckende Grippe aus:

Woche	1	2	3	4	5
Kranke	1	2	4	8	16

a) Man geht von einem logistischen Wachstum der Krankenzahlen aus. Bestimme $B(1)$, S und q.
b) Wie lange dauert es im Modell, bis alle Bewohner angesteckt sind?

Kannst du das noch?

8 Ein Kartenspiel enthält jeweils acht Kreuzkarten, acht Pikkarten, acht Herzkarten und acht Karokarten. Es wird ohne zurücklegen gezogen. Wie groß ist die Wahrscheinlichkeit,
a) beim Ziehen von vier Karten die Reihenfolge Pik, Karo, Kreuz, Herz zu ziehen?
b) beim Ziehen von vier Karten eine Pikkarte, eine Kreuzkarte, eine Herzkarte und eine Karokarte zu ziehen?
c) beim Ziehen von vier Karten keine Pikkarte zu ziehen?
d) beim Ziehen von vier Karten mindestens einmal Kreuz zu ziehen?

1 Passen die verschiedenen Aussagen über die Wasserhyazinthe zusammen?

„Dieser Fluss ist fast vollständig mit Wasserhyazinthen zugewachsen. Etwa alle 15 bis 20 Tage verdoppelt das driftende Pflanzengeflecht seine Ausmaße."

*(Projektwerkstatt
The waterhyacinth chair 2000)*

„… Große Schädlinge in fremden Biotopen seien der Nilbarsch und im afrikanischen Viktoria-See die Wasserhyazinthe. Sie wächst so schnell, dass sich die von ihr bedeckte Fläche in 12 Tagen verdoppelt …"

(Frankfurter Rundschau, 12.5.01)

… Die Wasserhyazinthe breitet sich mit einem Tempo aus, „bei dem einem schwindlig werden könnte: In vier Monaten werden aus einer Pflanze 600!"

(Katalog Tee-Kampagne 2000)

2 In der Amtssprache der Vereinten Nationen (UN) heißen die Entwicklungsländer „Less Developed Countries" (LDC), die anderen Länder „More Developed Countries" (MDC). Das Unterscheidungskriterium ist das Pro-Kopf-Einkommen. In den Fig. 1, 2 und 3 sind einige Informationen über LDC und MDC zusammengestellt.

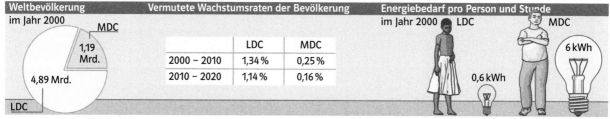

		LDC	MDC
	2000 – 2010	1,34 %	0,25 %
	2010 – 2020	1,14 %	0,16 %

Fig. 1   Fig. 2   Fig. 3

a) Wie viel Prozent der Weltbevölkerung lebten im Jahr 2000 in den LDC, wie viel in den MDC? Wie wird diese Verteilung vermutlich im Jahr 2020 aussehen?

b) Bestimme den gesamten Energiebedarf pro Stunde in den LDC bzw. den MDC im Jahr 2020, wenn man jeweils eines der Modelle I, II oder III voraussetzt.

I. Der Energiebedarf pro Person bleibt auf dem Stand des Jahres 2000.

II. Der Energiebedarf in den LDC nimmt um 4 %, in den MDC um 1 % pro Jahr zu.

III. Der Energiebedarf nimmt in den LDC um 2 % zu, in den MDC um 0,2 % pro Jahr ab.

Somatisch ist ein medizinischer Ausdruck für „auf den Körper bezogen".

3 Ein Somatogramm hilft dem Kinderarzt zu erkennen, ob ein Kleinkind auffällig groß oder klein ist. Die beiden Linien sind so gezogen, dass zwischen ihnen die Körpergrößen von 95 % aller Kinder in dem entsprechenden Alter liegen.

In der Zeile mit „U" sind die Zeitpunkte der acht Vorsorgeuntersuchungen angegeben.

a) Wie groß sind Kinder bei der Geburt, nach 6 Monaten, nach 1 Jahr, nach 1,5 Jahren und nach 2 Jahren. Lies aus dem Somatogramm jeweils die beiden Werte der durchgezogenen Linien ab und bilde den Mittelwert.

b) Berechne mit den Mittelwerten aus Teilaufgabe a die halbjährliche absolute und prozentuale Änderung.

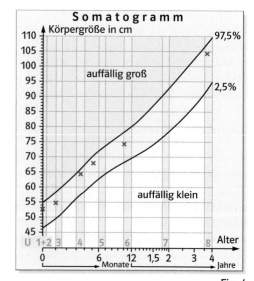

Fig. 4

4 Ein Quadrat Q_0 hat die Seitenlänge $a_0 = 2\,cm$ und die Eckpunkte A_0, B_0, C_0 und D_0 (siehe Fig. 1). Diesem Quadrat wird ein neues Quadrat Q_1 mit den Eckpunkten A_1, B_1, C_1, D_1 so umbeschrieben, dass die Eckpunkte von Q_0 die Seitenmitten von Q_1 sind. Entsprechend erhält man aus Q_1 das Quadrat Q_2 und so weiter.

a) Bestimme die Seitenlängen a_1 und a_2.

b) Gib eine Formel für a_n an.

c) Für welche n ist der Flächeninhalt des n-ten Quadrates größer als $1\,m^2$?

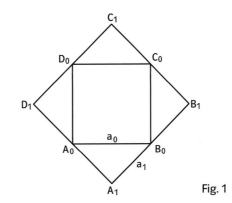

Fig. 1

5 Ein Quadrat Q_0 hat die Seitenlänge $a_0 = 10\,cm$ und die Eckpunkte A_0, B_0, C_0 und D_0 (Fig. 2). Diesem Quadrat wird ein neues Quadrat Q_1 mit den Eckpunkten A_1, B_1, C_1, D_1 so einbeschrieben, dass die Eckpunkte von Q_1 auf den Diagonalen von Q_0 liegen und die Länge der Diagonalen von Q_1 neun Zehntel der Länge der Diagonalen von Q_0 beträgt. Entsprechend erhält man aus Q_1 das Quadrat Q_2 und so weiter.

a) Bestimme die Seitenlängen a_1 und a_2.

b) Gib eine Formel für a_n an.

c) Für welche n ist der Flächeninhalt des n-ten Quadrates kleiner als $1\,mm^2$?

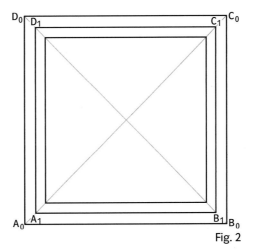

Fig. 2

Kannst du das noch?

6 Die Zuordnung ist entweder proportional oder antiproportional. Ergänze im Heft.

a)

Länge	15 cm	18 cm	12 cm	
Breite	6 cm	5 cm		20 cm

b)

Anzahl	72	48	112	
Gewicht	9 kg	6 kg		20 kg

7 Landwirt Knoke erntete auf einem 1,2 ha großen Acker 24 Wagenladungen Mais. Mit wie vielen Wagenladungen muss er bei einem 4,5 ha großen Acker rechnen?

8 Ergänze die Wertetabelle in deinem Heft.

a) $y = 2{,}4 \cdot x$　　b) $y = \frac{9}{x}$

x	10	1	0,8		
y				0,9	1

9 Ein quaderförmiges Schwimmbecken mit der Länge 25 m und der Breite 12 m ist 2,2 m hoch mit Wasser gefüllt.

a) Mit zwei Pumpen gleicher Leistung soll das Schwimmbecken ausgepumpt werden. Nachdem beide Pumpen sechs Stunden gearbeitet haben, steht das Wasser noch 1,30 m hoch im Becken. Wie lange dauert es noch, bis das Becken leer ist?

b) Wie viel Zeit benötigen drei Pumpen im Vergleich zu zwei Pumpen?

Halbwertszeiten

Am 26. April 1986 ereignete sich im Atomkraftwerk Tschernobyl bei Kiew ein schwerer Reaktorunfall. Bei dem GAU (<u>G</u>rößter <u>A</u>nzunehmender <u>U</u>nfall) wurden große Mengen der radioaktiven Stoffe Jod-131 und Caesium-137 und in geringem Umfang auch Strontium-90 freigesetzt. Diese Stoffe wurden durch den Wind über große Teile Europas verbreitet. Durch Ablagerungen auf Böden und Pflanzen gelangten diese Stoffe auch in die Nahrungskette.

Radioaktive Stoffe wandeln sich unter Abgabe von Strahlung in andere Stoffe um (sie „zerfallen"). Die Menge des radioaktiven Ausgangsstoffes nimmt dabei exponentiell ab. Die Geschwindigkeit der Abnahme (die „Zerfallsgeschwindigkeit") wird mithilfe der Halbwertszeit beschrieben. Eine **Halbwertszeit** von z. B. acht Tagen bedeutet, dass nach jedem Zeitschritt von acht Tagen nur noch jeweils die halbe Menge des radioaktiven Stoffes vorliegt.

Physikalische und chemische Daten   523

Halbwertszeit
Nach dieser Zeit ist jeweils die Hälfte der Atomkerne eines radioaktiven Isotops zerfallen.

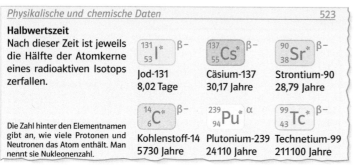

Jod-131   Cäsium-137   Strontium-90
8,02 Tage   30,17 Jahre   28,79 Jahre

Die Zahl hinter den Elementnamen gibt an, wie viele Protonen und Neutronen das Atom enthält. Man nennt sie Nukleonenzahl.

Kohlenstoff-14   Plutonium-239   Technetium-99
5730 Jahre   24110 Jahre   211100 Jahre

---

1 a) Wie lange dauert es jeweils, bis bei den radioaktiven Stoffen Jod-131 bzw. Cäsium-137 nur noch ein Achtel einer bestimmten Ausgangsmenge vorliegt?
b) Wie viel Prozent einer bestimmten Ausgangsmenge liegt von den radioaktiven Stoffen Jod-131 bzw. Cäsium-137 nach 10 Halbwertszeiten noch vor?

2 Der radioaktive Zerfall eines Stoffes ist ein exponentielles Wachstum (exponentielle Abnahme). Für die Menge des Stoffes gilt somit: $B(n) = B(0) \cdot k^n$.
a) Bestimme den Wachstumsfaktor k für den Zerfall von Cäsium-137, wenn für n die Zeitschritte in Jahren angegeben werden.
b) Vervollständige in deinem Heft den Graphen in Fig. 1 in Zeitschritten von zehn Jahren.
c) Wann werden nur noch 5 % des in Tschernobyl freigesetzten Cäsiums in der Umwelt vorhanden sein?

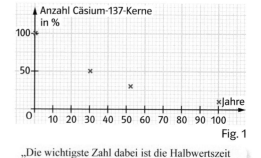

Fig. 1

Übrigens …
Plutonium schädigt sowohl durch Strahlung als auch durch chemische Giftwirkung. Auch das Zerfallsprodukt ist giftig – also keinesfalls eine „harmlose Materie".

3 In einem Leitartikel der Badischen Zeitung über Strombedarf ging es auch um Risiken von Atomkraftwerken:
a) Wie viel Prozent einer Ausgangsmenge Plutonium ist nach 24 000 Jahren bzw. nach 48 000 Jahren noch vorhanden?
b) Was antwortest du auf die Frage, wie lange es dauert, „bis Plutonium sich in eine nicht mehr strahlende, harmlose Masse verwandelt hat"?

„Die wichtigste Zahl dabei ist die Halbwertszeit von Plutonium, des giftigsten Stoffes überhaupt: 24 000 Jahre. Doppelt so lange also dauert es, bis Plutonium sich in eine nicht mehr strahlende, harmlose Materie verwandelt hat." *(29.7.1998)*

Exkursion

Die C-14-Methode (Radiokarbonmethode) zur Altersbestimmung

Überall auf der Erde findet man das Element Kohlenstoff (chemisches Zeichen C). Pflanzen nehmen beim Atmen CO_2 auf und damit auch Kohlenstoff. Durch die Nahrungskette gelangt Kohlenstoff in Tiere und Menschen.

Ein Teil des auf der Erde vorkommenden Kohlenstoffs ist das radioaktive Kohlenstoffisotop C-14. Obwohl es mit einer Halbwertszeit von 5730 Jahren zerfällt, ist sein Anteil immer gleich, weil es durch kosmische Strahlung ständig neu gebildet wird.

Stirbt ein Organismus, so wird kein Kohlenstoff mehr aufgenommen. Der radioaktive Kohlenstoff C-14 zerfällt, der nichtradioaktive Kohlenstoff bleibt nahezu erhalten. Damit verändert sich das Verhältnis von radioaktivem und nichtradioaktivem Kohlenstoff im Laufe der Zeit.

4 Wie viel des ursprünglichen Gehalts an Kohlenstoff C-14 wird noch gemessen, wenn der Organismus 5730 Jahre bzw. 11 500 Jahre tot ist?

5 Wie lange ist ein Organismus tot, wenn der ursprünglichen Anteil von C-14 auf 12,5 % gesunken ist?

6 Im Jahr 1991 wurde in den Ötztaler Alpen die Gletschermumie „Ötzi" gefunden. Die Mumie enthielt nur noch ca. 53 % des Kohlenstoffs C-14, der in lebendem Gewebe enthalten ist. Vor wie vielen Jahren hat „Ötzi" etwa gelebt?

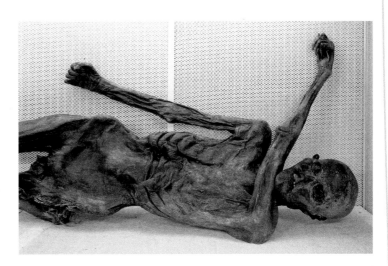

7 Zeichne einen Graphen, der dem Alter einer Probe den noch vorhandenen C-14-Gehalt nach einer Halbwertszeit, nach zwei Halbwertszeiten, nach drei Halbwertszeiten usw. zuordnet. Ergänze diesen Graphen mit Werten in Schritten von 1000 Jahren.

Mit dem Graphen aus Aufgabe 7 kann man die Rechenergebnisse der Aufgaben 8 und 9 überprüfen.

8 Die Lasceaux-Höhle in Frankreich ist berühmt für ihre Höhlenmalereien. Holzkohle aus einer Fundstelle in der Höhle hatte im Jahr 1950 einen C-14-Gehalt von ca. 6,3 % des Gehalts in lebendem Holz.
Wann entstanden diese Höhlenmalereien vermutlich?

9 Das Alter der kleinen Frauenfiguren wurde mit der C-14-Methode bestimmt. Die Elfenbein-Figur von Gönnersdorf (links) enthielt ca. 15,5 %, die Figur von Lespugue aus Mammutelfenbein ca. 5,5 % des ursprünglichen C-14-Gehalts.
Wie alt sind die beiden Figuren?

Absolute und prozentuale Änderung

Die Änderung eines Bestandes in einem Zeitschritt kann man absolut oder prozentual angeben.

Absolute Änderung: $d = B(n+1) - B(n)$.

Prozentuale Änderung: $p = \dfrac{B(n+1) - B(n)}{B(n)}$

Jahr n	0	1	2	3
Anzahl	23	24	30	28

Im Zeitschritt von $n = 1$ zu $n = 2$ gilt:
Absolute Änderung: $d = 30 - 24 = 6$
Prozentuale Änderung:
$p = \dfrac{30 - 24}{24} = 0{,}25 = 25\%$

Lineares Wachstum

Wenn bei einem Wachstum die absolute Änderung d bei jedem Zeitschritt gleich ist, liegt ein lineares Wachstum vor.

n	0	1	2	3
B(n)	B(0)	$B(1)$ $= B(0) + d$	$B(2)$ $= B(1) + d$	$B(3)$ $= B(2) + d$

Jahr n	0	1	2	3
Anzahl	80	77	74	71

Absolute Änderung in jedem Zeitschritt:
$d = -3$.
Rekursive Beschreibung:
$B(0) = 80$ und $B(n+1) = B(n) + (-3)$
Explizite Beschreibung: $B(n) = 80 + n \cdot (-3)$.

Rekursive Beschreibung: $B(0)$ ist bekannt und $B(n+1) = B(n) + d$
Explizite Beschreibung: $B(n) = B(0) + n \cdot d$

Exponentielles Wachstum

Wenn bei einem Wachstum die relative Änderung p bei jedem Zeitschritt gleich ist, liegt ein exponentielles Wachstum vor.
Bei einem exponentiellen Wachstum ist die absolute Änderung proportional zum Bestand $B(n)$.

n	0	1	2	3
B(n)	B(0)	$B(1)$ $= B(0) \cdot (1 + p)$	$B(2)$ $= B(1) \cdot (1 + p)$	$B(3)$ $= B(2) \cdot (1 + p)$

Jahr n	0	1	2	3
Anzahl	32	40	50	62,5

Prozentuale Änderung in jedem Zeitschritt:
$p = 0{,}25 = 25\%$.
Absolute Änderung von n nach $(n+1)$:
$0{,}25 \cdot B(n)$

Rekursive Beschreibung:
$B(0) = 32$ und $B(n+1) = 1{,}25 \cdot B(n)$
Explizite Beschreibung: $B(n) = 32 \cdot 1{,}25^n$.

Rekursive Beschreibung: $B(0)$ ist bekannt und
$B(n+1) = B(n) \cdot (1 + p)$.
Explizite Beschreibung: $B(n) = B(0) \cdot (1 + p)^n$.

Beschränktes Wachstum

Ist bei einem Wachstum die absolute Änderung bei jedem Zeitschritt proportional zum Sättigungsmanko $[S - B(n)]$, so liegt ein beschränktes Wachstum vor. Ein beschränktes Wachstum hat eine Schranke S.

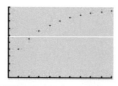

n	0	1	2	3
B(n)	B(0)	$B(1)$ $= c \cdot [S - B(0)]$	$B(2)$ $= c \cdot [S - B(1)]$	$B(3)$ $= c \cdot [S - B(2)]$

Rekursive Beschreibung:
$B(0)$ ist bekannt und $B(n+1) = B(n) + c \cdot [S - B(n)]$

Schranke $S = 100$

Jahr n	0	1	2	3
Anzahl	20	40	55	66,25
Sättigungs-manko	80	60	45	43,75

Absolute Änderung in jedem Zeitschritt:
$0{,}25 \cdot [100 - B(n)]$
Rekursive Beschreibung:
$B(0) = 20$ und
$B(n+1) = B(n) + 0{,}25 \cdot [100 - B(n)]$.

Training

1 In einem Land nimmt die Bevölkerungszahl jährlich um 2,7% zu. Im Jahr 2006 lebten dort 14 Millionen Menschen.
a) Welche Bevölkerungszahl ist für 2016 zu erwarten?
b) Wie lange würde es dauern, bis die Zahl auf das Anderthalbfache gestiegen ist?
c) Beantworte die Fragen aus den Teilaufgaben a und b, wenn von einer jährlich gleichen absoluten Zunahme von 2,7% der Zahl des Jahres 2006 ausgegangen wird.

2 Innerhalb von 5 Tagen wandelt sich die Hälfte von anfänglich 100 mg des radioaktiven Stoffes Radium E in Radium F um (Halbwertszeit 5 Tage). Die Masse von Radium E nimmt exponentiell nach der Formel $B(n) = B(0) \cdot k^n$ (n in Tagen) ab.
a) Bestimme $B(0)$ und k. Wie viel Radium E ist nach 30 Tagen noch vorhanden?
b) Wann sind 99,9% der ursprünglichen Menge Radium E zerfallen?

3 In eine Region ist eine neue Tierart eingewandert. Die Zahlen in der Tabelle zeigen, wie sie sich in den letzten Jahrzehnten vermehrt hat.

Jahr	1985	1995	2005
Anzahl	140	272	378

Prognosen besagen, dass sich die Anzahl der Tiere künftig näherungsweise nach einem Gesetz der folgenden Form entwickelt:
$B(n + 1) = B(n) + c \cdot [800 - B(n)]$ (n in Jahrzehnten seit 1985).
a) Bestimme mit den Daten aus der Tabelle den Faktor c und bestätige, dass alle Daten dieses Gesetz erfüllen.
b) Wie viele Tiere wird es nach dieser Modellierung im Jahr 2035 geben? Beschreibe, wie sich die Anzahl der Tiere auf lange Sicht entwickeln wird.

1 Beantworte die Fragen zum Sparen mit einem Sparbuch.
a) Nach welcher Zeit hat sich ein Kapital bei einem Jahreszinssatz von 3,8% verdoppelt?
b) Wie viel muss man anlegen, damit man nach 12 Jahren und einem Zinssatz von 4,2% einen Betrag von 15 000 € gespart hat?
c) Bei welchem Zinssatz kann man aus anfänglich 1250 € in 15 Jahren 2800 € ansparen?

2 a) Stelle in einer Tabelle dar, wie der Kredit (Fig. 1) in den ersten vier Jahren abbezahlt wird.
b) Wann ist der Kredit abbezahlt? Wie viel hat Frau Kehl dann nur für Schuldzinsen ausgegeben? Wie viel Prozent von der Kreditsumme sind das?

Fig. 1

3 In einem Experiment wurde gemessen, wie die Menge des radioaktiven Elementes Jod-131 durch radioaktiven Zerfall abnimmt (Fig. 2).
a) Bestimme mit Daten aus dem Graphen das Zerfallsgesetz für Jod-131 in der Form $B(n) = B(0) \cdot k^n$ (n in Tagen).
b) Wie viel Prozent einer vorhandenen Stoffmenge zerfällt innerhalb eines Tages?

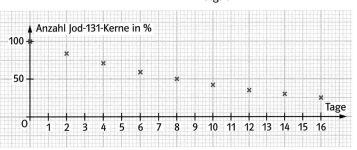

Fig. 2

„Es gibt nicht den geringsten Hinweis, dass Atomenergie jemals nutzbar sein wird."
Albert Einstein

„Ich glaube an das Pferd. Das Automobil ist nur eine vorübergehende Erscheinung."
Kaiser Wilhelm II

„Ich glaube, es gibt einen weltweiten Bedarf an vielleicht fünf Computern."
Thomas Watson, IBM-Chef, 1943

Zahl und Maß

Daten und Zufall

Beziehung und Änderung

Modell und Simulation

Muster und Struktur

Form und Raum

In Erwartung von Ereignissen

Enttäuschung ist das Ergebnis
falscher Erwartungen.

Andreas Tenzer

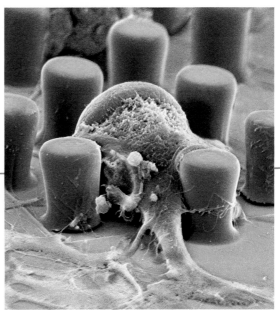

Coloured scanning electron micrograph of a nerve cell on
a silicon chip

„Irgendwann werden wir an jedem Ort der Erde Cyborgs
begegnen, Menschen mit künstlichen Herzen, Schrittmachern,
künstlichen Augen und Ohren […]."
Prof. Peter Cochrane, Forschungschef bei British Telecom

„By 2050, a team of fully autonomous humanoid robot soccer
players shall win the soccer game, […] against the winner of
the most recent World Cup."
Hiroaki Kitano, Gründer des RoboCups, 2006

Das kannst du bald

- Ereignisse bei Zufallsversuchen durch Mengen beschreiben
- Vierfeldertafeln verwenden
- Unabhängigkeiten von Ereignissen untersuchen
- Erwartungswerte bestimmen

1 Ereignisse

Freudiges Ereignis –
Drillinge geboren

Deutschland wieder Weltmeister!

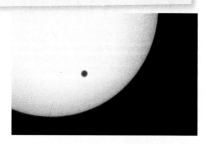

Manche Ereignisse haben mit dem Zufall zu tun – aber nicht alle.

Situationen bei einem Zufallsversuch kann man darstellen, indem man sie zunächst in Worten und dann mithilfe von Mengen kurz und übersichtlich beschreibt.

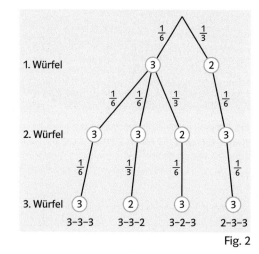

Fig. 1

Bei einer Lotterie auf dem Schulfest werden drei Würfel geworfen. Bei jedem Würfel sind drei Seiten mit „1", zwei Seiten mit „2" und eine Seite mit „3" wie beim Netz in Fig. 1 gekennzeichnet. Es können dann die Ergebnisse 1–1–1, 1–1–2, 1–1–3, …, 3–3–3 auftreten. Man erhält einen Gewinn, wenn die Augensumme mindestens acht beträgt. Also betrachtet man das **Ereignis** „Die Augensumme ist mindestens 8". In Fig. 2 ist der Teil des Baumdiagramms gezeichnet, der die Pfade zu diesem Ereignis enthält. Die zugehörigen Ergebnisse fasst man kurz in der Menge **E = {3–3–3, 3–3–2, 3–2–3, 2–3–3}** zusammen. Es ist üblich, auch diese Menge kurz als Ereignis zu bezeichnen. Ein Ereignis kann also in Worten oder als Menge beschrieben werden.

Die Wahrscheinlichkeit für das Ereignis wird kurz mit P(E) bezeichnet. Man bestimmt P(E) wie gewohnt mithilfe der Pfadregel:

P(E) – lies P von E – kommt von probabilitas (lat.: Wahrscheinlichkeit)

$$P(E) = \frac{1}{6} \cdot \frac{1}{6} \cdot \frac{1}{6} + \frac{1}{6} \cdot \frac{1}{6} \cdot \frac{1}{3} + \frac{1}{6} \cdot \frac{1}{3} \cdot \frac{1}{6} + \frac{1}{3} \cdot \frac{1}{6} \cdot \frac{1}{6} = \frac{7}{216}$$

Fig. 2

Ein Ereignis bei einem Zufallsversuch kann man durch Worte oder mithilfe der Menge der zugehörigen Ergebnisse beschreiben.
Die Wahrscheinlichkeit P(E) eines Ereignisses E wird bestimmt, indem man die Wahrscheinlichkeiten der zugehörigen Ergebnisse addiert (Summenregel).

Wenn man bei einem Zufallsversuch ein Ergebnis erhält, das zu einem Ereignis E gehört, so sagt man auch kurz: Das Ereignis **E tritt ein**.

Wenn alle Ergebnisse eines Zufallsversuches die gleiche Wahrscheinlichkeit haben, spricht man von einem **Laplace-Versuch**. Dann kann man die Wahrscheinlichkeit eines Ereignisses besonders einfach bestimmen. Beim Ziehen einer Karte aus einem Skatspiel hat z.B. das Ziehen einer beliebigen Karte die Wahrscheinlichkeit $\frac{1}{32}$. Für das Ereignis E: „Ziehen einer Herzkarte" ergibt sich daraus $P(E) = \frac{8}{32}$, weil ein Skatspiel acht Herzkarten enthält. Allgemein gilt bei einem Laplace-Versuch:

$$P(E) = \frac{\text{Anzahl der Ergebnisse in E}}{\text{Gesamtanzahl der Ergebnisse}}$$

Manchmal gibt es „seltsame" Ereignisse. So gehört beim Würfeln mit fünf Würfeln zu dem Ereignis „Die Augensumme beträgt 4" gar kein Ergebnis. Man nennt es daher **unmögliches Ereignis**. Ein unmögliches Ereignis hat die Wahrscheinlichkeit 0. Dagegen enthält das Ereignis „Die Augensumme beträgt höchstens 30" alle Ergebnisse und wird daher auch **sicheres Ereignis** genannt. Ein sicheres Ereignis hat die Wahrscheinlichkeit 1.

Pierre Simon de Laplace (1749 bis 1827)

Winkel bei g: 216°
Winkel bei r: 90°
Winkel bei b: 54°

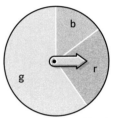

Beispiel 1 Wahrscheinlichkeit bei Ereignissen
Du gewinnst, wenn beim zweimaligen Drehen des Glücksrades in Fig. 1 mindestens einmal Rot erscheint.
a) Schreibe das Ereignis G: „Du gewinnst" als Menge auf.
b) Wie groß ist die Wahrscheinlichkeit, dass du gewinnst?
Erstelle zunächst die Wahrscheinlichkeitsverteilung für einmaliges Drehen.
Lösung:
Messen der Winkel, Wahrscheinlichkeiten für einmaliges Drehen:

Ergebnis	r	g	b
Winkel	90°	216°	54°
Wahrscheinlichkeit	0,25	0,6	0,15

Fig. 1

a) G = {rr, rg, rb, gr, br}.

b) Die Wahrscheinlichkeiten für die Ergebnisse in G werden mit der Pfadregel und P(G) wird dann mit der Summenregel bestimmt.
P(G) = 0,25² + 0,25·0,6 + 0,25·0,15 + 0,6·0,25 + 0,15·0,25 = 0,4375.
Die Gewinnwahrscheinlichkeit beträgt etwa 44%.

Beispiel 2 Laplace-Verteilung
In einem Loseimer sind 120 Lose, von denen 40 Gewinne sind. 10% der Gewinne sind Hauptgewinne. Wie groß ist die Wahrscheinlichkeit, aus dem Eimer mit einem Los einen Hauptgewinn zu ziehen?
Lösung:
E: „Ziehen eines Hauptgewinns".
E enthält 10% von 40, also 4 Ergebnisse von 120 Ergebnissen.
Wahrscheinlichkeit für einen Hauptgewinn: $\frac{4}{120} = \frac{1}{30}$.

Aufgaben

1 Das Glücksrad in Fig. 1 wird zweimal gedreht.
a) Schreibe das Ereignis E: „Du gewinnst, wenn verschiedene Farben erscheinen" als Menge auf. Wie groß ist P(E)?
b) Beschreibe das Ereignis G = {rg, bg, gg, gr, gb} in Worten und bestimme seine Wahrscheinlichkeit.
c) Löse Teil a für dreimaliges Drehen des Glücksrades.

2 Du würfelst mit einem Spielwürfel.

a) Der Würfel zeigt eine Primzahl. Schreibe dieses Ereignis als Menge auf und bestimme seine Wahrscheinlichkeit.

b) Beschreibe das Ereignis E = {2, 4, 6} in Worten und bestimme seine Wahrscheinlichkeit.

c) Welches der folgenden Ereignisse tritt ein, wenn eine Sechs fällt?
E = {3, 6}, F: „Es fällt eine Primzahl", G: „Mehr Punkte sind nicht möglich."

3 Du spielst mit deiner Oma „Mensch-ärgere-dich-nicht". Du hast die roten Figuren (siehe Fig. 1).

a) Oma ist zuerst am Zug und will dich nicht hinauswerfen. Wie wahrscheinlich ist das, wenn sie nur noch die gelbe Figur im Spiel hat?

b) Deine Figur A soll beim nächsten Wurf ins „Haus" gelangen. Mit welcher Wahrscheinlichkeit tritt dieses Ereignis ein, wenn dich Oma nicht vorher hinauswirft?

c) Gib das Ereignis „Weder Figur A noch Figur B gelangen beim nächsten Zug ins Haus" als Menge von Ergebnissen beim Würfeln an.

Fig. 1

4 Eine Maschine produziert pro Stunde 1000 Bauteile. 40 sind fehlerhaft, aber nur 20% der fehlerhaften sind unbrauchbar. Ein Kontrolleur prüft ein Bauteil. Mit welcher Wahrscheinlichkeit ist es ein unbrauchbares?

Fig. 2

5 Ein Würfel mit dem Netz in Fig. 2 wird dreimal geworfen. Gib das Ereignis „Man gewinnt" als Menge an und berechne seine Wahrscheinlichkeit.

a) Man gewinnt, wenn die Augensumme mindestens 11 Punkte beträgt.

b) Man gewinnt, wenn nur Dreier geworfen werden.

c) Man gewinnt, wenn die Augenzahlen bei jedem Wurf größer werden.

6 Welches der Ereignisse aus Aufgabe 5 tritt ein bei der Wurffolge

a) 3–4–4,   b) 1–2–4,   c) 3–3–3,   d) 4–3–1?

Bist du sicher?

1 In einem Strumpf befinden sich sechs rote und vier blaue Spielfiguren. Du ziehst zwei davon heraus. Die möglichen Ergebnisse sind rr, rb, br und bb.

a) Beschreibe das Ereignis „Mindestens eine gezogene Figur ist blau" als Menge und berechne seine Wahrscheinlichkeit.

b) Beschreibe das Ereignis E = {br, rb} in Worten und bestimme P(E).

2 Das Werfen mit einer normalen Münze ist ein Laplace-Versuch.

a) Was bedeutet das?

b) Die Münze wird dreimal geworfen. Es ist E = {WWZ, WZW, ZWW}. Beschreibe das Ereignis in Worten und gib seine Wahrscheinlichkeit an.

c) Nenne ein Ergebnis bei dem Versuch von Teil b, bei dem E nicht eintritt.

7 Beim Freiwurftraining im Basketball trifft Mareike mit 60% Wahrscheinlichkeit in den Korb. Sie wirft dreimal hintereinander und notiert die Ergebnisse dieses Zufallsversuches in der Form TFT (T = Treffer, F = Fehlwurf). Bestimme die Wahrscheinlichkeit für das Ereignis:
a) Mareike erzielt nur Treffer,
b) Mareike erzielt leider nur einen Treffer,
c) Mareike hat nur einen Fehlversuch,
d) Mareike trifft viermal.

8 Bei einem Laplace-Versuch gibt es zehn mögliche Ergebnisse.
a) Wie groß ist die Wahrscheinlichkeit für jedes Ergebnis?
b) Gib ein Beispiel für einen solchen Laplace-Versuch an.
c) Beschreibe bei deinem Laplace-Versuch aus Teil b ein Ereignis, zu dem sechs Ergebnisse gehören. Welche Wahrscheinlichkeit hat dieses Ereignis?

9 a) Erläutere in einem kleinen Aufsatz den Unterschied zwischen einem Ereignis des täglichen Lebens wie „Heute habe ich Geburtstag" und einem Ereignis bei einem Zufallsversuch.
b) Der Begriff Wurzel hat in der Mathematik eine andere Bedeutung als im täglichen Leben. Untersuche mithilfe eines Lexikons oder mithilfe des Internets, wieso beide Male derselbe Begriff verwendet wird.
c) Nenne und beschreibe einen anderen Begriff aus der Mathematik, der auch im täglichen Leben vorkommt.

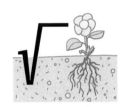

10 a) Ist das Ereignis „Man würfelt bei sieben Würfen eines Spielwürfels lauter verschiedene Augenzahlen" ein unmögliches Ereignis?
b) Ist das Ereignis „Man würfelt bei sieben Würfen eines Spielwürfels mindestens einmal die Augenzahl 6" ein sicheres Ereignis?

11 Spiele das Würfelspiel „Chicago" mit deinem Nachbarn zehnmal.
a) Wie groß ist der Anteil der Würfe mit mindestens 200 Punkten?
b) Beantwortet Teil a für alle Spiele in der Klasse.
c) Berechne die Wahrscheinlichkeit für das Ereignis aus Teil a.

Spielregeln für Chicago: Es werden drei Würfel geworfen. Eine „1" zählt 100 Punkte, eine „6" zählt 60 Punkte, die anderen Augen zählen nur einfach.

12 Ein CD-Player besteht aus vier Baugruppen. Bei der Qualitätskontrolle wird geprüft, ob die Baugruppen in Ordnung sind. Der Prüfautomat gibt als Ergebnis eine Prüfplakette aus, auf der z. B. steht: 1101, das heißt, die Baugruppen 1, 2 und 4 sind in Ordnung, Baugruppe 3 ist defekt. Eine Baugruppe ist defekt mit der Wahrscheinlichkeit $5 \cdot 10^{-3}$.
a) Wie viele Ergebnisse sind möglich?
b) Beschreibe das Ereignis E = {1000, 0100, 0010, 0001} in Worten und gib seine Wahrscheinlichkeit an.
c) Beschreibe das Ereignis F = {1111} in Worten und gib seine Wahrscheinlichkeit an.
d) Schreibe das Ereignis G: „Höchstens ein Bauteil ist defekt" als Menge auf und bestimme seine Wahrscheinlichkeit.

2 Gegenereignis – Vereinigung – Schnitt

Es hätte sicher Vorteile, wenn es keine Missverständnisse mehr gäbe.

Es ist mühsam, die Wahrscheinlichkeit für ein Ereignis zu berechnen, wenn sehr viele Ergebnisse dazugehören. Manchmal kann man trotzdem schnell zum Ziel gelangen.

Ein Kontrolleur notiert 1, falls ein Bauteil in Ordnung ist, sonst 0. Eine Kontrolle einer Maschine liefert z.B. das Ergebnis 1101. Wie viele Ergebnisse enthält das Ereignis E?

Eine Maschine aus vier Bauteilen darf nicht ausgeliefert werden, wenn mindestens ein Bauteil defekt ist. Aus vielen Kontrollen weiß man, dass ein Bauteil mit der Wahrscheinlichkeit 0,05 defekt ist. Wie groß ist die Wahrscheinlichkeit für das Ereignis E: „Mindestens ein Bauteil ist defekt"?
Die direkte Berechnung von $P(E)$ ist aufwändig, da zu E sehr viele Ergebnisse gehören. Einfacher zu berechnen ist die Wahrscheinlichkeit für das **Gegenereignis** $\overline{E}$: „Kein Bauteil ist defekt". Es gilt $P(\overline{E}) = 0,95 \cdot 0,95 \cdot 0,95 \cdot 0,95 = 0,95^4 = 0,8145$. Da $\overline{E}$ gerade diejenigen Ergebnisse enthält, die nicht in E enthalten sind, gilt $P(E) + P(\overline{E}) = 1$. Somit ist $P(E) = 1 - P(\overline{E}) = 0,1855$.

Fig. 1

„Es regnet oder es schneit" – dann kann es regnen oder schneien oder Schneeregen geben.

Ereignis und Gegenereignis ergeben vereinigt die Menge aller Ergebnisse, die **Ergebnismenge S**. So wie hier E und $\overline{E}$ werden auch bei anderen Situationen zwei Ereignisse zu einem weiteren Ereignis verknüpft.
In einer Schale liegen rote und blaue nummerierte Kugeln (Fig. 1). Es wird blind eine Kugel gezogen und ihre Zahl notiert. Ist E das Ereignis „Die Kugel trägt höchstens die Zahl 4" und F das Ereignis „Es ist eine blaue Kugel", so sind die zugehörigen Mengen $E = \{0, 1, 2, 3, 4\}$ bzw. $F = \{0, 2, 3, 8\}$.
Die Menge der Ergebnisse, die in E und F zugleich liegen, ist $\{0, 2, 3\}$. Man nennt sie **Schnittmenge** $E \cap F$, lies: „E geschnitten F".
Die Menge der Ergebnisse, die in E oder F liegen, ist $\{0, 1, 2, 3, 4, 8\}$. Man nennt sie **Vereinigungsmenge** $E \cup F$, lies: „E vereinigt F". Man muss dabei beachten, dass *oder* hier nicht *entweder-oder* bedeutet, sondern ein *nicht ausschließendes Oder*.

Zu jedem Ereignis E gibt es ein Gegenereignis $\overline{E}$, das alle Ergebnisse enthält, die nicht zu E gehören. Man kann $P(E)$ aus $P(\overline{E})$ berechnen, denn es gilt: $P(E) = 1 - P(\overline{E})$.

Alle Ergebnisse, die zugleich in E und in F liegen, bilden die Schnittmenge $E \cap F$.
Alle Ergebnisse, die in E oder in F liegen, bilden die Vereinigungsmenge $E \cup F$.

Beispiel

Das Glücksrad in Fig. 1 wird einmal gedreht und die angezeigte Zahl notiert. Wie groß ist die Wahrscheinlichkeit, dass

a) die angezeigte Zahl durch 6 teilbar und auf einem blauen Feld liegt?

b) die angezeigte Zahl durch 6 teilbar oder auf einem blauen Feld liegt?

c) Beschreibe das Gegenereignis von Aufgabe b und gib seine Wahrscheinlichkeit an.

Lösung:

E: „Zahl ist durch 6 teilbar", E = {0, 6, 12}; F: „Feld ist blau", F = {0, 3, 5, 8, 12, 15}.

a) $E \cap F$ = {0, 12}, also $P(E \cap F) = \frac{2}{16}$.

b) $E \cup F$ = {0, 3, 5, 6, 8, 12, 15}, also $P(E \cup F) = \frac{7}{16}$.

c) $\overline{E \cup F}$ = {1, 2, 4, 7, 9, 10, 11, 13, 14}. $\overline{E \cup F}$: „Die Zahl auf dem Feld ist nicht durch 6 teilbar und das Feld ist nicht blau", also $P(\overline{E \cup F}) = \frac{9}{16}$.

Fig. 1

Aufgaben

1 Du würfelst mit drei Würfeln. Mit welcher Wahrscheinlichkeit wirfst du

a) nur Sechsen,

b) keine Sechs,

c) mindestens eine Sechs,

d) höchstens zwei Sechsen?

2 Eine Schale enthält 20 Kugeln mit den Zahlen 0 bis 19. Eine Kugel wird blind gezogen. Wie groß ist die Wahrscheinlichkeit, dass die Zahl auf der Kugel

a) eine Primzahl und durch 5 teilbar ist,

b) eine Primzahl oder durch 5 teilbar ist,

c) ungerade und nicht durch 5 teilbar ist,

d) gerade oder durch 5 teilbar ist?

e) Beschreibe das Gegenereignis von Aufgabe b und gib seine Wahrscheinlichkeit an.

3 Lukas hat vier Pilze gefunden. Er hält sie für Champignons, lässt sie aber sicherheitshalber bei der Pilzberatung überprüfen. Gib das Gegenereignis in Worten an.

A: Kein Pilz ist giftig.   B: Höchstens ein Pilz ist giftig.   C: Nicht alle Pilze sind giftig.

Bist du sicher?

1 Angenommen, die Wahrscheinlichkeit für einen giftigen Pilz beträgt 20 %. Welche Wahrscheinlichkeit haben dann die Ereignisse und ihre Gegenereignisse in Aufgabe 3?

4 Von den 640 Schülerinnen und Schülern des Albert-Einstein-Gymnasiums haben 30 % Französisch als Fremdsprache und 20 % gehören zur Kursstufe (Klassen 11 und 12). In der Kursstufe haben 37,5 % Französisch als Fremdsprache. Eine Karteikarte wird zufällig aus der Schülerkartei gezogen. K bezeichnet das Ereignis „Der Schüler auf der Karteikarte ist in der Kursstufe" und F bezeichnet das Ereignis „Der Schüler auf der Karteikarte hat Französisch als Fremdsprache".

a) Beschreibe das Gegenereignis zu K in Worten und bestimme seine Wahrscheinlichkeit.

b) Wie viele Schüler gehören zu $K \cup F$? Beschreibe das Ereignis $K \cup F$ in Worten.

c) Beschreibe das Gegenereignis zu $K \cap F$ in Worten. Mit welcher Wahrscheinlichkeit gehört der Schüler von der gezogenen Karteikarte nicht zu $K \cap F$?

5 🔗 Der Zeitungsartikel beschreibt die Reaktionen in der damaligen DDR auf den Kennedy-Besuch im Jahre 1962, als der „Kalte Krieg" seinen Höhepunkt erreichte. Arbeite mit deinem Nachbarn heraus, wie sich der Gebrauch des Begriffes „Gegenereignis" von dem in der Mathematik üblichen Gebrauch unterscheidet.

Während sich die Aufregung in Westberlin nach Kennedys Weiterflug gen Irland etwas legte, war man im Ostteil der Stadt fieberhaft damit beschäftigt, das große Gegenereignis vorzubereiten. Am Freitag, dem 28. 6. 1963, sollte Nikita Chruschtschow, der Erste Sekretär des Zentralkomitees der KPdSU und damit sowjetischer Staatschef, nach Berlin kommen.

3 Vierfeldertafel

Jana: „Ich mag nur blonde Jungen."
Nina: „Frau Angermayer sagt, dass auf unserer Schule 360 Jungen sind, von denen 60% blond sind."
Jana: „Alle, die nicht mindestens 15 Jahre alt sind, brauchst du gar nicht mitzuzählen."
Nina: „Frau Angermayer sagt, dass auf unserer Schule ein Drittel der Jungen mindestens 15 Jahre alt sind."
Jana: „Und wie viele davon sind blond?"
Nina: „Keine Ahnung. Ich weiß nur, dass von denen, die noch nicht 15 sind, 100 nicht blond sind." ▬▬▬

Für die Berechnung von Wahrscheinlichkeiten bei Laplace-Versuchen braucht man nur zu wissen, wie viele Ergebnisse zu den betrachteten Ereignissen gehören.

Zu der Tagesproduktion von 800 Stück eines Bauteils für einen Computer musste die Firma MP1 wegen Engpässen 45% von einer anderen Firma hinzukaufen. Aus Zeitmangel konnten nur 80% der Bauteile geprüft werden, von den geprüften waren nur 40% zugekaufte.
Mathis kauft in einem Elektronikmarkt ein Bauteil. Mit welcher Wahrscheinlichkeit ist es eines der geprüften aus der eigenen Produktion von MP1? Man bezeichnet mit P das Ereignis „Das Bauteil ist geprüft" und mit E das Ereignis „Das Bauteil ist aus der eigenen Produktion von MP1". Gesucht ist dann die Wahrscheinlichkeit für $P \cap E$.

E∩P: 384 eigenproduziert, geprüft.
E∩P̄: 56 eigenproduziert, ungeprüft.
Ē∩P: 256 fremdproduziert, geprüft.
Ē∩P̄: 104 fremdproduziert, ungeprüft.

Die Bauteilzahlen lassen sich übersichtlich in einer Tabelle darstellen. Man ermittelt zunächst aus den Angaben im Text die roten Werte und kann daraus die anderen berechnen. Das Feld mit den Anzahlen zu dem Ereignis $P \cap E$ ist dunkelblau. Es gibt also 384 von MP1 produzierte geprüfte Bauteile, die gesuchte Wahrscheinlichkeit beträgt $\frac{384}{800} = 48\%$.

	E	Ē	Gesamt
P	384	256	640
P̄	56	104	160
Gesamt	440	360	800

Die vier blau unterlegten Felder enthalten die Anzahlen für die vier Schnittmengen, die sich aus den beiden Ereignissen P bzw. E und ihren Gegenereignissen bilden lassen. Daher nennt man eine solche Tabelle auch **Vierfeldertafel**.

> Mit einer Vierfeldertafel lassen sich bei einem Laplace-Versuch die Anzahlen der Ergebnisse von zwei Ereignissen und ihren Gegenereignissen übersichtlich darstellen und Wahrscheinlichkeiten berechnen.

Man sollte die Wahrscheinlichkeit zunächst schätzen.

Beispiel Medizinischer Test
In der Bundesrepublik Deutschland sind etwa 0,5% der Bevölkerung aktiv an Tuberkulose (Tbc) erkrankt. Man weiß aufgrund langjähriger Erfahrungen, dass ein spezieller Tbc-Röntgentest 90% der Kranken und 99% der Gesunden richtig diagnostiziert. Herr Lampe hat am Röntgentest teilgenommen. Das Untersuchungsergebnis weist ihn als Tbc-krank aus (Testergebnis positiv). Mit welcher Wahrscheinlichkeit ist er wirklich an Tbc erkrankt?

Lösung: *Man geht z. B. von 100 000 untersuchten Personen aus. Mit den Zahlenangaben wird dann die Tabelle erstellt. Es ergeben sich zunächst die roten Werte:*
0,5 % von 100 000 = 500,
90 % von 500 = 450,
99 % von 99 500 = 98 505.
Die anderen Werte werden daraus berechnet.

	An Tbc erkrankt	Nicht an Tbc erkrankt	Gesamt
Test positiv	450	995	1 445
Test negativ	50	98 505	98 555
Gesamt	500	99 500	100 000

Wenn nur Anteile oder Wahrscheinlichkeiten gegeben sind, kann man eine passende Gesamtzahl zu Grunde legen.

Insgesamt sind von den 100 000 Untersuchten 1445 positiv getestet worden. Davon sind aber nur 450 krank. Also beträgt die gesuchte Wahrscheinlichkeit $\frac{450}{1445} \approx 31\%$.

Aufgaben

1 Eine Umfrage über die Beliebtheit des Faches Mathematik ergab die unvollständige Tabelle in Fig. 1.
a) Übertrage die Tabelle ins Heft und vervollständige sie.
b) Wie viele Schülerinnen und Schüler sind in der 9b und mögen Mathematik?
c) Wie viele Schülerinnen und Schüler sind in der 9b oder mögen Mathematik?

	9a	9b	Gesamt
Mag gern Mathematik		18	36
Mag nicht gern Mathematik	12		
Gesamt		28	

Fig. 1

2 Eine Schülerin bzw. ein Schüler aus einer der Klassen 9a oder 9b wird zufällig herausgegriffen. E ist das Ereignis „Die Schülerin bzw. der Schüler ist aus der Klasse 9b", F ist das Ereignis „Die Schülerin bzw. der Schüler mag gerne Mathe". Bestimme die Wahrscheinlichkeiten der Ereignisse Ē, E ∪ F und E ∩ F (siehe Aufgabe 1, Fig. 1).

3 Bei der Überprüfung von Fahrgästen der städtischen Verkehrsbetriebe wurde ermittelt, dass etwa 2 % Schwarzfahrer unterwegs sind, davon 75 % männliche. Allerdings wurden insgesamt auch 55 % männliche Fahrgäste gezählt. Ein Fahrgast wird überprüft.
a) Erstelle eine Vierfeldertafel. Lege dabei passende Anzahlen zu Grunde.
b) Mit welcher Wahrscheinlichkeit wird bei der Überprüfung wohl eine weibliche Person mit Fahrschein angetroffen?
c) Wie wahrscheinlich ist es, auf eine männliche oder eine Person mit Fahrschein zu treffen?

4 Ein Zollhund bellt, wenn er Rauschgift wittert. 98 % aller Rauschgift-Schmuggelfälle entdeckt er. In 3 % aller Fälle, in denen kein Rauschgift geschmuggelt wurde, bellt er versehentlich trotzdem. Die Erfahrung zeigt, dass bei 1 % sämtlicher Grenzübertritte Rauschgift geschmuggelt wird.
a) Wie groß ist die Wahrscheinlichkeit, dass der Hund bellt, wenn er einen Grenzgänger überprüft? Wieso ist diese Wahrscheinlichkeit ziemlich klein?
b) Angenommen, der Hund bellt bei einem gerade ankommenden Grenzgänger. Wie sicher kann der Zollbeamte sein, dass der Grenzgänger tatsächlich Rauschgift schmuggelt?
c) Angenommen, der Hund bellt bei einem ankommenden Grenzgänger nicht. Wie sicher kann der Zollbeamte sein, dass dieser Grenzgänger kein Rauschgift schmuggelt?
d) ᏸᏸ Erfinde eine Variation der Aufgabe – du kannst z. B. die Prozentzahlen ändern –, erstelle eine Lösung und stelle die Aufgabe deiner Nachbarin oder deinem Nachbarn.

4 Additionssatz

Maren möchte gern Sechsen würfeln. Sie überlegt: „Wenn ich einen Würfel nehme, ist die Wahrscheinlichkeit für eine Sechs $\frac{1}{6}$, wenn ich zwei Würfel nehme, ist sie $\frac{2}{6}$, wenn ich drei Würfel nehme, ist sie $\frac{3}{6}$ usw.
Das ist ja einfach!"

Für zwei Ereignisse E und F weiß man oft die Wahrscheinlichkeiten P(E) und P(F). Wie kann man daraus P(E∪F) berechnen?

Da E∪F durch Vereinigen, also durch Zusammenfassen der Mengen E und F entsteht, könnte man vermuten, dass man P(E∪F) wie bei der Summenregel als Summe von P(E) und P(F) erhält.

Erinnerung:
Zum Ereignis E∪F gehören alle Ergebnisse, die in E oder in F oder in E und F zugleich liegen.

Das wird in einer einfachen Situation untersucht. Beim zweifachen Münzwurf sei E: „Die Münze zeigt beim ersten Wurf Zahl" und F: „Die Münze zeigt beim zweiten Wurf Zahl". Dabei gilt P(E) = $\frac{1}{2}$ und P(F) = $\frac{1}{2}$, also P(E) + P(F) = 1. E∪F ist das Ereignis „Die Münze zeigt beim ersten oder zweiten Wurf Zahl". Da die Münze auch zweimal Kopf zeigen kann, ist es nicht möglich, dass P(E∪F) gleich 1 ist.

Zu E∪F gehören die Werte in den mittelblauen Feldern, zu E∩F nur der Wert im dunkelblauen Feld.

Also darf man P(E) und P(F) nicht einfach addieren, um P(E∪F) zu bestimmen. An der Vierfeldertafel erkennt man, woran das liegt. Wenn man 1000-mal einen doppelten Münzwurf ausführt, ergibt sich etwa die Aufteilung in der Vierfeldertafel. In rund 500 Fällen zeigt die Münze beim ersten Wurf Zahl und in etwa 500 Fällen zeigt die Münze beim zweiten Wurf Zahl. Aber nur in etwa 750 Fällen wird beim ersten oder zweiten Wurf Zahl gezeigt. Wenn man die Summe 500 + 500 bildet, wird der Wert 250 im dunkelblauen Feld doppelt gezählt und muss daher wieder von der Summe 500 + 500 subtrahiert werden. Damit erhält man:

	1. Wurf Zahl (E)	1. Wurf Kopf	Gesamt
2. Wurf Zahl (F)	250	250	500
2. Wurf Kopf	250	250	500
Gesamt	500	500	1000

$$P(E\cup F) = \frac{500 + 500 - 250}{1000} = \frac{500}{1000} + \frac{500}{1000} - \frac{250}{1000} = P(E) + P(F) - P(E\cap F).$$

Bei der Summenregel darf man Wahrscheinlichkeiten einfach addieren, denn zwei Ergebnisse können nicht zugleich auftreten.

Für zwei Ereignisse E und F ist P(E∪F) = P(E) + P(F) − P(E∩F) (Additionssatz)

Nur wenn zu E∩F keine Ergebnisse gehören, genügt es, die Wahrscheinlichkeiten zu addieren. Nur in diesem Fall gilt: P(E∪F) = P(E) + P(F).

Beispiel

Das Glücksrad (Fig. 1) wird zweimal gedreht. Mit welcher Wahrscheinlichkeit zeigt es beim ersten Drehen höchstens 2 an oder beträgt die Summe der Zahlen 5?

Lösung:

Man benutzt den Additionssatz.

E: „Beim ersten Drehen zeigt es höchstens 2 an",

E = {1–1, 1–2, 1–3, 1–4, 2–1, 2–2, 2–3, 2–4}, $P(E) = \frac{8}{16}$.

F: „Die Summe der Zahlen beträgt 5",

F = {1–4, 2–3, 3–2, 4–1}, $P(F) = \frac{4}{16}$.

E ∩ F = {1–4, 2–3}, $P(E \cap F) = \frac{2}{16}$,

also $P(E \cup F) = P(E) + P(F) - P(E \cap F) = \frac{8}{16} + \frac{4}{16} - \frac{2}{16} = \frac{10}{16} = \frac{5}{8}$.

Fig. 1

Hier kann man P(E) auch einfacher berechnen.

Aufgaben

1 Mit welcher Wahrscheinlichkeit wird beim Würfeln
a) eine gerade Zahl oder eine Sechs geworfen,
b) keine gerade Zahl oder keine Sechs geworfen?

2 Beim Skatspiel wird eine Karte ausgespielt. Wie groß ist die Wahrscheinlichkeit,
a) dass es eine rote Bildkarte ist,
b) dass es eine Kreuzkarte oder eine Herzkarte ist,
c) dass es eine Trumpfkarte ist, wenn Julius einen „Karo-Solo" spielt? Dabei sind alle Buben sowie alle Karokarten Trumpf.

3 Das Glücksrad in Fig. 1 wird zweimal gedreht. Mit welcher Wahrscheinlichkeit zeigt es
a) beim ersten Drehen mindestens 3 oder beim zweiten Drehen höchstens 2 an,
b) beim ersten Drehen mindestens 3 an oder beträgt die Summe der Zahlen 4,
c) beim ersten Drehen Blau oder beim zweiten Drehen Rot an?

Fig. 2

Bist du sicher?

1 Aus der Schale ziehst du ohne hinzusehen eine Kugel, legst sie zurück und ziehst noch eine Kugel. Mit welcher Wahrscheinlichkeit
a) ist die erste Kugel rot oder die Summe der Zahlen auf den Kugeln 6,
b) ist die Zahl auf der ersten Kugel größer als die Zahl auf der zweiten Kugel oder die zweite Kugel grün?

4 Frau Kuhl setzt beim Roulette auf Impair und Douze milieu.
a) Mit welcher Wahrscheinlichkeit erzielt sie einen Gewinn?
b) Wie groß ist die Wahrscheinlichkeit für einen Gewinn sowohl bei Impair als auch bei Douze milieu?

5 In einem grünen Strumpf befinden sich 5 rote und 3 blaue Kugeln. In einem blauen Strumpf sind 5 rote und 3 grüne Kugeln. Es wird aus jedem Strumpf eine Kugel gezogen.
a) Wie groß ist die Wahrscheinlichkeit, dass die Kugel aus dem grünen Strumpf rot oder die Kugel aus dem blauen Strumpf rot ist?
b) Wie groß ist die Wahrscheinlichkeit, dass die Kugel aus dem grünen Strumpf blau oder die Kugel aus dem blauen Strumpf grün ist?

Einige Setzmöglichkeiten beim Roulette: Pair (alle geraden Zahlen), Impair (alle ungeraden Zahlen), Manque (Zahlen von 1 bis 18), Passe (Zahlen von 19 bis 36), Rouge (alle roten Felder), Noir (alle schwarzen Felder), Douze premier (1 bis 12), Douze milieu (13 bis 24), Douze dernier (25 bis 36)

5 Unabhängigkeit

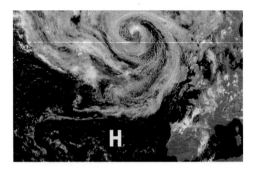

Wenn sich über den Azoren ein Hoch befindet, haben wir in der Regel sonniges Wetter. Das Wetter an einem fernen Ort kann unser Wetter beeinflussen. Ist das immer so?

Es gibt Ereignisse, bei denen das eine das andere beeinflusst und solche, bei denen das nicht der Fall ist. Beide Fälle können auftreten, wenn man wie beim Lottospiel Kugeln zufällig aus einer Urne zieht. Die Urne enthält z.B. sechs rote und vier blaue Kugeln, und es werden zufällig zwei davon gezogen. Die Ereignisse E „Im ersten Zug Rot" und F „Im zweiten Zug Rot" werden untersucht. Es ist also $E = \{rr, rb\}$ und $F = \{rr, br\}$, außerdem ist $E \cap F = \{rr\}$ das Ereignis „In beiden Zügen Rot".

Fig. 1
Beim Ziehen mit Zu-rücklegen beeinflussen sich die Ereignisse E und F nicht.

Ziehen mit Zurücklegen:
Nach dem Ziehen wird die gezogene Kugel zurückgelegt.

Ziehen ohne Zurücklegen:
Nach dem Ziehen wird die gezogene Kugel nicht zurückgelegt.

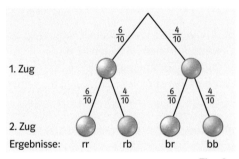

Fig. 2

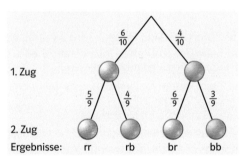

Fig. 3

Nach der Pfadregel und der Summenregel ergibt sich:

$$P(E) = \frac{6}{10} \cdot \frac{6}{10} + \frac{6}{10} \cdot \frac{4}{10} = \frac{6}{10},$$

$$P(F) = \frac{6}{10} \cdot \frac{6}{10} + \frac{4}{10} \cdot \frac{6}{10} = \frac{6}{10},$$

$$P(E \cap F) = \frac{6}{10} \cdot \frac{6}{10} = \frac{36}{100},$$

also $P(E \cap F) = P(E) \cdot P(F)$.

$$P(E) = \frac{6}{10} \cdot \frac{5}{9} + \frac{6}{10} \cdot \frac{4}{9} = \frac{6}{10},$$

$$P(F) = \frac{6}{10} \cdot \frac{5}{9} + \frac{4}{10} \cdot \frac{6}{9} = \frac{6}{10},$$

$$P(E \cap F) = \frac{6}{10} \cdot \frac{5}{9} = \frac{30}{90},$$

also $P(E \cap F) \neq P(E) \cdot P(F)$.

Die Eigenschaft beim Ziehen mit Zurücklegen lässt sich allgemein anwenden:

> Wenn zwei Ereignisse **unabhängig** sind, kann man die Wahrscheinlichkeit für das Ereignis $E \cap F$ als Produkt der Wahrscheinlichkeiten von E und F berechnen:
> $P(E \cap F) = P(E) \cdot P(F)$.

Nicht immer ist es offensichtlich, dass sich zwei Ereignisse E und F nicht beeinflussen. Dann verwendet man die Beziehung $P(E \cap F) = P(E) \cdot P(F)$ als Test, ob zwei Ereignisse voneinander unabhängig sind.

Bei vielen Aufgaben, die bisher bearbeitet wurden, ist stillschweigend Unabhängigkeit angenommen worden.

Es gibt viele Situationen, bei denen man die Unabhängigkeit als Modellannahme voraussetzt. Wenn man z. B. für eine Folge von Basketballwürfen Wahrscheinlichkeiten ausrechnen will, nimmt man an, dass die einzelnen Würfe voneinander unabhängig erfolgen. In der Realität ist das möglicherweise nicht ganz richtig, da der Schütze mit der Zeit eventuell ermüdet. Es kann auch sein, dass der Schütze sich erst einwerfen muss und mit der Zeit besser trifft.

Beispiel 1 Unabhängigkeit voraussetzen
Eine Pumpanlage ist aus zwei einzelnen Pumpen zusammengesetzt. Jede Pumpe arbeitet mit 95 % Wahrscheinlichkeit einwandfrei. Der Hersteller gibt an, dass die Anlage mit mehr als 90 % Wahrscheinlichkeit funktioniert. Wie hat der Hersteller diesen Wert wohl berechnet?

Pumpenkette

Fig. 1

Lösung:
Der Hersteller geht davon aus, dass die Pumpen voneinander unabhängig arbeiten.
Die Anlage funktioniert, wenn beide Pumpen einwandfrei arbeiten.
Es sei E: „Pumpe 1 funktioniert", $P(E) = 0,95$ und F: „Pumpe 2 funktioniert", $P(F) = 0,95$.
Dann ist wegen der Unabhängigkeit von E und F: $P(E \cap F) = 0,95 \cdot 0,95 = 0,9025$.
Also funktioniert die Anlage mit 90,25 % Wahrscheinlichkeit.

Beispiel 2 Unabhängigkeit nachweisen
Zwei Würfel werden geworfen. Untersuche die Ereignisse E und F auf Unabhängigkeit. Dabei ist E: „Der erste Würfel zeigt eine 6"
und
a) F: „Die Augensumme beträgt 7".
b) F: „Die Augensumme beträgt 8".

Lösung:
$E = \{6-1, 6-2, 6-3, 6-4, 6-5, 6-6\}$, $P(E) = \frac{6}{36} = \frac{1}{6}$;
a) $F = \{1-6, 2-5, 3-4, 4-3, 5-2, 6-1\}$, $P(F) = \frac{6}{36} = \frac{1}{6}$;
$E \cap F = \{6-1\}$, $P(E \cap F) = \frac{1}{36} = \frac{1}{6} \cdot \frac{1}{6} = P(E) \cdot P(F)$.
Also sind E und F unabhängig.
b) $F = \{2-6, 3-5, 4-4, 5-3, 6-2\}$, $P(F) = \frac{5}{36}$;
$E \cap F = \{6-2\}$, $P(E \cap F) = \frac{1}{36} \neq \frac{1}{6} \cdot \frac{5}{36} = P(E) \cdot P(F)$.
Also sind E und F nicht unabhängig.
Unabhängigkeit bei Beispiel 2a hätte man hier auch aus der Situation erkennen können. Denn für jede Zahl des ersten Würfels gibt es genau eine Zahl beim zweiten Würfel, sodass die Augensumme 7 ist. Also spielt eine Sechs beim ersten Würfel keine Rolle dabei, ob am Ende die Augensumme 7 erzielt wird.
Dies gilt aber nicht in Beispiel 2b, weil bei einer Eins beim ersten Würfel die Augensumme 8 nicht mehr erzielt werden kann. Also beeinflusst hier eine Sechs beim ersten Würfel das Ereignis, ob die Augensumme 8 ist.

Aufgaben

1 In einer Fabrik werden Fahrzeuge produziert, die erfahrungsgemäß mit 2 % Wahrscheinlichkeit im ersten Jahr eine Panne haben. Ein Unternehmen kauft vier solche Fahrzeuge. Man nimmt an, dass die Fahrzuge unabhängig voneinander ausfallen.
a) Wie groß ist die Wahrscheinlichkeit, dass kein Fahrzeug im ersten Jahr eine Panne hat?
b) Diskutiere, ob die Annahme der Unabhängigkeit gerechtfertigt ist.

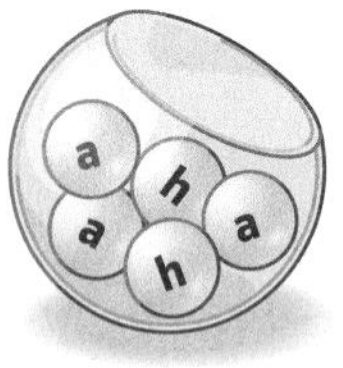

2 Aus der Urne in Fig. 1 werden nacheinander zwei Kugeln entnommen. Es sei E: „Die erste Kugel trägt den Buchstaben a" und F: „Die zweite Kugel trägt den Buchstaben h".
a) Die erste Kugel wird nach dem Ziehen zurückgelegt. Weise nach: $P(E \cap F) = P(E) \cdot P(F)$.
b) Die erste Kugel wird nach dem Ziehen nicht zurückgelegt. Weise nach:
$P(E \cap F) \neq P(E) \cdot P(F)$.

Fig. 1

3 Aus der Urne in Fig. 1 werden mit Zurücklegen zwei Kugeln entnommen. Es sei E: „Die erste Kugel trägt den Buchstaben a."
a) Untersuche, ob E und F: „Die zweite Kugel trägt den Buchstaben a" unabhängig sind.
b) Untersuche, ob E und F: „Kein Buchstabe kommt zweimal vor" unabhängig sind.

4 In einem schwarzen Strumpf befinden sich vier rote und drei blaue Kugeln, in einem weißen Strumpf befinden sich acht rote und sechs blaue Kugeln. Es wird ein Strumpf ausgewählt und eine Kugel aus dem gewählten Strumpf gezogen.
a) Untersuche, ob die Ereignisse A „Der schwarze Strumpf wird gewählt" und B „Man zieht eine blaue Kugel" unabhängig sind. Wie ist es mit $\overline{A}$ und $\overline{B}$?
b) Überlege dir mit deiner Nachbarin oder deinem Nachbarn eine Änderung, durch die man ein anderes Ergebnis erhält.

5 Ein elektronisches Bauteil wird aus drei Komponenten zusammengebaut. Komponente A wird mit 98 % Wahrscheinlichkeit, Komponente B wird mit 95 % Wahrscheinlichkeit und Komponente C mit 90 % Wahrscheinlichkeit fehlerfrei produziert. Der Chefplaner berechnet, dass das Bauteil mit 83,8 % Wahrscheinlichkeit fehlerfrei funktioniert. Wie kommt der Chefplaner zu diesem Ergebnis?

Bist du sicher?

1 Ein Medikament wirkt bei der Behandlung einer Krankheit mit 80 % Wahrscheinlichkeit heilend. Drei an der Krankheit leidende Patienten werden damit behandelt.
a) Ein Arzt überlegt sich, dass das Medikament mit Wahrscheinlichkeit 51,2 % alle drei Patienten heilt. Wie kommt er zu diesem Ergebnis?
b) Bevor der dritte Patient das Medikament erhält, sieht er, wie es bei den anderen beiden wirkt. Wie könnte sich das auf die Wahrscheinlichkeit in Teil a auswirken?

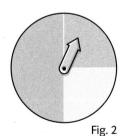

2 Das Glücksrad in Fig. 2 wird zweimal gedreht. Es sei E: „Beim ersten Drehen erscheint Rot."
a) Untersuche, ob E und das Ereignis F: „Beim zweiten Drehen erscheint Blau" unabhängig sind.
b) Rot zählt 1 Punkt, Gelb zählt 2 Punkte und Blau zählt 3 Punkte. Sind dann die Ereignisse E und F: „Man erzielt zusammen höchstens 3 Punkte" unabhängig?

Fig. 2

6 Im Beispiel 2a auf Seite 127 sind die Ereignisse E und F unabhängig. Ist das auch der Fall, wenn man statt der normalen Würfel zwei Lego-Achter verwendet (Fig. 1)? Begründe mithilfe der Wahrscheinlichkeitsverteilung für den Lego-Achter, siehe Fig. 2.

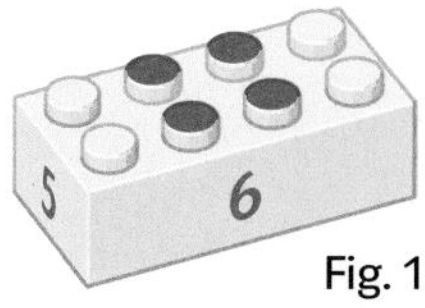

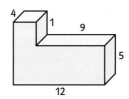

Fig. 1

7 Beim Werfen eines Würfels sei E: „Die Augenzahl ist eine Primzahl" und F: „Die Augenzahl ist gerade".
a) Beschreibe das Ereignis E∩F in Worten und bestimme seine Wahrscheinlichkeit.
b) Untersuche, ob E und F unabhängig sind.
c) Wie beeinflusst das Ereignis E das Ereignis F? Argumentiere so: Wenn man schon weiß, dass eine Primzahl gewürfelt wurde, dann …
d) Wie beeinflusst das Ereignis F das Ereignis E?

Ergebnis	Wahrscheinlichkeit
1	10%
2	2%
3	45%
4	31%
5	2%
6	10%

Fig. 2

8 Die Vierfeldertafel in Fig. 3 zeigt, wie viele Schülerinnen und Schüler am Theodor-Heuss-Gymnasium (THG) und am Lise-Meitner-Gymnasium (LMG) einheimsch bzw. auswärtig sind.
a) Untersuche, ob „Einheimisch Sein" und „Zum THG Gehen" unabhängig sind.
b) Ein Schüler verlässt das THG. Diskutiere mit deiner Gruppe, wie sich das auf die Unabhängigkeit in Teil a auswirkt. Eine Gruppe präsentiert ihr Ergebnis, die anderen nehmen dazu Stellung.

	THG	LMG	Gesamt
Einheimisch	240	180	420
Auswärtig	360	270	630
Gesamt	600	450	1050

Fig. 3

	Sohn helläugig	Sohn nicht helläugig	Gesamt
Vater helläugig	471	151	622
Vater nicht helläugig	148	230	378
Gesamt	619	381	1000

Fig. 4

9 Der Engländer Galton, ein Vetter von Charles Darwin, ermittelte Daten zu Augenfarben von Vätern und ihren Söhnen. Untersuche mithilfe der Vierfeldertafel in Fig. 4, ob Helläugigkeit beim Vater und Helläugigkeit beim Sohn unabhängig sind.

10 Ein Multiple-Choice-Test enthält sechs Fragen mit jeweils drei Antworten, von denen nur eine richtig ist. Je eine Antwort ist anzukreuzen.
a) Kandidat A hat keine Ahnung, welches die richtigen Antworten sind. Er setzt zufällig seine Kreuzchen. Wie kann man die Wahrscheinlichkeit berechnen, dass er mindestens eine Frage richtig beantwortet? Welche Annahme wird dabei gemacht?
b) Kandidat B glaubt, dass bei zwei Fragen jeweils Antwort 1, bei zwei Fragen jeweils Antwort 2 und bei zwei Fragen jeweils Antwort 3 richtig ist. Diskutiere, ob man so vorgehen darf wie in Teil a.

Kannst du das noch?

11 Berechne Oberfläche und Volumen des abgebildeten Körpers (Maße in dm).

12 Wandle um in die Einheit in Klammern.
a) 20 cm (mm, m, km)
b) 20 m² (cm², dm², a)
c) 20 dm³ (cm³, m³, mm³, Liter)

Fig. 5

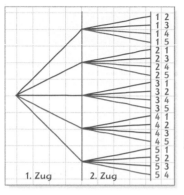

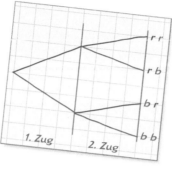

In einer Schale liegen drei rote Kugeln mit den Nummern 1, 2, 3 und zwei blaue Kugeln mit den Nummern 4 und 5. Es werden daraus „blind" zwei Kugeln ohne Zurücklegen gezogen.
Lea zeichnet den Baum links, Constantin den Baum rechts.

Fig. 1

Bisher wurden verschiedene Methoden bereitgestellt, wie man Aufgaben aus der Wahrscheinlichkeitsrechnung lösen kann. Nicht immer ist jede Methode geeignet, aber oft kann man mit verschiedenen Methoden zum Ziel kommen.

Beispiel
Wie groß ist die Wahrscheinlichkeit, dass beim zweimaligen Würfeln beim ersten Wurf eine 3 oder beim zweiten Wurf eine 6 fällt?

Die gesuchte Wahrscheinlichkeit kann man auch mithilfe des Gegenereignisses von A bestimmen.

Methode 1
Lösung mithilfe eines Baumdiagramms:

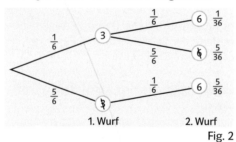

Fig. 2

Das betreffende Ereignis ist
A = {3 – 6, 3 – 6̸, 3̸ – 6}.
Aus dem Baumdiagramm ergibt sich
$P(A) = \frac{1}{36} + \frac{5}{36} + \frac{5}{36} = \frac{11}{36}$.

Methode 2
Lösung mithilfe des Additionssatzes:
Man verwendet die Ereignisse E: „Der erste Würfel zeigt eine 3", F: „Der zweite Würfel zeigt eine 6". Gesucht ist dann P(E∪F).

Zunächst ist $P(E) = \frac{1}{6}$, $P(F) = \frac{1}{6}$.
Da E und F unabhängig sind, gilt
$P(E∩F) = P(E) \cdot P(F) = \frac{1}{6} \cdot \frac{1}{6} = \frac{1}{36}$.
Also gilt nach dem Additionssatz:
$P(E∪F) = \frac{1}{6} + \frac{1}{6} - \frac{1}{36} = \frac{11}{36}$.

Noch eine Methode wird in Aufgabe 3 behandelt.

Methode 3
Lösung mit einer Vierfeldertafel:
Man stellt sich vor, dass der Zufallsversuch „Zweimal würfeln" sehr oft, z. B. 3600-mal, durchgeführt wird. Damit erhält man die nebenstehende Vierfeldertafel. Daraus liest man ab, dass bei 500 + 500 + 100 = 1100 Durchführungen im ersten Wurf eine 3 oder im zweiten Wurf eine 6 fällt. Also ist die gesuchte Wahrscheinlichkeit $\frac{1100}{3600} = \frac{11}{36}$.

	2. Wurf 6	2. Wurf nicht 6	Gesamt
1. Wurf 3	100	500	600
1. Wurf nicht 3	500	2500	3000
Gesamt	600	3000	3600

Aufgaben

1 Wie groß ist die Wahrscheinlichkeit, dass beim Ziehen von zwei Kugeln mit Zurücklegen aus der Schale in Fig. 1 die erste Kugel rot ist oder die zweite Kugel mindestens die Zahl 3 trägt? Bestimme die Lösung auf zwei verschiedene Arten.

Fig. 1

2 ⚇ Beim Würfeln mit zwei Würfeln (rot bzw. grün) gewinnt man, wenn
a) beide Würfel gleiche Augenzahlen zeigen,
b) beide Würfel gerade Augenzahlen zeigen,
c) der rote Würfel eine höhere Augenzahl zeigt als der grüne.
Überlege dir mit deiner Partnerin oder deinem Partner, wie man die Aufgaben mit verschiedenen Methoden lösen kann. Präsentiert eure Lösung.

3 a) Löse die Aufgabe im Beispiel auf der vorhergehenden Seite mithilfe eines Diagramms wie in Fig. 2. Ergebnisse, die zu einem Ereignis gehören, werden durch einen roten Kreis markiert.
b) Wofür ist diese Methode geeignet?

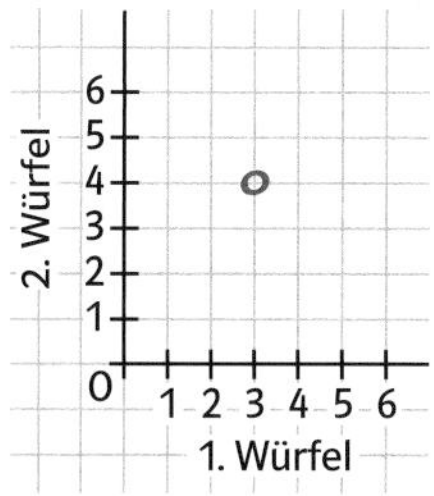

Fig. 2

4 Wie groß ist die Wahrscheinlichkeit, dass beim zehnmaligen Münzwurf eine Münze mindestens neunmal auf die gleiche Seite fällt? Löse die Aufgabe mit zwei Methoden.
a) Verwende ein Baumdiagramm.
b) Die Anzahl von möglichen Ergebnissen ist 2^{10}. Ermittle die Anzahl der Fälle, die zu dem beschriebenen Ereignis führen, und bestimme die Wahrscheinlichkeit mithilfe der Formel für einen Laplace-Versuch.

5 Bei Pferderennen kann man darauf wetten, welche drei Pferde zuerst ins Ziel kommen. Die Reihenfolge spielt dabei keine Rolle.
a) Es laufen vier Pferde mit. Mit welcher Wahrscheinlichkeit ist der Wetttipp richtig, wenn alle Pferde gleich gut sind? Versuche, zuerst mithilfe eines Baumdiagramms und dann auch durch Abzählen der Möglichkeiten zum Ziel zu kommen.
b) Bearbeite Teil a für fünf (sechs) Pferde.

6 Von einer seltenen Krankheit, die erst nach Jahren ausbrechen kann, weiß man aus langjähriger Erfahrung, dass etwa 0,1 % der Bevölkerung daran erkrankt ist. Um diese Krankheit frühzeitig zu diagnostizieren, wurde ein Bluttest entwickelt. Da die Krankheit nach Ausbruch nicht mehr zu heilen ist, wird vorgeschlagen, die gesamte Bevölkerung mit dem Test zu untersuchen. Diskutiere, ob das sinnvoll ist. Untersuche dazu folgende Fragestellungen.
a) Das Untersuchungsergebnis weist eine getestete Person als krank aus (Testergebnis positiv). Mit welcher Wahrscheinlichkeit ist sie wirklich erkrankt?
b) Das Untersuchungsergebnis weist eine getestete Person als gesund aus (Testergebnis negativ). Mit welcher Wahrscheinlichkeit ist sie wirklich gesund?
c) Wie ändern sich die Wahrscheinlichkeiten in a bzw. b, wenn der Hersteller beide Erkennungsraten auf 99 % verbessert?

Herstellerangaben zum Bluttest der Firma Sida-Pharm: Erkennungsrate 95 %, falls Proband erkrankt. Erkennungsrate 98 %, falls Proband gesund.

7 Was man beim Spielen erwarten kann ...

Lotterie 1
Einsatz 50 Cent
Auszahlung bei Rot:
1 Euro

Lotterie 2
Du zahlst bei Rot
1 Euro.
Wir zahlen bei Blau
20 Cent.

Mara meint, dass Lotterie 1 günstiger ist, weil man mehr gewinnt.
Jakob hält Lotterie 2 für günstiger, weil das blaue Feld bei dem Glücksrad größer ist. Anna fürchtet, dass man bei beiden Lotterien nur verlieren kann.

Chuck-your-luck ist ein Würfelspiel aus Amerika. Der Spieler setzt einen Dollar und würfelt dann dreimal. Für jede Sechs erhält er von der Bank einen Dollar. Der Spieler möchte wissen, wie viel er auf lange Sicht gewinnt oder verliert. Bezeichnet man mit X seinen möglichen Gewinn oder Verlust, so kann X die Werte −1\$, 0\$, 1\$ oder 2\$ annehmen.

Vor dem Rechnen solltet ihr das Spiel ausprobieren, siehe dazu Aufgabe 7.

Mit „X = 1" wird kurz das Ereignis bezeichnet, das aus allen Ergebnissen mit einem Dollar Gewinn besteht.
Man kann die Wahrscheinlichkeiten für die Ereignisse wie z. B. „X = 1" mithilfe eines Baumdiagramms berechnen.

$$P(X = -1) = \frac{5}{6} \cdot \frac{5}{6} \cdot \frac{5}{6} = \frac{125}{216} \text{ (keine Sechs),}$$

$$P(X = 0) = 3 \cdot \frac{1}{6} \cdot \frac{5}{6} \cdot \frac{5}{6} = \frac{75}{216} \text{ (eine Sechs),}$$

$$P(X = 1) = 3 \cdot \frac{1}{6} \cdot \frac{1}{6} \cdot \frac{5}{6} = \frac{15}{216} \text{ (zwei Sechsen),}$$

$$P(X = 2) = \frac{1}{6} \cdot \frac{1}{6} \cdot \frac{1}{6} = \frac{1}{216} \text{ (drei Sechsen).}$$

(S) = Sechs wird gewürfelt   (K) = keine Sechs

Fig. 1

g	−1	0	1	2
P(X = g)	$\frac{125}{216}$	$\frac{75}{216}$	$\frac{15}{216}$	$\frac{1}{216}$

Man nennt X **Zufallsvariable**. Die berechneten Wahrscheinlichkeiten werden in einer Tabelle zusammengefasst, die man **Wahrscheinlichkeitsverteilung der Zufallsvariablen** X nennt. Daran erkennt man, dass man viel öfter verliert als gewinnt, wenn man oft spielt. Bei 216 Spielen kann man erwarten, dass man etwa 125-mal einen Dollar verliert, etwa 75-mal weder verliert noch gewinnt, etwa 15-mal 1\$ und nur etwa einmal 2\$ gewinnt. Bei 216 Spielen wird man also etwa den „Gewinn"
$125 \cdot (-1\$) + 75 \cdot 0\$ + 15 \cdot 1\$ + 1 \cdot 2\$ = -108\$$ erzielen.

Pro Spiel beträgt also der durchschnittliche Gewinn bzw. Verlust
$$\frac{125 \cdot (-1) + 75 \cdot 0 + 15 \cdot 1 + 1 \cdot 2}{216}\$ = -0,50\$.$$

Man erhält dies ebenso, wenn man die Wahrscheinlichkeiten in der Tabelle mit dem zugehörigen Gewinn multipliziert und die Summe aller dieser Produkte bildet.

Bruchrechnen „rückwärts":
$\frac{15 \cdot 1 + 1 \cdot 2}{216} = \frac{15}{216} \cdot 1 + \frac{1}{216} \cdot 2$

$$\frac{125}{216} \cdot (-1\$) + \frac{75}{216} \cdot 0\$ + \frac{15}{216} \cdot 1\$ + \frac{1}{216} \cdot 2\$ = -\frac{108}{216}\$ = -0,50\$.$$

Daher kann man durchschnittlich pro Spiel 50 Cent Verlust erwarten.

Der so berechnete durchschnittlich zu erwartende Wert heißt **Erwartungswert der Zufalls-variablen X**. Man bezeichnet ihn mit E(X).

Der Erwartungswert einer Zufallsvariablen gibt an, welcher Wert durchschnittlich bei einer großen Zahl von Durchführungen des Zufallsversuchs für die Zufallsvariable zu erwarten ist.
Der Erwartungswert wird folgendermaßen berechnet:
1. Man bestimmt die Wahrscheinlichkeitsverteilung der Zufallsvariablen.
2. Man multipliziert jeden Wert der Zufallsvariablen mit seiner Wahrscheinlichkeit und addiert die Produkte.

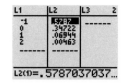

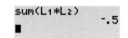

Bezeichnet man die Werte der Zufallsvariablen mit $x_1, x_2, \ldots, x_n$, so kann man E(X) mit der Formel

$$E(X) = x_1 \cdot P(X = x_1) + x_2 \cdot P(X = x_2) + \ldots + x_n \cdot P(X = x_n) \text{ berechnen.}$$

Der Erwartungswert kann berechnet werden, ohne dass der Zufallsversuch auch nur einmal durchgeführt wurde. Bei Spielen kann man damit seine Gewinnchancen beurteilen, ohne vorher gespielt zu haben. Das tatsächliche Ergebnis ist aber nicht vorhersagbar.

Beispiel 1 Erwartungswert beim Beurteilen eines Spiels
Ein Spieler setzt einen Euro und wirft einen Würfel. Bei einer geraden Augenzahl erhält er so viel Euro ausbezahlt, wie die Augenzahl angibt. Bei einer ungeraden Zahl muss er außer seinem Einsatz so viel Euro bezahlen, wie die Augenzahl angibt.
Untersuche, ob das Spiel auf lange Sicht günstig oder ungünstig für ihn ist.
Lösung:
Zufallsvariable X: Gewinn = Auszahlung − Einsatz
Wahrscheinlichkeitsverteilung für X

Wurf	1	2	3	4	5	6
Gewinn g (€)	−2	1	−4	3	−6	5
P(X = g)	$\frac{1}{6}$	$\frac{1}{6}$	$\frac{1}{6}$	$\frac{1}{6}$	$\frac{1}{6}$	$\frac{1}{6}$

$$E(X) = (-2) \cdot \frac{1}{6} + (-4) \cdot \frac{1}{6} + (-6) \cdot \frac{1}{6} + 1 \cdot \frac{1}{6} + 3 \cdot \frac{1}{6} + 5 \cdot \frac{1}{6} = -\frac{1}{2}.$$

Da der Erwartungswert für den Gewinn negativ ist, ist das Spiel für den Spieler ungünstig. Er verliert auf lange Sicht 50 Cent pro Spiel.

Beispiel 2 Wahrscheinlichkeiten für ein faires Spiel
Ein Spiel wird als fair bezeichnet, wenn der Erwartungswert für den Gewinn 0 beträgt. Wie muss man beim Chuck-your-luck den Gewinn bei drei Sechsen ändern, damit das Spiel fair wird? Die anderen Gewinne bzw. Verluste sollen gleich bleiben.
Lösung:
Zufallsvariable X: Gewinn in $,
Gewinn bei drei Sechsen: g$.

$$E(X) = \frac{125}{216} \cdot (-1) + \frac{75}{216} \cdot 0 + \frac{15}{216} \cdot 1 + \frac{1}{216} \cdot g = 0$$

$$\frac{1}{216} g = \frac{110}{216}$$

$$g = 110$$

Damit das Spiel fair ist, müssen bei drei Sechsen 111$ ausbezahlt werden.

Aufgaben

r	P(X = r)
0	0,436
1	0,413
2	0,132
3	0,0177
4	0,000 969
5	$1,85 \cdot 10^{-5}$
6	$7,15 \cdot 10^{-8}$

Fig. 1

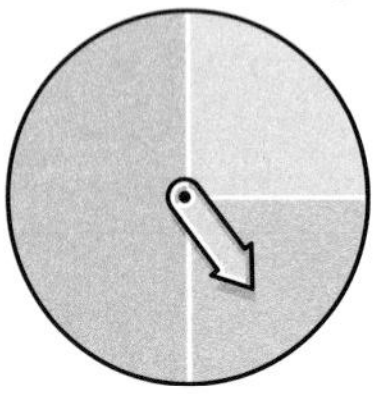

Fig. 2

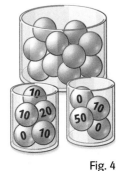

Fig. 3

1 Berechne für die Zufallsvariable mit der Wahrscheinlichkeitsverteilung in der Tabelle rechts den Erwartungswert.

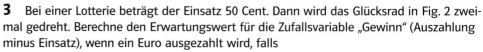

g	−10	0	1	3
P(X = g)	$\frac{1}{5}$	$\frac{1}{6}$	$\frac{1}{2}$	$\frac{2}{15}$

2 Beim Lotto „6 aus 49" ist für die Zufallsvariable „Anzahl der Richtigen pro Tipp" die Wahrscheinlichkeitsverteilung (gerundet) in der Tabelle (Fig. 1) angegeben. Berechne den Erwartungswert für die Anzahl der Richtigen. Was besagt das Ergebnis?

3 Bei einer Lotterie beträgt der Einsatz 50 Cent. Dann wird das Glücksrad in Fig. 2 zweimal gedreht. Berechne den Erwartungswert für die Zufallsvariable „Gewinn" (Auszahlung minus Einsatz), wenn ein Euro ausgezahlt wird, falls
a) zwei Mal Rot erscheint,
b) beim ersten Drehen Grün oder beim zweiten Drehen Rot erscheint.

4 Eine vereinfachte Version von Chuck-your-luck wird mit zwei Würfeln gespielt. Der Einsatz beträgt 1 $. Bei einer Sechs wird 1 $ ausbezahlt, bei zwei Sechsen 10 $.
a) Berechne den Erwartungswert. Interpretiere dein Ergebnis.
b) Wie viel wird man bei 100 Spielen etwa gewinnen bzw. verlieren?
c) Wie muss die Auszahlung bei zwei Sechsen geändert werden, damit das Spiel fair ist?

5 Aus der Urne in Fig. 3 werden mit Zurücklegen drei Kugeln gezogen. Der Einsatz beträgt 50 Cent. Die Tabelle zeigt den Auszahlungsplan. Wie groß ist der Erwartungswert für die Zufallsvariable „Gewinn = Auszahlung − Einsatz"?

Gezogene gelbe Kugeln	0	1	2	3
Auszahlung	0 ct	10 ct	50 ct	2 €

6 Beim Würfelspiel „2 & 12" werden zwei Würfel gleichzeitig geworfen. Die Bank zahlt dem Spieler das Zehnfache der Augensumme in Cent aus, sofern diese 2 oder 12 ist. Bei der Augensumme 3 oder 11 erhält er das Fünffache in Cent und bei der Augensumme 4 oder 10 das Doppelte in Cent. Bei den Augensummen 5 bis 9 wird so viel in Cent ausbezahlt, wie die Augensumme angibt.
a) Gib die Wahrscheinlichkeitsverteilung der Zufallsvariablen „Auszahlung der Bank" an.
b) Welchen Einsatz muss die Bank mindestens verlangen, damit sie längerfristig keinen Verlust macht?

Bist du sicher?

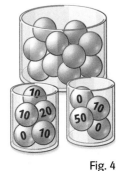

Fig. 4

1 Berechne für die Zufallsvariable mit der Wahrscheinlichkeitsverteilung in der Tabelle den Erwartungswert.

g	−5	−1	0	10
P(X = g)	0,1	0,5	0,3	0,1

2 Bei einer Lotterie zahlt man den Einsatz von 20 Cent und zieht eine Kugel aus der oberen Urne mit den roten und blauen Kugeln (Fig. 4). Ist die Kugel rot, so zieht man aus der linken unteren Urne noch eine Kugel. Ist die Kugel blau, so zieht man aus der rechten unteren Urne noch eine Kugel. Die Zahl auf dieser Kugel ist die Auszahlung in Cent.
a) Gib die Wahrscheinlichkeitsverteilung der Zufallsvariablen „Gewinn" an.
b) Berechne den Erwartungswert für den Gewinn.
c) Wie muss man den Einsatz ändern, damit die Lotterie fair ist?

7 👥 a) Spiele Chuck-your-luck mit einem Partner. Jeder übernimmt für 25 Spiele die Bank. Notiert in einer Tabelle, wie oft jeder Wert der Zufallsvariablen auftritt:

Beim Sammeln der Daten ist der GTR eine gute Hilfe.

Bei 3 Würfen	Keine Sechs	Eine Sechs	Zwei Sechsen	Drei Sechsen
Gewinn	−1$	0$	1$	2$
Anzahl				

b) Wie groß ist für jeden von euch der Gewinn bzw. Verlust? Berechnet auch den durchschnittlichen Gewinn bzw. Verlust.
c) Die Ergebnisse der Klasse werden zusammengetragen. Wie groß ist der gesamte Gewinn bzw. Verlust für alle Spiele? Berechnet auch den durchschnittlichen Gewinn bzw. Verlust für alle Spiele.

8 Aus der Urne in Fig. 1 werden ohne Zurücklegen drei Kugeln gezogen und die aufgedruckten Zahlen miteinander multipliziert. Das Ergebnis in Cent muss man bei negativem Vorzeichen bezahlen bzw. erhält es bei positivem Vorzeichen ausbezahlt. Wie groß ist der Erwartungswert für die Zufallsvariable „Gewinn"?

Fig. 1

9 Ein Medikament heilt erfahrungsgemäß eine Krankheit in 80 % aller Fälle. Drei Patienten werden damit behandelt. Wie viele geheilte Patienten sind zu erwarten? Rechne auf zwei Arten.

10 Bei den Eishockey-Play-offs spielen zwei Mannschaften so oft gegeneinander, bis eine der beiden drei Spiele für sich entschieden hat. Mit wie vielen Spielen ist im Mittel zu rechnen, wenn man davon ausgeht, dass beide Mannschaften gleich stark sind?

Play-offs sind Ausscheidungsspiele, Unentschieden gibt es nicht.

11 Für eine Haftpflichtversicherung ist es wichtig auszuwerten, wie viele Schadensfälle pro Versichertem auftreten. Die Erfahrung der letzten Jahre hat gezeigt, dass pro Jahr 80 % der Versicherten keinen Schaden gemeldet hatten. 15 % meldeten einen, 3 % zwei, 1 % meldete drei und 1 % vier Schadensfälle an. Mit wie vielen Schadensfällen muss die Versicherung im nächsten Jahr pro Versichertem im Durchschnitt rechnen?

12 Beim Schulfest werden Lose zum Verkauf angeboten, von denen 30 % Gewinne und 70 % Nieten sind. Daniel will so oft ein Los kaufen, bis er eines erwischt, mit dem er gewinnt. Mit welcher Ausgabe muss er im Mittel rechnen, wenn jedes Los 50 Cent kostet und wenn er
a) höchstens vier Lose kauft,   b) höchstens sechs Lose kauft?

13 Eine Zeitschrift veröffentlicht wöchentlich ein Kreuzworträtsel. Unter den Einsendern des richtigen Lösungswortes werden ein Preis zu 1000 €, vier Preise zu je 300 € und 200 Preise zu je 20 € verlost.
a) Wie groß ist der Erwartungswert für den Gewinn, wenn man von 10 000 richtig eingegangenen Lösungen ausgeht?
b) Wie viele richtige Lösungen müssten eingehen, damit der zu erwartende Gewinn gerade dem Porto der Postkarte von 0,45 € entspricht?

8 Simulation

Daniel: „Ich treffe bei 80% meiner Elfmeter ins Tor. Wenn ich 20-mal schieße, treffe ich also mit Sicherheit 16-mal!"
Franziska: „Sei da mal nicht so sicher, du könntest auch nur 10-mal treffen."
Daniel: „Völlig unwahrscheinlich!"
Franziska: „Das probieren wir aus ..."

Für einen Wurf mit fünf Würfeln soll der Erwartungswert für die Augensumme näherungsweise mithilfe einer Simulation bestimmt werden. Dazu benötigt man eine lange Versuchsreihe von z. B. 100 Würfen.

Für einige Taschenrechner sind unter www.klett.de Bedienungshilfen vorhanden.

Diese Simulation lässt sich mit dem GTR in folgenden Schritten durchführen.
1. Mit einem Zufallsbefehl wird eine Liste von fünf Würfen erzeugt.
2. Die Einzelergebnisse eines Wurfes mit fünf Würfeln werden aufsummiert.
3. Eine Liste von 100 solcher Summen wird erzeugt. Die Berechnung der Liste dauert einige Zeit.
4. Für die weitere Auswertung wird die Liste abgespeichert.
5. Schließlich wird die Liste aufsummiert und das Ergebnis durch 100 dividiert, weil die Liste 100 Summen enthält. Damit erhält man einen Schätzwert für den gesuchten Erwartungswert der Augenzahlsumme. Bei der in Figur 1 dargestellten Simulation ergibt sich 17,54 als Erwartungswert.

```
randInt(1,6,5)
            {3 6 3 3 5}
sum(randInt(1,6,
5))
                 19
seq(sum(randInt(
1,6,5)),X,1,100)
Ans→L₁
{13 19 13 14 20…
sum(L₁)/100
              17.54
```
Fig. 1

Beispiel Prüfen einer Wahrscheinlichkeitsberechnung durch eine Simulation
Eine Pumpe besteht aus sechs unabhängig voneinander arbeitenden Bauteilen, die jeweils mit 5 % Wahrscheinlichkeit ausfallen. Wenn ein Bauteil ausfällt, bleibt die Pumpe stehen. Wie groß ist die Wahrscheinlichkeit, dass die Pumpe stehen bleibt?
a) Berechne die Wahrscheinlichkeit.
b) Überprüfe das Ergebnis mit einer Simulation. Beschreibe die Simulation.
Lösung:
a) Das Ereignis „Die Pumpe bleibt stehen" hat das Gegenereignis „Alle Bauteile funktionieren" mit der Wahrscheinlichkeit $0{,}95^6 = 0{,}7351$. Also bleibt die Pumpe mit der Wahrscheinlichkeit $1 - 0{,}7351 = 0{,}2649$ stehen.

```
rand(6)<0.05
         {0 0 0 0 0 0}
         {1 0 0 0 0 0}
```
Fig. 2

```
sum(rand(6)<0.05
)≥1
                  0
                  1
```
Fig. 3

```
seq(sum(rand(6)<
0.05)≥1,X,1,500)
→L₁
{0 0 1 0 0 0 0 …
sum(L₁)/500
             .258
```
Fig. 4

b) Für jedes Bauteil wird eine Zufallszahl ausgegeben. Falls diese kleiner als 0,05 ist, fällt das Bauteil aus und es wird 1 angezeigt, sonst 0. Die Simulation der sechs Bauteile wird mit einer Liste von sechs Zufallszahlen erreicht (Fig. 2). Die Pumpe fällt aus, wenn mindestens ein Bauteil ausfällt. Dann wird in Fig. 3 der Wert 1 angezeigt. Man erzeugt eine Liste mit z. B. 500 solchen Einzelsimulationen. Durch Aufsummieren dieser Liste erhält man die Anzahl der simulierten Pumpenausfälle. Teilt man die Summe noch durch 500, so ergibt sich z. B. die Schätzung 0,258 für die Wahrscheinlichkeit, dass die Pumpe stehen bleibt (Fig. 4).
In Fig. 4 ist die gesamte Vorgehensweise in einem Display zusammengefasst.

Aufgaben

Die Aufgaben lassen sich auch mithilfe einer Tabellenkalkulation bearbeiten.

1 Ein Sicherheitsventil besteht aus drei einzelnen Ventilen, die jeweils mit 90% Wahrscheinlichkeit funktionieren. Das Sicherheitsventil funktioniert, wenn mindestens eines der Ventile funktioniert. Wie groß ist die Wahrscheinlichkeit, dass das Sicherheitsventil funktioniert?
a) Berechne die Wahrscheinlichkeit.
b) Überprüfe das Ergebnis mit einer Simulation. Beschreibe die Simulation.

2 👥 Bestimme näherungsweise den Erwartungswert für die Augensumme beim Würfeln mit mehreren Würfeln.
a) Jede Gruppe übernimmt eine bestimmte Anzahl von Würfeln.
b) Die Ergebnisse der Gruppen werden zusammengetragen. Ergibt sich eine Vermutung, wie man den Erwartungswert berechnen könnte?
c) Berechnet in drei Gruppen den Erwartungswert für einen, zwei bzw. drei Würfel pro Wurf.

3 Ein Computer-Zeichen wird durch einen Nachrichtenkanal als Folge von acht Nullen oder Einsen übertragen (Fig. 1). Aufgrund von Störungen wird jede Ziffer mit einer Wahrscheinlichkeit von 1,5% falsch empfangen; statt einer 0 kommt dann eine 1 an oder umgekehrt.

Ein Computer-Zeichen:

In diesem Byte ist zum Beispiel der Buchstabe A gespeichert   Fig. 1

a) Berechne, mit welcher Wahrscheinlichkeit das Zeichen falsch empfangen, d.h. mindestens eine Ziffer falsch übertragen wird.
b) Überprüfe die Berechnung aus Teil a mithilfe einer geeigneten Simulation.

4 Beim Darts erzielt Richard bei 70% aller Versuche mindestens zwanzig Punkte. Mit welcher Wahrscheinlichkeit erzielt er bei sechs Versuchen öfter als vier Mal mindestens zwanzig Punkte?
a) Berechne die gesuchte Wahrscheinlichkeit.
b) Überprüfe das Ergebnis mit einer Simulation.

5 Bei einem Multiple-Choice-Test muss Jan bei acht Fragen mit jeweils drei Antworten möglichst die richtige ankreuzen. Es ist jeweils nur eine Antwort richtig. Da Jan sich nicht vorbereitet hat, kreuzt er zufällig je eine Antwort an. Bestimme durch eine Simulation näherungsweise die Wahrscheinlichkeit, dass Jan mehr als vier Fragen richtig beantwortet.

6 Auf eine quadratische Kachel fallen etwa gleich verteilt Regentropfen. Der Kachel ist ein Kreis einbeschrieben (Fig. 2).
a) Wie groß ist der Anteil der Kreisfläche an der Quadratfläche?
b) Ermittle durch eine Simulation, wie viel Prozent der Regentropfen auf der Kreisfläche landen. Verwende das Ergebnis, um eine Näherung für π zu bestimmen.

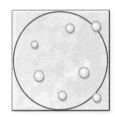

Fig. 2

7 👥 Von fünf Personen merkt sich jede genau eine der Ziffern 1 bis 5. Mit welcher Wahrscheinlichkeit merken sich mindestens zwei Personen dieselbe Ziffer?
a) In eurer Gruppe wird der Vorgang 20-mal durchgeführt. Tragt die Ergebnisse der Klasse zusammen und gebt eine Schätzung für die gesuchte Wahrscheinlichkeit an.
b) Ermittelt das Ergebnis näherungsweise mithilfe einer Simulation.

1 Du hast beim „Mensch-ärgere-dich-nicht" die roten Figuren und bist am Zug. Welches Ereignis muss eintreten, damit
a) deine Figur F2 ins Haus gelangt,
b) deine Figur F1 weitergehen kann,
c) F2 oder F3 ins Haus kommen können,
d) weder F1 noch F2 vorrücken können?

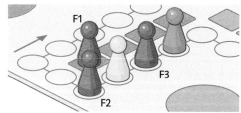

Fig. 1

2 Bei einem Glücksrad mit den Farben Blau, Rot, Gelb, Schwarz und Violett haben die zugehörigen Kreisausschnitte Mittelpunktswinkel von 60°, 180°, 30°, 50° bzw. 40°. Mit welcher Wahrscheinlichkeit tritt bei einmaligem Drehen das Ereignis ein:
a) Blau oder Rot erscheint,
b) weder Blau noch Gelb erscheint,
c) Schwarz erscheint nicht und Violett erscheint nicht?
d) Formuliere bei a bis c jeweils das Gegenereignis und bestimme seine Wahrscheinlichkeit.

3 🖥 Diskutiere über die Behauptung von Pirmin bzw. Olivera mit deinem Nachbarn. Präsentiert eure Meinung mit Begründung.
a) Pirmin wirft fünfmal eine Münze und erhält viermal W. „Beim Münzwurf beträgt die Wahrscheinlichkeit für W $\frac{4}{5}$!", meint er dazu.
b) Olivera meint: „Beim zweifachen Münzwurf gibt es drei Ergebnisse: 1) zweimal W, 2) zweimal Z, 3) einmal W und einmal Z." Daher beträgt die Wahrscheinlichkeit für „Einmal W – einmal Z" $\frac{1}{3}$!

4 Nach einer Statistik der Deutschen Bahn verkehren etwa 95 Prozent der Fernzüge „pünktlich" (d.h. mit maximal 5 Minuten Verspätung). Tim fährt fünf Mal mit einem Fernzug.
a) Er berechnet die Wahrscheinlichkeit, dass mindestens ein Zug nicht pünktlich ist, mit der Formel $1 - 0{,}95^5$. Wieso kann er die Formel anwenden?
b) Wieso ist die Annahme, dass die Pünktlichkeit der Züge voneinander unabhängig ist, nicht unbedingt richtig?

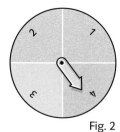

Fig. 2

5 Das Glücksrad (Fig. 2) wird zweimal gedreht. Mit welcher Wahrscheinlichkeit erscheint beim ersten Drehen höchstens drei oder beim zweiten Drehen mindestens drei? Wo steckt der Fehler bei Philipps folgender Lösung mit dem Additionssatz?
E: „Beim ersten Drehen erscheint höchstens drei", E = {1, 2, 3}, P(E) = $\frac{3}{4}$,
F: „Beim zweiten Drehen erscheint mindestens drei", F = {3, 4}, P(F) = $\frac{1}{2}$,
E∩F = {3}, P(E∩F) = $\frac{1}{4}$.
P(E∪F) = P(E) + P(F) – P(E∩F) = $\frac{3}{4} + \frac{1}{2} - \frac{1}{4}$ = 1.
Antwort: Mit Wahrscheinlichkeit 1 erscheint beim ersten Drehen höchstens drei oder beim zweiten Drehen mindestens drei.

6 Ein Losverkäufer füllt seinen Eimer mit frischen Losen. Sollte man sofort bei ihm ein Los kaufen oder besser warten, bis ein großer Teil der Lose verkauft ist?

7 Die Behandlung eines Patienten mit einem Medikament soll durch Ziehen von Kugeln aus einem Gefäß simuliert werden. Beschreibe, wie man das machen könnte.

8 Eine Münze wird so lange geworfen, bis eine Seite zum zweiten Mal erscheint. Bestimme die Wahrscheinlichkeitsverteilung der Zufallsvariablen Anzahl X der Würfe und den Erwartungswert von X.

9 a) Constantin meint: „Wenn ich zwei Mal würfle, ist die Wahrscheinlichkeit $\frac{1}{3}$ dafür, dass eine Sechs dabei ist, denn bei einmal Würfeln ist die Wahrscheinlichkeit $\frac{1}{6}$." Hat Constantin Recht?
b) Nenne deinem Banknachbarn auch so eine Behauptung. Er soll beurteilen, ob sie wahr oder falsch ist.

10 Auf seinem Weg zur Schule von A nach B (Fig. 1) kann Julius zwischen zwei Wegen wählen. Bei C befindet sich eine Ampel, die mit 55 % Wahrscheinlichkeit Rot zeigt, die Ampel bei D zeigt mit 45 % Wahrscheinlichkeit Rot.
a) Wie groß ist die Wahrscheinlichkeit, dass Julius bei C oder D an eine rote Ampel kommt, wenn er sich durch Münzwurf für einen der Wege entscheidet?

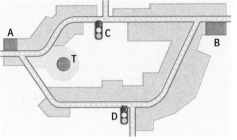

Die Ampeln bei C und D arbeiten unabhängig voneinander. Wobei braucht man das?

Fig. 1

b) Von dem Turm T kann man beide Ampeln sehen. Wie groß ist die Wahrscheinlichkeit, dass man bei C oder D eine rote Ampel sieht?

11 Beim Fußballtoto kreuzt man als Vorhersage bei elf Fußballspielen an, ob der gastgebende Verein gewinnt (1), ob der Gast gewinnt (2) oder ob das Spiel unentschieden endet (0). Ein möglicher Tipp ist dann z.B. 1 2 0 1 1 2 0 0 1 1 1, d.h., beim ersten Spiel gewinnt der Gastgeber, beim zweiten der Gast, das dritte endet unentschieden usw.
a) Angenommen, alle Mannschaften sind gleich stark. Mit welcher Wahrscheinlichkeit tippt man dann alle Ergebnisse richtig? Wie viele Tipps gibt es?
b) Es ist möglich, alle Spiele falsch zu tippen. Auf wie viele Arten geht das?

12 Bei einem Spiel fließt Wasser durch das Rohrsystem in Fig. 2 und treibt dabei ein Wasserrad W an. Nach Einwurf einer Euro-Münze schließen sich die Sperren S1 bzw. S2 unabhängig voneinander jeweils mit der Wahrscheinlichkeit 80 %. Man gewinnt, wenn sich das Wasserrad weiterhin dreht.
a) Wie groß ist die Gewinnwahrscheinlichkeit?
b) Die Gewinnwahrscheinlichkeit soll 10 % betragen. Wie groß ist dann die Schließwahrscheinlichkeit für die beiden Sperren zu wählen?
c) Bei dem Spiel will der Betreiber des Apparats einen mittleren Gewinn von 10 Cent pro Spiel erzielen. Wie groß ist dann die Auszahlung bei einem Gewinn zu bemessen?

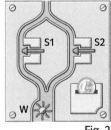

Fig. 2

13 Das Wachstum für eine Zellkultur entwickelt sich nach dem Gesetz
$B(n + 1) = t_n \cdot B(n)$ mit $B(0) = 1$. Dabei ist der Teilungsfaktor t_n für jeden Zeitschritt zufällig 1 (keine Teilung) oder 2 (Teilung), jeweils mit der Wahrscheinlichkeit $\frac{1}{2}$.
a) Welche Werte kann $B(n)$ nach 1, 2, 3, n Schritten haben?
b) Bestimme für n = 1, 2, 3, 4 den Erwartungswert für $B(n)$.
c) Stelle eine Vermutung auf für den Erwartungswert von $B(n)$ für beliebiges n. Überprüfe die Vermutung für n = 5.
d) Erfindet Variationen der Aufgabe und präsentiert sie mit Lösung.

Wiederholen – Vertiefen – Vernetzen

unten 4

Fig. 1

Beachte, dass es beim Roulette 18 rote und 18 schwarze Zahlen gibt, die Null ist grün.

14 Ein Tetraederwürfel (Fig. 1) wird zweimal geworfen. Die Augenzahlen, die dabei unten liegen, sind die Längen der Katheten eines rechtwinkligen Dreiecks.
a) Bestimme die Wahrscheinlichkeit für das Ereignis „Die Länge der Hypotenuse des Dreiecks ist ganzzahlig".
b) Welchen Erwartungswert hat die Länge der Hypotenuse?

15 Beim Roulette kann man einen Betrag auf eine der 37 Zahlen setzen und erhält bei Gewinn das 36fache des Einsatzes ausbezahlt (Variante 1). Man kann auch einen Betrag auf Rot oder Schwarz setzen und erhält bei Gewinn das Doppelte des Einsatzes ausbezahlt (Variante 2).
a) Untersuche, welche Variante günstiger ist. Nimm an, dass der Einsatz 10 € beträgt.
b) Bei der Petersburger Strategie spielt man Variante 2. Man beginnt mit einem Einsatz von z. B. 10 €. Jedes Mal, wenn man verliert, verdoppelt man den Einsatz. Erst nach einem Durchgang, wenn die gesetzte Farbe kommt, wird wieder mit dem anfänglichen Einsatz gestartet. Zeige, dass man nach jedem Durchgang 10 € Gewinn erzielt, wenn man lange genug durchhält. Der Gesamteinsatz wird aber von der Spielbank begrenzt, z. B. auf 1000 €. Berechne den Erwartungswert für „Gewinn" bei der Petersburger Strategie bei einem Banklimit von 1000 €.

16 In einer Urne befinden sich x rote und 10 grüne Kugeln. Es wird dreimal daraus eine Kugel mit Zurücklegen gezogen. Wie viele rote Kugeln sind in der Urne, wenn der Erwartungswert für die Anzahl roter Kugeln 1 beträgt?

Kannst du das noch?

17 Zeichne den Graphen der Funktion f mit der Gleichung
a) $y = 2x - 1$,
b) $y = \frac{1}{3}x + 2$,
c) $y = x^2 - 3$,
d) $y = -\frac{1}{2}x^2 + 1$.

18 Gegeben ist die Funktion f mit der Gleichung $y = \frac{2}{3}x + 2$.
a) Bestimme $y(2)$ und $y(-1)$.
b) Untersuche, ob die Punkte $P(1|3)$ und $Q(-3|0)$ auf dem Graphen der Funktion f liegen.
c) Die Punkte $A(3|y)$ und $B(x|-2)$ liegen auf dem Graphen von f. Bestimme x und y.

19 Löse das Gleichungssystem zeichnerisch und rechnerisch.
a) $\frac{1}{2}x + y = 5$
$\quad -5x + 2y = -2$
b) $y = \frac{3}{4}x + 1$
$\quad -3x + 4y = -4$
c) $2(y - 1) = 3(x + 1)$
$\quad -3(x + y) = 6$

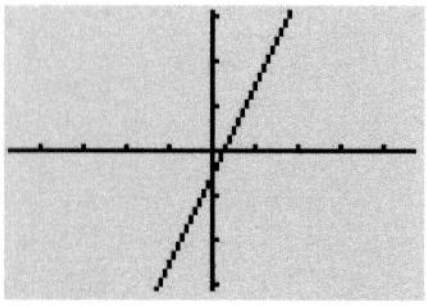

20 Gegeben ist die Funktion f mit der Gleichung $y = -\frac{1}{2}x^2 + 2$.
a) Bestimme $y(1)$ und $y(-2)$.
b) Die Punkte $P(3|y)$ und $Q(x|-2)$ liegen auf dem Graphen von f. Bestimme x und y.
c) Welches sind die Nullstellen der Funktion f?
d) Den Graph der Funktion g siehst du in Fig. 2, die zugehörige Fenstereinstellung in Fig. 3. Welche Punkte haben die Graphen von f und g gemeinsam?

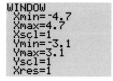

Fig. 2

```
WINDOW
 Xmin=-4.7
 Xmax=4.7
 Xscl=1
 Ymin=-3.1
 Ymax=3.1
 Yscl=1
 Xres=1
```

Fig. 3

21 Auf einem Glücksrad stehen die Zahlen 1 bis 12 auf gleich großen Ausschnitten. Das Glücksrad wird zweimal gedreht. Man erhält einen Hauptgewinn, wenn die Summe der angezeigten Zahlen 18 und ihre Differenz 12 beträgt. Wie groß ist die Wahrscheinlichkeit für einen Hauptgewinn?

Datenanalyse – Histogramme und Boxplots

Daten erfassen und darstellen ist ein wichtiges Hilfsmittel in vielen Lebensbereichen.

Am Beispiel „Körpergrößen der 29 Schülerinnen und Schüler der Klasse 9a" wird beschrieben, wie man dabei vorgehen kann.

Die zu bedienenden GTR-Tasten sind hier nicht dargestellt, da es verschiedene Rechner gibt.
Für einige Rechner sind unter www.klett.de Bedienungshilfen vorhanden.

1. Erstellen einer **Urliste**
Die Schülerinnen und Schüler tragen der Reihe nach ihre Körpergröße in cm in eine Liste ein.
Die Liste wird in den GTR eingegeben.

2. **Ordnen** der Liste
Durch Anordnen der Liste ergibt sich ein einfacher Überblick darüber, wie die Körpergrößen anwachsen.

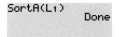

Fig. 1

Sortieren einer Liste

3. **Randwerte, Median, Spannweite**
Minimaler und maximaler Wert sind die Randwerte. Der Median teilt die sortierten Daten in eine untere und eine obere Hälfte. Als Spannweite wird die Differenz zwischen größtem und kleinstem Wert bezeichnet.

Der Median wird auch als Zentralwert bezeichnet.

4. **Histogramm**
Der GTR zählt, wie oft jede Größe vorkommt, und erstellt damit eine statistische Grafik (STAT PLOT), die man „Histogramm" nennt (Fig. 2). Man sieht daran z.B., dass zwei Schülerinnen oder Schüler 162 cm groß sind.

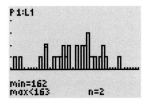

Die Werte in der Grafik werden mithilfe von TRACE dargestellt.

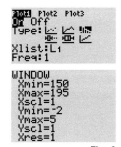

Fig. 2

Histogramm, Einstellungen

Datenanalyse – Histogramme und Boxplots

Fig. 1

Einstellung für Klassenbreite 5 cm

Fig. 2

Fig. 3

5. Klassenbreite einstellen
Oft fasst man mehrere Körpergrößen zu „Klassen" zusammen. Klassen sind Bereiche von z. B. jeweils 5 cm Breite. Man sieht dann z. B., dass sechs Schülerinnen oder Schüler mindestens 165 cm groß und kleiner als 170 cm sind.

6. Boxplot – Quartile
Die Daten werden in vier Teile unterteilt, deren obere Grenzen Quartile heißen. Das 1. Quartil Q1 ist Zentralwert der unteren Hälfte. Da die untere Hälfte 14 Werte enthält, nimmt man den Mittelwert des 7. und 8. Wertes als Q1.

Das Quartil Q2 ist der Median, das Quartil Q3 ist Zentralwert der oberen Hälfte. Zwischen Q1 und Q3 wird ein Rechteck (engl. „box") gezeichnet. Etwa 50 % der Schüler befinden sich im Bereich der Box, sind also zwischen 166,5 cm und 177,5 cm groß.

Ein Boxplot stellt somit auf einfache Weise die Verteilung der Werte dar. Die Quartile Q1 und Q3 sind Maße für die Abweichung vom Median.
Zum Vergleich nochmals Histogramm und Boxplot in einer Grafik.

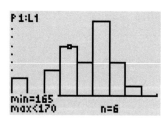

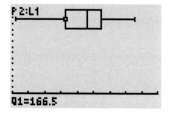

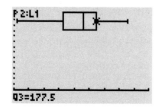

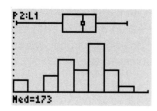

1 a) Der Median teilt die Box in zwei Teile. Wie ist im obigen Beispiel zu erklären, dass der rechte Teil viel kleiner ist als der linke?
b) Der Median befindet sich bei dem obigen Beispiel in einem Bereich des Histogramms, der einen relativ kleinen Balken hat. Wie kann man das erklären?

2 a) Bestimme die entsprechenden Daten in deiner Klasse und erstelle ein Histogramm und einen Boxplot.
b) Berechne auch den Durchschnitt der Körpergrößen, den man zur Unterscheidung vom Median auch arithmetischen Mittelwert nennt.
Diskutiere Vor- und Nachteile von arithmetischem Mittelwert und Median.
c) In einem Statistikbuch findet man die Aussage: „Der Median ist im Gegensatz zum arithmetischen Mittelwert robust gegenüber Ausreißern." Was könnte damit gemeint sein?

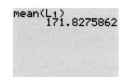

3 Ermittle in einer Umfrage die Daten und stelle sie in einem Histogramm oder Boxplot dar.
a) Wie lange lesen die Befragten pro Woche in einem Buch?
b) Wie lange sehen die Befragten sich täglich das Fernsehprogramm an?
c) Wie lange betätigen sich die Befragten sportlich?

Überlegt euch weitere Umfragen und stellt sie mit einem Histogramm oder Boxplot dar.

Glück in Las Vegas

Felicitas Hoppe

Nach einer langen heißen Fahrt durch die Wüste, DEATH VALLEY genannt, das Tal der Toten, erreichte ich eines Nachts endlich LAS VEGAS und wurde auf einmal wieder lebendig. Las Vegas, die große Stadt des GLÜCKS, wo sich jeder für einen Gewinner hält, sobald er das erste Casino betritt. Dabei sind die meisten Spieler Verlierer, aber das wusste ich damals noch nicht.

Ich war ahnungslos und fast abgebrannt, aber felsenfest davon überzeugt, dass ich irgendetwas gewinnen würde. Irgendwie hielt ich das für wahrscheinlich, obwohl ich nichts von den Regeln wusste, ich hatte niemals Roulette gespielt. Nur meine Erwartung war unschlagbar groß, denn irgendwo hatte ich einmal gelesen, dass die Erwartung die Wahrscheinlichkeit bestimmt, mit der ein Ergebnis eintreten wird. Ich träumte von einem großen Ereignis, von riesengroßen Ergebnismengen, in anderen Worten: Ich träumte vom Glück.

Der Spieltisch war ziemlich spärlich beleuchtet, die Spieler ganz mit sich selbst beschäftigt, niemand am Tisch schenkte mir Beachtung, als ich ein paar Scheine aus der Tasche zog, um sie entschlossen auf ROT zu setzen. Ganz nach Gefühl, schließlich ist ROT die schönere Farbe. Ich gewann sofort, im Kessel rollte die Kugel auf ROT. Ich setzte ein zweites Mal kühn auf ROT, und wieder rollte die Kugel auf ROT! Nicht dass mich jemand beglückwünscht hätte, auch dann nicht, als ich ein drittes Mal setzte, wieder auf ROT und wieder: Gewonnen!

Plötzlich eine flüsternde Stimme: Sie machen das wohl zum ersten Mal? ROT ist ein typischer Anfängerfehler, typisch für Frauen. Genau wie GERADE, so kommen Sie niemals ans große Geld. Je größer die Chance, desto kleiner natürlich das Risiko und umso lächerlicher der Gewinn!

Ich drehte mich um. Hinter mir stand ein kleiner Mann, der alles sah, weil er selber nichts setzte. Ich spiele schon seit Jahren nicht mehr, sagte er leise. Seit ich alles verloren habe, habe ich mich auf die Forschung verlegt und schaue den anderen dabei zu, wie sie langsam unglücklich werden. Auf diese Art bleibe ich jede Nacht Sieger, denn nichts ist wahrscheinlicher als das Unglück. Nur dass es jetzt nicht mehr mein eigenes ist.

Übrigens, Anfängerglück ist nichts als ein Zufall, wenn Sie wirklich etwas gewinnen wollen, setzen Sie alles auf eine Karte, auf eine einzige Zahl. Und achten Sie auf die Hand des Croupiers, auf den Schwung, mit dem er die Kugel wirft. Der Croupier ist schließlich auch nur ein Mensch und neigt, wie wir alle, zur Wiederholung. Studieren Sie seine Bewegung genau, und achten Sie dann auf die Kugel im Kessel. Je länger Sie den Croupier studieren, desto größer ist die Wahrscheinlichkeit, dass Sie wissen, wohin die Kugel fällt. Nur so entkommt man dem Chaos des Zufalls.

Ein guter Rat, sagte ich und lachte, nur leider fehlt mir dazu die Zeit. Ich habe nur eine einzige Nacht, um mein Anfängerglück in den Kessel zu werfen. Wie soll ich da den Croupier studieren, das dauert doch Jahre! Und wenn ich den Trick dann verstanden habe, fällt die Kugel womöglich auf ZERO, und wieder gewinnt, wie meistens, die Bank!

Und bevor er darauf etwas sagen konnte, setzte ich wieder entschieden auf ROT und wieder: GEWONNEN! Unverfängliches Anfängerglück. Ich nahm entschlossen die Scheine vom Tisch und hielt sie ins Licht. Für heute Abend sind Sie mein Gast, sagte ich, für ein kleines Getränk zu zweit wird es reichen. Und für Ihre Geschichte, die mit Sicherheit interessanter ist als die Hand des Croupiers. Denn in Wirklichkeit gewinnt immer der, der den Spieltisch verlässt!

Rückblick

Ereignisse
Ein Ereignis bei einem Zufallsversuch kann man durch Worte oder mithilfe der Menge der zugehörigen Ergebnisse beschreiben. Ein Ereignis ist also eine Menge von Ergebnissen.

Die Wahrscheinlichkeit P(E) eines Ereignisses E wird bestimmt, indem man die Wahrscheinlichkeiten der zugehörigen Ergebnisse addiert (Summenregel).

Moritz (M), Vanessa (V) und Charlotte (C) laufen um die Wette. Die Reihenfolge des Einlaufs wird in der Form MVC notiert, d.h., Moritz gewinnt, Vanessa wird Zweite und Charlotte Dritte.
Das Ereignis E: „Moritz wird Letzter" in Mengenschreibweise ist E = {VCM, CVM}.
Falls die Gewinnchancen für alle drei Läufer gleich sind, gilt: $P(E) = \frac{1}{6} + \frac{1}{6} = \frac{1}{3}$.
Bei dem Ergebnis MVC tritt E nicht ein.

Laplace-Versuch
Bei einem Laplace-Versuch sind alle Ergebnisse eines Zufallsversuchs gleich wahrscheinlich. Für die Wahrscheinlichkeit eines Ereignisses bei einem Laplace-Versuch gilt:

$$P(E) = \frac{\text{Anzahl der Ergebnisse in E}}{\text{Gesamtanzahl der Ergebnisse}}$$

Bei dem Wettlauf von Moritz, Vanessa und Charlotte beträgt die Wahrscheinlichkeit für das Ereignis: „Moritz wird Letzter":
$\frac{2}{6} = \frac{1}{3}$, wenn alle gleiche Gewinnchancen haben.

Gegenereignis – Vereinigungsmenge – Schnittmenge
Zu jedem Ereignis E gibt es ein Gegenereignis $\bar{E}$, das alle Ergebnisse enthält, die nicht zu E gehören. Man kann P(E) aus P($\bar{E}$) berechnen, denn es gilt: P(E) = 1 – P($\bar{E}$).

Alle Ergebnisse, die zugleich in E und in F liegen, bilden die Schnittmenge E ∩ F.
Alle Ergebnisse, die in E oder in F liegen, bilden die Vereinigungsmenge E ∪ F.
Alle Ergebnisse eines Zufallsversuchs bilden die Ergebnismenge.

Aus der Schale werden blind zwei Kugeln mit Zurücklegen gezogen. Es sei E: „Mindestens eine Kugel ist rot",
F: „Die erste Kugel ist blau". Fig. 1
E = {r–r, r–b, b–r}, F = {b–b, b–r}.
Gegenereignis von E ist $\bar{E}$ = {b–b},
„Keine Kugel ist rot".
E ∩ F = {b–r}, E ∪ F = {r–r, r–b, b–b, b–r}.
Hier ist E ∪ F die Ergebnismenge.

Additionssatz
Für zwei Ereignisse E und F ist P(E ∪ F) = P(E) + P(F) – P(E ∩ F).

Für die Ereignisse E und F des vorigen Beispiels gilt: P(E) = 0,84; P(F) = 0,4; P(E ∩ F) = 0,24, also P(E ∪ F) = 0,84 + 0,4 – 0,24 = 1.

Unabhängigkeit von Ereignissen
Wenn zwei Ereignisse E und F unabhängig sind, gilt:
    P(E ∩ F) = P(E)·P(F).
Wenn für Ereignisse E und F die Beziehung P(E ∩ F) = P(E)·P(F) gilt, werden die Ereignisse als unabhängig bezeichnet.

Die Ereignisse E und F des vorigen Beispiels sind nicht unabhängig, denn P(E ∩ F) = 0,24, P(E)·P(F) = 0,84 · 0,4 = 0,336.

Zufallsvariable – Erwartungswert
Eine Zufallsvariable ordnet jedem Ereignis eines Zufallsversuchs einen Zahlenwert zu. Der Erwartungswert der Zufallsvariablen wird berechnet, indem jeder Wert der Zufallsvariablen mit seiner Wahrscheinlichkeit multipliziert wird und dann diese Produkte addiert werden.

X: Anzahl der roten Kugeln beim vorigen Beispiel. Wahrscheinlichkeitsverteilung in der Tabelle.

a	0	1	2
P(X = a)	0,16	0,48	0,36

E(X) = 0 · 0,16 + 1 · 0,48 + 2 · 0,36 = 1,2.

Training

1 Das Glücksrad (Fig. 1) wird zweimal gedreht. Gib das Ereignis E in Mengenschreibweise an und berechne seine Wahrscheinlichkeit.
Liegt ein Laplace-Versuch vor?
a) Ergebnisse sind Farben, z. B. r–g, wenn beim ersten Drehen Rot und beim zweiten Drehen Grün erscheint; E: „Rot kommt mindestens einmal vor".
b) Ergebnisse sind Zahlen, z. B. 2–6, wenn beim ersten Drehen 2 und beim zweiten Drehen 6 erscheint; E: „Es kommt mindestens eine 6 vor".

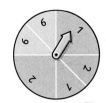

Fig. 1

2 a) Wie groß ist die Wahrscheinlichkeit, dass beim Würfeln mit sechs Würfeln mindestens eine 6 dabei ist?
b) Wo verwendest du bei der Berechnung die Unabhängigkeit von Ereignissen?

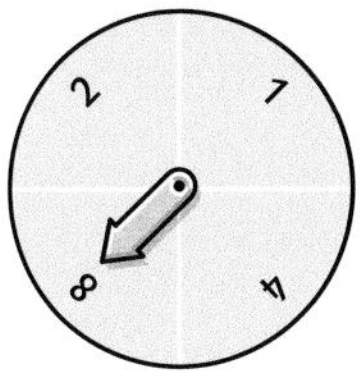

3 Das Glücksrad in Fig. 2 wird zweimal gedreht, Ergebnisse sind die erscheinenden Zahlen. Mit welcher Wahrscheinlichkeit
a) erscheint beim ersten Drehen mindestens 4 oder beim zweiten Drehen höchstens 2,
b) erscheint beim ersten Drehen höchstens 2, oder die Summe der Zahlen beträgt höchstens 4?

Fig. 2

Anzahl a	P(X = a)
0	10%
1	25%
2	40%
3	20%
4	5%

Fig. 3

4 Eine kleine Firma fertigt Computer und verkauft sie an private Kunden. Aus einer Statistik über die Anzahl X der täglich verkauften Geräte wurde die Tabelle (Fig. 3) erstellt.
a) Berechne den Erwartungswert der Zufallsvariablen X. Was gibt er an?
b) Gib eine passende Wahrscheinlichkeitsverteilung der Zufallsvariablen X an, damit
E(X) = 3.

1 Aus den Buchstaben A, S und U sollen zufällig dreibuchstabige Wörter – auch sinnlose – gebildet werden. Dabei darf jeder Buchstabe nur einmal verwendet werden.
Betrachtet werden die Ereignisse E: „U steht hinten" und F: „Ein Vokal steht in der Mitte".
a) Gib die Ereignisse E und F als Mengen an und bestimme ihre Wahrscheinlichkeit.
b) Beschreibe die Ereignisse E ∩ F und E ∪ F in Worten und berechne ihre Wahrscheinlichkeit.
c) Untersuche, ob E und F unabhängig sind.

2 Wie groß ist die Wahrscheinlichkeit, dass beim zehnmaligen Münzwurf mindestens einmal Zahl unten liegt?

3 Es wurde eine Umfrage zum Thema Fußball und Frauen durchgeführt. Bei der Vierfeldertafel (Fig. 4) bedeuten F das Ereignis „Befragte(r) interessiert sich für Fußball" und M das Ereignis „Befragte(r) ist männlich".
a) Ergänze die fehlenden Angaben.
b) Wie groß ist die Wahrscheinlichkeit für Interesse an Fussball unter den befragten Frauen?
c) Sind die Ereignisse M und F unabhängig?

	F	F̄	Insgesamt
M		20%	60%
M̄			
Gesamt	50%		100%

Fig. 4

4 Bei einem Würfelspiel mit drei Würfeln zählen nur Würfe, bei denen mindestens eine 6 vorkommt. Eine 6 zählt 10 Punkte, zwei Sechsen zählen 100 Punkte und drei Sechsen zählen 1000 Punkte. Wie groß ist der Erwartungswert der Punktzahl?

Das kannst du schon

- Umfang und Flächeninhalt bei Rechteck, Dreieck, Parallelogramm und Kreis berechnen
- Rauminhalt eines Quaders berechnen
- Prisma, Pyramide, Zylinder, Kegel und Kugel erkennen, ihre Eigenschaften benennen

Zahl und Maß

Daten und Zufall

Beziehung und Änderung

Modell und Simulation

Muster und Struktur

Form und Raum

Schöne Formeln zu schönen Formen

Das entscheidende Kriterium ist Schönheit;
für hässliche Mathematik ist auf dieser Welt
kein beständiger Platz.

G. H. Hardy

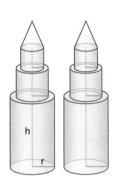

$$V = \frac{4}{3}\pi r^3$$

$$V = G \cdot h$$

Das kannst du bald

- Den Flächeninhalt von Kreisteilen berechnen
- Rauminhalt und Oberfläche von Körpern, wie Prisma, Pyramide, Zylinder, Kegel und Kugel berechnen
- Formeln für den Rauminhalt und die Oberfläche von weiteren Körpern verstehen und anwenden
- Mit einer Formelsammlung umgehen

1 Kreis

Mexikos berühmtester, 2000 Jahre alter Baum steht in Santa Maria del Tule. Man bräuchte ungefähr 34 erwachsene Menschen, wenn man diesen Baum mit den Armen umfassen wollte!
Ingrun glaubt, dass man mit einer Scheibe von diesem Baum das ganze Klassenzimmer bedecken könnte.

Mit den Formeln $U = 2\pi r$ und $A = \pi r^2$ kann man den Umfang und den Flächeninhalt eines Kreises berechnen. Warum diese Formeln gelten, kann man plausibel machen.
Einem Kreis mit Radius r ist ein regelmäßiges Vieleck mit n Ecken einbeschrieben (s. Fig. 1). Je größer man n wählt, desto mehr nähert sich der Umfang und der Flächeninhalt des Vielecks dem Umfang bzw. Flächeninhalt des Kreises an.

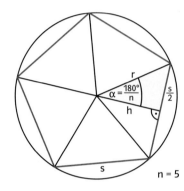

Fig. 1

$\sin(\alpha) = \frac{\frac{s}{2}}{r}$
$s = 2r \cdot \sin(\alpha);$
$\cos(\alpha) = \frac{h}{r}$
$h = r \cdot \cos(\alpha)$

Mithilfe des markierten rechtwinkligen Dreiecks in Fig. 1 ergibt sich für den Umfang U des Vielecks $U = n \cdot s = n \cdot 2r \cdot \sin(\alpha) = 2r \cdot n \cdot \sin\left(\frac{180°}{n}\right)$ und für seinen Flächeninhalt $A = n \cdot \frac{1}{2}sh = r^2 \cdot n \cdot \sin\left(\frac{180°}{n}\right) \cdot \cos\left(\frac{180°}{n}\right)$.
In der Tabelle werden die hier vorkommenden Ausdrücke $n \cdot \sin\left(\frac{180°}{n}\right)$ und $n \cdot \sin\left(\frac{180°}{n}\right) \cdot \cos\left(\frac{180°}{n}\right)$ für große Werte von n berechnet:

*π ist näherungsweise 3,141592653589793238 46264338327950288... π ist keine periodische Dezimalzahl, sondern eine **irrationale** Zahl.*

n	10	50	100	500	1000	10 000
$n \cdot \sin\left(\frac{180°}{n}\right)$	3,090	3,140	3,1411	3,14157	3,141587	3,1415926
$n \cdot \sin\left(\frac{180°}{n}\right) \cdot \cos\left(\frac{180°}{n}\right)$	2,939	3,133	3,1395	3,14151	3,141572	3,1415924

Man erkennt, dass sich beide Ausdrücke $n \cdot \sin\left(\frac{180°}{n}\right)$ und $n \cdot \sin\left(\frac{180°}{n}\right) \cdot \cos\left(\frac{180°}{n}\right)$ für große Werte von n der **Kreiszahl** π annähern.
Es ist also U proportional zu r mit Proportionalitätsfaktor 2π und A proportional zu r^2 mit Proportionalitätsfaktor π.

Ein Kreis mit dem Radius r hat den Flächeninhalt $A = \pi r^2$ und den Umfang $U = 2\pi r$.

Diese Formeln kann man zur Berechnung des Radius nach r auflösen:
Es gilt $r = \frac{U}{2\pi}$ bzw. $r = \sqrt{\frac{A}{\pi}}$.

Beispiel Radius berechnen

Ein kreisförmiges Delfinbecken soll den Flächeninhalt 2,5 a haben. Mit welchem Durchmesser muss man das Becken planen und wie lang wird die Beckenmauer?

Lösung:

$r = \sqrt{\frac{A}{\pi}} = \sqrt{\frac{2{,}5\,a}{\pi}} = \sqrt{\frac{250\,m^2}{\pi}} \approx 8{,}9\,m$. Somit ist $d = 2\,r \approx 17{,}8\,m$ und $U = 2\,\pi\,r \approx 56\,m$.

Der Durchmesser des Beckens beträgt 17,8 m, die Beckenmauer wird 56 m lang.

Beim Rechnen mit π muss man sinnvoll runden.

Aufgaben

1 a) Ein Planschbecken hat den Durchmesser 3,4 m. Welchen Umfang und welchen Flächeninhalt hat es?

b) Der Weg um einen kreisrunden See ist 17,4 km lang. Welchen Durchmesser und welchen Flächeninhalt hat der See?

c) Ein Kabel hat die Querschnittsfläche 32 mm². Welchen Umfang hat das Kabel?

2 Übernimm die Tabelle ins Heft und berechne die fehlenden Größen.

	a)	b)	c)	d)	e)	f)	g)
r	17 cm						
d			9,1 mm			7,543 m	
U		3,2 m			1,543 km		
A				13 cm²			1,3 km²

Die Summe aller Radien der Kreise in Aufgabe 2 ist 893,326 863 4 m.

3 a) Walter Hudson, einer der „umfangreichsten" Männer der Welt, hatte einen Bauchumfang von ca. 2,80 m. Passte er durch eine 80 cm breite Tür?

b) Ein kreisförmiger Baum hat einen Umfang von 1,60 m. Welche Querschnittsfläche hat der Stamm? Welche prozentuale Abweichung erhält man, wenn man dabei mit dem Näherungswert 3 für π rechnet bzw. mit dem Näherungswert 3,1 für π?

4 Ein kreisrunder Seerosenteich hat den Radius $r_1 = 7\,m$.

a) Um den Teich wird ein 3 m breiter Weg angelegt. Welchen Flächeninhalt hat der Weg?

b) Wie breit ist der Weg, wenn sein Flächeninhalt 130 m² beträgt?

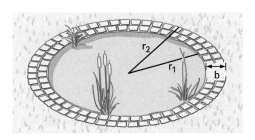

5 Eine Drachenschnur ist 100 m lang. Wie viele Wicklungen liegen auf der Spule, wenn die Wicklungen im Durchschnitt den Durchmesser 15 cm haben?

15 cm

Bist du sicher?

1 Ein Topfdeckel hat den Umfang 90 cm. Berechne seinen Flächeninhalt.

2 Um ein rundes Schwimmbecken führt ein Weg. Becken und Weg zusammen haben den Radius 12 m. Der Weg hat den Flächeninhalt 100 m². Wie breit ist der Weg?

6 a) Wie verändert sich der Umfang bzw. der Flächeninhalt eines Kreises, wenn sich der Radius verdoppelt?

b) Wie verändert sich der Umfang eines Kreises, wenn sich der Radius um 10 cm erhöht? Wie ist es mit dem Flächeninhalt?

c) Gegeben ist der Flächeninhalt A eines Kreises. Leite eine Formel für den Umfang U des Kreises in Abhängigkeit von A her.

7 Das Foto zeigt einen kreisförmigen Krater in der Tiefebene Vastitas Borealis in der Nähe des Mars-Nordpols.

a) Der Krater hat einen Flächeninhalt von ca. 1000 km². Welchen Durchmesser und Umfang hat er?

b) Schätze, welchen Flächeninhalt die im Krater eingeschlossene Fläche aus Wassereis ungefähr hat.

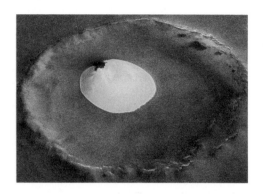

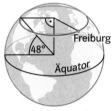

8 a) Der Äquator hat eine Länge von etwa 40 000 km. Wie groß ist der Erdradius R?

b) Ein 40 000 km langes Seil, das am Äquator straff um die Erde gespannt war, wird geringfügig um 2 m verlängert und so gestrafft, dass der Abstand von der Erde überall gleich ist. Kannst du jetzt unter diesem Seil hindurchkriechen?

c) Wie lang ist der 48. Breitenkreis, auf dem Freiburg liegt (vgl. Fig. 1)?

Fig. 1

Reifen-höhe

9 Der Autoreifen von Frau Wellers Auto hat die Aufschrift 195/65 HR 15. Das bedeutet: Der Reifen ist 195 mm breit, die „Reifenhöhe" (siehe Fig. 2) beträgt 65 % der Breite und der Felgendurchmesser ist 15 Zoll (1 Zoll = 2,54 cm). Das „H" steht für die Maximalgeschwindigkeit 210 $\frac{km}{h}$, „R" steht für Radialreifen.

a) Welchen Umfang hat der Reifen?

b) Wie oft dreht sich der Reifen bei einer Fahrt von 1 Minute mit Maximalgeschwindigkeit?

Fig. 2

c) In Frau Wellers Kfz-Schein ist für ihren Wagen außerdem noch die Reifengröße 205/60 HR 15 zugelassen. Bei welchem der beiden Reifen zeigt der Kilometerzähler von Frau Wellers Auto nach derselben Strecke die höhere Zahl an?

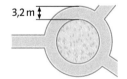

3,2 m

10 Bei einem Kreisverkehr wurde durch die 3,2 m breite Ringstraße eine Fläche von 220 m² geteert. Welchen Flächeninhalt hat die Rasenfläche in der Mitte?

11 Pizzabäckerin Victoria verlangt für eine Classic-Pizza (25 cm Durchmesser) mit Salamibelag 4,95 €. Diskutiere in einem kleinen Aufsatz, wie viel Victoria für die Classic XL (28 cm Durchmesser) bzw. Maxi-Pizza (38 cm Durchmesser) bei gleichem Belag verlangen sollte.

2 Kreisteile

Normaler Spitzbogen

Gedrückter Spitzbogen

In der Architektur verwendet man oft nur Teile von Kreisen, so genannte Kreisbögen. Je nach Lage der Kreismittelpunkte spricht man in der gotischen Architektur von normalen Spitzbögen, gedrückten Spitzbögen, überhöhten Spitzbögen, Kleeblattbögen usw.

Den in Fig. 1 rot gekennzeichneten Teil einer Kreisfläche nennt man einen **Kreisausschnitt**. Zum Kreisausschnitt gehört der **Mittelpunktswinkel** α. Der zugehörige Teil der Kreislinie ist der **Kreisbogen b**.

Aus Fig. 1 erkennt man: Die Bogenlänge b und der Flächeninhalt A sind proportional zum Mittelpunktswinkel α. Das heißt: Bei festem Radius r entspricht dem k-fachen Mittelpunktswinkel die k-fache Bogenlänge und der k-fache Flächeninhalt. Man kann also b und A mit einem Dreisatz aus α berechnen. Dazu wird zunächst b und A für 1° bestimmt.

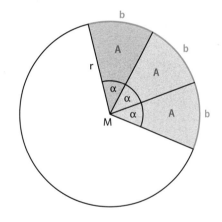

Fig. 1

Mittelpunktswinkel α	360°	1°	z.B. 47°	allg. α
Länge b des Kreisbogens	$2\pi r$	$2\pi r \cdot \frac{1°}{360°}$	$2\pi r \cdot \frac{47°}{360°}$	$2\pi r \cdot \frac{\alpha}{360°}$
Flächeninhalt A des Kreisausschnitts	πr^2	$\pi r^2 \cdot \frac{1°}{360°}$	$\pi r^2 \cdot \frac{47°}{360°}$	$\pi r^2 \cdot \frac{\alpha}{360°}$

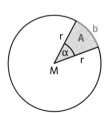

Für einen Kreisausschnitt mit Mittelpunktswinkel α gilt:

$b = 2\pi r \cdot \frac{\alpha}{360°}$ und $A = \pi r^2 \cdot \frac{\alpha}{360°}$.

Beispiel Kreisteil berechnen
Bestimme den Flächeninhalt und den Umfang der gefärbten Fläche.
Lösung:
Die Fläche ist von zwei Kreisbögen begrenzt. Der Mittelpunktswinkel ist 45°, der äußere Radius ist 4 cm, der innere 3 cm.

$A = \pi \cdot 4^2 \cdot \frac{45°}{360°}\,cm^2 - \pi \cdot 3^2 \cdot \frac{45°}{360°}\,cm^2$

$\quad = \frac{7}{8}\pi\,cm^2 \approx 2{,}75\,cm^2$

$U = 2\pi \cdot 4 \cdot \frac{45°}{360°}\,cm + 2\,cm + 2\pi \cdot 3 \cdot \frac{45°}{360°}\,cm$

$\quad = 1{,}75\,\pi\,cm + 2\,cm \approx 7{,}5\,cm$

Der Flächeninhalt der gefärbten Fläche ist 2,75 cm², der Umfang 7,5 cm.

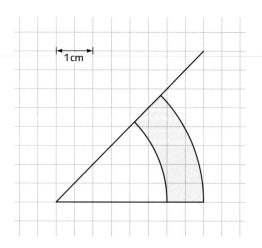

Aufgaben

1 a) Bestimme den Flächeninhalt und den Umfang der in den Figuren farbig markierten Flächen. Die Seitenlänge der Karos ist 0,5 cm.
b) 👥 Entwirf selbst Aufgaben wie in a).

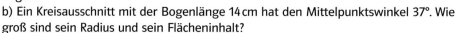

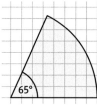
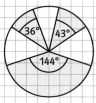
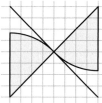
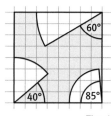

| | Fig. 1 | Fig. 2 | Fig. 3 | Fig. 4 |

2 a) Ein Kreisausschnitt hat den Radius 4,5 cm und den Mittelpunktswinkel 147°. Wie groß ist sein Flächeninhalt, wie viel Prozent der Kreisfläche ist das? Wie lang ist der Kreisbogen?
b) Ein Kreisausschnitt mit der Bogenlänge 14 cm hat den Mittelpunktswinkel 37°. Wie groß sind sein Radius und sein Flächeninhalt?
c) Ein Kreisausschnitt mit dem Flächeninhalt 79 m² hat den Mittelpunktswinkel 220°. Berechne den Radius und die Bogenlänge.
d) Welchen Flächeninhalt und Umfang hat „Pacman" (Fig. 5) mit Radius 2 cm?

Fig. 5

3 Berechne die fehlenden Größen für einen Kreisausschnitt.

	a)	b)	c)	d)	e)	f)
r	2,4 m	3,5 cm	1,2 km			
α	320°			123°	213°	
b		16 cm		4 dm		12 cm
A			0,9 km²		20 m²	40 cm²

4 Eine Schiffsschaukel in einem Erlebnispark hat eine Armlänge von 17 m. Von der Senkrechten schlägt sie um 35° aus. Welchen Weg legt man bei 20 vollen Hin- und Herbewegungen der Schaukel zurück?

1 a) Welchen Flächeninhalt hat die rosa markierte Fläche (Fig. 1) für a = 4 cm?
b) Wie lang ist die blaue Begrenzungslinie der Figur bei a = 4 cm?

2 Wie groß muss a sein, damit die Figur den Flächeninhalt 83 cm² hat?

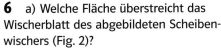
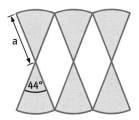

Fig. 1

5 Die Marssonde „Reconnaissance Orbiter" umkreist den Mars (Durchmesser 6794 km) in 313 km Höhe. Für einen Umlauf um den Mars braucht die Sonde 112 Minuten. Welche Strecke legt sie in 2,5 h zurück?

6 a) Welche Fläche überstreicht das Wischerblatt des abgebildeten Scheibenwischers (Fig. 2)?
b) Welchen Mittelpunktswinkel müsste dieser Scheibenwischer erhalten, wenn mindestens 0,45 m² Fläche überstrichen werden soll?

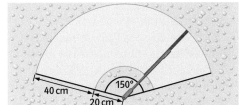

40 cm 150° 20 cm

Fig. 2

7 a) Welchen Flächeninhalt und welchen Umfang hat die „Fledermaus" (Fig. 3) für r = 2,4 cm und α = 60°?
b) Wie groß muss der Radius r bei α = 60° sein, damit die Figur den Flächeninhalt 30 cm² hat?
c) Wie groß muss der Winkel α bei r = 4 cm sein, damit die Figur den Flächeninhalt 40 cm² hat?

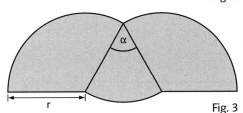

r

Fig. 3

8 In einer Formelsammlung findet Mikesch die Formel $A = \frac{1}{2} b r$ für den Flächeninhalt eines Kreisausschnitts.
a) Berechne für einen Halb- und einen Viertelkreis mit dieser Formel und mit der Formel $A = \pi r^2 \cdot \frac{\alpha}{360°}$ den Flächeninhalt und vergleiche.
b) Leite die Formel $A = \frac{1}{2} b r$ aus $b = 2\pi r \cdot \frac{\alpha}{360°}$ und $A = \pi r^2 \cdot \frac{\alpha}{360°}$ her.

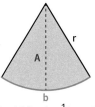

Vergleiche $A = \frac{1}{2} b r$ mit der Flächenformel des Dreiecks.

9 a) Wie lang ist die rote Begrenzungslinie der markierten Fläche (Fig. 4) für r = 2 cm?
b) Welchen Flächeninhalt hat die markierte Fläche bei r = 2 cm?
c) Wie groß muss der Radius r sein, damit die Figur den Flächeninhalt 25,2 cm² hat?

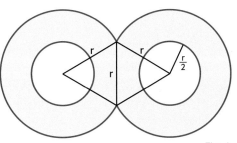

Fig. 4

10 a) Wie weit muss der Winkel α in der rechten Figur jeweils sein, damit die beiden markierten Flächen jeweils gleich groß sind?
b) 👥 Erfinde ähnliche Aufgaben wie in a.

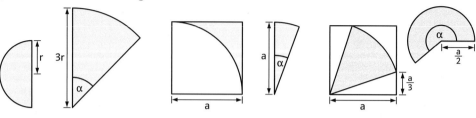

Info ══

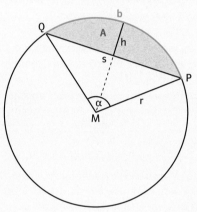

Den in Fig. 1 farbig markierten Flächenanteil eines Kreises nennt man **Kreisabschnitt**. Die Strecke $s = \overline{QP}$ heißt Sehne, h heißt Höhe des Kreisabschnitts.
Zur Berechnung des Flächeninhalts des Kreisabschnitts subtrahiert man den Flächeninhalt des Dreiecks MPQ vom Flächeninhalt des zugehörigen Kreisausschnitts. Daher ist

$$A = \pi r^2 \frac{\alpha}{360°} - \frac{1}{2}s(r - h).$$

In einer Formelsammlung findet man auch folgende Formel:

$$A = \frac{r^2}{2}\left(\pi\frac{\alpha}{180°} - \sin(\alpha)\right).$$

Fig. 1

11 a) Ein Kreisabschnitt hat den Mittelpunktswinkel 50° und den zugehörigen Radius 7 cm. Berechne seinen Flächeninhalt.
b) Ein Fenster hat die Form eines Kreisabschnitts. Die Bogenlänge ist 1,5 m, der zugehörige Kreisradius 1,3 m. Berechne die Fensterfläche. Wie breit und wie hoch ist das Fenster?

12 👥👥👥 Berechnet jeweils den Flächeninhalt und den Umfang der markierten Figur in Abhängigkeit von a. Die roten Kreuze geben Kreismittelpunkte an. Erfindet ähnliche Aufgaben.

a)
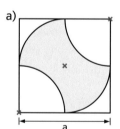

b)
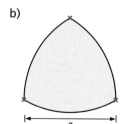

13 a) Erkläre, wie man bei einem Kreisabschnitt den Radius aus der Sehnenlänge s und der Höhe h berechnen kann (siehe Fig. 1).
b) Eine Bogenbrücke hat die Spannweite 300 m und die Höhe 50 m. Welche Querschnittsfläche hat die Durchfahrt?

3 Prisma und Zylinder

Stell dir vor, du sollst in einem Hochhaus eine neue Klimaanlage einrichten. Für das Angebot eines Handwerkers brauchst du den Rauminhalt des Gebäudes. Die vier abgebildeten Hochhäuser sollen alle die Grundfläche 3000 m² haben und 150 m hoch sein.

Prisma und Zylinder haben Eigenschaften, die es ermöglichen, den Rauminhalt dieser Körper mit derselben Formel zu bestimmen.
Die Oberfläche eines (senkrechten) **Prismas** besteht aus zwei deckungsgleichen, parallelen Vielecken, den **Grundflächen**, und Rechtecken als Seitenflächen. Die Seitenflächen bilden den **Mantel** des Prismas.

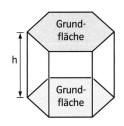

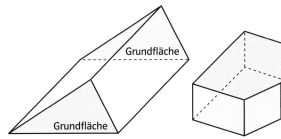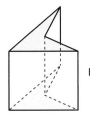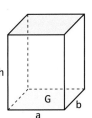

Den Abstand der beiden Grundflächen nennt man die **Höhe h** des Prismas. Das letzte Beispiel der Abbildungen zeigt, dass auch der Quader ein Prisma ist. Ein Quader mit Länge a und Breite b hat die Grundfläche $G = a \cdot b$ und den Rauminhalt $V = a \cdot b \cdot h = G \cdot h$.

Ein Quader lässt sich in zwei gleiche Prismen mit rechtwinkligen Dreiecken als Grundfläche zerlegen. Die Prismen in Fig. 1 haben die halbe Grundfläche und den halben Rauminhalt wie der Quader. Es gilt also:

$$V_{Prisma} = \frac{1}{2} \cdot V_{Quader} = \frac{1}{2} \cdot G_{Quader} \cdot h$$
$$= G_{Prisma} \cdot h.$$

Somit gilt die Formel $V = G \cdot h$ auch für Prismen, deren Grundflächen aus rechtwinkligen Dreiecken bestehen.

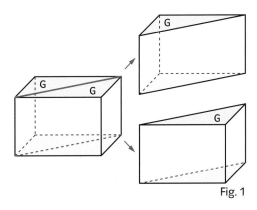

Fig. 1

Ein beliebiges Prisma kann man zunächst in Prismen mit dreieckiger Grundfläche zerlegen und diese dann in Prismen, deren Grundflächen rechtwinklige Dreiecke sind (siehe Fig. 1). Somit gilt für das Volumen des Prismas in Fig. 1:

$V = G_1 \cdot h + G_2 \cdot h + \ldots + G_6 \cdot h = (G_1 + G_2 + \ldots + G_6) \cdot h = G \cdot h.$

Für alle Prismen gilt also die Volumenformel $V = G \cdot h$.

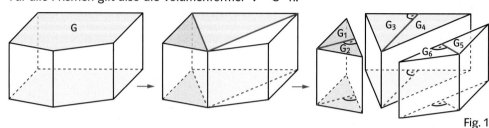

Fig. 1

Ein Zylinder hat als Grundfläche einen Kreis. Den Kreis kann man durch Vielecke beliebig genau annähern. Daher kann man den Zylinder durch Prismen annähern (siehe Fig. 2). Für die Prismen gilt die Volumenformel $V = G \cdot h$. Also gilt auch für das Zylindervolumen die Formel $V = G \cdot h$. Wegen $G = \pi r^2$ folgt für den Zylinder:
$V = \pi r^2 \cdot h$.

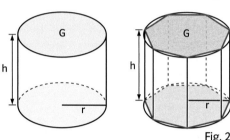

Fig. 2

> Für den Rauminhalt eines Prismas oder eines Zylinders mit der Höhe h und der Grundfläche G gilt $V = G \cdot h$.

Die Formel $V = G \cdot h$ lässt sich nicht nur verwenden, wenn die Grundfläche ein Kreis oder ein Vieleck ist. Auch für einen Körper, wie er in Fig. 3 dargestellt ist, kann man sie benutzen, da er sich durch Prismen annähern lässt.

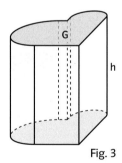

Für die Oberfläche von Prisma und Zylinder gilt $O = 2G + M$ (siehe Fig. 4). Ist U der Umfang der Grundfläche, so ist $M = U \cdot h$ die Mantelfläche. Für den Zylinder ergibt sich also $M = 2\pi rh$.

Fig. 3

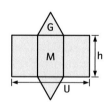
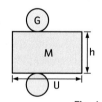

Fig. 4

Beispiel Volumen und Oberfläche berechnen
Die Stäbe (Fig. 5) sind 1,5 m lang. Berechne ihren Rauminhalt und ihre Oberfläche.
Lösung:

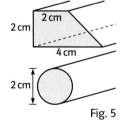

Fig. 5

Oberer Stab (Prisma):
Grundfläche $G = 4\,cm^2 + 2\,cm^2 = 6\,cm^2$. Volumen $V = G \cdot h = 900\,cm^3$.
Umfang $U = 2\,cm + 2\,cm + 4\,cm + \sqrt{2^2 + 2^2}\,cm \approx 10{,}8\,cm$.
Oberfläche $O = 2G + U \cdot h \approx 2 \cdot 6\,cm^2 + 10{,}8 \cdot 150\,cm^2 = 1632\,cm^2$.

Unterer Stab (Zylinder):
Volumen $V = \pi r^2 h = \pi \cdot 1^2 \cdot 150\,cm^3 \approx 471\,cm^3$.
Oberfläche $O = 2\pi r^2 + 2\pi rh = 2\pi\,cm^2 + 2\pi \cdot 150\,cm^2 \approx 949\,cm^2$.

Aufgaben

1 Für welche der folgenden Körper kann man die Formel $V = G \cdot h$ verwenden? Welche sind Prismen?

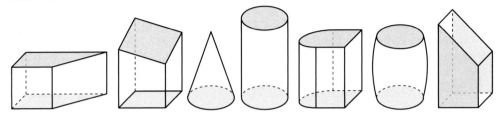

2 Berechne das Volumen, die Mantelfläche und die Oberfläche der Körper.

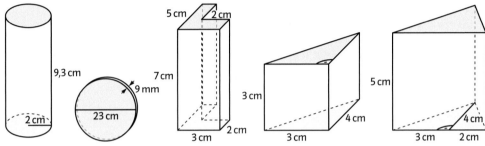

3 Die linke Tonne ist zu 75% mit Wein gefüllt.
a) Passt der Wein in eine der beiden rechten Tonnen? Schätze zuerst und rechne dann.
b) Welche Höhe muss die mittlere Tonne haben, damit der Wein ganz hineinpasst?
c) Welche Maße könnte eine 100-Liter-Tonne haben? Gib drei verschiedene Möglichkeiten an.

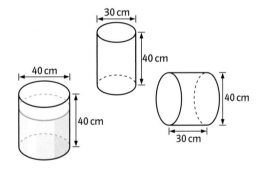

4 Die Weltraumrakete Ariane 5 hat vier zylinderförmige Treibstoffbehälter. Die beiden seitlichen in den „Strap-on Boostern" sind 31,6 m lang und haben einen Durchmesser von 3,0 m. Die Behälter der 1. und 2. Stufe im Mittelteil haben beide den Durchmesser 5,4 m und sind 30,7 m bzw. 4,5 m lang.
a) Enthalten die beiden seitlichen Treibstoffbehälter zusammen mehr Treibstoff als das Mittelteil? Schätze erst und rechne dann.
b) Die „Strap-on Booster" werden in einer Höhe von 55 km leer abgetrennt. Wie viele Liter Treibstoff verbraucht die Rakete durchschnittlich beim Start pro km?

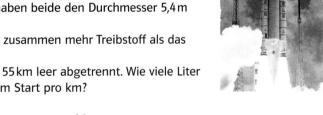

5 Sandras Zimmer hat eine Dachschräge (siehe Fig. 1).
a) Berechne den Rauminhalt von Sandras Zimmer.
b) Sandra will Wände und Decke tapezieren. Wie viel Tapete benötigt sie?

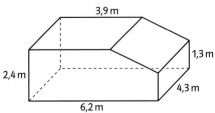

Fig. 1

1 Wie groß sind der Rauminhalt und die Oberfläche eines Zylinders mit Durchmesser 17 cm und Höhe 9 cm?
Wie groß ist seine Mantelfläche?

2 a) Welchen Rauminhalt hat das Haus?
b) Wie groß ist die Dachfläche des Hauses?

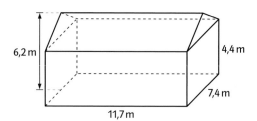

6 Ein Hochwasserdeich mit trapezförmiger Querschnittsfläche ist 6 m hoch, unten 30 m breit und oben 7 m breit. Wie viel m^3 Erde braucht man für einen 7 km langen Deich?

7 a) Eine Schokoladenpackung hat die Form eines Prismas (Fig. 1). Die Grundfläche ist ein gleichseitiges Dreieck mit der Seitenlänge 3 cm, die Höhe beträgt 22 cm. Welchen Rauminhalt und welche Oberfläche hat die Packung?
b) Eine Packung Schokoflocken hat die Form eines Prismas mit einem regelmäßigen Sechseck mit Seitenlänge 3 cm als Grundfläche und Höhe 14 cm. Welchen Rauminhalt und welche Oberfläche hat die Packung?

8 a) Ermittle möglichst einfache Formeln zur Bestimmung von r aus h und V und zur Bestimmung von h aus O und r bei einem Zylinder.
b) Welche Oberfläche hat eine 12 cm hohe Dose mit dem Rauminhalt 1 Liter?
c) Welche Höhe hat eine Litfasssäule mit der Oberfläche 4 m^2 und dem Radius 60 cm?

9 Die folgenden durchbohrten Körper haben alle die Länge 2 a. Das kreisrunde Bohrloch hat jeweils den Durchmesser $\frac{a}{2}$.
a) Bestimme für jeden Körper den Rauminhalt und die Oberfläche für a = 4 cm.
b) Bestimme den Rauminhalt und die Oberfläche für allgemeines a.
c) Für welchen Wert von a ist der Rauminhalt jeweils 100 cm^3?

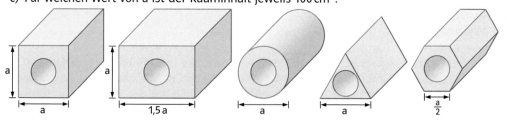

10 🔺🔺🔺 Untersucht in Gruppen, wie sich Umfang, Oberfläche, Mantelfläche und Volumen eines Zylinders verändern, wenn man nur den Radius oder nur die Höhe oder beides verdoppelt.

Kannst du das noch?

11 Vereinfache den Term.
a) $\frac{x^4 \cdot x^5}{x^2}$

b) $\frac{9^4 \pi^3}{(3^4 \pi)^2}$

c) $\frac{9 \cdot b^5 + 3^2 \cdot b^4}{b + 1}$

12 Löse die Gleichungen.   a) $3 x^5 = 17$

b) $5 \cdot 3^{2x} + 4 = 18$

Fig. 1

4 Formeln verstehen: Pyramiden und Kegel

Prisma und Zylinder haben jeweils zwei gleiche Grundflächen.
Andere Körper laufen spitz zusammen.

In einer Formelsammlung findet sich für den Rauminhalt der Pyramide und des Kegels die Formel $V = \frac{1}{3} \cdot G \cdot h$.
Wie kann man das erklären?
Zunächst muss man wissen, was eine Pyramide ist.

Aus einer Formelsammlung:

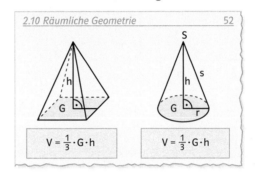

2.10 Räumliche Geometrie   52

$V = \frac{1}{3} \cdot G \cdot h$ $V = \frac{1}{3} \cdot G \cdot h$

Verbindet man die Ecken eines Vielecks mit einem Punkt S, der nicht in der Ebene des Vielecks liegt, so erhält man eine **Pyramide**. Das Vieleck bildet die **Grundfläche** der Pyramide, der Punkt S ist die **Spitze** der Pyramide. Der Abstand der Spitze zur Grundfläche heißt **Höhe** der Pyramide. Bei einer regelmäßigen Pyramide ist die Grundfläche ein regelmäßiges Vieleck und die Spitze befindet sich senkrecht über dem Mittelpunkt der Grundfläche.

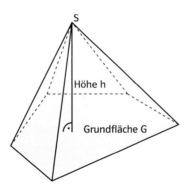

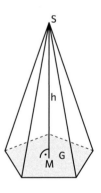

Regelmäßige fünfseitige Pyramide

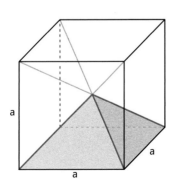

Fig. 1

Ein Würfel ist aus sechs gleichen Pyramiden zusammengesetzt (Fig. 1). Jede der sechs Pyramiden hat also das Volumen $V = \frac{1}{6}a^3$. Andererseits ist die Grundfläche jeder Pyramide $G = a^2$ und die Höhe $h = \frac{1}{2}a$. Somit gilt für ihr Volumen die Formel

$$V = \frac{1}{6}a^3 = \frac{1}{3} \cdot a^2 \cdot \frac{1}{2}a = \frac{1}{3} \cdot G \cdot h.$$

Das ist die Formel, die in der Formelsammlung steht.

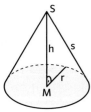

Wenn man alle Punkte einer Kreislinie mit einem Punkt S verbindet, so erhält man einen **Kegel** mit Spitze S. Bei einem **senkrechten Kegel** ist die Spitze senkrecht über dem Kreismittelpunkt M.

Einen Kreis kann man durch Vielecke beliebig genau annähern. Daher kann man einen Kegel durch Pyramiden annähern. Es gilt somit auch für das Kegelvolumen die Formel $V = \frac{1}{3} \cdot G \cdot h$. Da $G = \pi r^2$ der Flächeninhalt des Kreises ist, ergibt sich für den Rauminhalt des Kegels $V = \frac{1}{3} \cdot \pi r^2 \cdot h$.

Der Rauminhalt einer Pyramide oder eines Kegels mit Grundfläche G und Höhe h ist
$$V = \frac{1}{3} \cdot G \cdot h.$$

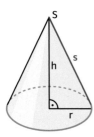

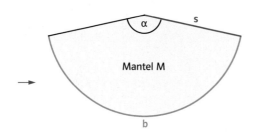

Wenn man einen senkrechten Kegel entlang einer Mantellinie aufschneidet und den Mantel eben ausbreitet, so erhält man einen Kreisausschnitt. Sein Radius ist die Länge der Mantellinie s mit $s = \sqrt{h^2 + r^2}$. Die Bogenlänge b des Kreisausschnitts ist der Umfang des Grundkreises des Kegels. Daher ist $b = 2\pi r$.

Mit den Formeln $b = 2\pi r$ und $b = 2\pi s \cdot \frac{\alpha}{360°}$ kann man den Mittelpunktswinkel $\alpha = 360° \cdot \frac{r}{s}$ des Kreisausschnitts berechnen und mit diesem die **Mantelfläche** M.

Beispiel Volumenberechnung von Pyramide und Kegel
Eine Pyramide hat die Höhe 3 cm. Ihre Grundfläche ist ein Quadrat mit Seitenlänge 4 cm.
a) Berechne das Volumen der Pyramide.
b) Die Pyramide kann in einen Kegel einbeschrieben werden (siehe Fig. 1). Berechne das Volumen des Kegels.
Lösung:

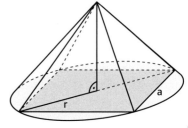

Fig. 1

a) $V_{Pyramide} = \frac{1}{3} \cdot a^2 \cdot h = \frac{1}{3} \cdot 16 \cdot 3 \, cm^3 = 16 \, cm^3$.
b) *Der Radius des Kegelgrundkreises ist halb so lang wie eine Quadratdiagonale, also* $r = \frac{1}{2}\sqrt{2} \cdot a$.
$G = \pi r^2 = \pi \left(\frac{1}{2}\sqrt{2} \cdot a \right)^2 = \frac{1}{2}\pi \cdot a^2 = 8\pi \, cm^2$. $V_{Kegel} = \frac{1}{3} \cdot G \cdot h = 8\pi \, cm^3 \approx 25,13 \, cm^3$.

Aufgaben

1 Ordne die folgenden Körper nach ihrem Rauminhalt.

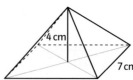

2 a) Zeichne das Netz einer quadratischen Pyramide mit Seitenlänge $a = 2,5\,cm$ und Höhe $h_1 = 4\,cm$ der Seitendreiecke (s. Fig. 1).
b) Bestimme den Rauminhalt und den Oberflächeninhalt der Pyramide.
c) Bestimme den Rauminhalt einer Pyramide mit $s = 3,5\,cm$ und $h = 3\,cm$.

3 Ein Kegel hat den Radius $4\,cm$ und die Höhe $7\,cm$.
a) Berechne seinen Rauminhalt.
b) Bestimme den Mittelpunktswinkel α des zur Mantelfläche gehörigen Kreisausschnitts.
c) Berechne die Mantelfläche und die Oberfläche des Kegels.

4 a) Zeichne einen Kreisausschnitt mit dem Mittelpunktswinkel 120° und dem Radius $6\,cm$. Schneide ihn aus und forme daraus einen Kegelmantel. Berechne die Mantelfläche, den Radius, die Höhe und den Rauminhalt des Kegels.
b) Untersuche, wie sich diese Größen verändern, wenn man den Radius des Kreisausschnitts verdoppelt.
c) Untersuche, wie sich diese Größen verändern, wenn man den Mittelpunktswinkel halbiert.

5 Welchen Rauminhalt und welche Oberfläche haben die folgenden Blumenbehälter für $d = 20\,cm$?

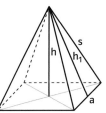

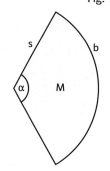

Fig. 1

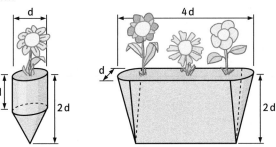

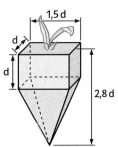

Bist du sicher?

1 Berechne den Rauminhalt und den Oberflächeninhalt der beiden Körper.

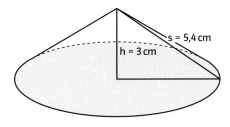

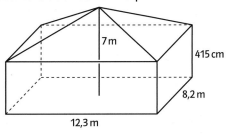

6 a) Die Cheops-Pyramide bei Gizeh in Ägypten wurde aus ca. 2,36 Millionen Steinblöcken mit durchschnittlich $1,1\,m^3$ Rauminhalt gebaut. Welche Seitenlänge hatte die quadratische Grundfläche der Pyramide, wenn die Höhe $146,70\,m$ betrug? Die Hohlräume in der Pyramide darfst du vernachlässigen.
b) Die Cheops-Pyramide wird in einen gedachten Kegel einbeschrieben. Welchen Bruchteil hat das Volumen dieses Kegels vom Volumen eines Würfels, der die gleiche Grundfläche wie die Cheops-Pyramide hat?

7 🖐 Ein kelchförmiges Glas hat die Gestalt eines Kegels mit dem Durchmesser 6,6 cm und der Höhe 9,7 cm. Dorothee hat es randvoll mit Tomatensaft gefüllt und trinkt jetzt vom Saft. Das Glas kann dabei auf verschiedene Weisen noch „halb voll" sein. Untersucht dazu in Gruppen folgende Fragen:
a) Wie viel Prozent des Rauminhalts des Glases sind noch gefüllt, wenn das Glas noch bis zur halben Höhe mit Saft gefüllt ist?
b) Wie hoch steht der Saft im Glas, wenn der halbe Rauminhalt des Glases gefüllt ist?
c) Wie hoch steht der Saft im Glas, wenn der Durchmesser des Flüssigkeitsspiegels auf die Hälfte abgenommen hat?
d) Wie viel Prozent des Rauminhalts des Glases sind noch gefüllt, wenn der Flächeninhalt des Flüssigkeitsspiegels auf die Hälfte abgenommen hat?
e) Wie hoch steht der Saft, wenn die halbe Mantelfläche von Flüssigkeit bedeckt ist?

8 a) Für die abgebildeten Körper findest du in einer Formelsammlung Formeln für den Rauminhalt und die Oberfläche. Gib diese Formeln an.
b) Bestimme den Rauminhalt und den Oberflächeninhalt eines Oktaeders mit Kantenlänge 3 cm.
c) Leite für ein Referat oder eine Präsentation die Formeln, die du nachgeschlagen hast, her und erkläre sie vor der Klasse.

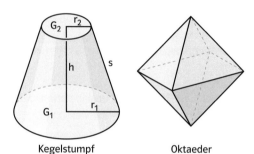

Kegelstumpf   Oktaeder

9 Die Höhe des Vesuvs ist 1280 m. Der Kraterdurchmesser beträgt 600 m. Unten hat der Berg einen Umfang von ca. 13 km. Wie viel Erde enthält der Vesuv, wenn der spitz nach unten zulaufende Krater 200 m tief ist?

10 In dem abgebildeten Raum wird in der Deckenmitte ein Strahler angebracht, der senkrecht nach unten leuchtet. Der Strahler hat den Öffnungswinkel $\beta = 56°$.
a) Wie viel Prozent der Bodenfläche wird vom Strahler erfasst?
b) Wie viel Prozent des Raumes liegt im Lichtkegel?
c) Wie groß müsste β mindestens sein, damit der ganze Boden ausgeleuchtet werden kann?

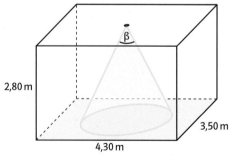

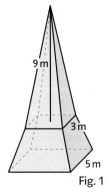

Fig. 1

11 Ein Kirchturmdach (Fig. 1) besteht aus einem Pyramidenstumpf mit quadratischer Grundfläche und einer aufgesetzten quadratischen Pyramide. Das Dach ist insgesamt 12 m hoch.
a) Berechne den vom Dach eingeschlossenen Rauminhalt.
b) Schlage die Formel für den Rauminhalt eines Pyramidenstumpfs mit quadratischer Grundfläche in der Formelsammlung nach. Begründe die Formel.

5 Formeln anwenden – Kugeln und andere Körper

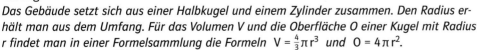 Welcher der fünf platonischen Körper ist der größte?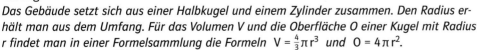

Wie viel Wasser passt in die Wasserschale in Fig. 1?
Um das herauszufinden, sucht man in einer Formelsammlung nach einer Formel für den Rauminhalt eines Körpers mit der Form der Schale. Unter den Körpern, die in der Sammlung aufgeführt sind, passt die Kugelkappe am besten (s. Fig. 2). Zu ihr sind zwei Formeln für den Rauminhalt aufgeführt.
In der ersten Formel $V = \frac{1}{3}\pi h^2(3r - h)$ kommt der Radius r der Kugel vor. Da man den Radius der zur Schale gehörigen Kugel nicht kennt, ist diese Formel schlecht geeignet.

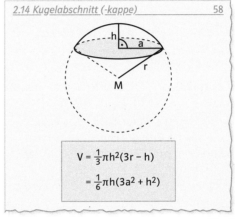

2.14 Kugelabschnitt (-kappe)   58

$$V = \frac{1}{3}\pi h^2(3r - h)$$
$$= \frac{1}{6}\pi h(3a^2 + h^2)$$

Fig. 2

Fig. 1

In der zweiten Formel kommen die Variablen a und h vor.
Dem Bild kann man entnehmen, dass h die Tiefe der Schale, a ihr Radius ist. Beide Größen kann man leicht messen, also kann man mit dieser Formel das Volumen berechnen.

Beispiel Volumen zusammengesetzter Körper
a) Fig. 3 zeigt die Grundform einer Sternwarte. Sie ist insgesamt 14 m hoch und hat den Umfang 25 m. Berechne ihren Rauminhalt.
b) Für welchen Radius hat die aufgesetzte Kuppel den Rauminhalt 718 m³?
c) 🖩 Zeichne einen Graphen für den Rauminhalt des Gebäudes in Abhängigkeit vom Radius im Bereich zwischen 0 m und 5 m. Die Höhe h des Zylinders sei 10 m.
d) Für welchen Radius hat das Gebäude bei h = 10 m den Rauminhalt 600 m³?
Lösung:
Das Gebäude setzt sich aus einer Halbkugel und einem Zylinder zusammen. Den Radius erhält man aus dem Umfang. Für das Volumen V und die Oberfläche O einer Kugel mit Radius r findet man in einer Formelsammlung die Formeln $V = \frac{4}{3}\pi r^3$ und $O = 4\pi r^2$.

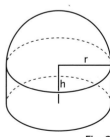

Fig. 3

a) $r = \frac{U}{2\pi} = \frac{25\,m}{2\pi} \approx 3{,}98\,m$. $\quad h = 14\,m - r \approx 10{,}02\,m$.
Halbkugel: $V_{HK} = \frac{2}{3}\pi r^3 \approx 132\,m^3$. Zylinder: $V_Z = \pi r^2 h \approx 498\,m^3$.
Das Gebäudevolumen ist $V_Z + V_{HK} \approx 630\,m^3$.

Fig. 1

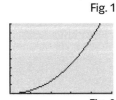

Fig. 2

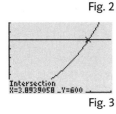

Intersection
X=3.8939058 Y=600

Fig. 3

b) $V_{HK} = \frac{2}{3}\pi r^3$; also $r = \left(\frac{3V}{2\pi}\right)^{\frac{1}{3}} = \left(\frac{3 \cdot 718}{2\pi}\right)^{\frac{1}{3}}$m ≈ 7m.

c) $V = V_{HK} + V_Z = \frac{2}{3}\pi r^3 + \pi r^2 h$.

Die rechte Seite dieser Gleichung gibt man in den GTR ein (Fig. 1). Das Fenster muss richtig eingestellt werden (Fig. 2).

d) *Man zeichnet zusätzlich den Graphen der konstanten Funktion f mit f(x) = 600. Dann berechnet man mithilfe des GTR den Schnittpunkt der beiden Graphen (Fig. 3).*

Für $r \approx 3,89$m ist der Rauminhalt $600\,m^3$.

Aufgaben

1 Suche in einer Formelsammlung eine Formel für den Rauminhalt der Kugel und berechne mit ihrer Hilfe den Rauminhalt der folgenden Körper.

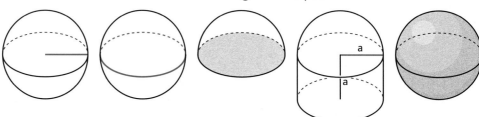

| Radius 6,5 cm | Umfang 12,3 m | Kreisfläche 270 cm² | Radius 7,2 cm | Oberfläche 500 cm² |

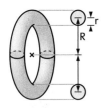

2 a) Ein Pyramidenstumpf hat eine quadratische Grundfläche. Er ist 12 cm hoch, die untere Begrenzungsfläche hat die Seitenlänge 17 cm, die obere die Seitenlänge 9 cm. Berechne das Volumen des Pyramidenstumpfs.

b) Bei einem Ring ist $R = 17$ cm und $r = 2$ cm. Berechne das Volumen und die Oberfläche des Rings.

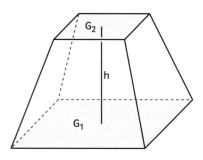

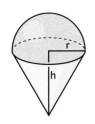

3 a) Eine Eisdiele bietet Eis in Eistüten mit Höhe $h = 11$ cm und Radius $r = 2$ cm an. Wie viel ml Eis bekommt man, wenn sich über der ganz mit Eis gefüllten Tüte noch eine Halbkugel aus Eis befindet?

b) 🖳 Zeichne einen Graphen für die Eismenge in Abhängigkeit vom Radius im Bereich zwischen 0 cm und 3 cm. Die Höhe h der Eistüte soll immer 11 cm betragen.

c) 🖳 Mit welchem Radius muss man eine Eistüte mit Höhe 11 cm herstellen, wenn die Eisportion 100 ml betragen soll?

Bist du sicher?

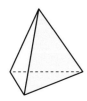

1 Ein Tetraeder hat die Kantenlänge 5 cm. Bearbeite die Aufgabe mithilfe einer Formelsammlung.

a) Berechne den Rauminhalt des Tetraeders.

b) Berechne seine Oberfläche.

c) Berechne den Rauminhalt seiner Umkugel.

d) Wie viel Prozent des Rauminhalts des Tetraeders wird von seiner Inkugel ausgefüllt?

4 ⬚ Eine kugelförmige Vase hat den Radius 10 cm. Sie kann mit Wasser gefüllt werden (siehe Fig. 1).

a) Wie viel Wasser ist in dem Gefäß, wenn die Wasserhöhe 5 cm beträgt?.

b) Zeichne einen Graphen für die Wassermenge in Abhängigkeit von der Höhe.

c) Für welche Höhe ist gerade ein Drittel des Kugelvolumens gefüllt? Schätze erst und berechne dann.

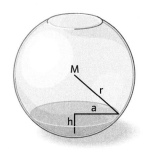

Fig. 1

d) Das Wasser soll so in das Gefäß gefüllt werden, dass die Wasserhöhe gleichmäßig zunimmt. In welchem Bereich muss man das Wasser am schnellsten einfüllen? Woran erkennt man das am Graphen aus Teilaufgabe b?

5 a) Ein Schwimmring hat innen den Durchmesser 50 cm, außen 80 cm. Ein anderer Ring hat innen den Durchmesser 64 cm, außen 88 cm. Welcher der beiden Ringe hat den größeren Rauminhalt, welcher die größere Oberfläche?

b) ⬚ Welchen äußeren Durchmesser hat ein Ring mit innerem Durchmesser 30 cm, der den Rauminhalt 2 Liter hat?

Für die Rechnung nimmt man an, dass es sich um einen Kreisring handelt.

6 Ein kugelförmiger Luftballon wird zu einem Luftballon mit

a) doppeltem Umfang,   b) doppelter Oberfläche,   c) doppeltem Rauminhalt

aufgeblasen. Wie ändert sich dabei jeweils der Radius des Ballons?

7 Gegeben ist eine Kugel mit dem Radius 10 cm.

a) Ein Kugelausschnitt (oder Kugelsektor) hat die Höhe h = 5 cm (siehe Fig. 2). Bestimme sein Volumen und seine Oberfläche.

b) ⬚ Zeichne einen Graphen für die Oberfläche des Ausschnitts in Abhängigkeit von h. Für welche Höhe ist die Oberfläche 600 cm²?

c) Erläutere die Formeln aus der Formelsammlung für das Volumen und die Oberfläche des Kugelausschnitts unter Verwendung der Formeln für die Kugelkappe.

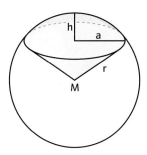

Fig. 2

8 a) Auf einen Zylinder mit Radius 3 cm und Höhe 5 cm soll die Kugelkappe einer Kugel mit Radius 4 cm passend aufgesetzt werden. Dafür gibt es zwei Möglichkeiten. Zeichne jeweils den Querschnitt der beiden zusammengesetzten Körper.

b) ⬚ Auf einen Zylinder der Höhe 12 cm wird eine Halbkugel passend gesetzt. Zeichne den Graphen für die Oberfläche des entstandenen Körpers in Abhängigkeit vom Radius des Zylinders.

c) ⬚ Berechne mithilfe des GTR, für welchen Radius die Oberfläche des Körpers aus Teilaufgabe b 500 cm² beträgt. Berechne diesen Radius auch ohne GTR und vergleiche.

1 a) Berechne den Rauminhalt der Körper von Fig. 1 und Fig. 2 für a = 1m.
b) 🙎🙎 Stelle einen Term für den Rauminhalt der Körper in Abhängigkeit von a auf. Erkläre deinen Term.
c) Bestimme jeweils den Wert von a, für den der Rauminhalt 8 m³ beträgt.
d) Berechne den Oberflächeninhalt der Körper für a = 1m.

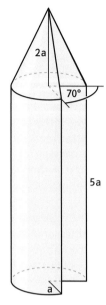

Fig. 2

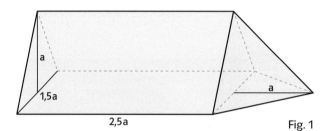

Fig. 1

2 🙎🙎🙎 In einer Formelsammlung findet ihr viele Informationen über die fünf regelmäßigen Körper, die so genannten platonischen Körper (Fig. 3).
a) Findet heraus, was die besonderen Eigenschaften dieser Körper sind.
b) Warum gibt es nur diese fünf Körper mit diesen Eigenschaften?
c) Wo kommen die platonischen Körper in der Natur oder in der Kunst vor?

3 🙎🙎🙎 ▦ Gegeben sind die fünf platonischen Körper, alle haben die gleiche Kantenlänge 1cm. Um die fünf Körper zu vergleichen, legt ihr eine Tabelle für die Werte der fünf Körper mit dem GTR oder mit einem Tabellenkalkulationsprogramm an.
a) Welcher der fünf Körper hat den größten Rauminhalt?
b) Welcher hat die größte Oberfläche?
c) Welcher Körper hat die größte Umkugel?
d) Welcher Körper hat die größte Inkugel?
e) Wie viel Prozent der Umkugel werden jeweils vom Körper ausgefüllt?
f) Wie viel Prozent des Körpers nimmt jeweils die Inkugel ein?
Stellt ähnliche Fragen und beantwortet sie mithilfe der Tabelle.

4 Ein Kegel mit Radius und Höhe r wird einer Halbkugel und diese wiederum einem Zylinder einbeschrieben (siehe Fig. 4).
a) Archimedes von Syrakus (287 – 212 v. Chr.) entdeckte, dass die Rauminhalte von Zylinder, Halbkugel und Kegel im Verhältnis 3 : 2 : 1 stehen. Begründe diese Behauptung.
b) Wie verhalten sich die Oberflächen der drei Körper zueinander?
c) Wie verhalten sich die Rauminhalte der drei Körper in Fig. 5 zueinander?

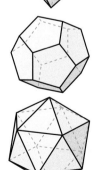

Fig. 3

Fig. 4

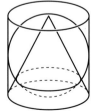

Fig. 5

5 a) Ein Basketball hat das Volumen 5,31 l. Welchen Umfang und welche Oberfläche hat er?

b) Der Ball soll genau durch einen Basketballring passen. Fig. 1 zeigt den Querschnitt durch diesen Körper. Der Ringradius r_{Ring} beträgt 1 cm. Welches Volumen und welchen Oberflächeninhalt hat der Ring?

c) Welchen Radius r_{Ring} hat der Ring, wenn sein Oberflächeninhalt 100 cm² beträgt?

d) 🖩 Zeichne einen Graphen für das Volumen eines Rings, der genau um den Ball passt, in Abhängigkeit vom Radius r_{Ring}. Für welchen Radius haben Ball und Ring gleiches Volumen?

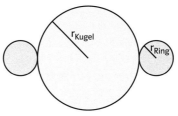

Fig. 1

6 Ein moderner 40 m hoher Kirchturm hat den in Fig. 2 gezeichneten Grundriss.

a) Welches Volumen hat er?

b) Wie groß ist die Mantelfläche?

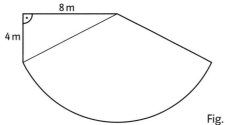

Fig. 2

Kannst du das noch?

7 Löse die Gleichung.

a) $3x - 7 = 11x + 17$

b) $(4 - 3z) \cdot 2 - 3{,}2 = 11 - 3\left(-2z - \frac{5}{3}\right)$

8 🖩 Löse das lineare Gleichungssystem. Veranschauliche die Lösung mithilfe eines Graphen.

a) $2x - 3y = 2$
$\quad x - 4y = -4$

b) $4x + 7y = 21$
$\quad 3x - 4y = 25$

c) $x + 3(y + 1) = 2x + 8$
$\quad 3y - 8 = 5(x - 2)$

d) $3y = 2x + 3$
$\quad y + 1 = \frac{2}{3}x$

9 Martin und Frederick kaufen Böller für Sylvester. Martin gibt für 7 Superböller und 6 Megakracher 39,97 € aus, Frederick für 5 Superböller und 8 Megakracher sogar 40,77 €. Wie teuer sind die Böller jeweils?

10 Ein Quader mit quadratischer Grundfläche ist doppelt so hoch wie breit (s. Fig. 3).

a) Stelle einen Term für die Gesamtkantenlänge, die Oberfläche und den Rauminhalt des Quaders auf.

b) 🖩 Zeichne einen Graphen für die Gesamtkantenlänge, die Oberfläche und den Rauminhalt in Abhängigkeit von der Seitenlänge a der Grundfläche.

c) Wie verändern sich die drei Größen bei so einem Quader, wenn a verdoppelt wird? Wie verändern sie sich, wenn a verfünffacht wird?

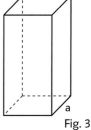

Fig. 3

11 Löse die Gleichungen.

a) $3x^2 - 4x - 4 = 0$

b) $y^2 - \frac{14}{3}y + \frac{16}{3} = 0$

c) $4(z - 2)^2 + 5z - 6 = (2z - 3)^2$

Körper darstellen

Durch ein Schrägbild erhält man zwar eine anschauliche räumliche Vorstellung des dargestellten Gegenstands, man kann aber nicht die wahren Streckenlängen oder Winkel entnehmen. Für den Bau eines Hauses oder die Herstellung eines technischen Bauteils zeichnet man daher die Ansicht von oben, von vorne und von der Seite, den so genannten Grundriss, Aufriss und Seitenriss.

1 a) Die Würfel (Fig. 1) haben die Kantenlänge 1 cm. Zeichne die Bauwerke im Grund-, Seiten- und Aufriss.

b) In Fig. 2 und in Fig. 3 ist jeweils der Grundriss, Seitenriss und der Aufriss eines Würfelbauwerks gezeichnet. Zeichne die Würfelbauwerke im Schrägbild. Gibt es mehrere Möglichkeiten für den Körper?

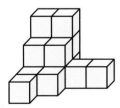

Grundriss: Aufriss: Seitenriss: Grundriss: Aufriss: Seitenriss:

Fig. 2   Fig. 3

c) 👥 Entwirf eigene Würfelbauwerke im Schrägbild und lasse deinen Nachbarn den Grund-, Seiten- und Aufriss zeichnen.

2 Zeichne den Grund-, Seiten- und Aufriss eines Prismas und einer Pyramide der Höhe 5 cm,

a) deren Grundfläche ein gleichseitiges Dreieck mit Seitenlänge 3 cm ist,

b) deren Grundfläche ein regelmäßiges Sechseck mit Seitenlänge 3 cm ist.

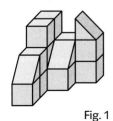

Fig. 1

Körper darstellen

Wenn man Zeichnungen eines Bauteils aus verschiedenen Richtungen hat, dann kann es hilfreich sein, ein Schrägbild zu zeichnen, um eine anschauliche Vorstellung zu bekommen. Bei einem Schrägbild zeichnet man die in die Zeichenebene hinein verlaufenden Linien schräg mit dem **Verzerrungswinkel α** und verkürzt mit dem **Verzerrungsverhältnis k**. Das Würfelschrägbild in Fig. 2 zeigt, dass $\alpha = 45°$ und $k = \frac{\sqrt{2}}{2}$ besonders praktisch für das Zeichnen auf Karopapier ist. Bisher haben wir meist mit diesen Werten die Schrägbilder gezeichnet. Man kann aber auch andere Werte verwenden (Fig. 1).

$k = \frac{1}{2}$ $\quad$ $k = \frac{1}{3}$ $\quad$ $k = \frac{3}{4}$ $\quad$ $k = \frac{1}{2}$ $\quad$ $k = \frac{1}{3}$ $\quad$ $k = \frac{1}{2}$
$\alpha = 45°$ $\quad$ $\alpha = 45°$ $\quad$ $\alpha = 45°$ $\quad$ $\alpha = 30°$ $\quad$ $\alpha = 30°$ $\quad$ $\alpha = 60°$

Fig. 1

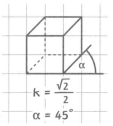

$$k = \frac{\sqrt{2}}{2}$$
$$\alpha = 45°$$

Fig. 2

3 a) Die Zeichnungen (Fig. 3) zeigen den Grund- und Aufriss von Gebäuden. Zeichne jeweils ein dazu passendes Bauwerk im Schrägbild. Wähle dazu α und k.
b) Entwirf eigene Gebäude, zeichne dazu den Grund- und Aufriss und lasse einen Partner ein Schrägbild dazu zeichnen.

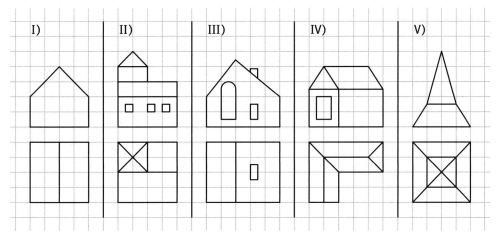

I) II) III) IV) V)

Fig. 3

Einen ganz anderen Eindruck erhält man, wenn man die Linien nach hinten nicht parallel zeichnet. In der **Zentralperspektive** laufen alle Linien nach hinten auf einen Punkt am Horizont zu, den Fluchtpunkt.

4 Erkundige dich nach den verschiedenen Möglichkeiten für perspektivische Zeichnungen und finde berühmte Kunstwerke dazu.
Zeichne einen Körper. Benutze verschiedene perspektivische Darstellungen.

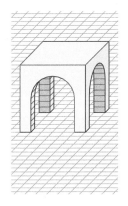 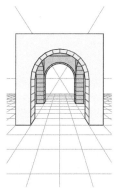

Kreise

Aus dem Umfang bzw. dem Flächeninhalt eines Kreises kann man den Radius berechnen.

$U = 2\pi r$: $r = \frac{U}{2\pi}$ und $A = \pi r^2$: $r = \sqrt{\frac{A}{\pi}}$

$A = 70\,cm^2$

$r = \sqrt{\frac{A}{\pi}} = \sqrt{\frac{70}{\pi}}\,cm$

$\approx 4{,}72\,cm$

Kreisausschnitt

Bei einem Kreisausschnitt kann man mithilfe des Mittelpunktswinkels α die Bogenlänge b und den Flächeninhalt A des Kreisausschnitts berechnen.

$b = 2\pi r \cdot \frac{\alpha}{360°}$; $A = \pi r^2 \cdot \frac{\alpha}{360°}$

$r = 6{,}5\,cm$, $\alpha = 125°$

$b = 2\pi r \cdot \frac{\alpha}{360°}$

$\approx 14{,}18\,cm$

$A = \pi r^2 \cdot \frac{\alpha}{360°}$

$\approx 46{,}09\,cm^2$

Prisma

Den Rauminhalt eines Prismas berechnet man mit der Formel „Grundfläche mal Höhe".

$V = G \cdot h$

Die Oberfläche besteht aus dem Mantel und den Grundflächen.

$O = 2G + M = 2G + U \cdot h$

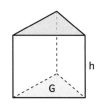

Grundfläche: Gleichseitiges Dreieck mit Seitenlänge

$a = 4\,cm$

Höhe: $h = 11\,cm$

$G = 16\sqrt{3}\,cm^2$

$V = G \cdot h$

$= 176\sqrt{3}\,cm^3$

Zylinder

Den Rauminhalt eines Zylinders berechnet man mit der Formel „Grundfläche mal Höhe".

$V = G \cdot h = \pi r^2 h$

Die Oberfläche besteht aus dem Mantel und zwei Kreisflächen als Grundflächen.

$O = 2G + M = 2\pi r^2 + 2\pi rh = 2\pi r(r + h)$

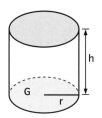

$r = 4{,}5\,cm$,

$h = 8{,}2\,cm$

$V = \pi r^2 \cdot h$

$\approx 522\,cm^3$

$O = 2\pi r(r + h)$

$\approx 359\,cm^2$

Pyramide

Die Pyramide nimmt ein Drittel des Rauminhalts des sie umgebenden Prismas ein.

$V = \frac{1}{3}G \cdot h$

Ihre Oberfläche besteht aus Dreiecken und der Grundfläche.

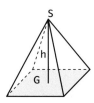

Grundfläche: Quadrat mit Seitenlänge $a = 5\,cm$

Höhe: $h = 15\,cm$

$V = \frac{1}{3}G \cdot h = 125\,cm^3$

Kegel

Der Kegel nimmt ein Drittel des Rauminhalts des ihn umgebenden Zylinders ein.

$V = \frac{1}{3} \cdot \pi r^2 \cdot h$

Der Kegelmantel ist ein Kreisausschnitt mit Radius $s = \sqrt{h^2 + r^2}$.

Dieser Kreisausschnitt hat die Bogenlänge $2\pi r$.

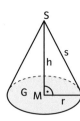

$r = 4{,}5\,cm$,

$h = 8{,}2\,cm$

$V = \frac{1}{3}\pi r^2 \cdot h$

$\approx 174\,cm^3$

$M = \pi s^2 \cdot \frac{r}{s} \approx$

$132\,cm^2$

Formelsammlung

Formeln zu diesen und vielen anderen Körpern kann man in einer Formelsammlung nachschlagen.

Training

1 a) Der Weg um eine kreisrunde Insel ist 15 km lang. Welchen Durchmesser und welchen Flächeninhalt hat die Insel?
b) Ein kreisrunder Krater hat den Flächeninhalt 3000 km². Welchen Umfang hat er?

2 a) Berechne den Flächeninhalt und den Umfang der in Fig. 1 gelb dargestellten Fläche. Um wie viel Prozent weichen diese Werte jeweils von den entsprechenden Werten des rot umrandeten Rechtecks ab?

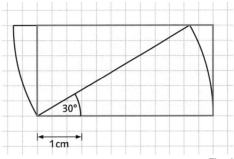

3 Der Grundkreis eines Kegels hat den Radius 7 cm. Die Kegelhöhe beträgt 9 cm.
a) Berechne den Rauminhalt des Kegels.
b) Berechne die Mantelfläche des Kegels.

Fig. 1

4 a) Die massive, eiserne Walze einer Straßenwalze ist 1,8 m lang und wiegt 9 t. Welchen Durchmesser hat die Walze, wenn 1 cm³ Eisen 7,86 g wiegt?
b) Wie viele Umdrehungen macht die Walze aus a auf einer Strecke von 130 m?

5 Das auf dem Foto dargestellte Hochhaus in San Francisco hat eine quadratische Grundfläche mit Seitenlänge 44,2 m und ist 260 m hoch.
a) Welchen Rauminhalt nimmt das Haus ein?
b) Wie viel Quadratmeter Glas wurden verbaut, wenn 40 % der Außenfläche aus Fensterfläche besteht?

1 Ein Pizzabäcker bietet Pizzen mit Durchmesser zwischen 25 und 50 cm an. Von einer Pizzagröße zur nächsten nimmt dabei der Durchmesser jeweils um 5 cm zu.
a) Um wie viel nimmt der Umfang der Pizzen von Größe zu Größe zu?
b) Die kleinste Pizza kostet 4,50 €. Wie teuer sollten die anderen Pizzengrößen sein, wenn die Preise fair sind?
c) Anna schneidet sich aus einer Pizza mit Durchmesser 35 cm ein Stück mit Mittelpunktswinkel 32° heraus. Wie groß ist der Flächeninhalt dieses Pizzastücks?

2 Die Grundfläche eines Kegels hat den Flächeninhalt 20 cm². Die Kegelhöhe ist 5,6 cm.
a) Berechne den Rauminhalt des Kegels.   b) Berechne die Oberfläche des Kegels.

3 Bei dem in Fig. 2 abgebildeten „Turm von Hanoi" nimmt der Durchmesser der 2 cm hohen Scheiben von unten nach oben immer um 1 cm ab.
a) Welchen Rauminhalt hat der Turm für a = 2 cm?
b) 🖩 Stelle einen Term für den Rauminhalt in Abhängigkeit von a auf. Zeichne den Graphen für 0 ≦ a ≦ 10 cm. Für welchen Wert von a hat der Turm das Volumen 500 cm³?

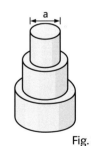

Fig. 2

4 In Fig. 3 ist ein Donut im Querschnitt gezeichnet. Er hat den großen Radius R = 6 cm, den kleinen Radius r = 2,5 cm. Wie viel Gramm Teig braucht man für den Donut, wenn 1 cm³ Teig 0,8 g wiegt?

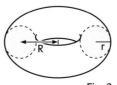

Fig. 3

Das kannst du schon

- Geometrische Sätze anwenden, um Strecken und Winkel zu berechnen
- Formeln anwenden, um von vielen Körpern Oberfläche und Rauminhalt zu berechnen

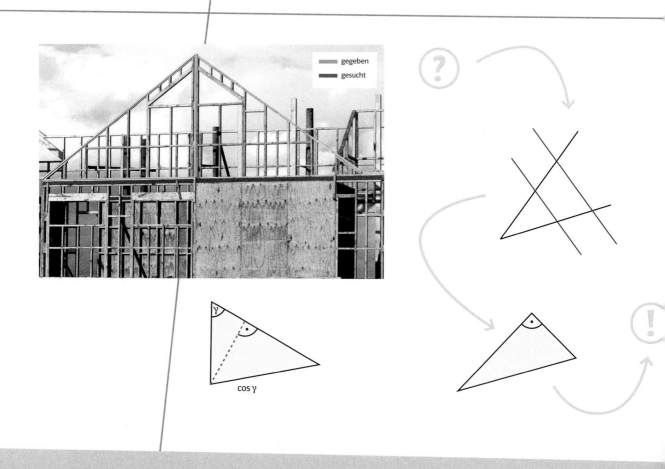

	gegeben
	gesucht

$\cos \gamma$

Zahl und
Maß

Daten und
Zufall

Beziehung und
Änderung

Modell und
Simulation

**Muster und
Struktur**

**Form und
Raum**

Handwerk hat goldenen Boden!

Die Mathematiker sind eine Art Franzosen, redet man mit ihnen, so übersetzen sie es in ihre Sprache, und alsbald ist es etwas ganz anderes.

Johann Wolfgang von Goethe

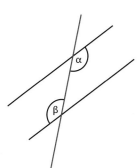

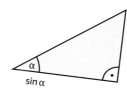

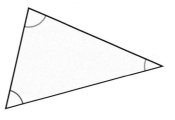

Das kannst du bald

- Auch bei komplizierteren Aufgaben einen Lösungsweg systematisch planen
- Bei solchen Aufgaben verschiedene Strategien anwenden
- Bei verschiedenen Größen größt- und kleinstmögliche Werte berechnen

1 Geometrische Sätze als Werkzeuge

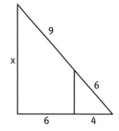

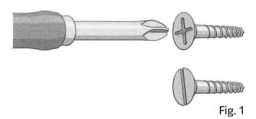

Jonas: „Klarer Fall! Hier hilft nur ein Strahlensatz weiter!"
Senay: „Sei nicht so voreilig! Ich sehe hier andere Lösungsmöglichkeiten."

Die Werkzeugkiste eines Heimwerkers enthält viele Werkzeuge. Jedes dient einem ganz bestimmten Zweck, kann aber nur in bestimmten Situationen angewendet werden. Mit dem Schraubendreher in Fig. 1 kann man eine Schraubverbindung lösen, aber nur dann, wenn es sich um eine Kreuzschlitzschraube handelt.

Fig. 1

Auf entsprechende Weise kann man geometrische Sätze und Formeln verwenden. Der Satz des Pythagoras ermöglicht, die bisher unbekannte Länge einer Strecke zu berechnen. Er ist aber nur dann anwendbar, wenn diese Strecke die Seite eines rechtwinkligen Dreiecks ist, von dem man zwei Seitenlängen bereits kennt. Das Werkzeug „Satz des Pythagoras" lässt sich übersichtlich als „Werkzeugkarte" darstellen.

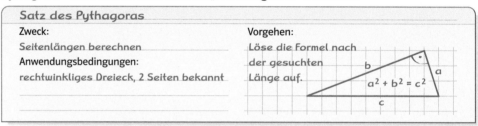

Satz des Pythagoras

Zweck:
Seitenlängen berechnen
Anwendungsbedingungen:
rechtwinkliges Dreieck, 2 Seiten bekannt

Vorgehen:
Löse die Formel nach der gesuchten Länge auf.

$a^2 + b^2 = c^2$

Die Anwendung des Satzes des Pythagoras lohnt sich immer dann zu prüfen, wenn eine Streckenlänge gesucht ist (Zweck) oder wenn ein rechtwinkliges Dreieck mit zwei bekannten Seiten vorliegt (Anwendungsbedingung).

Mathematische Sätze und Formeln kann man wie ein **Werkzeug** verwenden.
Ein geeignetes Werkzeug kann man auswählen
– nach der gesuchten Größe oder
– nach den gegebenen Bedingungen.

Ein gut bestückter Geometrie-Werkzeugkasten sollte mindestens die folgenden Werkzeuge enthalten:
Satz des Pythagoras; zwei Strahlensätze; Sinus, Kosinus, Tangens; Formeln zu Flächeninhalten und Rauminhalten; Sätze über das gleichschenklige Dreieck; Sätze über Scheitel-, Neben-, Wechsel- und Stufenwinkel; Satz über die Winkelsumme im Dreieck; Satz des Thales.

Beispiel Werkzeugkarten

Welcher Winkel ist größer: α oder β?
Suche geeignete Werkzeuge und erstelle
die Werkzeugkarten.

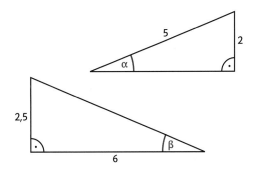

Lösung:
Es liegen rechtwinklige Dreiecke vor. Als
Werkzeuge kommen daher der Satz des
Pythagoras, Sinus, Kosinus oder Tangens
in Betracht. Da aber Winkelweiten gesucht
sind, scheidet der Satz des Pythagoras aus.

Werkzeugkarte für **Sinus** (zur Berechnung eines Winkels):

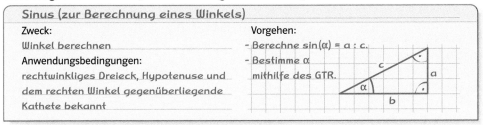

*Eine weitere Werkzeugkarte **Sinus** benötigt man zur Berechnung von Seitenlängen.*

*Entsprechend erhält man die Werkzeugkarte **Tangens** (zur Berechnung eines Winkels).*

1. Dreieck: Es ist sin(α) = 2 : 5 = 0,4, also α ≈ 23,6°.
2. Dreieck: Es ist tan(β) = 2,5 : 6, also β ≈ 22,6°.
Der Winkel α ist somit etwas größer als der Winkel β.

Aufgaben

1 a) Ergänze die Werkzeugkarte.

Tipp: Schaue auf Seite 174, welche Werkzeuge der Geometriekasten enthalten sollte.

b) Welche der Winkel α, β und γ in Fig. 1 kann man mithilfe des Werkzeugs in Teilaufgabe
a bestimmen? Gib ihre Winkelweiten an.

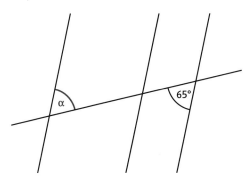

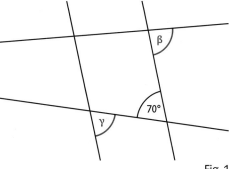

Fig. 1

2 👥 Ergänze die Werkzeugkarte. Löse damit einige selbst formulierte Aufgaben.

Zweck:	Vorgehen:
Winkel berechnen	
Anwendungsbedingungen:	
Dreieck, ...	
... bekannt	

3 a) Erstelle je eine Werkzeugkarte für die beiden Strahlensätze.
b) Berechne in Fig. 1 die Längen x und y.

4 Welchen Flächeninhalt hat ein Dreieck mit der Grundseite 6 m und der zugehörigen Höhe 5 m? Erstelle zunächst eine für die Berechnung benötigte Werkzeugkarte.

5 Mithilfe der Beziehung $\tan(\alpha) = \frac{a}{b}$ kann man auch Streckenlängen berechnen. Welche Anwendungsbedingungen müssen dabei vorliegen? Erstelle eine Werkzeugkarte.

6 Welche Größen lassen sich in Fig. 2 direkt berechnen? Gib jeweils das verwendete Werkzeug an.

7 Bei der Vermessung des Giebels eines Fachwerkhauses erhielt man folgende Ergebnisse: $\alpha = \beta = 41{,}0°$, $s = 6{,}00\,\text{m}$ und $u = 2{,}00\,\text{m}$ (Fig. 3).
Berechne die Längen aller Balken. Gib verschiedene Möglichkeiten für die Berechnung des Balkens a an.

8 Mit welchen Werkzeugen kann man
a) Winkelweiten berechnen,
b) Streckenlängen berechnen,
c) nachweisen, dass zwei Strecken orthogonal sind,
d) nachweisen, dass zwei Geraden parallel sind?
Gib jeweils die Anwendungsbedingungen an.

9 Ein zylinderförmiges Gefäß mit dem Volumen 3 Liter ist 30 cm hoch.
a) Welche weiteren Größen lassen sich aus diesen Angaben berechnen?
b) Beschreibe die verwendeten Werkzeuge.

10 Ein Quader mit dem Volumen 3 Liter ist 30 cm hoch. Welche weiteren Informationen über den Quader lassen sich aus diesen Angaben gewinnen?

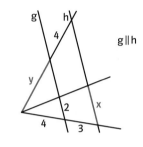

Fig. 1

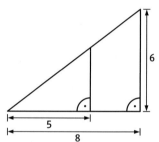

Fig. 2

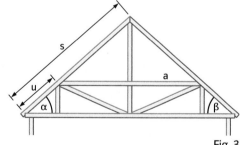

Fig. 3

2 Verwendung von Hilfslinien und Variablen

 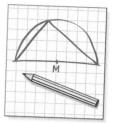

~~~~ Johanna versucht sich an den Beweis für den Satz des Thales zu erinnern: „Irgendwie spielten gleichschenklige Dreiecke eine Rolle, aber ich sehe in meiner Skizze gar keine!?" ~~~~

Liefert ein Werkzeug zwar prinzipiell das gewünschte Ergebnis, aber ohne dass seine Anwendungsbedingung erfüllt ist, kann die vom Beweisen her bekannte Strategie **„Hilfslinien einzeichnen"** oder die Strategie **„Variablen einführen"** weiterhelfen, wie das folgende Problem zeigt.

Von einem Kreisabschnitt mit der Sehne 4 cm und der Höhe 1 cm (Fig. 1) soll der Radius des zugehörigen Kreises berechnet werden. Die gegebene Figur lässt sich so ergänzen, dass ein rechtwinkliges Dreieck MBC entsteht (Fig. 2). Der Satz des Pythagoras lässt sich aber nicht direkt anwenden, da nur die Seite $\overline{CB}$ des Dreiecks

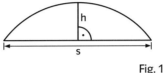

Fig. 1

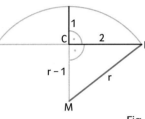

Fig. 2

bekannt ist. Führt man als Variable den Radius r (in cm) des Kreises ein, so kann man damit die beiden anderen Seiten ausdrücken: $\overline{MB} = r$ und $\overline{MC} = r - 1$. Der Satz des Pythagoras liefert nun eine Gleichung für r: $r^2 = (r-1)^2 + 2^2 = r^2 - 2 \cdot r \cdot 1 + 1 + 4$. Daraus folgt: $2 \cdot r = 5$, $r = 2{,}5$. Der Kreis hat also den Radius 2,5 cm.

Wenn die Anwendungsbedingung eines in Frage kommenden Werkzeugs nicht erfüllt ist, so kann man versuchen, auf folgende Weisen weiter zu kommen.
- Man zeichnet eine oder mehrere Hilfslinien in die gegebene Figur, sodass die Anwendungsbedingung erfüllt ist.
- Man stellt mithilfe des Werkzeugs eine Gleichung auf, in der die Variable für die gesuchte Größe mehrfach vorkommt.

Beispiel 1 Hilfslinie einzeichnen
In einen Kreis mit Radius 5 cm ist eine 8 cm lange Sehne eingezeichnet (Fig. 3). Berechne den Abstand des Kreismittelpunktes von dieser Sehne.
Lösung:
Skizze: Siehe Fig. 4.
Zeichnet man als Hilfslinie die Strecke zwischen dem Kreismittelpunkt und einem Endpunkt der Sehne, so erhält man ein rechtwinkliges Dreieck.
Satz des Pythagoras: $5^2 = d^2 + 4^2$
$d = \sqrt{25 - 16} = 3$. Abstand: 3 cm.

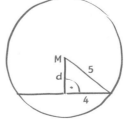

Fig. 4

Fig. 3

Beispiel 2 Gleichung verwenden

In ein rechtwinkliges Dreieck mit den Katheten 7 cm und 3 cm ist ein Quadrat einbeschrieben (Fig. 1). Wie lang ist die Seite dieses Quadrats?

Lösung:

Skizze: Siehe Fig. 2

Zwei von einem Punkt ausgehende Strahlen und zwei parallele Strecken legen die Verwendung des 2. Strahlensatzes nahe.

Seitenlänge des Quadrats: x (in cm)

2. Strahlensatz: $\frac{x}{3} = \frac{7-x}{7}$ und damit

$7x = 21 - 3 \cdot x$ bzw. $10 \cdot x = 21$

Das Quadrat hat also die Seitenlänge 2,1 cm.

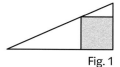

Fig. 1

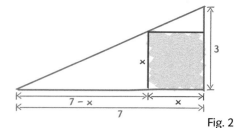

Fig. 2

Kannst du das Quadrat auch konstruieren?

Aufgaben

1 In einem Koordinatensystem ist ein Kreis mit Mittelpunkt M(0|0) und Radius 3 eingezeichnet. Berechne die y-Koordinaten des Kreispunkts mit der x-Koordinate 2.

2 In einem Koordinatensystem ist ein Kreis mit Mittelpunkt M(−1|−2) eingezeichnet, der durch den Punkt P(2|2) geht.
a) Welchen Radius hat der Kreis?
b) Wie groß ist die x-Koordinate eines Punktes des Kreises mit der y-Koordinate −6?

3 In einem rechtwinkligen Dreieck ist die Hypotenuse 10 cm lang. Berechne die Länge der beiden Katheten, wenn
a) eine Kathete doppelt so lang ist wie die andere,
b) eine Kathete um 4 cm länger ist als die andere.

4 Berechne den Winkel α in Fig. 3.

5 Für eine Modelleisenbahn soll eine Rampe gebaut werden, die in den Punkten B und C (Fig. 4) durch zwei Stäbe gestützt wird. Dafür muss ein 8 cm langer Stab geteilt werden.
a) Wie lang sind die beiden Teilstäbe?
b) Welchen Steigungswinkel hat die Rampe?
c) Wie lang ist die Rampe?

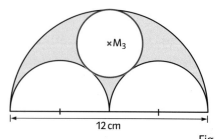

Fig. 3

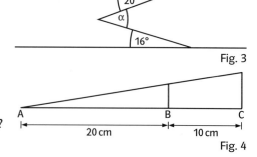

Fig. 4

6 In Fig. 5 ist der Radius des Kreises mit dem Mittelpunkt M_3 gesucht.
a) Zeichne ein rechtwinkliges Dreieck ein, bei dem eine Seite bekannt ist und die beiden anderen Seiten sich mithilfe des gesuchten Radius ausdrücken lassen.
b) Berechne den Radius.
c) Berechne den Inhalt der gefärbten Fläche.

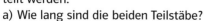

Fig. 5

3 Vorwärtsarbeiten

▨▨▨▨ Beim Spiel „Türme von Hanoi" sollen die Scheiben vom linken Pflock auf den rechten Pflock nach folgenden Spielregeln übertragen werden.
– Der mittlere Pflock darf verwendet werden.
– Es dürfen immer nur einzelne Scheiben bewegt werden.
– Es darf nie eine größere auf einer kleineren Scheibe liegen. ▨▨▨▨

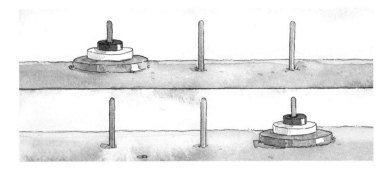

Gelingt es, für eine Aufgabenstellung ein Werkzeug zu finden, das auf die Situation passt und unmittelbar zum Ziel führt, so lässt sich die Aufgabe schnell lösen.

Häufig sieht man sofort, welches Werkzeug zur Situation passt, aber das Werkzeug liefert nicht die Lösung der Aufgabenstellung. In diesem Fall kann es dennoch sinnvoll sein, das ins Auge gefasste Werkzeug anzuwenden. Anschließend prüft man, ob die neu gewonnene Information die Anwendung eines weiteren Werkzeugs erlaubt, das dann zum gewünschten Ziel führt.

Bei vielen Aufgaben muss man mehrere Schritte bis zum Endergebnis durchführen.

Strategie „Vorwärtsarbeiten"
– Wende ein Werkzeug an, das auf die Situation passt.
– Versuche mithilfe der neu gewonnenen Information die Aufgabe zu lösen.
Möglicherweise muss man dieses Verfahren mehrfach nacheinander anwenden.

Beim Vorwärtsarbeiten muss man manchmal verschiedene Wege ausprobieren und auch Irrwege in Kauf nehmen.

Beispiel
Die Diagonalen eines Drachens sind 8 cm und 11 cm lang. Berechne die Länge einer Seite, wenn die andere Seite 5 cm lang ist.
Lösung:
Skizze: Siehe Fig. 1.
Wegen der Achsensymmetrie des Drachens halbiert der Punkt E die Strecke $\overline{BD}$.
Nach dem Satz des Pythagoras gilt im Dreieck BCE:
$5^2 = \overline{EC}^2 + 4^2$, also $\overline{EC} = 3$.
Es ist $\overline{AE} = 11 - \overline{EC} = 8$.
Nach dem Satz des Pythagoras gilt im Dreieck ABE:
$x^2 = 4^2 + 8^2 = 80$, also $x \approx 8{,}9$.
Die zweite Seite ist ca. 8,9 cm lang.

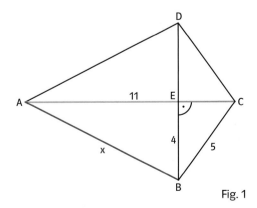

Fig. 1

Aufgaben

1 In dem rechtwinkligen Dreieck ABC in Fig. 1 ist $\overline{DC}$ = 3,2 cm und $\overline{CE}$ = 2,0 cm. Berechne möglichst viele weitere Größen des Dreiecks.

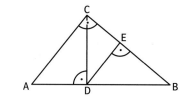

Fig. 1

2 a) Berechne den Flächeninhalt des Vierecks in Fig. 2.
b) Wie groß ist der Winkel α?

3 In dem Fünfeck ABCDE (Fig. 3) bilden die Punkte A, B, D und E ein Quadrat mit Seitenlänge 5 cm und die Punkte BCD ein gleichseitiges Dreieck mit $\overline{BC}$ = $\overline{CD}$ = 5 cm. Berechne den Abstand der Punkte A und C sowie den Abstand des Punktes B von der Strecke AC.

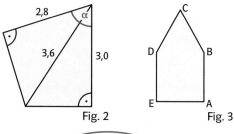

Fig. 2 — Fig. 3

4 Die Konstruktion in Fig. 4 soll einen Näherungswert p für die Kreiszahl π liefern. Sie beginnt mit dem Zeichnen eines Quadrats mit der Seitenlänge 1.
a) Wie groß ist der Näherungswert p?
b) Um wie viel Prozent weicht er von π ab?

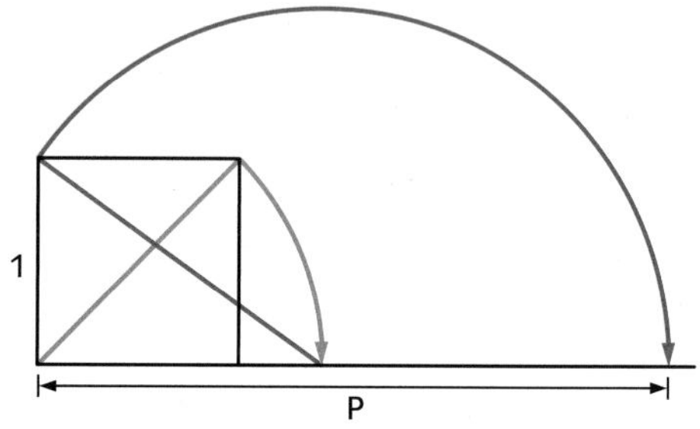

Fig. 4

5 Ein Glasgefäß von der Form einer regelmäßigen vierseitigen Pyramide mit Grundkante und Höhe a wird, wenn die Spitze unten ist, bis zur Höhe $\frac{2}{3}$a mit Wasser gefüllt und dann mit abgedeckter Grundfläche umgedreht (Fig. 5).
Wie hoch steht das Wasser dann in dem Glasgefäß?

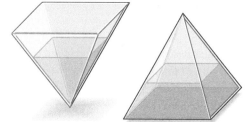

Fig. 5

6 Von einem Dreieck ABC sind die beiden Winkel α = 40° und β = 30° sowie die Seite a = 5 cm bekannt. Die Seite b soll berechnet werden.
a) Welche Werkzeuge kommen für die Berechnung der Seite b prinzipiell in Frage? Untersuche, ob ihre Anwendungsbedingungen erfüllt sind.
b) Durch das Einzeichnen einer passenden Hilfslinie wird das Werkzeug „Sinus" einsetzbar. Zeichne diese Hilfslinie ein und berechne ihre Länge.

*Tipp für d):
Es gibt verschiedene Lösungsmöglichkeiten.*

c) Welches Werkzeug liefert nun die Seite b? Berechne b.
d) Berechne den Winkel γ. Wie kann man nun die Seite c berechnen?

Beweisideen liefert Aufgabe 6.

7 Für jedes Dreieck gilt der sogenannte **Sinussatz**:

(1) $\dfrac{a}{b} = \dfrac{\sin(\alpha)}{\sin(\beta)}$ (2) $\dfrac{b}{c} = \dfrac{\sin(\beta)}{\sin(\gamma)}$ (3) $\dfrac{a}{c} = \dfrac{\sin(\alpha)}{\sin(\gamma)}$.

a) Beweise die Beziehung (1) für ein Dreieck, bei dem α und β kleiner als 90° sind.
b) In einem Dreieck ist b = 5,8 cm; c = 7,1 cm und γ = 80°. Berechne a; α und β.

4 Rückwärtsarbeiten

Anja macht mit dem Geld, das sie zum Geburtstag bekommen hat, einen Einkaufsbummel. Zunächst kauft sie für ein Drittel ihres Geldes ein T-Shirt. Anschließend gibt sie 10 € für ein Buch aus und halbiert dann ihr Restguthaben durch den Kauf von neuen Inliner-Rollen. Nachdem sie sich einen Eisbecher für 5 € geleistet hat, hat sie noch 20 € übrig. ▨

Schwierigere Aufgaben kann man auch dadurch anpacken, dass man nicht an der Ausgangssituation, sondern am Ziel beginnt. Soll in Fig. 1 der Rauminhalt der quadratischen Pyramide mit der Seitenkante a und der Höhe h_1 der Seitenfläche berechnet werden, so liegt das Werkzeug „Volumenformel $V = \frac{1}{3}a^2 \cdot h$" nahe. Seine Anwendungsbedingung ist aber nicht erfüllt, da die Höhe der Pyramide nicht gegeben ist. Als Zwischenziel setzt man sich daher, diese Anwendungsbedingung herzustellen. Zeichnet man zwei Hilfslinien ein (Fig. 2), so sieht man, dass die Anwendungsbedingung des Satzes von Pythagoras erfüllt ist. Bei der Berechnung des Volumens muss man natürlich bei der Ausgangssituation beginnen (Fig. 3).

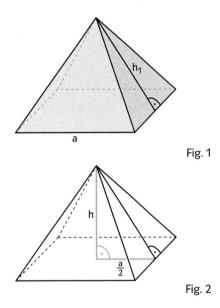

Fig. 1

Fig. 2

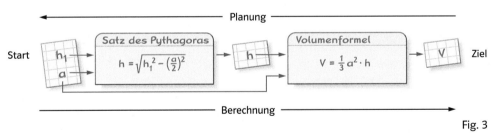

Fig. 3

Strategie „Rückwärtsarbeiten"
– Wähle zunächst ein Werkzeug, das die gesuchte Größe liefert, auch wenn seine Anwendungsbedingung nicht erfüllt ist.
– Versuche dann ein weiteres Werkzeug anzuwenden, das diese Anwendungsbedingung liefert.
Möglicherweise muss man dieses Verfahren mehrfach nacheinander anwenden.

Es kann auch sinnvoll sein, die beiden Strategien „Rückwärtsarbeiten" und „Vorwärtsarbeiten" zu kombinieren.

Beispiel

Berechne die Länge der Strecke $\overline{AD}$ für
$\overline{AB} = 4\,cm$, $\overline{AC} = 6\,cm$ und $\overline{BE} = 2\,cm$.
(Fig. 1). Plane zunächst den Lösungsweg
mithilfe der Strategie des Rückwärts-
arbeitens.

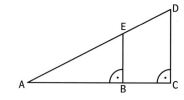

Fig. 1

Lösung:

*$\overline{AD}$ lässt sich mithilfe des Satzes von Pythagoras berechnen. Dazu benötigt man die noch
nicht bekannte Streckenlänge $\overline{CD}$. Diese erhält man durch den 2. Strahlensatz.*

*Es gibt noch weitere
Lösungswege.
AD lässt sich z.B. auch
mithilfe von „Sinus" be-
rechnen.*

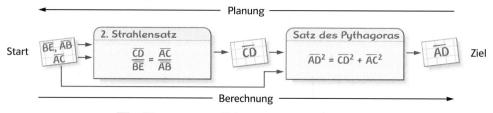

2. Strahlensatz: Aus $\frac{\overline{CD}}{\overline{BE}} = \frac{\overline{AC}}{\overline{AB}}$ folgt $\overline{CD} = \frac{\overline{AC}}{\overline{AB}} \cdot \overline{BE} = \frac{6}{4} \cdot 2\,cm = 3\,cm$.

Satz des Pythagoras: Aus $\overline{AD}^2 = \overline{CD}^2 + \overline{AC}^2$ folgt $\overline{AD} = \sqrt{9 + 36}\,cm \approx 6,7\,cm$.

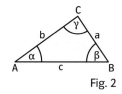

Fig. 2

Aufgaben

1 Berechne den Flächeninhalt eines rechtwinkligen Dreiecks ABC mit $\gamma = 90°$.
a) $a = 4,5\,cm$, $c = 6,0\,cm$
b) $a = 6,0\,cm$, $\beta = 28°$
c) $b = 4,0\,cm$, $\alpha = 45°$
d) $h_c = 3,8\,cm$, $b = 4,6\,cm$

2 Bei einem Oktaeder (Fig. 3) haben alle zwölf Kanten die Länge a.
Welchen Abstand haben gegenüberliegende Ecken?

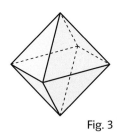

Fig. 3

3 Um die Höhe eines Turms zu bestimmen, hat man eine 65,00 m lange Stand-
linie abgesteckt, die auf den Turm zuläuft.
In ihren Endpunkten sieht man die Turmspitze unter den Erhebungswinkeln 49,5°
und 27,0°. Die Augenhöhe beträgt 1,60 m
(Fig. 4). Berechne die Höhe des Turms.

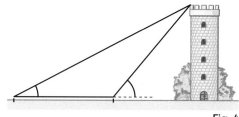

Fig. 4

4 Ein Turmdach hat die Form eines Kegels mit Grundkreisdurchmesser und Höhe
10 m. Auf seiner Spitze befindet sich eine
4 m hohe vertikale Fahnenstange (Fig. 5).
a) Welchen Winkel α bilden die Sonnenstrahlen mit der Horizontalen, wenn der
Schatten der Fahnenstange genau bis zum
Ende des Daches reicht?
b) Wie lang ist der Schatten der Fahnenstange auf dem Dach, wenn die Sonnenstrahlen unter dem Winkel $\beta = 80°$ gegen
die Horizontale einfallen?

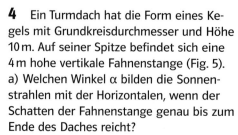

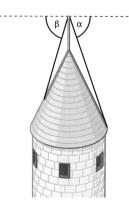

Fig. 5

5 Die blaue Figur nennt man ein „Kreiszweieck", die rote ein „Kreisdreieck".
a) Bestimme den Flächeninhalt des Kreis-
zweiecks.
b) Zeige, dass das Kreisdreieck den gleichen Flächeninhalt wie das Kreiszweieck
hat.

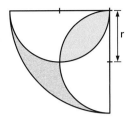
Fig. 1

6 a) Zeige, dass in Fig. 2 die beiden „Möndchen des Hippokrates" zusammen den gleichen Flächeninhalt wie das Dreieck haben.
b) Untersuche, ob die vier „Möndchen" in Fig. 3 den gleichen Flächeninhalt wie das Quadrat haben.

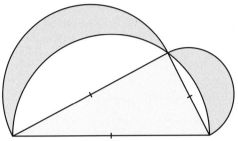

Fig. 2

Fig. 3

7 Aus einem Schulbuch aus dem Jahr 1896:

> **39. In der Praxis wird oft der Inhalt eines Kegelstumpfes berechnet, indem er
> als ein Zylinder von gleicher Höhe angesehen wird, dessen Grundflächenhalbmes-
> ser das arithmetische Mittel aus den beiden Radien des Kegelstumpfes ist. Wie-
> viel beträgt der hierbei gemachte Fehler für ℜ = 30, r = 20, h = 50 cm?**

*Damals war eine For-
melsammlung nicht
erlaubt.*

8 Um Berechnungen an Dreiecken, die nicht rechtwinklig sind, durchführen zu können,
zerlegt man das Dreieck in zwei rechtwinklige Teildreiecke und wendet darauf den Satz
des Pythagoras an (Vergleiche auch S. 180, Aufgabe 6 und 7).
a) Gegeben sind die Seiten a und b sowie
der Winkel γ eines Dreiecks mit $\gamma < 90°$.
Berechne die Seite c.
b) In einer Formelsammlung findet man
den **Kosinussatz**: In einem Dreieck ABC
gilt: $c^2 = a^2 + b^2 - 2 a b \cos(\gamma)$.
Vergleiche mit deinem Ergebnis aus a).
c) Berechne nun c aus a = 4,2 cm,
b = 5,5 cm und $\gamma = 70°$.
d) Wie lautet der Kosinussatz, wenn die
Seiten a und c sowie der Winkel β ($\beta < 90°$)
gegeben sind?

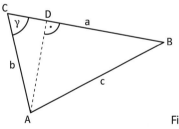
Fig. 4

*Was wird aus dem Kosi-
nussatz für $\gamma = 90°$?*

9 Den Flächeninhalt des Dreiecks in
Fig. 5 kann man bei gegebenem α auf
zwei verschiedene Weisen berechnen.
Leite damit die Beziehung
$\sin(2\alpha) = 2 \cdot \sin(\alpha) \cdot \cos(\alpha)$ her.

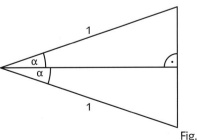
Fig. 5

5 Optimierung

Aus Kostengründen verwenden wir nur noch Würfel.

Mithilfe von Sätzen und Formeln aus der Geometrie können Größen wie Streckenlängen, Winkelweiten, Flächen- und Rauminhalte bestimmt werden. Es gibt aber auch Probleme, bei denen nicht nur der Wert einer Größe gesucht ist, sondern die Situation so gestaltet werden soll, dass eine bestimmte Größe optimal, d.h. möglichst groß oder möglichst klein wird.

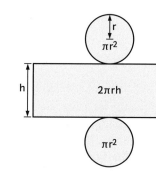

Fig. 1

Eine Firma soll Blechdosen herstellen, in die ein Liter Tomatensuppe passt. Um die Kosten so gering wie möglich zu halten, möchte sie die Dosen so gestalten, dass für ihre Herstellung möglichst wenig Blech benötigt wird. Unter allen Zylindern mit dem Volumen 1000 cm³ ist also derjenige gesucht, der die kleinste Oberfläche hat. Die Oberfläche eines Zylinders hängt von seinem Grundkreisradius r und seiner Höhe h ab: $O = 2\pi r^2 + 2\pi r h$. (1)

Der Blechverbrauch für den Boden- und den Deckelfalz wird hier nicht berücksichtigt.

Da das Zylindervolumen den festen Wert 1000 (in cm³) haben soll, sind r und h nicht unabhängig voneinander. Aus der Bedingung $V = 1000 = \pi r^2 h$ folgt $h = \frac{1000}{\pi r^2}$. (2)

Setzt man (2) in (1) ein, so erhält man eine Formel für die Oberfläche, die nur noch r enthält:

$$O = 2\pi r^2 + 2\pi r \cdot \frac{1000}{\pi r^2} = 2\pi r^2 + \frac{2000}{r}.$$

Mithilfe des GTR erhält man: Die Oberfläche des Zylinders und damit der Blechverbrauch für die Dose ist am kleinsten, wenn der Radius ca. 5,4 cm groß gewählt wird.
Die kleinstmögliche Oberfläche beträgt ca. 554 cm².

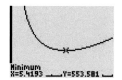

Strategie zur Bestimmung eines Maximums oder Minimums
1. Stelle eine Formel für die zu optimierende Größe auf. Die Formel enthält i. A. zwei Variablen.
2. Nutze die gegebenen Informationen, um eine Gleichung aufzustellen, die die beiden Variablen enthält.
3. Forme mithilfe dieser Gleichung die Formel für die zu optimierende Größe so um, dass sie nur noch eine Variable enthält.
4. Bestimme mithilfe des GTR den Wert der Variablen, für den die Größe optimal wird.

Beispiel Minimaler Umfang

Ein rechtwinkliges Dreieck hat den Flächeninhalt $18\,cm^2$. Wie muss man die Seitenlängen wählen, damit der Umfang des Dreiecks möglichst klein wird? Welche besondere Eigenschaft hat dieses Dreieck?

Lösung:

Formel für die zu optimierende Größe:

Umfang $u = a + b + \sqrt{a^2 + b^2}$

Bedingung: $\frac{1}{2}a \cdot b = 18$, also $b = \frac{36}{a}$.

Eingesetzt in u: $u = a + \frac{36}{a} + \sqrt{a^2 + \left(\frac{36}{a}\right)^2}$

Der GTR liefert: $a_{min} = 6$. Daraus erhält man $b_{min} = 6$, $u_{min} \approx 20{,}49$.

Das optimale rechtwinklige Dreieck ist gleichschenklig, also ein halbes Quadrat.

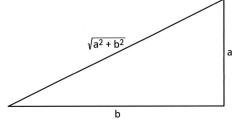

Fig. 1

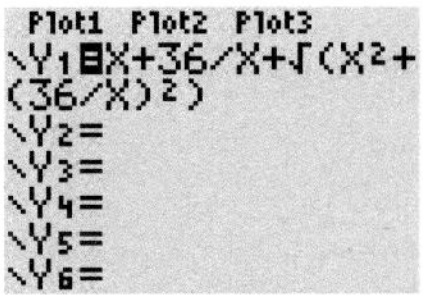

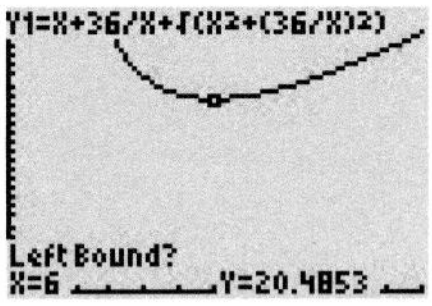

Aufgaben

1 Ein gleichschenkliges Dreieck hat den Umfang 30 cm. Wie lang müssen die Seiten sein, damit seine Fläche möglichst groß ist? Stelle zunächst eine Vermutung auf und berechne dann die optimalen Seitenlängen.

2 a) In ein gleichschenkliges Dreieck mit der Basis $c = 10\,cm$ und dem Basiswinkel $\alpha = 50°$ soll ein Rechteck mit möglichst großem Flächeninhalt einbeschrieben werden (Fig. 2). Bestimme die Seitenlängen des größtmöglichen Rechtecks. Wie verändert sich das Ergebnis, wenn man den Basiswinkel α verändert?

b) In einen Kegel mit Grundkreisradius $r = 5\,cm$ und Höhe $h = 10\,cm$ soll ein Zylinder mit möglichst großem Volumen einbeschrieben werden (Fig. 3). Bestimme die Maße dieses Zylinders.

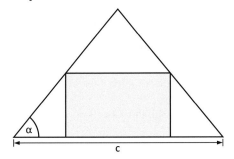

Fig. 2

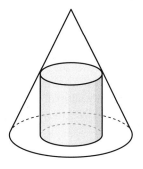

Fig. 3

3 Aus einem 10 cm langen Drahtstück soll ein Kreisausschnitt gebogen werden (Fig. 4).

a) Berechne den Flächeninhalt des Kreisausschnitts, wenn der Mittelpunktswinkel ein rechter bzw. ein gestreckter Winkel ist.

b) Wie groß muss der Radius r und der Mittelpunktswinkel α gewählt werden, damit der Flächeninhalt möglichst groß wird?

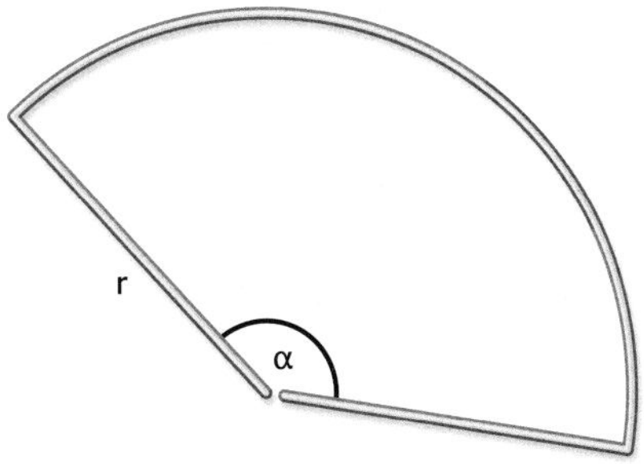

Fig. 4

4 Aus einem quadratischen Blatt Papier mit der Seitenlänge 20 cm soll das Netz einer quadratischen Pyramide wie in Fig. 1 ausgeschnitten werden.
a) Wie lang kann die Grundseite der Pyramide höchstens sein?
b) Bestimme die Länge der Grundseite, bei der das Volumen der Pyramide möglichst groß wird.

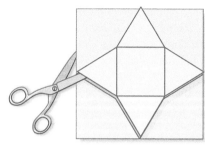

Fig. 1

5 Eine Gasleitung muss durch einen Fluss vom Punkt P zum Punkt Q verlegt werden (Fig. 2). Die Verlegung entlang des Ufers kostet 400 € pro Meter, die Verlegung im Fluss 800 € pro Meter.
a) Was kostet die Verlegung, wenn bis zum Punkt A ($\overline{PA}$ = 50 m) die Leitung am Ufer entlang gelegt wird?
b) Bis zu welcher Stelle muss die Leitung am Flussufer entlang verlegt werden, wenn die Kosten möglichst klein sein sollen?

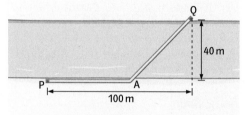

Fig. 2

6 Für eine Sportanlage soll eine 400 m lange Laufbahn und eine Spielfläche angelegt werden (Fig. 3). Wie muss der Radius r gewählt werden, damit die Spielfläche möglichst groß wird?

Fig. 3

7 Schneidet man aus einem Kreis mit Radius 10 cm einen Kreisausschnitt aus, so lässt sich daraus ein Kegel formen (Fig. 4). Das Volumen dieses Kegels hängt vom Mittelpunktswinkel α des Kreisausschnitts ab.
a) Berechne das Volumen des Kegels für α = 90°.
b) Wie verhält sich das Kegelvolumen, wenn man für α Werte wählt, die wenig größer als 0° bzw. wenig kleiner als 360° sind?
c) Bestimme den Winkel α so, dass das Kegelvolumen möglichst groß wird. Wie groß ist dieses maximale Volumen?
Welche Höhe und welchen Grundkreisradius hat in diesem Fall der Kegel?

Hier müssen beide Variablen der zu optimierenden Größe mithilfe des Winkels α ausgedrückt werden.

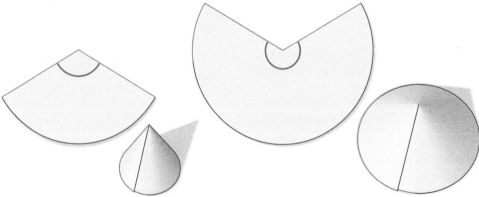

Fig. 4

1 👥 Die Düne von Pyla ist die höchste Sanddüne Europas. Sie befindet sich an der französischen Atlantikküste südlich der Stadt Arcachon. In einem Reiseführer findet man folgende Angaben:

„Die Düne ist ca. 2700 m lang, 500 m breit und bis zu 117 m hoch. Sie ist zur Meeresseite hin zwischen 5° und 20° geneigt, zur Landseite hin zwischen 30° und 40°. Ihr Volumen wird auf 60 Millionen m³ geschätzt."

Überprüft den Schätzwert für das Volumen auf verschiedene Weisen.

2 Wegen der Kugelgestalt der Erde (Radius ca. 6370 km) ist keine Wasseroberfläche eben.

a) Der Bodensee ist ca. 63,5 km lang. Würde man von einem 50 m hohen Turm an einem Ende des Sees das andere Ende sehen können?

b) Wie groß ist die Aufwölbung des Bodensees zwischen Friedrichshafen und dem 14 km entfernten Schweizer Ufer?

c) Berechne die Aufwölbung eines 100 m langen Schwimmbeckens.

3 Die Kraftübertragung zwischen zwei rotierenden Achsen erfolgt meist über eine Kette oder über einen Keilriemen (Fig. 1). Berechne die Länge des Keilriemens für $R = 25$ cm, $r = 10$ cm und $d = 70$ cm.

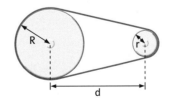

Fig. 1

4 Aus einem quadratischen Stück Pappe mit der Seitenlänge 10 cm soll ein regelmäßiges Sechseck ausgeschnitten werden, wobei möglichst wenig Abfall entstehen soll. Vergleiche die beiden Vorschläge in Fig. 2.

Um wie viel Prozent unterscheiden sich die Flächeninhalte der beiden Sechsecke?

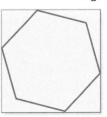

Fig. 2

5 Der Ulmer Rechenmeister Johann Faulhaber (1580 – 1635) beschrieb eine von ihm gefundene Verallgemeinerung des Satzes von Pythagoras folgendermaßen.

> *Johannes Faulhaber: MIRACVLA ARITHMETICA (zitiert nach Wiel) /Ingenieur-Schul (zitiert nach Hawlitschek)*
>
> Ich hab mir imaginirt ein Pyramidem oder Tetrahedron Irregulare, welcher an der obern Spitzen gegen den drey flachen Figuren allenthalben einen rechten Winckel oder 90 Grad hellt...
> In allen dergleichen Pyramidibus thut das quadrat der areae des Basis, eben so viel als die 3 gleiche quadrat des Inhalts der drey auffrechten Flechen sämptlich. Welche Invention Pythagoras zu seiner Zeit nicht gewust.

a) Skizziere die Pyramide und formuliere den von Faulhaber gefundenen Satz in heutiger Sprache und mithilfe einer Formel.

b) Beweise den Satz für den Spezialfall, bei dem alle Seitenkanten gleich lang sind.

6 Ein Quadrat mit der Seitenlänge 8 cm hat den Flächeninhalt 64 cm². Zerschneidet man dieses Quadrat in vier Teile wie in Fig. 1 und setzt es dann wieder als Rechteck zusammen, so hat dieses Rechteck den Flächeninhalt 65 cm². Löse dieses Rätsel auf verschiedene Weisen.

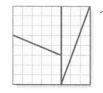

Fig. 1

Kannst du das noch?

7 Gib in wissenschaftlicher Schreibweise an.

a) 2 500 000   b) 7 Milliarden   c) 0,000 000 03   d) $-0,004\,85 \cdot 10^6$

8 Berechne.

a) $a^5 \cdot a^2$ b) $x^{-3} : x^{-2}$ c) $(y^4)^{-3}$ d) $2^6 + 2^7$ e) $5^{\frac{1}{2}} : 5^{\frac{2}{3}}$ f) $\left(\sqrt[3]{2}\right)^6$

9 Bestimme die Lösung.

a) $6x^3 + 1 = 2x^3 + 6$ b) $x^{\frac{2}{3}} = 2^{-4}$ c) $2,8 \cdot 4^{x+1} = 10,5$

10 Der Jahresgewinn einer Firma hat sich im vergangenen Jahr von 750 000 € auf 825 000 € erhöht.

a) Gib die absolute und die prozentuale Zunahme an.

b) Wie hoch wäre der Gewinn im nächsten Jahr bei gleichbleibender prozentualer Zunahme?

11 Herr Otto hat einen Sparvertrag mit einem festen Zinssatz von 2,7 % und dem Anfangskapital 20 000 € abgeschlossen.

a) Wie hoch ist sein Guthaben nach fünf Jahren?

b) Wie lange dauert es, bis sein Guthaben auf 30 000 € angewachsen ist?

c) Wie hoch müsste der Zinssatz sein, wenn sein Guthaben nach zehn Jahren 35 000 € betragen soll?

12 Bei einem Spiel muss man 4 € als Einsatz bezahlen. Dann wirft man einen Würfel und erhält so viele Euro, wie die Augenzahl angibt. Untersuche, ob das Spiel für den Spieler auf lange Sicht eher einen Gewinn oder einen Verlust bringt.

Kinderleicht

Felicitas Hoppe

Ich erinnere mich noch sehr gut an den Tag, an dem plötzlich die riesige Pappkiste kam, in der sich angeblich alles befand, was man braucht, um daraus ein Regal zu bauen: Bretter und Stangen, Schrauben und Winkel. Das liefern wir Ihnen alles frei Haus, hatte der Mann im Laden gesagt. Kinderleicht und kein Fachmann nötig, ist alles drin, auch die Anleitung und das passende Werkzeug. Und eine Bohrmaschine hat jeder im Haus, zur Not einen Hammer, also gar keine Frage, das kriegen Sie hin!

Ein paar Tage lang stand die Kiste im Flur. Groß und schwer und wir vier drum herum, mein Vater, meine Mutter, mein Bruder und ich, daneben Hammer und Bohrmaschine. Bis unsere Mutter endlich die Küchenschere holte und entschlossen den oberen Deckel aufschnitt. Sie warf einen kurzen Blick hinein und einen zweiten auf das Gesicht meines Vaters. Kinderleicht, sagte sie lachend und verschwand in der Küche, sie hatte zu tun. Und mein Vater, der sich auch nicht blamieren wollte, zog sich in den Garten zurück, zu den alt vertrauten bekannten Geräten. Höchste Zeit, den Rasen zu mähen, rief er fröhlich von draußen. Und was übrigens diese Kiste betrifft, das kriegt ihr schon hin, dazu braucht ihr mich nicht, das schafft ihr lässig. Ist ja alles drin, und oben auf die Bedienungsanleitung.

Ein Kinderspiel, das kennen wir schon, es ist immer dasselbe. Zurück bleiben immer mein Bruder und ich, weil wir in der Familie die einzigen sind, die sich trauen, riesige Kisten zu öffnen, um herauszuholen, was drinnen steckt: Zum Beispiel ein harmloses Bücherregal. Man muss nur wissen, was Eltern nicht wissen, nämlich wie man es macht. In aller Ruhe und eins nach dem andern, einfache simple Mathematik: Erst den Kopf in Bewegung setzen und danach die Hand. Weil Handarbeit nämlich Kopfarbeit ist.

Und natürlich auch umgekehrt. Denn im Gegensatz zu unseren Eltern arbeiten wir logisch, das heißt immer zu zweit. Denn obwohl ich mühelos jede Bedienungsanleitung lese und alles scheinbar auf Anhieb verstehe, habe ich leider zwei linke Hände. Ich lasse Bretter und Schrauben fallen, während mein Bruder, der manchmal mit dem Kopf nicht so schnell ist, zwar nicht weiß, worauf die Sache hinaus läuft, dafür aber immer genau weiß, wie man die Dinge entschieden zur Hand nimmt und wo und wie man das Werkzeug ansetzt.

Das heißt, gemeinsam sind wir unschlagbar. Ich bin der Kopf und mein Bruder die Hand. Ich weiß genau, wie die Sache gemeint ist, und mein Bruder weiß genau, wie mans macht! Ich weiß, WAS man braucht, und er weiß, WIE mans tut. Ich kenne die Schritte, er weiß, wie man geht, dem rutscht die Schraube nicht aus der Hand, weil er weiß, wie man die Dinge wirklich befestigt. Solange wir beide zusammenhalten, steht nie etwas schief, sondern alles steht gerade, der rechte Winkel gelingt uns gemeinsam mit links.

Und das wissen unsere Eltern genau. Auf uns ist Verlass. Denn wenn der Rasen gemäht und die Suppe gekocht ist, steht das neue Regal längst fest an der Wand, so als hätte es dort schon immer gestanden. Nur die Bücher, die unsere Eltern dort später unterbringen, interessieren uns kein bisschen. Nichts als Geschichten! Die müssen sie abends selbst einsortieren, während wir längst in unserem Stockbett liegen, das wir auch selbst aufgebaut haben und in dem man im Licht einer Taschenlampe liest, worauf es wirklich ankommt: Geschichten über Hammer und Nagel, erst der Kopf, dann die Hand. Vielleicht aber auch umgekehrt.

Rückblick

Werkzeuge

Sätze der Geometrie und Formeln für Größen kann man wie Werkzeuge verwenden.
Jedes Werkzeug hat einen bestimmten Zweck und bestimmte Anwendungsbedingungen.

Bei der Bearbeitung einer Aufgabe richtet sich die Auswahl eines Werkzeugs
- nach der gesuchten Größe oder
- nach den gegebenen Bedingungen.

Wichtige Werkzeuge

Strategien

- Hilfslinien einzeichnen, sodass die Anwendungsbedingung eines Werkzeugs erfüllt ist.
- Eine Gleichung aufstellen, in der die Variable für die gesuchte Größe mehrfach vorkommt.
- Vorwärtsarbeiten: Ein passendes Werkzeug anwenden und mit der neu gewonnenen Information weiterarbeiten.
- Rückwärtsarbeiten: Ein Werkzeug auswählen, das die gesuchte Größe liefern kann. Dann nach einem Werkzeug suchen, mit dessen Hilfe die Anwendungsbedingung des gewählten Werkzeugs hergestellt werden kann.

Optimierung

- Beschreibe die zu optimierende Größe durch eine Formel, die i. A. auf der rechten Seite zwei Variablen enthält.
- Stelle eine Gleichung auf, die diese beiden Variablen enthält.
- Stelle mithilfe dieser Gleichung die Formel mit nur einer Variablen dar.
- Bestimme den Wert dieser Variablen, für den die zu optimierende Größe optimal wird. Verwende dazu den GTR.

*Werkzeug: **1. Strahlensatz***
Zweck: Berechnung einer Strecke
Anwendungsbedingung:
- *2 von einem Punkt ausgehende Strahlen*
- *2 Parallelen, die die Strahlen schneiden*
- *3 Abschnitte auf den Strahlen bekannt.*

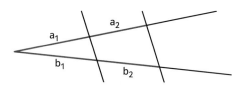

Vorgehen:
Löse die Gleichung $\frac{a_2}{a_1} = \frac{b_2}{b_1}$ nach der gesuchten Streckenlänge auf.

*Werkzeug: **Tangens***
Zweck: Berechnung eines Winkels
Anwendungsbedingung:
- *rechtwinkliges Dreieck*
- *beide Katheten bekannt.*

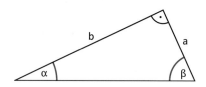

Vorgehen:
Bestimme mithilfe des GTR den Winkel aus $tan(\alpha) = \frac{a}{b}$ bzw. $tan(\beta) = \frac{b}{a}$.

Bestimmung des Rechtecks mit Umfang 20 cm, das den größten Flächeninhalt hat:

Zu optimierende Größe:
Flächeninhalt $A = a \cdot b$

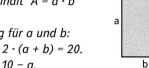

Gleichung für a und b:
Umfang $2 \cdot (a + b) = 20$.
Also $b = 10 - a$.
Damit $A = a \cdot (10 - a) = 10a - a^2$.
Mithilfe des GTR erhält man:
$a = 5$; d.h., das gesuchte Rechteck ist ein Quadrat mit Seitenlänge 5 cm.

Training

1 Ein gleichseitiges Dreieck hat die Seitenlänge s = 10 cm. Berechne seinen Flächeninhalt.

2 In einen Kreis mit Radius 5 cm wird ein Rechteck einbeschrieben. Eine Seite des Rechtecks ist 8 cm lang. Berechne die andere Seitenlänge.

3 Berechne den Flächeninhalt des Vierecks in Fig. 1.

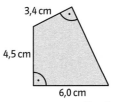

Fig. 1

4 Zeichne einen Kreisring mit dem äußeren Radius 4,0 cm und dem inneren Radius 3,2 cm.
a) Wie lang ist eine Ringsehne dieses Kreisrings (Fig. 2)?
b) Wie muss man den inneren Radius verändern, damit der Durchmesser des inneren Kreises und die Ringsehne gleich lang sind?

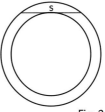

Fig. 2

5 Fig. 3 zeigt eine Näherungskonstruktion für die Kreiszahl π. An der wievielten Stelle nach dem Komma unterscheidet sich der Näherungswert p zum ersten Mal von dem exakten Wert von π?

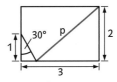

Fig. 3

6 Die Punkte A(0|5) und B(9|2) sollen geradlinig mit einem Punkt C auf der x-Achse verbunden werden. Bestimme die Koordinaten von C so, dass die Gesamtstrecke von A über C nach B möglichst kurz wird.

1 Ein gleichseitiges Dreieck hat die Höhe 6,5 cm. Berechne seinen Flächeninhalt.

2 In einem Quadrat mit der Seitenlänge 10 cm werden die Seitenmitten mit den Eckpunkten so verbunden, dass ein weiteres Quadrat entsteht (Fig. 4). Berechne die Seitenlänge dieses Quadrats.

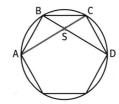

Fig. 4

3 In einen Kreis mit Radius 6 cm wurde ein regelmäßiges Sechseck eingezeichnet (Fig. 5).
a) Berechne die Länge der Diagonalen $\overline{AC}$.
b) Wie lang ist die Strecke $\overline{AS}$?

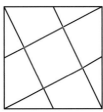

Fig. 5

4 Ein gotisches Spitzbogenfenster (Fig. 6) lässt sich konstruieren, indem man um die Endpunkte der Strecke $\overline{AB}$ Kreisbögen mit Radius $\overline{AB}$ zeichnet. Den Radius des einbeschriebenen Kreises kann man berechnen, wenn man geeignete Hilfslinien einzeichnet.
a) Berechne den Radius, wenn die Strecke $\overline{AB}$ 2 m lang ist.
b) Berechne den Radius für $\overline{AB}$ = a.
c) Zeichne das Spitzbogenfenster für $\overline{AB}$ = 4 cm.

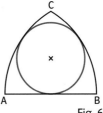

Fig. 6

5 In ein Dreieck ABC mit A(0|0), B(0|5) und C(10|0) soll ein Rechteck mit möglichst großem Flächeninhalt einbeschrieben werden. Bestimme die Seitenlängen des Rechtecks.

Luisa denkt lieber vorher gründlich nach, bevor sie ein Problem anpackt. Außerdem ist sie sehr sprachgewandt und kann daher Lösungen besonders verständlich formulieren.

Tim hat immer viele Ideen. Er ist dafür, bei Problemen einfach mal anzufangen und etwas auszuprobieren. Dabei macht er zwar manchmal Fehler, regt dadurch aber die Anderen zum Nachdenken an.

Clemens rechnet nicht gerne, aber er ist Spezialist im Überlegen von möglichst geschickten Lösungswegen. Außerdem beherrscht er seinen GTR und seinen Computer besonders gut.

Luisa, Tim und Clemens sind Freunde, die viele Hobbys gemeinsam haben. Seit sie im vergangenen Schuljahr an einer Mathematik-Arbeitsgemeinschaft teilgenommen haben, gehört auch die angewandte Mathematik zu ihren gemeinsamen Hobbys. Zu ihrem Bedauern wurde in diesem Jahr an ihrer Schule keine solche Veranstaltung mehr angeboten, aber nach einiger Zeit hat Tim eine Idee: „Wie wir gesehen haben, kann Mathe ja manchmal ganz praktisch sein. Warum verbinden wir denn nicht unser Hobby mit der Möglichkeit, unser Taschengeld etwas aufzubessern? Gründen wir doch so etwas wie eine Beratungsfirma!" Die beiden Anderen bezweifeln zwar, dass mit Mathematik Geld zu verdienen ist, sind aber einverstanden. Eine Woche später erscheint in der Lokalzeitung folgende Anzeige:

Mathe-Consulting
Mit allem, was mathematisch lösbar ist, liegen Sie bei uns richtig. Gutachten zum unschlagbar günstigen Preis! Zuschriften unter C 314 an den Verlag.

Zu ihrem wöchentlichen Treffen, das sie vereinbart hatten, bringt Luisa tatsächlich eine erste Anfrage mit, die beim Verlag eingegangen ist.

Feiler *Schlossereibetrieb*　　　　　　　　　　Blitzhausen, 23.4.2007

Sehr geehrte Damen und Herren,

ich bitte um Ihren Rat in folgender Finanzangelegenheit.
Ich habe 15000 € angespart, um mir von diesem Geld eine Maschine zu kaufen. Diese würde mir jährlich einen Reingewinn von ca. 2500 € bringen.
Der Filialleiter der örtlichen Bank hat mir von diesem Kauf abgeraten und mir stattdessen zwei Sparverträge mit 6 Jahren Laufzeit zur Auswahl angeboten. Bei der ersten Alternative beträgt der Zinssatz 3,0 % während der gesamten Laufzeit. Bei der zweiten Alternative beträgt der Zinssatz in den ersten drei Jahren 2% und in den drei folgenden Jahren jeweils 4%.
Welches Angebot soll ich annehmen? Oder soll ich doch die Maschine kaufen?

Mit freundlichen Grüßen
H. Feiler

Clemens: „Super! Das ist ja wirklich eine ernsthafte Anfrage! Die Sache mit dem Sparvertrag bei 3% Festzins ist einfach zu lösen: Hier handelt es sich um ein exponentielles Wachstum mit dem Wachstumsfaktor 1,03. Das ergibt nach sechs Jahren $15\,000\,€ \cdot 1{,}03^6$; mein GTR zeigt $17\,910{,}78\,€$ an."

Tim: „Beim anderen Sparvertrag beträgt der durchschnittliche Zinssatz ebenfalls 3%. Nach sechs Jahren wird er daher wohl den gleichen Wert haben."

Luisa: „Da wäre ich nicht so sicher. Drei Jahre lang 2% Zinsen und dann drei Jahre lang 4% Zinsen bedeutet, den Anfangsbetrag zuerst mit $1{,}02^3$ und dann mit $1{,}04^3$ zu multiplizieren ..."

Clemens: „ ... und das ergibt $17\,905{,}72\,€$. Das sind ja wirklich über 5€ weniger!"

Luisa: „Das ist kein großer Unterschied. Aber wie steht es nun mit der Anschaffung der Maschine?"

Tim: „Das ist doch sonnenklar! Sechs Jahre lang jeweils 2500€ Reingewinn ergibt 15 000€. Das ist wie 0% Zins! Das lohnt sich wirklich nicht!"

Luisa: „Nun mal langsam! Wir wissen nicht, ob die Maschine nach sechs Jahren noch einen Wert hat, und wir wissen auch nicht, was Herr Feiler mit seinem Gewinn macht. Ich werde bis zu unserem nächsten Treffen mal bei ihm nachfragen."

Eine Woche später berichtet **Luisa:** „Herr Feiler meint, dass die Maschine nach sechs Jahren noch einen Restwert von 20% hat. Seinen Gewinn will er jeweils am Jahresende mit einem Zinssatz von 2,5% anlegen. Ich denke, dass wir damit den Betrag, den er nach sechs Jahren haben wird, rekursiv berechnen können."

Tim: „Stimmt! Für seinen angesparten Gewinn gilt: $g(n + 1) = 1{,}025\,g(n) + 2500$. Am Ende müssen wir dann noch den Restwert der Maschine von 3000€ dazuzählen."

Clemens: „Ich habe den Ansparvorgang schon in den GTR eingetippt. Schaut mal her."

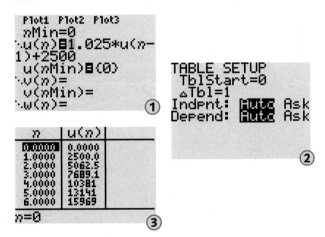

Nachdem nun die Sache geklärt ist, fasst Luisa die Erkenntnisse in einem kurzen Gutachten zusammen.

Mathe-Consulting   Blitzhausen, 3.5.2007

Sehr geehrter Herr Feiler,

vielen Dank für Ihren Auftrag. Die Prüfung der drei von Ihnen beschriebenen Anlage-

möglichkeiten hat ein eindeutiges Ergebnis erbracht.

Die beiden Ihnen angebotenen Sparverträge unterscheiden sich nur unwesentlich.

Der erste Vertrag wird in 6 Jahren einen Wert von 17 910,78 €, der zweite Vertrag

einen Wert von 17 905,72 € haben. Kaufen Sie die Maschinen, so werden Sie unter den

von Ihnen dargestellten Bedingungen nach 6 Jahren über 18 969 € verfügen können.

Wir sind natürlich gerne bereit, Ihnen unsere Berechnungen ausführlich darzulegen.

Für die Überweisung eines kleinen Unkostenbeitrags wären wir Ihnen dankbar.

Mit freundlichen Grüßen

Ihr Kompetenz-Team

Eine Woche später treffen sich die Drei wieder und freuen sich über die Überweisung von 50 € durch die Firma Feiler.

Luisa: „Klasse! Das ist schon mehr Geld, als wir für die Zeitungsanzeige ausgegeben haben. Außerdem habe ich schon wieder einen neuen Auftrag."

Clemens: „Warte mal damit. Annika aus der 9a hat mich um Rat gefragt. Sie hat von ihrem Tanzklub ein Angebot erhalten, jeden Freitagabend beim Tanztraining Eis zu verkaufen. Sie hat mir alles Wichtige auf ein Notizblatt geschrieben."

Tim: „Da fehlen aber wichtige Informationen! Wir wissen doch gar nicht, wie viele Tänzer bei welchem Preis ein Eis kaufen würden."

Luisa: „Da werde ich wohl nach dem Training eine Befragung durchführen müssen. Dann können wir uns nächste Woche damit befassen. Jetzt schauen wir uns aber den neuen schriftlichen Auftrag an."

Miete für Stand
und Kühlbox: 20 €

Einkaufspreis für ein Eis: 0,50 €

Wie viel kann ich
für ein Eis verlangen? 1 €? 1,20 € oder...

Tim: „Das müssen wir einfach ausprobieren. Luisa, nimm mal 2 Münzen in die linke und 7 Münzen in die rechte Hand. Die Zauberzahl ist dann $2 \cdot 5 + 7 \cdot 4 = 38$. Aber wie kommt man von 38 auf 2 und 7?"

Luisa: „Probieren wir es doch noch mit anderen Zahlen!"

Clemens: „Das Problem müsste sich auch mithilfe von Variablen lösen lassen."

Luisa: „Für das Gutachten wäre es natürlich super, wenn wir den Trick auch noch für eine andere Münzenanzahl als 9 erklären könnten."

Erstelle ein Gutachten:

? Wie funktioniert der Trick?

? Wie funktioniert er für eine andere Anzahl von Münzen?

Erläutere deinen Lösungsweg.

Liebe Mathematikexperten,

neulich hat auf einer Party einer meiner Freunde einen Zaubertrick vorgeführt, den ich nicht durchschaut habe.
Er hat mir einige Münzen in die Hand gedrückt mit der Aufforderung, einen Teil davon in die linke, den anderen Teil in die rechte Hand zu nehmen, ohne dass er die Münzen sehen kann. Die Anzahl der Münzen in der linken Hand sollte ich mit 5 multiplizieren, die in der rechten Hand mit 4, diese beiden Produkte addieren und ihm das Ergebnis nennen.
Ich nannte ihm mein Ergebnis „39". Nach kurzem Zögern, das er durch ein Gefuchtel mit dem Zauberstab überbrückte, sagte er: „In der linken Hand hast du 3, in der rechten Hand 6 Münzen." Und genau so war es.
Für eine Aufklärung des Tricks wäre ich dankbar.

Viele Grüße
Ihre M. Sonntag   P.S.: Ich glaube, er hat immer mit 9 Münzen gearbeitet.

Bei ihrem nächsten Treffen stellt Luisa ihre Umfrage vor, die sie beim Tanzklub gemacht hat: „ Wenn es das Eis kostenlos geben würde, würden ca. 100 Personen eines nehmen, bei einem Preis von 1 € wären es noch ca. 60 Personen und bei einem Preis von 2 € wären es nur noch 20 Personen. Ich habe mir überlegt, dass sich der Zusammenhang zwischen dem Stückpreis und der verkauften Stückzahl ganz gut durch eine lineare Zuordnung beschreiben lässt."

Tim: „Damit können wir für jeden geplanten Stückpreis die verkaufte Anzahl und damit Annikas Einnahmen berechnen. Dann müssen wir nur noch ihre Kosten berücksichtigen."

Clemens: „Ich wäre wieder für die Verwendung einer Variablen. Damit können wir berechnen, bei welchem Stückpreis ihr Gewinn am größten ist."

Nachdem Clemens sich bereit erklärt hat, das Gutachten zu formulieren, öffnen sie den nächsten Brief.

Liebe Mathe-Monster,   9.5.2007

ich habe 2006 Abitur an eurer Schule gemacht und bin im Moment Praktikant bei einem Landschaftsgärtner.

Gestern habe ich den Auftrag erhalten, von allen Bäumen des Stadtparks die Höhe zu bestimmen. Ich bin doch kein Affe und klettere da rauf! Wenn ich mich aber richtig an die Schulzeit erinnere, gibt es doch Tricks, mit denen man durch gewisse Messungen und Berechnungen die Höhe herausbekommen kann.

Könnt ihr mir bitte ein paar brauchbare Verfahren beschreiben?

Herzliche Grüße
Euer Ex-Mitschüler Bernd Bucher

Tim: „Wenn der Bernd nicht klettern will, kann er ja die Bäume umsägen. Wenn sie am Boden liegen, sind sie leicht zu vermessen."

Luisa: „Witzbold! Wir sollten uns lieber überlegen, warum er verschiedene Verfahren von uns wissen will."

Clemens: „Na ja. Die Bäume könnten auf einer ebenen Fläche oder am Hang stehen. Wenn die Sonne scheint, gibt es einfache Verfahren. Vielleicht hat Bernd auch Instrumente wie das Försterdreieck zur Verfügung."

Bei ihrem letzten Treffen vor den Pfingstferien stellt Tim ein Problem seines Onkels vor: „Mein Onkel handelt mit Elektrogeräten. Bei Barzahlung erhalten seine Kunden 2 % Skonto. Für ein paar ältere Geräte will

Erstelle ein Gutachten für Annika:

? Stelle den Zusammenhang zwischen dem geplanten Stückpreis und ihrem Gewinn dar.
Bei welchem Stückpreis ist ihr Gewinn am größten?
Erläutere deinen Lösungsweg.

Grafische Darstellungen erleichtern das Verständnis.

Der GTR oder ein Tabellenkalkulationsprogramm leisten hier gute Hilfe.

Formuliere eine ausführliche Antwort an Bernd:

? Beschreibe verschiedene Verfahren: Was muss man messen? Wie kann man daraus die Baumhöhe berechnen? Fertige jeweils eine Skizze an.

? Welche Vor- und Nachteile haben die verschiedenen Verfahren?

Begründe die Verfahren mithilfe geometrischer Sätze.

er 10 % Rabatt geben. Muss er nun zuerst den Rabatt abziehen und dann das Skonto oder umgekehrt? Und wann muss die Mehrwertsteuer dazugerechnet werden?"

Clemens: „Ich denke, dass es auf die Reihenfolge gar nicht ankommt."

Luisa: „Aber es ist doch ein Unterschied, ob ich auf den ursprünglichen oder auf den reduzierten Preis die Mehrwertsteuer bezahlen muss."

Gut erholt kommen Luisa, Tim und Clemens aus den Ferien und stürzen sich gleich auf die nächste Anfrage, die über ihre neue E-Mail-Adresse eingegangen ist.

Erstelle ein Gutachten:

? Für wen ist welche Reihenfolge besonders günstig?

? Gibt es dabei gesetzliche Vorschriften?

⬇ Posteingang (1)

| Betreff: Auftrag | Absender: Lzahlemann@fastbank.com |
| Datum: 08.Jun 2007 17:16 | Empfänger: mathe-consulting@x-online.de |

Sehr geehrte Damen und Herren,
ich bin Angestellte bei einer großen Bank und habe daher viel mit Zahlen zu tun. Bei der Kontrolle der Kontostände mehrerer Kunden fiel mir etwas Merkwürdiges auf. Als erste Ziffer der Kontostände fand ich weitaus am häufigsten die „1". Je höher die Anfangsziffern waren, desto seltener kamen sie vor. Ist das Zufall? Gibt es dieses Phänomen auch bei anderen Zahlen als bei Kontoständen?
Für eine Erklärung dieser rätselhaften Beobachtung wäre ich Ihnen dankbar.
Viele Grüße
Lisa Zahlemann

Tim: „Da bleibt uns wohl nichts anderes übrig, als selbst einige statistische Untersuchungen zu machen. Ich überprüfe die Anfangsziffern der Kontostände in meinem Sparbuch. Vielleicht lässt mich mein Vater auch sein Girokonto untersuchen."

Luisa: „Ich könnte mir schon vorstellen, dass es einen ähnlichen Effekt auch bei anderen Zahlen wie Hausnummern oder Telefonnummern gibt. Ich werde die Verteilung der Anfangsziffern bei Aktienkursen untersuchen."

Clemens: „Das ist ja alles sicher interessant, aber wir sollten nach einer Erklärung suchen. Ich berechne die Kontostände eines „idealen" Sparvertrags mit 100 € Anfangskapital und einem Zinssatz von 10 % über eine genügend lange Laufzeit und betrachte dann die Anfangsziffern."

Tim: „Du musst aber deine Untersuchung auch mit anderen Zinssätzen und einem anderen Anfangskapital durchführen."

Luisa: „Mich würde auch noch interessieren, ob die Schlussziffern von Kontoständen auch ungleich verteilt sind."

Würden die Drei ihre Mathematiklehrerin fragen, so erhielten sie vermutlich die Antwort: „Ihr seid die Mathe-Experten! Ich sage nur: Newcomb und Benford!

DAX +/– 60 Tage

	Kurs 19.08.	Diff. %	Diff.
Adidas-Salomon	37,59	−76,18	−120,24
Allianz	131,76	7,11	8,75
Altana	44,61	−4,09	−1,90
BASF	63,47	−1,67	−1,08
BMW	40,15	−2,03	−0,83
Commerzbank	25,75	−14,34	−4,31
Continental	80,90	−7,51	−6,57
Daimler Chrysler	41,41	0,27	0,11
Deutsche Bank	87,75	−4,22	−3,87
Deutsche Börse	116,00	11,75	12,20
Deutsche Lufthansa	14,81	8,90	1,21
Deutsche Post	19,38	−9,06	−1,93
Deutsche Telekom	11,30	−9,46	−1,18
E.ON	98,64	7,57	6,94
Fresenius Med. Care	102,14	14,51	12,94
Henkel Kommandit.	100,53	11,76	10,58
Hypo Real Estate	46,66	−3,71	−1,80
Infineon Technol.	8,81	−1,01	−0,09
Linde	67,72	4,10	2,67
MAN	60,81	4,63	2,69
Metro	45,95	3,98	1,76
Muenchener Rück	44,27	8,53	0,15

? Formuliere einen Antwortbrief an Frau Zahlemann.
Führe dazu die von den drei Mathe-Experten vorgeschlagenen Untersuchungen durch.

Trotz des herrlichen Wetters widersteht das Consulting-Team den Verlockungen des Freibades und versucht, eine neue Anfrage der Bäckerei Kornblume zu bearbeiten.

Tim: „Das klingt aber sehr geheimnisvoll! Vielleicht bringen wir alle Zahlenangaben in eine übersichtliche Tabelle und bilden dann das Gesamtergebnis."
Nachdem die drei Mathe-Experten Tims Vorschlag in die Tat umgesetzt haben, sind sie genauso verblüfft wie Bäckermeister Weizenkorn. Da sie sich die Sache auch nicht erklären können, fragen sie ihre Mathematiklehrerin. Diese lächelt aber nur wissend und meint: „Ihr seid doch die Mathe-Experten! Aber einen Tipp gebe ich Euch: Simpson-Paradoxon."

> **?** Übertrage die Angaben aus dem Brief in eine Tabelle und bilde das Gesamtergebnis.
>
> **?** Informiere dich (z. B. im Internet) über das Simpson-Paradoxon.
>
> **?** Verfasse einen Antwortbrief an Bäckermeister Weizenkorn.

Blitzhausen, 6. Juli 2007
Sehr geehrtes Consulting-Team,

vor einigen Wochen habe ich versucht, unser altbewährtes „Bauernbrot" durch eine neue Sorte, das „Blitzhausener Landbrot" zu ersetzen. Um zu testen, wie zufrieden unsere Kunden mit den beiden Sorten sind, habe ich eine Befragung durchgeführt.
In unserem Hauptgeschäft waren mit dem bisherigen Bauernbrot 40 von 60 befragten Kunden (d. h. 67 %) zufrieden, mit dem neuen Landbrot aber nur 10 von 20 Kunden (d. h. 50 %). Ein ähnliches Resultat brachte die Befragung in unserer Filiale. Mit dem Bauernbrot waren dort 9 von 10 Kunden zufrieden (90 %), während mit dem Landbrot 65 von 80 Kunden (81 %) zufrieden waren. In beiden Geschäften war also die Zufriedenheitsquote mit dem alten Bauernbrot höher als mit meiner Neuentwicklung.
Als ich aber die Ergebnisse aus beiden Geschäften zusammenfassen wollte, war ich völlig verblüfft. Trotz mehrmaligen Nachrechnens habe ich keinen Fehler gefunden! Um Sie nicht zu beeinflussen, schreibe ich Ihnen nicht, was mich so verblüfft hat. Auf einen Kommentar Ihrerseits bin ich sehr neugierig.

Ihr J. Weizenkorn
(Bäckermeister)

Die großen Ferien stehen vor der Tür und das Team trifft sich noch einmal wegen einer brandeiligen Anfrage, die gerade per SMS eingegangen ist:
MUSS IN KRISENGEBIET FLIEGEN. HABE WAHL ZWISCHEN 2-MOTORIGER "ENTE" UND 4-MOTORIGER "PELIKAN". ENTE FLIEGT NOCH MIT 1 MOTOR, PELIKAN BRAUCHT MINDESTENS 2. ALLE MOTOREN GLEICH UNSICHER. WELCHES FLUGZEUG SOLL ICH NEHMEN???
Luisa: „Rechnen wir doch mal die Wahrscheinlichkeit aus, mit der die „Ente" bzw. der „Pelikan" heil ankommt, wenn wir annehmen, dass jeder Motor mit der Wahrscheinlichkeit 0,5 durchhält."
Tim: „Warum gerade 0,5? Das könnte doch auch ein anderer Wert sein! So ein Motor müsste doch mit Wahrscheinlichkeit 0,9 durchhalten."
Clemens: „Ich bin wieder für die Verwendung einer Variablen. Dann können wir bei jedem der beiden Vögel für die Ankommenswahrscheinlichkeit eine Formel aufstellen. Den Rest erledigen wir mit dem GTR.
Und dann ab in die Ferien!"

> **?** Formuliere eine SMS für den Krisenmanager. Erläutere, wie du zu deiner Antwort gekommen bist.

Mathe-Consulting
Das Kompetenzteam bedankt sich für das entgegengebrachte Vertrauen und verabschiedet sich in die Betriebsferien. Ihre neuen Aufträge nehmen wir gerne wieder ab 15. September entgegen.

Ein Gespräch wird irgendwo weit weg von der Erde in einem Raumschiff geführt. Damit es zu verstehen ist, wird es in unsere Sprache übersetzt:

„Xundu, hör mal. Ich empfange gerade eine Nachricht, du glaubst es nicht … Vergiss nicht, deinen Babbelfisch ins Ohr zu setzen!"

„Dreh mal lauter, Yanda, von denen haben wir doch schon mal was empfangen … "

Wer einen Babbelfisch im Ohr hat, hört jede fremde Sprache in seine eigene Sprache übersetzt.

Schwache rauschende Stimme aus dem Äther: „ … fand der Professor Frank Drake bereits im Jahre 1960 die nach ihm benannte berühmte Formel

$$N = R_* \cdot f_S \cdot f_P \cdot n_e \cdot f_l \cdot f_i \cdot f_c \cdot L.$$

Nach dieser Formel kann man die Anzahl N der technischen intelligenten Zivilisationen in unserer Galaxie berechnen. Dabei bedeuten R_* die mittlere Sternentstehungsrate pro Jahr, f_S die Anzahl der sonnenähnlichen Sterne, f_P … " Ein fürchterliches Rauschen unterbricht plötzlich den Empfang, sodass der Rest nicht zu verstehen ist. Nach einer Weile geht es weiter: „ … und L die Lebensdauer einer technischen Zivilisation. Bisher wurde aber auf der Erde erst ein Signal empfangen, das extraterrestrischen Ursprung hat, das so genannte ‚Wow'-Signal. Es könnte vielleicht … " Der Rest geht wieder in einem unverständlichen Knistern unter.

Fig. 1

Die Arecibo-Botschaft richtet sich an mögliche Außerirdische in Form eines Radiowellen-Signals. Sie wurde am 16.11.1974 vom Arecibo-Observatorium gesendet, dem weltweit größten Radioteleskop. Als Hauptautor der Botschaft gilt der Astronom und Astrophysiker Frank Drake.

? Versuche im Internet etwas über die Drake-Formel und das Wow-Signal zu erfahren.
Welche Informationen enthält die Arecibo-Botschaft (Fig. 1)?

Xundu und Yanda versuchen, die Entfernung zum Ursprung der Nachricht zu bestimmen. Dazu peilen sie einen hellen Stern an, den Stern Sonne, von dem in der Nachricht die Rede war. Der Planet Erde ist nicht zu sehen, aber die Richtung, aus der die Nachricht kam, weicht nur um

$\varphi = 0{,}008°$ von der Richtung zur Sonne ab. „Nach allem, was wir über Leben auf Planeten wissen", meint Xundu, „liegt die Erde etwa $r = 10^8$ km bis $r = 5 \cdot 10^8$ km von der Sonne entfernt. Und die Nachricht hätten wir kaum empfangen können, wenn die Erde auf ihrer Bahn für uns nicht gerade einen möglichst großen Abstand von der Sonne hätte. Also muss das Dreieck RSE rechtwinklig sein, jedenfalls angenähert."

Mithilfe von Fig. 2 können Xundu und Yanda die Entfernung zur Erde ungefähr bestimmen. Sie freuen sich, dass der Weg – wie sie finden – nicht sehr weit ist. Daher beschließen sie, einen Abstecher zur Erde zu machen. Sie schalten den Antrieb auf die Geschwindigkeit 0,4 c. Damit die Erdlinge nichts von ihrem Besuch merken, setzen sie noch das magnetoscutum in Betrieb.

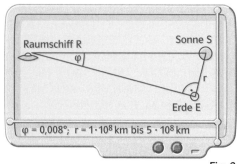

Raumschiff R ... φ ... **Sonne S** ... r ... **Erde E**

$\varphi = 0{,}008°$; $r = 1 \cdot 10^8$ km bis $5 \cdot 10^8$ km

Fig. 2

> Wie weit ist das Raumschiff von der Erde ungefähr entfernt? Wie lange braucht das Raumschiff etwa zur Erde, wenn $c = 3 \cdot 10^8 \frac{m}{s}$ die Lichtgeschwindigkeit ist?

Xundu und Yanda kommen der Erde immer näher. Gerade fliegen sie an dem Erdtrabanten Mond vorbei. Längst haben sie die Geschwindigkeit stark gedrosselt und genießen die schöne Aussicht. Bei Annäherung an die Erde empfangen sie einige nützliche Informationen über ihr Ziel (siehe Rand). Die Ekliptik ist die Ebene, in der sich die Erde um die Sonne bewegt (Fig. 1). Fig. 1, links, zeigt die Ekliptik „von oben". Bei Fig. 1, rechts, ist ein vergrößerter Ausschnitt zu sehen, der um 90° gedreht wurde und somit die Erdbahn von der Seite zeigt. Es ist gerade Sommeranfang auf der Nordhalbkugel.

Einige Daten der Erde: Abstand zur Sonne 149,6 Millionen km, Volumen etwa $1{,}083 \cdot 10^{21}\, m^3$, Neigungswinkel der Erdachse zur Ekliptik $\alpha = 66{,}56°$ (Fig. 1). Mond mit Durchmesser 3480 km im Abstand $a = 384\,000\, km$ von der Erde, die Mondmasse beträgt $\frac{1}{81}$ der Erdmasse.

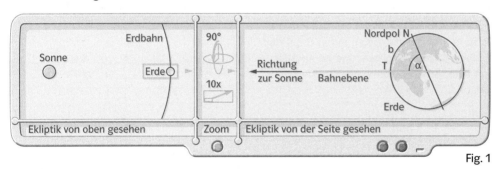

Fig. 1

> Welchen Radius und welchen Umfang hat die Erde?

Bei Sommeranfang am 21. Juni steht der Nordpol N wie in Fig. 1 der Sonne am nächsten. Auf der chinesischen Insel Taiwan T steht an diesem Tag um die Mittagszeit die Sonne im Zenit, d.h. senkrecht zum horizontalen Erdboden. Wie lang ist auf der Erdoberfläche der Bogen b von Taiwan zum Nordpol?

Kurze Zeit später bemerken Yanda und Xundu etwas Sonderbares an ihren Messgeräten. Die Anziehungskräfte von Mond und Erde heben sich auf! Außerdem befinden sich die Außerirdischen genau auf der Verbindungsstrecke zwischen Mond und Erde. „Keine Panik – was zeigt der Entfernungsmesser für den Abstand von der Erde an?" „345 600 km."

„Das folgt auch aus dem Gravitationsgesetz, alles O.K.", meint Xundu nach kurzem Rechnen, ohne sich weiter zu wundern. „Denn die Kraft, die ein Himmelskörper auf uns ausübt, nimmt mit wachsender Entfernung ab. Der Mond zieht uns also immer weniger an, weil wir uns von ihm entfernen. Der Erde kommen wir dagegen immer näher, ihre Anziehung wird immer stärker. Klar, dass sich irgendwo dazwischen die entgegengesetzt wirkenden Anziehungskräfte gerade aufheben müssen."

Der erste Erdbewohner, der das Gravitationsgesetz entdeckte, war Isaac Newton (1642–1727).

❓ Xundu hat im Kopf die Gleichung $\frac{81}{x^2} = \frac{1}{(a-x)^2}$ für den Abstand x des Raumschiffs zur Erde (Fig. 1) gelöst.
Hat er richtig gerechnet?
Welcher der beiden Himmelskörper erscheint von dieser Stelle aus größer – Erde oder Mond?

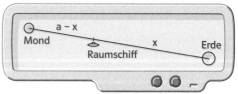

Fig. 1

Wenig später überfliegt das Raumschiff den Nordpol der Erde. „Sieht aus wie eine stereografische Projektion (Fig. 2)", meint Yanda, die eine Schwäche für Kartografie hat, fasziniert.
„Stell dir vor, du legst eine Ebene E tangential an die Erdkugel. Berührpunkt ist der Nordpol N (Fig. 3). Dann zeichnest du eine Gerade g durch einen Ort P auf der Erdoberfläche und den Südpol S. Die Gerade g schneidet die Ebene E im Punkt B. Der Punkt B ist der Bildpunkt des Punktes P. So kannst du mit jedem Punkt P auf der Erdoberfläche verfahren, und du erhältst ein wunderbares Abbild der Erde auf der Ebene E."

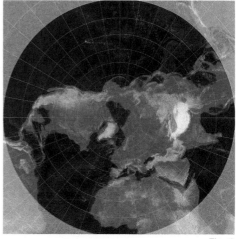

Fig. 2

Man kann auch jeden anderen Punkt der Erde als Berührpunkt wählen. Fig. 4 zeigt eine stereografische Projektion, bei der als Berührpunkt ein Ort auf dem Äquator gewählt wurde.

❓ Beschreibe, wo bei der stereografischen Projektion in Fig. 3 das Bild des Äquators liegt. Diskutiere, ob man von dem Raumschiff aus die Erde wirklich so sieht.

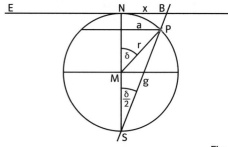

Fig. 3

Es gilt $\delta = 90 - \varphi$, wobei φ die geografische Breite des Ortes P ist.

Für einen Ort P auf der Erde ist der Winkel δ bekannt. Damit kann man den Abstand x des Bildpunktes vom Nordpol N bestimmen.

❓ Begründe, dass der Winkel ∢ PSM halb so groß ist wie δ. Gib eine Formel an zur Berechnung von x in Abhängigkeit vom Erdradius r und von δ.
Die Tabelle zeigt für einige Orte die geografische Breite φ. Bestimme damit x, falls für eine Zeichnung r = 10 cm gewählt wird.

Ort	φ
Spitzbergen	78°
Karlsruhe	49°
Punta Arenas	−53°

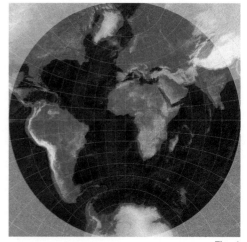

Fig. 4

Der Graph der Funktion $\delta \mapsto x$ ist in Fig. 1 mit dem GTR gezeichnet. Dabei ist $r = 1$ gesetzt worden. Die Einheit auf der Rechtsachse beträgt 30°, die Einheit auf der Hochachse 1.

? Es ist nicht der Graph einer proportionalen Funktion. Wie wirkt sich das auf die Lage der Bildpunkte mit wachsendem δ aus?

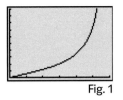

Fig. 1

Kurz darauf sind die Außerirdischen nur noch 63 700 km von der Erde entfernt. Die Mitte des Mondes befindet sich im rechten Winkel zu der Richtung, in der sie die Mitte der Erde sehen.
„Oh, jetzt beträgt unsere Entfernung vom Erdmittelpunkt genau zehn Erdradien", stellt Yanda fest.

? Wie weit ist jetzt der Mond vom Raumschiff entfernt? Wird beim Weiterflug der Winkel zwischen Mondrichtung und Erdrichtung eher abnehmen oder zunehmen?

„Jetzt sind wir schon ganz schön nah dran an der Erde. Der Sehwinkel beträgt schon mehr als 10°. Komm, wir wetten, dass wir jetzt weniger als 45 % der Erdoberfläche sehen können. Hältst du dagegen?"
Nachdem Xundu die Wette angenommen hat, macht er sich ans Nachrechnen: „Wir befinden uns im Abstand $d = 9\,r$ von der Erdoberfläche (Fig. 2). Aus Dreieck MPQ ergibt sich für den Winkel φ: $\sin \varphi = \frac{r-h}{r}$.
Aus Dreieck RMP ergibt sich für den Winkel φ: $\sin \varphi = \frac{r}{r+d}$.
Daraus ergibt sich $h = \frac{r \cdot d}{r+d}$.
Was wir sehen, ist eine Kugelkappe mit Oberfläche $A = 2\pi rh$. Also ist der Anteil dieser Fläche an der gesamten Erdoberfläche $4\pi r^2$:
$$\frac{d}{2(r+d)} = \frac{9}{20} = 45\,\%.$$
Ich habe gewonnen!"

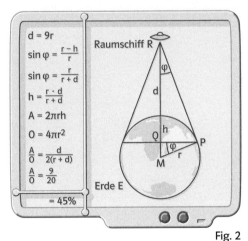

$d = 9r$

$\sin \varphi = \frac{r-h}{r}$

$\sin \varphi = \frac{r}{r+d}$

$h = \frac{r \cdot d}{r+d}$

$A = 2\pi rh$

$O = 4\pi r^2$

$\frac{A}{O} = \frac{d}{2(r+d)}$

$\frac{A}{O} = \frac{9}{20}$

$= 45\,\%$

Fig. 2

Als Sehwinkel bezeichnet man hier den Winkel, unter dem man die Erde sieht.
In Fig. 2 ist der Sehwinkel 2φ.

? So schnell wie Außerirdische können die meisten Erdlinge nicht rechnen. Schreibe die Rechnung ausführlich mit allen Rechenschritten auf und erläutere sie.
In welcher Entfernung von der Erdoberfläche sehen die Außerirdischen gerade noch 25 % der Erdoberfläche?

Die Erde kommt langsam immer näher. Um sich einen genauen Überblick zu verschaffen, schwenken die Außerirdischen auf eine Kreisbahn ein. Dabei haben sie den Bordcomputer so programmiert, dass sich die Höhe d über der Erdoberfläche (in km) n Sekunden nach der Einleitung des Schwenkmanövers folgendermaßen rekursiv berechnen lässt:

$d(n) = d(n - 1) + 0,01 \cdot (200 - d(n - 1))$.

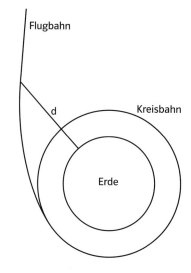

Fig. 1

> ❓ Das Manöver wird in 300 km Höhe eingeleitet. Welche Höhe haben sie zehn Sekunden später, welche Höhe eine Minute später? Nach welcher Zeit ist die Höhe 250 km erreicht?
> In welcher Höhe liegt die Kreisbahn?

Victoriasee, Ostafrika

In 200 km Höhe braucht das Raumschiff ohne Antrieb 88 Minuten und 20 Sekunden für einen Erdumlauf. Es fliegt genau über dem Äquator.

> ❓ Wie lange braucht es, um Afrika zu überfliegen? Schätze zuerst und rechne dann genau mithilfe der Daten aus deinem Atlas.
> Der Schall legt in einer Sekunde etwa 340 m zurück. Wie viel Mal so schnell wie der Schall fliegt das Raumschiff?

Statistiker vertreten die Ansicht, dass alle 300 000 Jahre ein 1-km-Meteorit die Erde treffe. Kleinere Einschläge gebe es sogar noch viel häufiger. Mit dem Absturz eines nur rund hundert Meter großen Asteroiden sei etwa alle tausend Jahre zu rechnen. Wie groß ist etwa die Wahrscheinlichkeit, dass die Erde in deinem Leben von einem 1 km großen Meteoriten getroffen wird? Vergleiche mit der Wahrscheinlichkeit, beim Lotto mit einem Tipp sechs Richtige zu erzielen. Diskutiere, welche Rolle es dabei spielt, wann zum letzten Mal ein solcher Meteorit die Erde getroffen hat.

Plötzlich zischt in unmittelbarer Nähe etwas vorbei, das einen Leuchtstreifen hinter sich herzieht und in die Tiefe stürzt. „Das war knapp", meint Yanda. „War wohl ein Meteor."

Info Meteoriten

Berichte über vom Himmel gefallene Steine gibt es seit frühester Zeit. So berichtet etwa der griechische Schriftsteller Plutarch über einen schwarzen Stein, der ca. 470 v. Chr. in Phrygien vom Himmel gefallen sein soll. Dieser Meteorit wurde im Namen der Göttin Kybele verehrt, bis er nach der Übernahme des Kybele-Kultes durch die Römer (die sie Magna Mater deum Idea nannten) im Jahr 204 v. Chr. in einer großen Prozession nach Rom gebracht wurde, wo er weitere Jahrhunderte verehrt wurde.

Mehr als 130 Einschlagskrater mit Durchmessern bis über 200 Kilometer wurden bislang auf der Erde gefunden. Vor 65 Millionen Jahren ging über dem heutigen Mexiko ein Meteorit nieder und hob einen 200 Kilometer großen Krater aus.

Im Nördlinger Ries in Bayern ist vor rund 14 Millionen Jahren ein kilometergroßer Brocken niedergegangen. Der Krater misst 25 Kilometer Durchmesser.

In den fünfziger Jahren erforschte der Geologe Shoemaker einen gut 1000 Meter im Durchmesser großen und 167 Meter tiefen Krater in Arizona. Er wies nach, dass sich vor 50 000 Jahren eine etwa 50 Meter große Eisenkugel aus dem All in den Wüstensand gebohrt hatte.

Auch kleinere Trümmer, die vom Himmel fliegen, hinterlassen ihre Spuren. Insgesamt 30 Tonnen erreichen täglich die Erdoberfläche. Meist sind es jedoch staubkorn- oder murmelgroße Stücke, die schon in der Lufthülle als Sternschnuppen (Meteore) verglühen. Manchmal sind auch Felsbrocken darunter, die den Erdboden erreichen. Drei Kilogramm wog der Meteorit, der am 8.11.1982 ins Esszimmer der Familie Donahue in Wethersfield (US-Staat Connecticut) krachte. Mitte 1994 raste ein kosmisches Geschoss über die kanadische Millionenstadt Montreal hinweg und landete in der Wildnis. Anfang Februar 1994 registrierten US-Spähsonden einen Aufprall eines Himmelskörpers mit dem Gewicht eines vollbeladenen Güterzuges bei den pazifischen Tokelau-Inseln. Für die Wachhabenden der Bodenstation sah es so aus, als sei eine Atombombe gezündet worden.

Nach einigen Runden auf der Kreisbahn über dem Äquator beschließen die Außerirdischen, weiter abzusteigen. Als sie noch näher an die Erde herankommen, macht sich die Erdatmosphäre, die sie bisher nur als schwache Silhouette am Erdrand wahrgenommen haben, immer stärker bemerkbar. Sie messen in 30 km Höhe einen Druck von etwa 22 Hektopascal und in 20 km Höhe einen Druck von etwa 78 Hektopascal.

? Diskutiere verschiedene Modelle, mit denen man aus diesen Daten den Luftdruck an der Erdoberfläche berechnen kann. Vergleiche mit dem wahren Wert von etwa 1000 Hektopascal.
In welcher Höhe hätte bei dem gewählten Modell die Erdatmosphäre nur noch 1% des Wertes am Boden?

Bevor die Außerirdischen sich an die Landung begeben, machen sie sich damit vertraut, wie die Erdlinge die Lage der Orte auf der Erde angeben. Ein Ort P(u|v|w) auf der Erdkugel mit den rechtwinkligen Koordinaten u, v, w wird beschrieben durch geografische Länge λ und Breite φ (Fig. 1).

In Fig. 1 ist s der Radius und M' der Mittelpunkt des Breitenkreises für den Ort P.

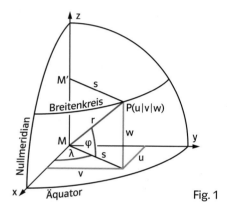

Fig. 1

Aus Fig. 1 liest man ab:

$\sin \varphi = \frac{w}{r}$, also $w = r \cdot \sin \varphi$

$\cos \varphi = \frac{s}{r}$, also $s = r \cdot \cos \varphi$

$\sin \lambda = \frac{v}{s}$, also $v = s \cdot \sin \lambda = r \cdot \sin \lambda \cdot \cos \varphi$

$\cos \lambda = \frac{u}{s}$, also $u = s \cdot \cos \lambda$
$\qquad\qquad\qquad = r \cdot \cos \lambda \cdot \cos \varphi$

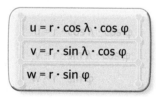

$$u = r \cdot \cos \lambda \cdot \cos \varphi$$
$$v = r \cdot \sin \lambda \cdot \cos \varphi$$
$$w = r \cdot \sin \varphi$$

Fig. 3

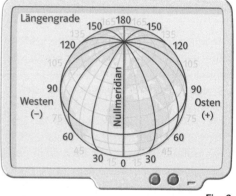

Fig. 2

Rom hat z. B. die Länge $\lambda_R = 12{,}5°$ und die Breite $\varphi = 42°$. Mit dem Erdradius r = 6370 km erhält man für die rechtwinkligen Koordinaten u, v, w von Rom:
u ≈ 4622 km, v ≈ 1025 km, w ≈ 4262 km.

Statt −87,7° wird auch die Schreibweise W87,7°, lies 87,7° westlicher Länge, verwendet. Sie bedeutet: Chicago liegt westlich vom Nullmeridian.

? Chicago (C) hat die Länge $\lambda_C = -87{,}7°$ und etwa dieselbe Breite $\varphi = 42°$ wie Rom. Wie groß ist die Entfernung beider Städte auf dem gemeinsamen Breitenkreis? Der Breitenkreis verläuft parallel zum Äquator durch die beiden Städte (Fig. 1).
Gib für Chicago die rechtwinkligen Koordinaten u, v, w an.
Der Nordpol N bildet auf der Erdoberfläche mit den Städten Rom und Chicago das Dreieck NRC. Was fällt an diesem Dreieck auf?

„Übrigens, Xundu, ist der Weg von Rom nach Chicago über den gemeinsamen Breitenkreis eigentlich der kürzeste auf der Erdoberfläche?" – „Keine Spur – das kannst du dir leicht überlegen. Betrachte den Kreis k mit dem Erdmittelpunkt M, der durch R und C verläuft. Dieser Kreis ist ein Großkreis, dessen Radius der Erdradius r ist (Fig. 1). Der Radius s des Breitenkreises b von Rom und Chicago ist kleiner als r. In Fig. 1 ist der Kreis b so eingezeichnet, dass er in derselben Ebene liegt wie k. So können wir die Wege über k bzw. b auf der Erdoberfläche, die von R nach C führen, direkt vergleichen. Es sind die Kreisbögen von R nach C. Jetzt siehst du, dass der Weg über k kürzer als der Weg über b ist. Übrigens ist der Weg über k rund 7730 km lang." „Noch kürzer wäre aber der direkte Weg durch die Erde hindurch!"

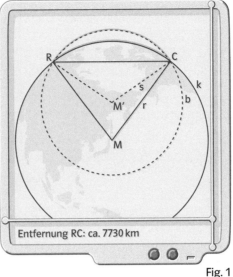

Entfernung RC: ca. 7730 km

Fig. 1

Großkreise sind Kreise auf der Erdoberfläche, deren Mittelpunkt der Erdmittelpunkt ist.

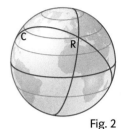

Fig. 2

Fig. 2 zeigt fein gezeichnete Breitenkreise und dick gezeichnete Großkreise.

? Wie viel Prozent kürzer wäre die geradlinige Verbindung von Rom und Chicago im Vergleich mit den Wegen über b und k?
Wie tief müsste ein Tunnel unter der Erdoberfläche liegen, der Rom und Chicago geradlinig verbindet?

Nach einer weiteren Erdumrundung entschließen sich die Außerirdischen zur Landung. Um nicht erkannt zu werden, wird das Invisibilitätsfeld aktiviert. Denn schon

hat ein irdischer Sender die Nachricht von einem UFO, das angeblich über den Alpen gesichtet wurde, verbreitet. „Das glaubt ohnehin keiner", meint Xundu zuversichtlich. „Aber sicher ist sicher, mit dem Invisibilitätsfeld sind wir unsichtbar."

Nach einer weiten Schleife über Italien und die Alpen schweben die Raumfahrer am frühen Morgen in einer schön gelegenen Stadt an einem Fluss ein. Hingerissen von der schönen Ansicht, beschließen sie, hier auf Weiteres erstmal zu bleiben.

Ob sie noch da sind?

Lösungen

Kapitel I, Bist du sicher? Seite 12

1

Die Figuren sind nicht ähnlich. Dies erkennt man z. B. an den unterschiedlichen Winkeln $\alpha \neq \alpha'$ und $\beta \neq \beta'$.

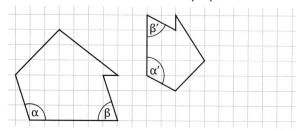

Fig. 1

2

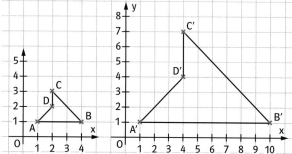

Fig. 2

Kapitel I, Bist du sicher? Seite 15

1

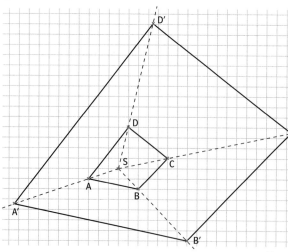

Fig. 3

2

Das Streckzentrum ist $S(0|0)$ und der Streckfaktor beträgt $k = 3$.

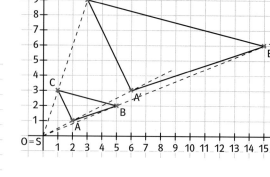

Fig. 4

Kapitel I, Kannst du das noch? Seite 16

12

a) Kongruenzsatz: Ssw

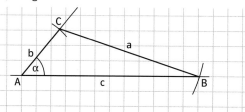

Fig. 5

b) Kongruenzsatz: wsw

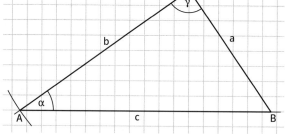
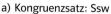

Fig. 6

13

a) $6ax^2 - 15a^2x$ b) $4z^2 - 9s^2$ c) $2x^2 + 3x - 4$

Kapitel I, Bist du sicher? Seite 19

1

a) Die Dreiecke sind ähnlich, wenn sie in allen Winkeln übereinstimmen.

∢ ABC = ∢ CED = 90° – nach Vorgabe

∢ BCA = ∢ DCE – Scheitelwinkel

∢ CAB = ∢ EDC – nach Innenwinkelsumme von Dreiecken

b) Ähnlichkeitsfaktor: $k = \frac{7,5}{4,5} = \frac{5}{3}$

$\overline{BC} = 10,8 \cdot \frac{5}{3} = 18$ $\overline{CD} = 19,5 : \frac{5}{3} = 11,7$

1

a) $L = \left\{ \left(\frac{4}{7} \middle| -\frac{1}{7} \right) \right\}$ b) $\left\{ \left(\frac{2}{3} \middle| -\frac{7}{6} \right) \right\}$ c) $\left\{ \left(\frac{26}{27} \middle| 8\frac{2}{9} \right) \right\}$

2

$p = \frac{1}{30}$

Kapitel I, Bist du sicher? Seite 22

1

$a = 2{,}47$; $b = 1{,}125$

2

$h = 73{,}125$ m

Kapitel I, Bist du sicher? Seite 25

1

$x = 3$; $y = 0{,}8$; $z = 0{,}75$

2

Die Flussbreite beträgt 12 m.

Kapitel I, Kannst du das noch? Seite 28

14

natürliche Zahl: 7
ganze Zahl: 7; −1376
rationale Zahl: 2,54; $-\frac{7}{3}$; −3,5$\overline{2}$; 7; −1376; 132,3; $\frac{21}{3}$
reelle Zahl: 2,54; $-\frac{7}{3}$; $\sqrt{4}$; −3,5$\overline{2}$; 7; −1376; $-\sqrt{51}$; 132,3; $\frac{21}{3}$

15

$-\frac{7}{3}$; −2,3; −1,37; $\frac{56}{20}$; $\frac{87}{30}$; $\frac{123}{5}$; $25\frac{2}{3}$; 52,76; $\frac{639}{12}$

16

a) $\frac{34}{15}$ b) $\frac{4}{9}$ c) $\frac{55}{28}$ d) 4,22
e) −0,75   f) $\frac{3}{20}$ g) $\frac{4}{3}$ h) $\frac{7}{9}$
i) $\frac{15}{16}$ j) 567,35

17

a) $\frac{12}{25} = 0{,}48$ b) 13,2   c) 12,5 %   d) $\frac{200}{3} = 66{,}\overline{6}$

18

a) 9   b) 10   c) −2

Kapitel I, Training Runde 1, Seite 33

1

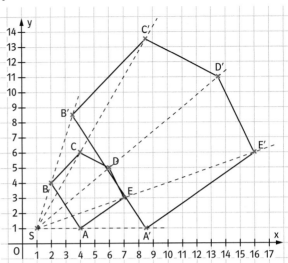

Fig. 1

2

$x = \frac{5}{2}$; $y = 3$; $z = \frac{4}{3}$; $w = \frac{20}{3}$

3

a) $\triangle$ADE ist ähnlich $\triangle$DEC
$\sphericalangle$ CED = $\sphericalangle$ EAD = 90° − nach Voraussetzung
$\sphericalangle$ DEA = 90° − $\sphericalangle$ ADE − Innenwinkelsumme im Dreieck
$\sphericalangle$ EDC = 90° − $\sphericalangle$ ADE − rechter Winkel im Viereck ABCD
damit ergibt sich: $\sphericalangle$ DEA = $\sphericalangle$ EDC
$\sphericalangle$ ADE = $\sphericalangle$ DCE − Innenwinkelsumme im Dreieck
Da entsprechende Winkel der Dreiecke gleich groß sind, besteht Ähnlichkeit.

$\triangle$ DEC ist ähnlich $\triangle$ EBC
$\sphericalangle$ CED = $\sphericalangle$ CBE = 90° − nach Voraussetzung
$\sphericalangle$ DCE = $\sphericalangle$ BEC − Wechselwinkel an geschnittenen Parallelen
$\sphericalangle$ EDC = $\sphericalangle$ ECB − Innenwinkelsumme im Dreieck
Da entsprechende Winkel der Dreiecke gleich groß sind, besteht Ähnlichkeit.

$\triangle$ ADE ist ähnlich $\triangle$ EBC
$\sphericalangle$ EAD = $\sphericalangle$ CBE = 90° − nach Voraussetzung
$\sphericalangle$ DEA + 90° + $\sphericalangle$ BEC = 180° − gestreckter Winkel
$\sphericalangle$ DEA + $\sphericalangle$ BEC = 90°
$\sphericalangle$ DEA = 90° − $\sphericalangle$ BEC
$\sphericalangle$ ECB = 90° − $\sphericalangle$ BEC − Innenwinkelsumme im Dreieck
damit ergibt sich: $\sphericalangle$ DEA = $\sphericalangle$ ECB
$\sphericalangle$ ADE = $\sphericalangle$ BEC − Innenwinkelsumme im Dreieck
Da entsprechende Winkel der Dreiecke gleich groß sind, besteht Ähnlichkeit.

b)

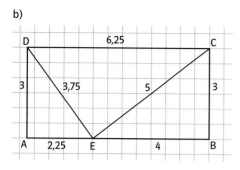

Fig. 1

4
Der Lichtmast hat eine Entfernung von 10,9 m vom Haus.

Kapitel I, Training Runde 2, Seite 33

1
a) Die entsprechenden Winkel sind gleich groß, dies erkennt man an den Kästchen.
b) k = 1,6
c)

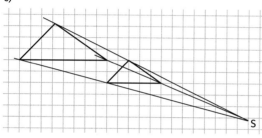

Fig. 2

2
Eine Berechnung mit dem 2. Strahlensatz war falsch.
Entweder $\frac{5}{3} \cdot 1,5 = 2,5$ statt 3,5 oder $\frac{3}{5} \cdot 7 = 4,2$ statt 3.
Die Berechnungen nach dem 1. Strahlensatz ergeben einen Folgefehler.

3
Das Polizeifahrzeug darf höchstens in einer Entfernung von 5,9 m von der Toreinfahrt entfernt stehen.

Kapitel II, Bist du sicher? Seite 38

1
a) 16,9 cm   b) 14,2 cm

2
ca. 9,2 cm

Kapitel II, Bist du sicher? Seite 42

1
16,82 m

2
Ja, denn die Diagonale der Öffnung ist 2,15 m.

3
ca. 38 cm²

Kapitel II, Bist du sicher? Seite 46

1

	a	b	c	α	β	γ
a)	4,5 cm	6,1 cm	7,6 cm	36,3°	53,7°	90°
b)	3,77 dm	8,61 dm	7,74 dm	26°	90°	64°
c)	3,83 m	3,6 m	13,2 dm	90°	70°	20°

2
$\frac{e}{f} = \sin(\beta);$ $\sin(\gamma) = \frac{h}{f};$ $\frac{k}{f} = \sin(\alpha);$ $\frac{g}{f} = \sin(\delta)$

Kapitel II, Bist du sicher? Seite 48

1
a) $x \approx 7,0$ cm; $\gamma \approx 32,8°$; $\delta \approx 57,2°$
b) $\tan(\beta) = \frac{b}{c} = \frac{h}{w};$ $\cos(\gamma) = \frac{v}{b} = \frac{b}{v+w}$

Kapitel II, Kannst du das noch? Seite 49

11
100 000; 160; −69; 900 000; −1 100 000

12
a) $y = \frac{1}{4}x^3$: A(2|2); B(−2|−2); C$\left(-\frac{1}{2}\middle|-\frac{1}{32}\right)$; D(0,1|0,000 25)

$y = -\frac{1}{4}x^3$: A(2|−2); B(−2|2); C$\left(-\frac{1}{2}\middle|\frac{1}{32}\right)$; D(0,1|−0,000 25)

$y = \frac{1}{4}x^4$: A(2|4); B(−2|4); C$\left(-\frac{1}{2}\middle|\frac{1}{64}\right)$; D(0,1|0,000 025)

$y = -x^2 + 2$: A(2|−2); B(−2|−2); C$\left(-\frac{1}{2}\middle|1\frac{3}{4}\right)$; D(0,1|1,99)

b)

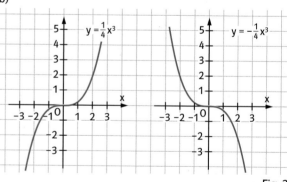

Fig. 3

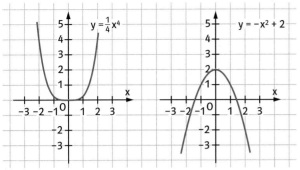

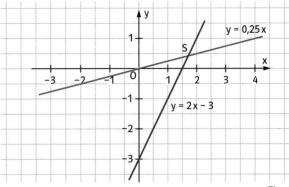

Fig. 1

13
a) 12; 1,2; 0,1; 0,5; 2,5; 2,5; 6,25
b) $19\sqrt{2}$; $-4\sqrt{3}$; $3\sqrt{10}$; -4

14
a) $x^2 + 2x - 15$ b) $2a^2 + 11a + 15$
c) $-4b^2 - 15b - 14$ d) $(4-b)^2 = b^2 - 8b + 16$

Kapitel II, Bist du sicher? Seite 52

1
52°

2
a) 3,6 m   b) 43,2 m²
Bei gleichem Winkel
1. Fall: $g' = 2g$; $h' = h$: $A' = 2 \cdot A$
2. Fall: $g' = g$; $a' = 2a$
Für die veränderte Höhe gilt:
$\sin(\alpha) = \frac{h'}{2a} = \frac{h}{a}$; also gilt: $h' = 2h$
und $A' = g \cdot h' = 2 \cdot gh = 2 \cdot A$.

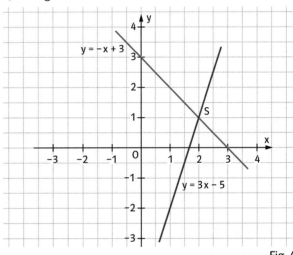

Fig. 2

Kapitel II, Kannst du das noch? Seite 54

8
a) $5x - 27$ b) $3x^2 + 5x + 6$
c) $-3x^2 + 10x - 5$ d) $-a^2 - 9b^2 - 3ab + 2a - 3b$

9
a) $5x(3 + 4x)$ b) $8b^2(-3 + 5b)$
c) $3x(9 - 10x - 3x^2)$ d) $3a(11a - 1)$

10
a) $6x$; $6x + 42$ nicht äquivalent
b) $39 - 10m$; $10m - 39$ nicht äquivalent
c) $6d - 6$; $6d - 6$ äquivalent

11
a) Lösung: $\frac{12}{7} \approx 1{,}714$

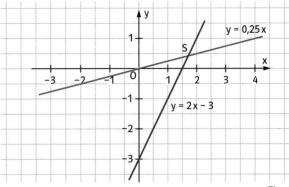

Fig. 3

b) Lösung: 2

Fig. 4

c) Lösungen: -2; 3

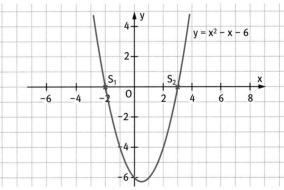

Fig. 5

209

d) Lösungen: –1; 4

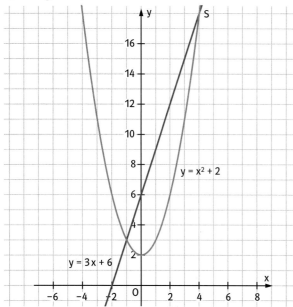

Fig. 1

12

a)

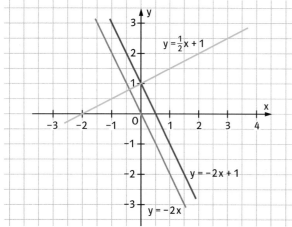

Fig. 2

	Graph	Steigung	y-Achsenabschnitt
$y = -2x$	Gerade	-2	0
$y = -2x + 1$	Gerade	-2	1
$y = \frac{1}{2}x + 1$	Gerade	$\frac{1}{2}$	1

b)

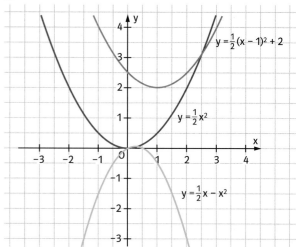

Fig. 3

	Graph	Scheitel	Dehnfaktor
$y = \frac{1}{2}x^2$	Parabel	$(0\,|\,0)$	$\frac{1}{2}$
$y = \frac{1}{2}x - x^2$	Parabel	$\left(\frac{1}{4}\,|\,\frac{1}{16}\right)$	-1
$y = \frac{1}{2}(x-1)^2 + 2$	Parabel	$(1\,|\,2)$	$\frac{1}{2}$

c)

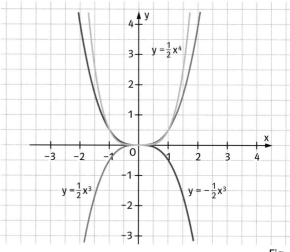

Fig. 4

$y = \frac{1}{2}x^3$: Potenzfunktion 3. Grades; Funktionswerte wechseln bei $x = 0$ das Vorzeichen. Ebenso: $y = -\frac{1}{2}x^3$

$y = \frac{1}{2}x^4$: Potenzfunktion 4. Grades; Funktionswerte haben immer dasselbe Vorzeichen.

13

a) C, D liegen auf der Geraden.

b) B, C, D liegen auf der Parabel.

c) A, B, D liegen auf dem Graphen der Potenzfunktion.

Kapitel II, Training, Runde 1, Seite 59

1

Gleichschenkliges Dreieck: h ≈ 4,8 cm; s ≈ 8,8 cm
Quadrat: s ≈ 5,4 cm; α ≈ 63°
Rechteck: γ ≈ 59°; δ = 62°

2

55,3°; 3,2 cm

3

a) Mercedes: 39°; Hummer: 31°; ja
b) 62,5 m
c) Steigung 100 % entspricht einem Steigungswinkel von 45°, nicht von 90°!

4

53,4°

Kapitel II, Training, Runde 2, Seite 59

1

α	β	γ	a	b	c
90°	67°	23°	27,9 m	25,72 m	10,92 m
37°	90°	53°	22,6 km	37,5 km	29,9 km
75°	15°	90°	13,2 dm	36 cm	137 cm

2

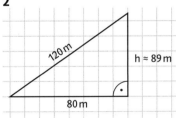

Fig. 1

3

a) 7°   b) 11 474 m (ca. 11,5 km)

4

α ≈ 124,8°; β ≈ 55,2°

5

a)

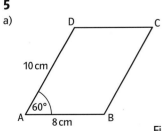

h ≈ 8,6 cm;
A ≈ 69 cm²

Fig. 2

b) Im rechtwinkligen Dreieck AHD ist
$$\overline{AH} = \frac{h}{\tan(60°)} \cdot$$
$$\overline{HB} = 8\,cm - \overline{AH}$$
Im rechtwinkligen Dreieck HBD ist
$$\overline{BD} = \sqrt{h^2 + \overline{HB}^2}.$$

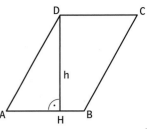

Fig. 3

Kapitel III, Kannst du das noch? Seite 70

11

a) A: proportionale Zuordnung; B: lineare Zuordnung; C: antiproportionale Zuordnung; D: antiproportionale Zuordnung
b)

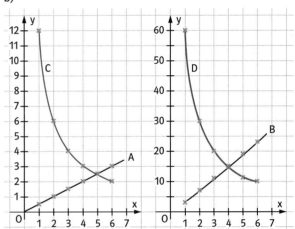

Fig. 4

Kapitel III, Kannst du das noch? Seite 80

11

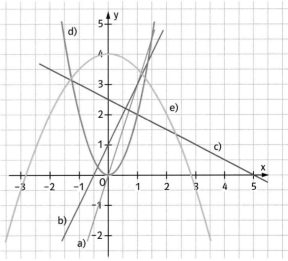

Fig. 5

12

a) In gleichen Zeitspannen fließt aus der Flasche die gleiche Menge Flüssigkeit.

b)

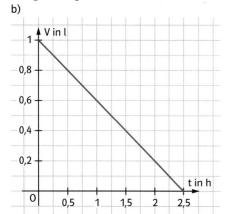

Fig. 1

c) Zu Beginn war 1 Liter in der Flasche. Eine Stunde nach Infusionsbeginn waren noch 0,6 l in der Flasche. 150 Minuten nach Infusionsbeginn war die Flasche leer.

Kapitel III, Kannst du das noch? Seite 83

13

a) In einem Rechteck sind die Diagonalen gleich lang und halbieren sich. Die Diagonalen halbieren nicht den Winkel. Gegenüberliegende Seiten sind parallel.

b) Für ein Quadrat treffen alle Aussagen zu. Bei einer Raute sind die Diagonalen nicht gleich lang, alle anderen Aussagen sind richtig.

14

a) Ein Dreieck mit diesen Seitenlängen gibt es nicht, da die beiden kurzen Seiten zusammen kleiner sind als die längste Seite.

b) Da zwei Winkelgrößen gegeben sind, lässt sich die Größe des dritten Winkels berechnen. Dann kann man das Dreieck mit dem Kongruenzsatz WSW konstruieren.

15

a) $\alpha = 85°$; $\beta = 105°$; $\gamma = 95°$ b) $\beta = 105°$ c) $\beta = 50°$

16

a) Der dritte Winkel hat die Größe von 45°. Das Dreieck ist also rechtwinklig und gleichschenklig. Man konstruiert die Hypotenuse und ihren Thaleskreis. Dann konstruiert man die Mittelsenkrechte der Hypotenuse. Der Schnittpunkt mit dem Thaleskreis ist der dritte Punkt des Dreiecks.

b) Der dritte Winkel hat die Größe von 30°. Das gesuchte Dreieck ist also die Hälfte eines gleichseitigen Dreiecks. Man konstruiert ein gleichseitiges Dreieck und die Mittelsenkrechte einer Seite. Dabei entstehen zwei kongruente Dreiecke mit den geforderten Eigenschaften.

17

$\gamma = 90°$; $\overline{BC} = 3\,cm$; $\overline{AC} \approx 5,2\,cm$
Umkreis ist der Thaleskreis.

18

a) Um- und Inkreis   b) Um- und Inkreis
c) Umkreis   d) keinen Um- und Inkreis

Kapitel III, Bist du sicher? Seite 63

1

a) $4,2 \cdot 10^5$ b) $3,2 \cdot 10^7$ c) $2 \cdot 10^{-5}$
d) $3,65 \cdot 10^{-7}$ e) 10^{-4} f) $4,5 \cdot 10^9\,km$
g) $3 \cdot 10^{11}$ Byte

2

a) 50 000   b) 1 234 000 000   c) 0,000 032
d) 0,0001   e) 0,000 234   f) 0,0007 cm
g) 0,000 000 18 m

Kapitel III, Bist du sicher? Seite 65

1

a) $6,82 \cdot 10^4$ b) $6 \cdot 10^2$ c) $6,6 \cdot 10^5$ d) $4 \cdot 10^8$

Kapitel III, Bist du sicher? Seite 68

1

a) 3^9 b) x^{-2} c) b^{12}
d) a^3 e) y^{k+2} f) $z^0 = 1$

2

a) 2^{-2} b) x^{-6} c) $8a^{-2}$
d) $a^{-1}b^{-15}$ e) $x^{-4}y^{-2}z^6$

Kapitel III, Bist du sicher? Seite 70

1

a) 16   b) 1000   c) 1
d) $\frac{125}{64}$ e) 125

2

a) 2^{2k} b) $a^4 b^4$ c) $a^{-5}b^{-1}$
d) 3^{3k-3} e) 2^{-z}

Kapitel III, Bist du sicher? Seite 72

1

a) $3^{\frac{11}{12}}$ b) $5^{-\frac{23}{20}}$ c) $x^{-\frac{3}{k}}$
d) $b^{-\frac{1}{6}}$ e) $a^{-\frac{1}{2}}$ f) $5^{-\frac{2}{3}}$

2

a) $5^{\frac{1}{3}}$ b) $7^{\frac{4}{9}}$ c) $2^{\frac{4}{3}}$ d) $9^{-\frac{2}{3}}$ e) $2^{\frac{3}{4}}$ f) $4^{-\frac{2}{3}}$

Kapitel III, Bist du sicher? Seite 76

1

a) $x_1 = 16^{\frac{1}{4}} = 2$; $x_2 = -16^{\frac{1}{4}} = -2$

b) $x_1 = -|8|^{\frac{1}{3}} = -2$ c) $x_1 = 32^{\frac{1}{5}} = 2$

d) keine Lösung

e) $x + 3 = 16^{\frac{1}{4}} = 2 \rightarrow x_1 = -1$

   $x + 3 = -16^{\frac{1}{4}} = -2 \rightarrow x_2 = -5$

2

a) $x_1 = 144$ b) $x_1 = 9^{\frac{2}{5}} \approx 2{,}408$ c) $x_1 = 2^{\frac{5}{3}}$

d) $x_1 = 5^{\frac{3}{2}} \approx 11{,}180$ e) $x_1 = (2^{-3})^{\frac{4}{3}} = 2^{-4} = \frac{1}{16} = 0{,}0625$

Kapitel III, Bist du sicher? Seite 78

1

a) $\log_5(25) = 2$ b) $\log_{\frac{1}{9}}(3) = -\frac{1}{2}$

c) $2 = 16^{\frac{1}{4}}$ d) $\frac{1}{343} = 7^{-3}$ e) $w = u^v$

2

a) 4 b) $\frac{1}{2}$ c) 1 d) -1 e) 0 f) -4

Kapitel III, Bist du sicher? Seite 80

1

a) $x_1 = 4$ b) $x_1 = -\frac{1}{2}$ c) $x_1 = -3$

d) $x_1 = -\frac{3}{2}$ e) $x_1 = -1$

2

a) $x_1 \approx 2{,}322$ b) $x_1 \approx 3{,}975$ c) $x_1 \approx 55{,}478$ d) $x_1 \approx -0{,}807$

Kapitel III, Training, Runde 1, Seite 87

1

a) $2{,}53 \cdot 10^7$ b) $2{,}4 \cdot 10^{-5}$ c) $5{,}4 \cdot 10^{-5}$ d) $5{,}4 \cdot 10^8$

2

a) $7 \cdot 10^5$ b) $1{,}8 \cdot 10^8$ c) $7{,}5 \cdot 10^2$ d) $2 \cdot 10^{-6}$

3

a) a^9 b) x c) $8x^6y^{-9}$

d) $-x^6$ e) u^2v^{-7} f) $a^{-1} : y^{\frac{1}{2}}$

4

a) $x_1 = 25^{\frac{1}{4}}$; $x_2 = -25^{\frac{1}{4}}$; $x_1 \approx 2{,}236$; $x_2 \approx -2{,}236$

b) $x_1 = 19^{\frac{1}{3}}$; $x_1 \approx 2{,}668$

c) $x_1 = 125^{\frac{1}{3}} = 5$

5

$16 = f^4 \cdot 4 \Longrightarrow f = \sqrt[4]{4} \approx 1{,}414$

6

a) $4^x = 64$; $x_1 = 3$

b) $3^x = 12{,}8$; $x_1 = \log_3(12{,}8) \approx 2{,}321$

c) $5^x = 60$; $x_1 = \log_5(60) \approx 2{,}544$

Kapitel III, Training, Runde 2, Seite 87

1

a) $6 \cdot 10^7$ b) $2 \cdot 10^8$ c) $2 \cdot 10^{-9}$ d) $2 \cdot 10^{12}$

2

a) $3^0 = 1$ b) 4^t c) $4^{\frac{1}{12}}$

d) $5^{-\frac{3}{10}}$ e) $81u^6v^{-5}$

3

z.B. $x^3 = -64$ und $x^5 = -1024$

4

a) $5^3 = 125$ b) $\log_2\left(\frac{1}{8}\right) = -3$

c) $10^4 = 10\,000$ d) $10^5 = a$

5

a) $5^{-x} = \frac{2{,}8}{1{,}5}$; $-x_1 = \log_5\left(\frac{2{,}8}{1{,}5}\right) \approx 0{,}388$; $x_1 \approx -0{,}388$

b) $3^x = 82{,}5$; $x_1 = \log_3(82{,}5) \approx 4{,}017$

6

a) Mit dem Satz des Pythagoras folgt für die Seitenlänge des 2. Quadrates $s_1 = \frac{8}{\sqrt{2}}$, für das nächst kleinere erhält man dann: $s_2 = \frac{8}{(\sqrt{2})^2} = 4$.

Seitenlänge des 10ten Quadrats: $s_{10} = \frac{8}{(\sqrt{2})^{10}} = \frac{8}{32} = \frac{1}{4}$

Seitenlänge des 100ten Quadrats:

$$s_{100} = \frac{8}{(\sqrt{2})^{100}} = \frac{8}{2^{50}} \approx 7{,}105 \cdot 10^{-15}$$

Seitenlänge des n-ten Quadrats: $s_n = \frac{8}{(\sqrt{2})^n}$

b) Zu lösen ist die Ungleichung: $\frac{8}{0{,}002} < (\sqrt{2})^n$.

Durch Umformen ergibt sich: $4000 < (\sqrt{2})^n$ und daraus $n > \log_{\sqrt{2}}(4000)$.

Man erhält $n > 23{,}93$; also ab dem 24ten Quadrat ist die Seitenlänge kleiner als 0,002.

Kapitel IV, Bist du sicher? Seite 92

1

N	0	1	2	3	4
B(n)	80	76	80	100	80
Absolute Änderung		-4	4	20	-20
Relative Änderung		$\frac{-4}{80} = -0{,}050$ 5% Abnahme	$\frac{4}{76} \approx 0{,}053$ etwa 5,3% Zunahme	$\frac{20}{80} = 0{,}25$ 25% Zunahme	$\frac{-20}{100} = -0{,}2$ 20% Abnahme

2

a) $B(9) = 2500 \cdot 0{,}75 = 1875$ b) $B(9) = 2500 \cdot 1{,}003 = 2507{,}5$

c) $B(9) = 2500 + 8 = 2508$ d) $B(9) = 2500 \cdot 2 = 5000$

Kapitel IV, Bist du sicher? Seite 95

1

a) Die Quotienten $\frac{29{,}70}{33{,}00}$; $\frac{26{,}73}{29{,}70}$ usw. ergeben angenähert immer den Wert 0,9. Es handelt sich um exponentielles Wachstum mit dem Wachstumsfaktor $k = 0{,}9$.
$B(9) = 33{,}00 \cdot 0{,}9^9 \approx 12{,}78$.

b) Die Differenzen $4{,}88 - 5{,}03$; $4{,}73 - 4{,}88$ usw. ergeben immer $-0{,}15$. Es handelt sich um lineares Wachstum mit der absoluten Änderung $d = -0{,}15$.
$B(9) = 5{,}03 - 9 \cdot 0{,}15 = 3{,}68$.

2

a)

Jahr	0	1	2	3	4	5	6
Wert in €	120 000	117 600	115 200	112 800	110 400	108 000	105 600

Wert in 20 Jahren: $B(20) = 120\,000 - 20 \cdot 2400 = 72\,000\,€$.

b)

Jahr	0	1	2	3	4	5	6
Wert in €	120 000	118 200	116 427	114 680,60	112 960,39	111 265,98	109 596,99

Wert in 20 Jahren: $B(20) = 120\,000 \cdot 0{,}985^{20} \approx 88\,696{,}37\,€$.

Kapitel IV, Bist du sicher? Seite 99

1

Es handelt sich um exponentielle Abnahme mit dem Anfangsbestand $B(0) = 40\,000$ und dem Wachstumsfaktor
$k = 1 - \frac{1{,}4}{100} = 0{,}986$.

a) $B(10) = 40\,000 \cdot 0{,}986^{10} \approx 34\,740$. Lohstadt hat in 10 Jahren etwa 34 740 Einwohner.

b) 80% von 40 000 sind 32 000.
Ansatz: $32\,000 = 40\,000 \cdot 0{,}986^n$. Gesucht ist n.
$n = \frac{\log(0{,}8)}{\log(0{,}986)} \approx 15{,}8$. Nach 16 Jahren, also im Jahr 2022, wird die Einwohnerzahl nur noch 80% betragen.

c) Ansatz: $30\,000 = 40\,000 \cdot (1 + p)^{10}$. Gesucht ist p.
$0{,}75 = (1 + p)^{10}$; $0{,}75^{\frac{1}{10}} = (1 + p)$; $p \approx -0{,}0284$.
Die Abnahme dürfte höchstens 2,8% betragen.

d) Ansatz: $40\,000 = B(0) \cdot 0{,}986^{10}$; $B(0)$ ist die gesuchte Einwohnerzahl von Pellberg im Jahr 2006.
$B(0) \approx 46\,056$.
Pellberg hatte im Jahr 2006 etwa 46 000 Einwohner.

2

Es handelt sich um exponentielles Wachstum mit dem Wachstumsfaktor $k = 1{,}08$.
Ansatz: $2 \cdot B(0) = B(0) \cdot 1{,}08^n$. Gesucht ist n.
$n = \frac{\log(2)}{\log(1{,}08)} \approx 9{,}0$.
Das Ergebnis für n hängt nicht vom Anfangswert $B(0)$ ab. Deshalb verdoppelt sich der Bestand in beiden Fällen in etwa 9 Jahren.

Kapitel IV, Kannst du das noch? Seite 99

8

a) Die Wahrscheinlichkeit beträgt $\frac{1}{8} \cdot \frac{1}{8} = \frac{1}{64}$.

b) Die Wahrscheinlichkeit beträgt $\frac{1}{8} \cdot \frac{1}{8} = \frac{1}{64}$.

c) Die Wahrscheinlichkeit beträgt $2 \cdot \frac{1}{8} \cdot \frac{1}{8} = \frac{1}{32}$.

9

a)

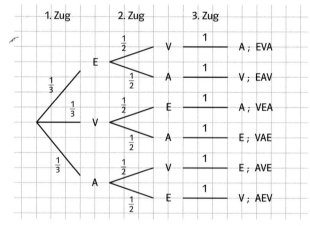

b) Die Wahrscheinlichkeit beträgt $\frac{1}{3} \cdot \frac{1}{2} \cdot 1 = \frac{1}{6}$.

Kapitel IV, Bist du sicher? Seite 102

1

a) $B(1) = 40 + 0,3 \cdot (65 - 40) = 47,5$
$B(2) = 47,5 + 0,3 \cdot (65 - 47,5) = 52,75$
$B(3) = 52,75 + 0,3 \cdot (65 - 52,75) = 56,425$ usw.
$B(4) \approx 58,998$; $B(5) \approx 60,798$; $B(6) \approx 62,059$.
b) Lösung mit GTR: Für $n \geqq 10$ gilt $B(n) > 64$.

2

$B(n)$ beschreibe die Anzahl der nach n Monaten verkauften Produkte.
Es gilt: $S = 240\,000$; $B(0) = 0$; $B(1) = 18\,000$ und
$B(n + 1) = B(n) + c \cdot (240\,000 - B(n))$.
Bestimmung des Proportionalitätsfaktors c:
$18\,000 = 0 + c \cdot (240\,000 - 0)$; $c = 0,075$
Nach 12 Monaten sind nach der Prognose etwa 145\,830 Produkte verkauft. (Lösung mit GTR)

Kapitel IV, Bist du sicher? Seite 106

1

$B(n)$ beschreibe die Bevölkerungszahl nach n Jahren. Es gilt $B(0) = 1\,200\,000$.
Mögliche Modellierung:
$B(n + 1) = B(n) \cdot 1,021 + 4000$

Jahr	0	1	2	3	4
Bevölk.-zahl	1200000	1229200	1259013	1289452	1320531

Jahr	5	6	7	8
Bevölk.-zahl	1352262	1384660	1417737	1451510

Nach dieser Modellierung wird das Land in 8 Jahren 1451510 Einwohner haben.
Eine andere mögliche Modellierung ist:
$B(n + 1) = (B(n) + 4000) \cdot 1,021$.

Jahr	0	1	2	3	4
Bevölk.-zahl	1200000	1229284	1259183	1289710	1320878

Jahr	5	6	7	8
Bevölk.-zahl	1352700	1385191	1418364	1452233

Nach dieser Modellierung wird das Land in 8 Jahren 1452233 Einwohner haben.

2

a) Es handelt sich um eine lineare Abnahme:
$B(n) = 1000 - n \cdot 200$.
b) Es handelt sich näherungsweise um exponentielles Wachstum mit $k = 1,05$.
$B(n) = 2000 \cdot 1,05^n$.

Kapitel IV, Kannst du das noch? Seite 107

9

a) Die Wahrscheinlichkeit beträgt $\frac{8}{32} \cdot \frac{8}{31} \cdot \frac{8}{30} \cdot \frac{8}{29} \approx 0,0047$.
b) Die Wahrscheinlichkeit beträgt $1 \cdot \frac{24}{31} \cdot \frac{16}{30} \cdot \frac{8}{29} = 0,1139$.
c) Die Wahrscheinlichkeit beträgt $\frac{24}{32} \cdot \frac{23}{31} \cdot \frac{22}{30} \cdot \frac{21}{29} \approx 0,2955$.
d) Die Wahrscheinlichkeit beträgt $1 - \frac{24}{32} \cdot \frac{23}{31} \cdot \frac{22}{30} \cdot \frac{21}{29} \approx 0,7045$.

Kapitel IV, Kannst du das noch? Seite 109

6

Bei einer proportionalen Zuordnung sind die Quotienten zugeordneter Größen gleich, bei einer antiproportionalen Zuordnung sind die Produkte zugeordneter Größen gleich.
a) Es handelt sich um eine antiproportionale Zuordnung, da das Produkt $90\,cm^2$ ergibt.

Länge	15 cm	18 cm	12 cm	4,5 cm
Breite	6 cm	5 cm	7,5 cm	20 cm

b) Es handelt sich um eine proportionale Zuordnung, da der Quotient der Maßzahlen 8 ergibt.

Anzahl	72	48	112	160
Gewicht	9 kg	6 kg	14 kg	20 kg

7

Er muss mit $24 \cdot \frac{4,5}{1,2} = 90$ Wagenladungen rechnen.

8

a)

x	10	1	0,8	3,75	$\approx 0,417$
y	24	2,4	1,92	9	1

b)

x	10	1	0,8	10	9
y	0,9	9	11,25	0,9	1

9

a) Nach 6 Stunden sind 0,9 m Wasserhöhe abgepumpt. Das entspricht 0,15 m in einer Stunde.
Für 2,2 m benötigen die Pumpen etwa 14,7 Stunden.
Es dauert noch etwa 8,7 Stunden, bis das Becken leer ist.
b) Drei Pumpen benötigen etwa 9,8 Stunden, das gesamte Becken zu leeren.

1

a) Es handelt sich um exponentielles Wachstum mit dem Wachstumsfaktor $k = 1{,}027$.

$B(10) = 14\,000\,000 \cdot 1{,}027^{10} \approx 18\,273\,952$. Für das Jahr 2016 ist eine Bevölkerungszahl von $18\,273\,952$ zu erwarten.

b) Ansatz: $1{,}5 \cdot 14\,000\,000 = 14\,000\,000 \cdot 1{,}027^n$. Gesucht ist n.

$n = \frac{\log(1{,}5)}{\log(1{,}027)} \approx 15{,}22$.

Nach etwa 15 Jahren und 3 Monaten ist die Zahl auf das Anderthalbfache gestiegen.

c) Die absolute Zunahme beträgt jährlich $378\,000$.

Bevölkerungszahl im Jahr 2016: $17\,780\,000$.

Zunahme auf das Anderthalbfache:

$1{,}5 \cdot 14\,000\,000 = 14\,000\,000 + m \cdot 378\,000$

$m \approx 18{,}52$.

Nach etwa 18 Jahren und 6 Monaten ist die Zahl auf das Anderthalbfache gestiegen.

2

a) Ansatz: $0{,}5 \cdot B(0) = B(0) \cdot k^5$ mit $B(0) = 100\,\text{mg}$.

$k \approx 0{,}871$

Nach 30 Tagen ist noch $B(30) = 100\,\text{mg} \cdot 0{,}871^{30} \approx 1{,}6\,\text{mg}$ Radium E vorhanden.

Anderer Lösungsweg: 30 Tage entsprechen sechs Halbwertzeiten. $B(30) = 100\,\text{mg} \cdot (0{,}5)^6 \approx 1{,}6\,\text{mg}$.

b) 99,9% zerfallenes Radium E bedeutet, dass noch 0,1% der Anfangsmenge oder 0,1 mg vorhanden sind. Ansatz:

$0{,}1\,\text{mg} = 100\,\text{mg} \cdot 0{,}871^n$. Gesucht ist $n = \frac{\log(0{,}001)}{\log(0{,}871)} \approx 50$. Nach 50 Tagen sind 99,9% der ursprünglichen Menge zerfallen.

3

a) Aus $B(0)$ und $B(1)$ wird c bestimmt. Für $n = 0$ gilt:

$272 = 140 + c \cdot [800 - 140]$. Daraus ergibt sich $c = 0{,}2$.

Mit $c = 0{,}2$ wird $B(2)$ bestimmt:

$B(2) = 272 + 0{,}2 \cdot [800 - 272] = 377{,}6$. Dieser Wert stimmt mit dem gegebenen Wert 378 gut überein.

b) Rekursive Vorschrift: $B(n + 1) = B(n) + 0{,}2 \cdot [800 - B(n)]$. Untersuchung der Entwicklung mit dem GTR. Für das Jahr 2035 ($n = 5$) ergibt sich eine Anzahl von 584 Tieren.

Da es sich bei dieser Modellierung um ein beschränktes Wachstum mit der Schranke 800 handelt, wird sich die Tierzahl nach dieser Modellierung der Zahl 800 nähern, diese aber nicht überschreiten.

1

Beim Sparen mit einem Sparbuch handelt sich um ein exponentielles Wachstum.

a) Ansatz: $2 \cdot B(0) = B(0) \cdot 1{,}038^n$. Gesucht ist n.

$n = \frac{\log(2)}{\log(1{,}038)} \approx 18{,}59$.

Das Kapital hat sich nach 19 Jahren verdoppelt.

b) Ansatz: $15\,000 = B(0) \cdot 1{,}042^{12}$. Gesucht ist $B(0)$.

$B(0) \approx 9155{,}43$. Man muss 9155,43 € anlegen.

c) Ansatz: $2800 = 1250 \cdot (1 + p)^{15}$. Gesucht ist p.

$p \approx 0{,}0552$. Der Zinssatz muss 5,52% betragen.

2

a) $B(n)$ beschreibe die Schulden n Jahre nach dem 1.07.07. Dann gilt: $B(0) = 40\,000$ €; $B(n + 1) = B(n) \cdot 1{,}08 - 4000$ €.

Datum	1.07.07 (n = 0)	1.07.08 (n = 1)	1.07.09 (n = 2)	1.07.10 (n = 3)	1.07.11 (n = 4)
Schuldenkonto	40 000 €	39 200 €	38 336 €	37 402,88 €	36 395,11 €

b) Untersuchung mit dem GTR ergibt: $B(20) = 3390{,}42$ €. Der Kredit ist nach 21 Jahren, d.h. am 1.07.28 abbezahlt.

Folgenden Betrag hat Frau Kehl während dieser Zeit an die Bank überwiesen:

$20 \cdot 4000 € + 3390{,}42 \cdot 1{,}08 = 83\,661{,}65$ €. Frau Kehl hat 43 661,65 € nur für Schuldzinsen ausgegeben; das sind 109,15% der Kreditsumme.

(Andere Lösungsmöglichkeit: Frau Kehl bezahlt folgende Schuldzinsen:

$0{,}08 \cdot B(0) + 0{,}08 \cdot B(1) + \ldots + 0{,}08 \cdot B(20)$

$= 0{,}08 \cdot [B(0) + B(1) + \ldots + B(20)] = 43\,661{,}65$ €.)

3

a) Aus dem Graphen entnimmt man: Die Halbwertszeit von Jod 131 beträgt 8 Tage. Für den Wachstumsfaktor k gilt:

$k^8 = 0{,}5$; $k \approx 0{,}917$.

Das Zerfallsgesetz lautet: $B(n) = B(0) \cdot 0{,}917^n$; n in Tagen.

b) $B(1) = B(0) \cdot 0{,}917$. Nach einem Tag sind noch 91,7% vorhanden; es sind 8,3% der ursprünglichen Stoffmenge zerfallen.

1

a) $E = \{br, rb, bb\}$; $P(E) = \frac{4}{10} \cdot \frac{6}{9} + \frac{6}{10} \cdot \frac{4}{9} + \frac{4}{10} \cdot \frac{3}{9} = \frac{2}{3}$.

b) E: „Man erhält eine rote und eine blaue Figur";

$P(E) = \frac{4}{10} \cdot \frac{6}{9} + \frac{6}{10} \cdot \frac{4}{9} = \frac{8}{15}$.

2

a) Alle Ergebnisse sind gleich wahrscheinlich.

b) E: „Es fällt genau einmal Zahl"; $P(E) = \frac{3}{8}$

c) z.B. WWW

1

$P(A) = 0{,}8^4 = 0{,}4096$; $P(\overline{A}) = 0{,}5904$

$P(B) = 0{,}8^4 + 4 \cdot 0{,}2 \cdot 0{,}8^3 = 0{,}8192$; $P(\overline{B}) = 0{,}1808$

$P(\overline{C}) = 0{,}2^4 = 0{,}0016$; $P(C) = 0{,}9984$

1

Wenn man die Nummern auf den Kugeln notiert, gibt es insgesamt 25 gleich wahrscheinliche Ergebnisse 1-1; 1-2; 1-3; … ; 5-5.

a) E: „Die erste Kugel ist rot"; $P(E) = \frac{3}{5}$.

F: „Die Summe beträgt 6"; F = {1-5; 2-4; 3-3; 4-2; 5-1}; $P(F) = \frac{5}{25} = \frac{1}{5}$.

E ∩ F = {1-5; 3-3; 4-2}; $P(E \cap F) = \frac{3}{25}$,

also $P(E \cup F) = P(E) + P(F) - P(E \cap F) = \frac{3}{5} + \frac{1}{5} - \frac{3}{25} = \frac{17}{25}$.

b) E: „Die Zahl auf der ersten Kugel ist größer als die auf der zweiten Kugel";

E = {2-1; 3-1; 3-2; 4-1; 4-2; 4-3; 5-1, 5-2; 5-3; 5-4};

$P(E) = \frac{10}{25} = \frac{2}{5}$.

F: „Die zweite Kugel ist grün"; $P(F) = \frac{2}{5}$.

E ∩ F = {3-2; 4-2; 5-2}; $P(E \cap F) = \frac{3}{25}$,

also $P(E \cup F) = P(E) + P(F) - P(E \cap F) = \frac{2}{5} + \frac{2}{5} - \frac{3}{25} = \frac{17}{25}$.

1

a) Der Arzt nimmt an, dass die Wirkung des Medikaments bei den drei Patienten unabhängig erfolgt. Daher ergibt sich die Wahrscheinlichkeit, das das Medikament alle drei Patienten heilt, als Produkt der einzelnen (hier gleichen) Heilungswahrscheinlichkeiten, also 0,8 · 0,8 · 0,8 = 0,512.

b) Die Unabhängigkeit könnte verloren gehen: Wenn das Medikament positiv bzw. negativ wirkt, ist möglicherweise die Heilungswahrscheinlichkeit für den dritten Patienten größer bzw. umgekehrt. Auch aus diesem Grunde dürfen bei medizinischen Testreihen die Patienten nicht die Wirkung bei anderen sehen. Nicht einmal der Arzt darf dabei wissen, welches Medikament er verabreicht, um jegliche Beeinflussung auszuschließen.

2

E = {r-r, r-b, r-g}; $P(E) = \frac{1}{4} \cdot \frac{1}{4} + \frac{1}{4} \cdot \frac{1}{2} + \frac{1}{4} \cdot \frac{1}{4} = \frac{1}{4}$.

(Das erhält man natürlich auch unmittelbar.)

a) F = {r-b, b-b, g-b}; $P(F) = \frac{1}{4} \cdot \frac{1}{2} + \frac{1}{2} \cdot \frac{1}{2} + \frac{1}{4} \cdot \frac{1}{2} = \frac{1}{2}$.

(Das erhält man natürlich auch unmittelbar.)

E ∩ F = {r-b}; $P(E \cap F) = \frac{1}{4} \cdot \frac{1}{2} = \frac{1}{8} = P(E) \cdot P(F)$.

Also sind E und F unabhängig.

b) F = {r-r, r-g, g-r}; $P(F) = \frac{1}{4} \cdot \frac{1}{4} + \frac{1}{4} \cdot \frac{1}{4} + \frac{1}{4} \cdot \frac{1}{4} = \frac{3}{16}$

E ∩ F = {r-r, r-g}; $P(E \cap F) = \frac{1}{4} \cdot \frac{1}{4} + \frac{1}{4} \cdot \frac{1}{4} = \frac{1}{8} \neq P(E) \cdot P(F)$.

Also sind E und F nicht unabhängig.

1

O = 2 · 12 dm · 5 dm + 2 · 4 dm · 5 dm + 2 · 4 dm · 12 dm
   + 2 · 1 dm · 3 dm + 2 · 1 dm · 4 dm

$O = 270 \, dm^2 = 2,7 \, m^2$

V = 12 dm · 4 dm · 5 dm + 3 dm · 4 dm · 1 dm

$V = 252 \, dm^3 = 0,252 \, m^3$

2

a) $20 \, cm = 200 \, mm = 0,2 \, m = 0,0002 \, km$

b) $20 \, m^2 = 200\,000 \, cm^2 = 2000 \, dm^2 = 0,2 \, a$

c) $20 \, dm^3 = 20\,000 \, cm^3 = 0,02 \, m^3 = 20\,000\,000 \, mm^3 = 20$ Liter

1

E(X) = − 5 · 0,1 − 1 · 0,5 + 0 · 0,3 + 10 · 0,1 = 0

2

a) Die Zufallsvariable X (Gewinn in Cent) hat die Wahrscheinlichkeitsverteilung

g	− 20	− 10	0	30
P(X = g)	0,38	0,39	0,08	0,15

b) E(X) = − 20 · 0,38 − 10 · 0,39 + 0 · 0,08 + 30 · 0,15 = − 7

c) Der Erwartungswert muss dazu 0 sein, also muss man 13 Cent Einsatz nehmen.

17

Lösungen mit Einheit 1 cm auf dem GTR:

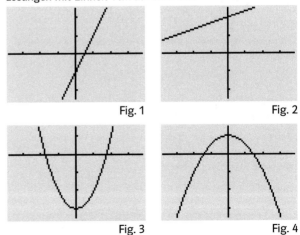

Fig. 1   Fig. 2

Fig. 3   Fig. 4

18

a) $y(2) = \frac{10}{3}$ und $y(-1) = \frac{4}{3}$

b) P liegt nicht auf dem Graph der Funktion f, Q liegt darauf.

c) y = 4; x = − 6

19

Zeichnerische Lösung: Gleichungen nach y auflösen, Schnittpunkt der zugehörigen Geraden bestimmen, z.B. mit dem GTR. Lösungen sind

a) $x = 2$; $y = 4$ \qquad b) keine Lösung

c) $x = -1{,}8$; $y = -0{,}2$

20

a) $y(1) = \frac{3}{2}$ und $y(-2) = 0$

b) $y = -\frac{5}{2}$ und $x = -2\sqrt{2}$ bzw. $x = 2\sqrt{2}$

c) -2 und 2

d) $g(x) = 2x - \frac{1}{2}$. Die Graphen von f und g haben die Punkte $S(-5|-10{,}5)$ und $T(1|1{,}5)$ gemeinsam.

21

Die angezeigten Zahlen seien x und y. Für sie gilt das Gleichungssystem $x + y = 18$ und $x - y = 12$ mit der (einzigen) Lösung $x = 15$; $y = 3$. Aber auch bei $x = 3$ und $y = 15$ gibt es einen Hauptgewinn, weil es nicht auf die Reihenfolge der Zahlen ankommt. Da es 144 gleichwahrscheinliche Ergebnisse gibt, beträgt die Wahrscheinlichkeit für einen Hauptgewinn $\frac{2}{144}$.

Kapitel V, Training, Runde 1, Seite 145

1

a) Es liegt ein Laplace-Experiment mit 16 gleich wahrscheinlichen Ergebnissen vor, da alle Farben einen Viertelkreis belegen.

$E = \{$r-r, r-b, r-l, r-g, b-r, l-r, g-r$\}$; $P(E) = \frac{7}{16}$

b) Es liegt kein Laplace-Experiment vor, da die Zahlen nicht gleich große Kreisausschnitte belegen.

$E = \{$6-1, 6-2, 6-6, 1-6, 2-6$\}$;

$P(E) = \frac{1}{4} \cdot \frac{3}{8} + \frac{1}{3} \cdot \frac{3}{8} + \frac{1}{4} \cdot \frac{1}{4} + \frac{3}{8} \cdot \frac{1}{4} + \frac{3}{8} \cdot \frac{1}{4} = \frac{7}{16}$

Alternative Berechnung über das Gegenereignis $\bar{E}$: „Keine 6 kommt vor" mit

$P(\bar{E}) = \frac{3}{4} \cdot \frac{3}{4} = \frac{9}{16}$; also $P(E) = 1 - P(\bar{E}) = \frac{7}{16}$.

2

a) $1 - \left(\frac{5}{6}\right)^6 = 66{,}5\%$

b) „Fallen einer Sechs" ist bei den einzelnen Würfen unabhängig, daher kann man in den Pfaden am Baumdiagramm für „nicht 6" immer $\frac{5}{6}$ verwenden.

3

a) E: „Beim ersten Drehen erscheint mindestens 4";

$E = \{$4-1, 4-2, 4-4, 4-8, 8-1, 8-2, 8-4, 8-8$\}$; $P(E) = \frac{8}{16}$.

F: „Beim zweiten Drehen erscheint höchstens 2";

$F = \{$1-1, 2-1, 4-1, 8-1, 1-2, 2-2, 4-2, 8-2$\}$; $P(F) = \frac{8}{16}$.

$E \cap F = \{$4-1, 8-1, 4-2, 8-2$\}$; $P(E \cap F) = \frac{4}{16}$; also

$P(E \cup F) = P(E) + P(F) - P(E \cap F) = \frac{8}{16} + \frac{8}{16} - \frac{4}{16} = \frac{12}{16} = \frac{3}{4}$.

b) E: „Beim ersten Drehen erscheint höchstens 2";

$E = \{$1-1, 1-2, 1-4, 1-8, 2-1, 2-2, 2-4, 2-8$\}$; $P(E) = \frac{8}{16}$.

F: „Die Summe der Zahlen beträgt höchstens 4";

$F = \{$1-1, 1-2, 2-1, 2-2$\}$; $P(F) = \frac{4}{16}$.

$E \cap F = \{$1-1, 1-2, 2-1$\}$; also

$P(E \cup F) = P(E) + P(F) - P(E \cap F) = \frac{8}{16} + \frac{4}{16} - \frac{3}{16} = \frac{9}{16}$

4

a) $E(X) = 0 \cdot 0{,}1 + 1 \cdot 0{,}25 + 2 \cdot 0{,}4 + 3 \cdot 0{,}2 + 4 \cdot 0{,}05 = 1{,}85$.

Der Erwartungswert gibt an, wie viele Geräte durchschnittlich pro Tag verkauft werden.

b) Siehe die Tabelle; es gibt noch andere Lösungen.

Anzahl a	0	1	2	3	4
$P(X = a)$	0%	10%	10%	50%	30%

Kapitel V, Training, Runde 2, Seite 145

1

a) $E = \{$ASU, SAU$\}$; $P(E) = \frac{2}{6}$;

$F = \{$AUS, UAS, SAU, SUA$\}$; $P(F) = \frac{4}{6}$.

b) $E \cap F$: „U steht hinten und ein Vokal steht in der Mitte";

$E \cup F$: „U steht hinten oder ein Vokal steht in der Mitte"

$E \cap F = \{$SAU$\}$; $P(E \cap F) = \frac{1}{6}$,

$P(E \cup F) = P(E) + P(F) - P(E \cap F) = \frac{2}{6} + \frac{4}{6} - \frac{1}{6} = \frac{5}{6}$.

Man kann hier auch zusammenfassen:

$E \cup F = \{$ASU, AUS, SAU, SUA, UAS$\}$. Daran sieht man auch, dass $P(E \cup F) = \frac{5}{6}$.

c) Da $P(E) \cdot P(F) = \frac{2}{6} \cdot \frac{4}{6} = \frac{2}{9}$ und $P(E \cap F) = \frac{1}{6}$, sind E und F nicht unabhängig. Das ist auch aus der Sache klar, denn ob der Vokal U hinten steht, beeinflusst das Ereignis, dass ein Vokal in der Mitte steht.

2

Das Gegenereignis zu „mindestens einmal liegt Zahl unten" ist „kein einziges Mal liegt Zahl unten". Es hat also die Wahrscheinlichkeit $\left(\frac{1}{2}\right)^{10} = \frac{1}{1024}$. Daher liegt mit Wahrscheinlichkeit $\frac{1023}{1024} \approx 99{,}9\%$ mindestens einmal Zahl unten.

3

a) Siehe die Tabelle; die roten Werte waren gegeben.

	F	$\bar{F}$	insgesamt
M	40%	20%	60%
$\bar{M}$	10%	30%	40%
gesamt	50%	50%	100%

b) Mit dem Wert in den Feldern $F \cap \bar{M}$ (Anteil von Frauen und Fußballinteressierten an der gesamten Umfrage) und $\bar{M}$ (Anteil befragter Frauen an der gesamten Umfrage) ergibt sich 10% von 40% $= \frac{1}{4}$.

c) $P(F \cap M) = 0,4$. $P(F) = 0,5$; $P(M) = 0,6$. Da $0,5 \cdot 0,6 \neq 0,4$, sind F und M nicht unabhängig. Man sieht das hier auch daran, dass der Anteil der fußballinteressierten Männer an den befragten Männern ($\frac{2}{3}$) nicht gleich dem Anteil aller Fußballinteressierten an allen Befragten ($\frac{1}{2}$) ist.

4

X: Punktezahl; Wahrscheinlichkeitsverteilung:

p	0	10	100	1000
P (X = g)	$\frac{125}{216}$	$\frac{75}{216}$	$\frac{15}{216}$	$\frac{1}{216}$

$E(X) = 0 \cdot \frac{125}{216} + 10 \cdot \frac{75}{216} + 100 \cdot \frac{15}{216} + 1000 \cdot \frac{1}{216} \approx 15,05$

Kapitel VI, Bist du sicher? Seite 149

1

Radius $r \approx 14,32$ cm; Flächeninhalt $A \approx 644,58$ cm^2.

2

Flächeninhalt Becken und Weg: $452,39$ m^2;
Flächeninhalt Becken: $A \approx 352,39$ m^2;
Radius Becken: $10,59$ m; Breite Weg: $1,41$ m

Kapitel VI, Bist du sicher? Seite 153

1

a) $A \approx 36,86$ cm^2 b) Umfang $66,43$ cm

2

$a \approx 6,0$ cm

Kapitel VI, Bist du sicher? Seite 158

1

Rauminhalt ca. 2043 cm^3; Oberfläche ca. 935 cm^2, Mantelfläche ca. 481 cm^2.

2

a) $458,874$ m^3
b) Dachfläche ca. $96,28$ m^2

Kapitel VI, Kannst du das noch? Seite 158

11

a) x^7 b) π c) $9b^4$

12

a) $x = \sqrt[5]{\frac{17}{3}} \approx 1,415$ b) $x = \frac{\log \frac{14}{5}}{2 \cdot \log 3} \approx 0,4686$

Kapitel VI, Bist du sicher? Seite 161

1

Kegel: Radius $4,49$ cm; Rauminhalt $63,33$ cm^3; Oberfläche $139,5$ cm^2.
„Haus": Rauminhalt
$V_{Quader} + V_{Pyramide} = 418,569$ m^3 + $95,817$ m^3 = $514,386$ m^3;
Oberfläche: $O_{Haus} = O_{Quader} + 2 A_{Dreieck1} + 2 A_{Dreieck2}$
$\approx 271,01$ m^2 + $2 \cdot 30,708$ m^2 + $2 \cdot 27,79$ m^2 = $388,0088$ m^2

Kapitel VI, Bist du sicher? Seite 164

1

a) Rauminhalt Tetraeder $14,73$ cm^3
b) Oberfläche $43,30$ cm^2
c) Rauminhalt Umkugel $120,24$ cm^3
d) Rauminhalt Inkugel $4,453$ cm^3; $30,23\%$ vom Tetraeder

Kapitel VI, Kannst du das noch? Seite 167

7

a) $x = -3$ b) $z = -\frac{14}{15}$

8

a) $x = 4$; $y = 2$ b) $x = 7$; $y = -1$
c) $x = \frac{7}{4}$; $y = \frac{9}{4}$ d) unlösbar

9

Superböller $2,89$ €; Megakracher $3,29$ €

10

a) Kantenlänge $16a$; Oberfläche $10a^2$; Rauminhalt $2a^3$
b)

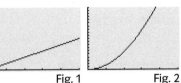
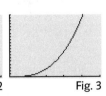

Fig. 1   Fig. 2   Fig. 3

c) Verdopplung: Kantenlänge zweifach, Oberfläche vierfach, Rauminhalt achtfach.
Verfünffachung: Kantenlänge fünffach, Oberfläche 25fach, Rauminhalt 125fach.

11

a) $x_1 = -2$; $x_2 = \frac{2}{3}$ b) $y_1 = 2$; $y_2 = \frac{8}{3}$
c) $z = -1$

Kapitel VI, Training Runde 1, Seite 171

1

a) Durchmesser $4,77$ km; Flächeninhalt $17,9$ km^2
b) Umfang $194,16$ km

2

Flächeninhalt 8,377 cm²; Abweichung 4,72% vom Rechteck
Umfang 12,19 cm; Abweichung 1,57% vom Rechteck

3

a) Rauminhalt 461,81 cm³　　b) Mantelfläche 250,74 cm²

4

a) Volumen Walze 1,145 m³; Durchmesser 90 cm
b) ca. 46 Umdrehungen

5

a) Rauminhalt 169 315,47 m³　　b) Glasfläche 9226,75 m²

Kapitel VI, Training Runde 2, Seite 171

1

a) Zunahme von Größe zu Größe ist ca. 15,71 cm
b) 30 cm: 6,48 €;　35 cm: 8,82 €;　40 cm: 11,52 €;
45 cm: 14,58 €;　50 cm: 18,00 €
c) ca. 85,52 cm²

2

a) $V = \frac{1}{3}Ah \approx 37{,}3$ cm³　　b) Oberfläche 68,69 cm²

3

a) $V = 2\pi(1^2 + 1{,}5^2 + 2^2)$ cm³ $= 14{,}5\pi$ cm³ $\approx 45{,}55$ cm³
b) $V = 2\pi(a^2 + (a + 0{,}5)^2 + (a + 1)^2)$

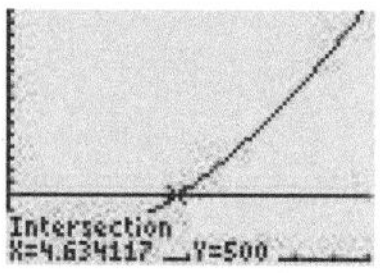

Fig. 1

Das Volumen ist 500 cm³ für a ≈ 4,63 cm.

4

$V = 2\pi^2 r^2 R \approx 740{,}22$ cm³ entspricht 592 g Teig.

Kapitel VII, Kannst du das noch? Seite 188

7

a) $2{,}5 \cdot 10^6$　　b) $7 \cdot 10^9$　　c) $3 \cdot 10^{-8}$　　d) $-4{,}85 \cdot 10^3$

8

a) a^7　　b) x^{-1}　　c) y^{-12}　　d) $3 \cdot 2^6 = 192$
e) $5^{-\frac{1}{6}}$　　f) 4

9

a) $\left(\frac{5}{4}\right)^{\frac{1}{3}} \approx 1{,}077$　　b) $2^{-6} = \frac{1}{64}$
c) $\lg(3{,}75) : \lg(4) - 1 \approx -0{,}0466$

10

a) absolute Zunahme: 75 000 €; prozentuale Zunahme: 10%
b) 907 500 €

11

a) 20 000 € $\cdot$ 1,027⁵ ≈ 22 849,79 €　b) $\frac{\lg(1{,}5)}{\lg(1{,}027)}$ Jahre ≈ 15,2 Jahre
c) Wachstumsfaktor: $(1{,}75)^{0{,}1} \approx 1{,}0576$; d.h. Zinssatz ≈ 5,8%

12

Erwartungswert (in €): $\frac{1}{6} \cdot (1 + 2 + 3 + 4 + 5 + 6) - 4 = -0{,}5$
Auf lange Sicht ist also mit einem Verlust von 0,5 € pro Spiel
zu rechnen.

Kapitel VII, Training Runde 1, Seite 191

1

Höhe des Dreiecks: $h = \sqrt{10^2 - 5^2}$ cm $= 5 \cdot \sqrt{3}$ cm
Flächeninhalt: $A = \frac{1}{2} \cdot 10 \cdot 5 \cdot \sqrt{3}$ cm² $= 25\sqrt{3}$ cm² ≈ 43,3 cm²

2

2. Seitenlänge: $\sqrt{(2 \cdot 5)^2 - 8^2}$ cm $= \sqrt{36}$ cm $= 6$ cm

3

Hypotenuse des linken Dreiecks: $a_1 = \sqrt{4{,}5^2 + 6{,}0^2}$ cm $= 7{,}5$ cm
2. Kathete des rechten Dreiecks: $a_2 = \sqrt{7{,}5^2 - 3{,}4^2}$ cm ≈ 6,7 cm
Flächeninhalt des Vierecks:
$A \approx \frac{1}{2} \cdot 6{,}0 \cdot 4{,}5$ cm² $+ \frac{1}{2} \cdot 3{,}4 \cdot 6{,}7$ cm² $= 24{,}9$ cm²

4

a) Pythagoras: $4{,}0^2 = 3{,}2^2 + \left(\frac{s}{2}\right)^2$;
$s = 2 \cdot \sqrt{4{,}0^2 - 3{,}2^2} = 4{,}8$
Länge der Ringsehne: 4,8 cm
b) Bedingung: $2 \cdot r_i = s$ bzw.
$r_i = \frac{s}{2}$
Pythagoras: $4{,}0^2 = r_i^2 + \left(\frac{s}{2}\right)^2 = 2 r_i^2$
$r_i = \sqrt{8} \approx 2{,}8$
Der innere Radius muss ca.
0,4 cm kleiner werden.

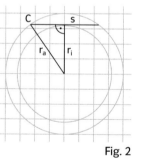

Fig. 2

5

Im rechtwinkligen Dreieck ABF
gilt: $\tan(30°) = \frac{a}{1}$; also $a = \frac{1}{3}\sqrt{3}$.
Im rechtwinkligen Dreieck BCD
gilt:
$p^2 = b^2 + 2^2 = \left(3 - \frac{1}{3}\sqrt{3}\right)^2 + 4$
$ = \frac{40}{3} - 2\sqrt{3}$.
$p \approx 3{,}141\,5333\ldots$; $\pi \approx 3{,}141\,5926\ldots$
p unterscheidet sich zum 1. Mal
an der 5. Stelle nach dem Komma von π.

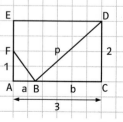

Fig. 3

6

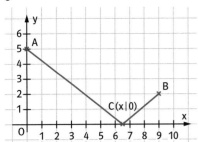

Fig. 1

Länge der Gesamtstrecke: $l(x) = \sqrt{5^2 + x^2} + \sqrt{(9-x)^2 + 2^2}$

Bestimmung von x_0 so, dass $l(x_0)$ minimal ist mithilfe des GTR: $x_0 \approx 6{,}43$; $l(x_0) \approx 11{,}4$

Kapitel VII, Training Runde 2, Seite 191

1

Seitenlänge des Dreiecks: $a = \frac{2}{\sqrt{3}} \cdot h \approx 7{,}5\,\text{cm}$

Flächeninhalt: $A = \frac{1}{2}a \cdot h \approx 24{,}4\,\text{cm}^2$

2

Aus dem Strahlensatz folgt

$y = x$; $z = \frac{x}{2}$.

Im Dreieck ABC gilt nach Pythagoras:

$10^2 + 5^2 = \left(\frac{5}{2}x\right)^2$;

also $x = 2\sqrt{5}\,\text{cm} \approx 4{,}5\,\text{cm}$.

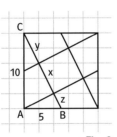

Fig. 2

3

a) Aus dem Satz des Thales folgt, dass das Dreieck ADC rechtwinklig ist. Nach Pythagoras gilt daher:

$\overline{AC}^2 + 6^2 = 12^2$; also $\overline{AC} \approx 10{,}4\,\text{cm}$.

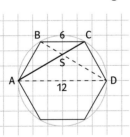

Fig. 3

b) Aus dem 2. Strahlensatz folgt, dass S die Strecke $\overline{AC}$ im Verhältnis $2:1$ teilt; $\overline{AS}$ ist also $\approx 6{,}9\,\text{cm}$ lang.

4

Ist r der Radius des einbeschriebenen Kreises, so ist

$\overline{MP} = r$; $\overline{AP} = \frac{a}{2}$; $\overline{AM} = a - r$.

Im Dreieck APM gilt nach Pythagoras: $(a-r)^2 = r^2 + \left(\frac{a}{2}\right)^2$.

Daraus folgt: $r = \frac{3}{8}a$. Mit $a = 2\,\text{m}$ ist $r = \frac{3}{4}\,\text{m} = 0{,}75\,\text{m}$.

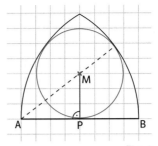

Fig. 4

5

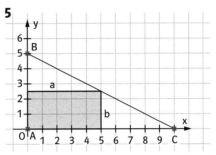

Fig. 5

Flächeninhalt des Rechtecks: $A = a \cdot b$

Strahlensatz (Zentrum C): $\frac{b}{5} = \frac{10-a}{10}$; also $b = \frac{10-a}{2}$

Flächeninhalt: $A(a) = a \cdot \frac{(10-a)}{2}$

GTR: Der Flächeninhalt ist maximal für $a = 5$; b ist dann $2{,}5$.

Register

Bildquellen

U1: Corbis (Diego Lezama Orezzoli), Düsseldorf - U1: Getty Images (Image Bank), München - S. 8.1: iStockphoto (RF/Lavrenov), Calgary, Alberta - S. 8.2: Arco Digital Images (Sohns, J. & C.), Lünen - S. 8.3: www.reinsch-fotodesign.de - S. 9.1: FOCUS (Roloff), Hamburg - S. 9.2: Picture-Alliance (akg-images), Frankfurt - S. 9.3: Deutsches Schiffahrtsmuseum, Bremerhaven - S. 10.1: iStockphoto (RF/Dirk Houben), Calgary, Alberta - S. 10.2: Klett-Archiv (Simianer und Blühdorn), Stuttgart - S. 12.1: Corbis (Robert Holmes), Düsseldorf - S. 12.2: Corbis (Robert Holmes), Düsseldorf - S. 13: Klett-Archiv (Simianer und Blühdorn), Stuttgart - S. 20: Klett-Archiv (Simianer und Blühdorn), Stuttgart - S. 22: Klett-Archiv (Simianer und Blühdorn), Stuttgart - S. 23: Picture-Alliance, Frankfurt - S. 26.1: Klett-Archiv (Aribert Jung), Stuttgart - S. 26.2: Klett-Archiv (Simianer und Blühdorn), Stuttgart - S. 34.1: Frorider.ch, Hausen a.A. - S. 34.2: (c) stockmaritime.com/Jan-Frederik Waeller - S. 34.3: FOCUS (Michael Peuckert), Hamburg - S. 34.4: iStockphoto (RF/Buxton), Calgary, Alberta - S. 37.1: Schwaneberger Verlag GmbH, Unterschleißheim - S. 37.2: Schwaneberger Verlag GmbH, Unterschleißheim - S. 44: pixathlon, Hamburg - S. 46: Mauritius (Pascal), Mittenwald - S. 47: Tourismusverband Mayrhofen - S. 51: iStockphoto (William Fawcett), Calgary, Alberta - S. 56.1: Corbis (Ralf-Finn Hestoft), Düsseldorf - S. 56.2: iStockphoto (RF), Calgary, Alberta - S. 57.1: iStockphoto (RF), Calgary, Alberta - S. 57.2: Dieter Gebhardt, Asperg - S. 57.3: Okapia, Frankfurt - S. 57.4: Astrofoto (AAO), Sörth - S. 60.1: ESA/ESOC, Darmstadt - S. 60.2: Avenue Images GmbH (Digital Vision), Hamburg - S. 60.3: Klett-Archiv, Stuttgart - S. 61.1: FOCUS (Fotofinder / Russell), Hamburg - S. 61.2: Avenue Images GmbH, Hamburg - S. 61.3: Okapia (Fotofinder), Frankfurt - S. 63: Kage, Manfred P. und Christina, Lauterstein - S. 65: Corbis (Joseph Sohm), Düsseldorf - S. 71: iStockphoto (RF/Ben van der Zee), Calgary, Alberta - S. 73: Pixtal, New York NY - S. 75: iStockphoto (RF/Robert Kohlhuber), Calgary, Alberta - S. 79: Imageshop RF, Düsseldorf - S. 80: Corbis (Staffan Widstrand), Düsseldorf - S. 81: Getty Images, München - S. 82: Wikimedia Foundation Inc. (Public domain), St. Petersburg FL - S. 84: Corbis (MAST IRHAM/epa), Düsseldorf - S. 85: GeoForschungsZentrum Potsdam, Potsdam - S. 88.1: Bildagentur-online (Begsteiger), Burgkunstadt - S. 88.2/3: Tel Aviv University, Israel - S. 89: Tel Aviv University, Israel - S. 90: Varnhorn, Andreas, Bad Vilbel - S. 100.1: Getty Images (Image Bank), München - S. 100.2: Klett-Archiv (Aribert Jung), Stuttgart - S. 103: Avenue Images GmbH (PhotoDisc), Hamburg - S. 106: Reinhard-Tierfoto, Heiligkreuzsteinach - S. 108: Okapia (Konrad Wothe), Frankfurt - S. 110: Getty Images (Altrendo), München - S. 111.1: South Tyrol Museum of Archaeology, Bolzano, Italy/ Wolfgang Neeb/ The Bridgeman Art Library - S. 111.2: Klett-Archiv (Ruth Heckert), Stuttgart - S. 111.3: Klett-Archiv (Ruth Heckert), Stuttgart - S. 114.1: Rainer Weisflog, Cottbus - S. 114.2: Visum (Jesco Denzel), Hamburg - S. 114.3: Keystone (Jochen Zick) Hamburg - S. 115.1: MPI BIOCHEMISTRY / VOLKER STEGER / SPL / AGENTUR FOCUS - S. 115.2: Universität Freiburg - S. 116.1: Panther Media GmbH (gh), München - S. 116.2: Picture-Alliance (ASA), Frankfurt - S. 116.3: Avenue Images GmbH (PhotoDisc), Hamburg - S. 117: Deutsches Museum, München - S. 119: Corbis (Erlinger / zefa), Düsseldorf - S. 122: Getty Images (Image Band / Sean Ju), München - S. 124: Klett-Archiv (Simianer und Blühdorn), Stuttgart - S. 126: Deutscher Wetterdienst - Abteilung, Offenbach - S. 127: Bildagentur-online (th-foto), Burgkunstadt - S. 131: Getty Images (Photographer's Choice), München - S. 133: vario images (Martin Baumgartner), Bonn - S. 135: Widmann, Peter(Fotofinder), Tutzing - S. 136: Electronic Arts Deutschland GmbH, Köln - S. 141: Klett-Archiv (Simianer und Blühdorn), Stuttgart - S. 146.1: Avenue Images GmbH (Index Stock), Hamburg - S. 146.2: Klett-Archiv (Andreas Staiger), Stuttgart - S. 146.3: Visum (Thomas Pflaum), Hamburg - S. 146.4: f1 online digitale Bildagentur (Oriental Touch), Frankfurt - S. 147.1: images.de digital photo GmbH (kpa), Berlin - S. 148: Corbis (Arvind Garg), Düsseldorf - S. 149: iStockphoto (RF/pilar lorenzo), Calgary, Alberta - S. 150.1: ESA/ESOC (DLR/FU Berlin/G. Neukum), Darmstadt - S. 150.2: Alamy Images RF (Mitchell), Abingdon, Oxon - S. 151: iStockphoto (RFMatt Collingwood), Calgary, Alberta - S. 152: Europa-Park Rust - S. 153: NASA, Washington , D.C. - S. 155.1: Alamy Images RM (Alan SCHEIN), Abingdon, Oxon - S. 155.2: Alamy Images RM (Henry Westheim Photography), Abingdon, Oxon - S. 155.3: iStockphoto (RF/ Jennifer Rolwes), Calgary, Alberta - S. 155.4: Corbis (Mark E. Gibson), Düsseldorf - S. 157: ESA/ESOC, Darmstadt - S. 159: Klett-Archiv (Simianer und Blühdorn), Stuttgart - S. 162: Corbis (Roger Ressmeyer), Düsseldorf - S. 165.1: iStockphoto (RF/Bonita Hein), Calgary, Alberta - S. 165.2: creativ collection, Freiburg - S. 167: PhotoDisc, Seattle, WA - S. 168: Corel Corporation, Unterschleissheim - S. 171.2: iStockphoto (RF/melih kesmen), Calgary, Alberta - S. 172.1: Visum (Gebhard Krewitt), Hamburg - S. 173.1: Getty Images (Stone), München - S. 177: Getty Images (Photodisc), München - S. 181: Rainer Raffalski (FreeLens/Fotofinder), Waltrop - S. 183: Picture-Alliance (akg-images / Erich Lessing), Frankfurt - S. 187: Alamy Images RM (Agence Images), Abingdon, Oxon - S. 192.1: Avenue Images GmbH (Image Source RF), Hamburg - S. 192.2: Avenue Images GmbH (Image Source), Hamburg - S. 192.3: PhotoDisc, Seattle, WA - S. 194: iStockphoto (RF/ Christine Balderas), Calgary, Alberta - S. 195: iStockphoto (RF/Douglas Freer), Calgary, Alberta - S. 197: Mauritius (age fotostock), Mittenwald - S. 198: Wikimedia Foundation Inc., St. Petersburg FL - S. 199.1: Wikimedia Foundation Inc. (Public domain), St. Petersburg FL - S. 199.2: Pixtal, New York NY - S. 200.1: Wikimedia Foundation Inc. (Lars H. Rohwedder), St. Petersburg FL - S. 200.2: Wikimedia Foundation Inc. (Lars H. Rohwedder), St. Petersburg FL - S. 201: Corbis, Düsseldorf - S. 202: Wikimedia Foundation Inc. (NASA), St. Petersburg FL - S. 203: Corbis (Charles & Josette Lenars), Düsseldorf - S. 205.1: Kessler-Medien, Saarbrücken - S. 205.2: iStockphoto (RF/Andrea Leone), Calgary, Alberta

Textquellen

S. 44: Die Königsetappe der Deutschland-Tour: Nach: SFDRS Schweizer Fernsehen - S. 47: Österreichs steilste Piste mit 78 Prozent: Aus: Generalanzeiger Reutlingen vom 29.10.2005 - S. 62: PetaFlops voraus (Text + Tabelle): Aus: ct' Ausgabe 25/2005 - S. 92: Auf der Schnellstraße (Grafik): FAZ vom 14.01.2006 - S. 108: Dieser Fluss ist fast vollständig mit Wasserhyazinthen zugewachsen ...: Aus: Projektwerkstatt The waterhyacinth chair 2000 - ... Große Schädlinge in fremden Biotopen seien der Nilbarsch ...: Aus Frankfurter Rundschau vom 12.05.2001 - ... Die Wasserhyzinthe breitet sich mit einem Tempo aus ...: Aus: Katalog Tee-Kampagne 2000 - S. 110: In einem Leitartikel der Badischen Zeitung über Strombedarf ...: Aus: Badische Zeitung vom 29.07.1998 - S. 203: Statistiker vertreten die Ansicht ...: Aus: Spiegel Ausgabe 16/1999, S. 269 - S. 203: Berichte über vom Himmel gefallene Steine ...verehrt wurde.: Aus: Wikipedia Stichwort „Historisches über Meteoriten" - Vor 65 Millionen Jahren ... Krater aus.: Aus: Spiegel Ausgabe 28/1994, S. 147 - In den fünfziger Jahren ... gebohrt hatte.: Aus: Spiegel Ausgabe 27/1994, S. 150 - Auch kleinere Trümmer... gezündet worden.: Aus: Spiegel Ausgabe 28/1994, S. 148, S. 150

Nicht in allen Fällen war es uns möglich, den Rechteinhaber ausfindig zu machen. Berechtigte Ansprüche werden selbstverständlich im Rahmen der üblichen Vereinbarungen abgegolten.